世界史のなかの産業革命

資源・人的資本・グローバル経済

R.C. アレン【著】

眞嶋史叙・中野忠・安元稔・湯沢威【訳】

The British Industrial Revolution
in Global Perspective
R.C. Allen

名古屋大学出版会

The British Industrial Revolution in
Global Perspective (ISBN9780521687850)
by Robert C. Allen

Copyright © Robert C. Allen 2009

Japanese translation published by arrangement
with Cambridge University Press
through The English Agency (Japan) Ltd.

日本語版への序

　産業革命は，18 世紀後半から 19 世紀前半にかけて，イギリスで始まった。それは，とても昔の，遠い世界の話であると思われるかもしれない。しかしながら，21 世紀の日本の読者にとって，産業革命は知っておくべき必要のあることなのである。なぜ知らなければならないのか，その深い理由を説明しよう。

　産業革命は，経済成長の近代的局面の始まりであり，現代社会を創造する最初の一歩であった。産業革命の前から製造業は普及していたけれども，それは文字通り「手工業」を意味していた。技術は単純なもので，作業を行う男女の労働者の筋力で動かされる仕掛けがほとんどであり，糸車と手織り機は，もっとも一般的な道具であった。このような状況は，工場の発明によって一変した。工場の中枢で生み出された動力を使って，機械を動かした最初の工場は，綿紡績工場であった。1780 年代に，何百もの綿紡績工場が建設され，19 世紀初めには，織布工程も動力によって工場でなされるようになった。蒸気機関が発明され，金属溶鉱・精錬業は，小規模な鍛造所から変貌し，巨大な溶鉱炉や圧延工場でなされるようになった。さらに，産業革命が引き起こした変化のなかでもっとも広範囲に及ぶ影響を生み出したのは，組織上の変革である。研究開発は，それまでは職人の余技として散発的になされるものであったが，産業革命以降は事業の成功に欠かせない継続的な活動となった。社会全体が，持続的で長期的な経済成長のプロセスへと乗り出したのである。

　なぜ産業革命はイギリスで起きたのか。当時のイギリスの制度はどちらかといえば近代的であり，イギリスの文化は進取の気性を奨励するものであった。しかしながら，このような制度・文化面では，イギリスがとくに際立っていたわけではない。世界の他の地域や国々とイギリスとの大きな違いは，イギリスにおける生産投入要素価格の構造が独特であったということである。イギリスでは，比較的賃金が高く，燃料は安価であった。この価格構造は，17 世紀と 18 世紀前半に築き上げられた貿易帝国から結果的に生み出されたものである。

イギリスは，インドとカリブ海，将来合衆国となる北米の東海岸に重要な植民地を獲得した。これらの植民地は豊かで，イギリス製造業のための広大な商品市場となり，イギリスの上流階級を豊かにするに十分な巨額の利潤を生んだ。植民地との貿易の活性化が，イギリスの港湾都市における高賃金，急速な都市化，農村工業の拡大，農業革命，そして新たな都市に燃料を供給するための石炭業の発達を促した。

　高賃金と安価な燃料は，産業革命の機械を発明する経済的誘因となった。多くの機械は，資本の利用を増やし，労働を節約することを目的に発明された。最初の紡績機械も労働力を節約するために発明されたが，あまり大きな節約にはならなかった。雇用を削減するためには，たくさんの資本が必要だったのである。結果的に，そのような機械は賃金水準が高いところ，つまり必要となる巨額の投資よりも労働力の節約で生まれる価値のほうが大きい国や地域の外では，利益を生むことができなかった。

　同じ論理で，なぜ日本で産業革命が起きなかったかを説明することができる。日本には，生産性の高い農業や，巨大都市，比較的教育水準の高い人口など，多くの先進的な特徴が見られたが，賃金水準は極めて低い経済であった。徳川幕府の経済政策は，産業革命以前のイギリスの経済政策とは，全く逆であった。イギリスがグローバルな帝国を築き上げ，高賃金経済を生み出していた頃，日本は外国貿易に対して厳しく鎖国政策をとっていた。その結果，日本は低賃金経済となり，機械の発明は経済的に割りに合わないものとなってしまった。労働力が安価な時代に，労働力を節約するために投資をする必要があっただろうか。

　同様の経済的誘因は，燃料の利用に関しても見られた。産業革命のもっとも重要な発明の一つが蒸気機関であった。最初の紡績機械と同様に，最初の蒸気機関は極めて効率が悪く，大量の燃料を必要としていた。蒸気機関の主な利用先は，炭鉱の地下水を汲み上げる揚水ポンプを動かすことであった。初期の蒸気機関は，炭鉱から出るクズ炭，つまりタダ同然の燃料を使って動かされたので，費用対効果が高かった。他のやり方では，割りに合うものではなかった。

　燃料価格は，他の技術の進化にも影響を与えた。陶磁器の皿や茶碗や壺は，

イギリスでも日本でも生産されていた。イギリスでは，陶磁器は製陶窯の下部で石炭を燃やして焼成した。この窯の設計は，燃料効率が悪かったが，建設費用は安価であったので，資本を節約することになった。日本では，反対に，倒炎式登り窯が山の斜面に作られ，下方の部屋で生じた熱風が，山の斜面の上方のいくつもの部屋に行き渡り熱するようになっていた。製陶技術は，燃料，資本，労働の価格の違いに応じて，イギリスと日本では違う発展の形態をとった。

　イギリスの産業革命は，世界中のあらゆる国々を経済的に発展させることのできる技術をつくり出した。しかしながら，技術がすみやかに普及することを阻む，さまざまな障害もあった。19 世紀前半には，西ヨーロッパが工業化に向けての最初の一歩を踏み出した。西ヨーロッパでは，制度の近代化を進め，経済的な阻害要因を取り払わねばならなかった。イギリスの工場は，ヨーロッパの手工業者だけでなく，大陸で新しく建設された最初の工場に対しても，競争的に優位であった。そこには二つの問題があったからである。第 1 に，機械の導入により雇用を削減して費用を抑えることができても，それはより多くの資本を使うことで費用が増大するために相殺されてしまうということである。イギリスで発明された機械は，労働力が比較的安価なヨーロッパでは費用の点で割りに合うものではなかった。よって，機械の技術的な再調整が必要であった。第 2 に，イギリスでは他国に先行して機械化が進んでいたため，ヨーロッパの工場で最初に採用された労働者よりも，すでに生産性の高い労働力が確保できていた。それゆえ，ヨーロッパで工場制生産を始めるためには，輸入関税の導入が必要不可欠であった。アメリカ合衆国と西ヨーロッパ諸国は，①幼稚産業を守る輸入関税を導入し，②巨大な国内市場を統合し，③産業投資を行うための金融制度を整備し，④普通教育制度を創設することで，この問題の解決に成功した。

　アジア，アフリカ，ラテンアメリカは，より困難な状況にあり，成功することはまれであった。イギリスからの輸入品はあまりにも安価であったため，これらの地域の手工業者の多くが廃業を迫られることとなってしまった。これらの地域の経済は，農産物輸出に特化するように再編されることになった。現代でいうところの「低開発国」とは 19 世紀につくり出されたものなのである。

iv

大英帝国の成功の裏面にこのような発展途上国誕生の物語がある。

アジアやアフリカが必要としていたのは，貧困を撲滅し，所得水準を押し上げるための，イギリスの技術であった。しかしながら，近代的な機械を輸入するのは必ずしも割りに合うものではなかった。逆説的なことに，資本に対して労働があまりにも安価であると，機械を導入する意味がないということになるからである。つまり，賃金水準があまりにも低いと，機械導入によって節約される労働力の費用よりも，増大する資本の費用のほうが大きくなってしまうからである。

さらに，アジアやアフリカでは，アメリカ合衆国や西ヨーロッパ諸国で工業化のために利用できた輸入関税やその他の経済政策は，採用することができなかった。これらの地域の多くが，帝国列強によって，インドのように植民地化され，工業化を推進する政策の採用が阻まれていたからである。あるいは，日本や中国，オスマン帝国やペルシャ帝国の場合のように，「不平等条約」を押し付けられ，工業化を推進するための輸入関税を導入する権限を制限されていたからである。

日本は，もちろん，このような成功の見込みがない環境で，大きな成功を収めた例外的事例である。日本は，西洋の列強が先駆的に開発した政策を採用し，不平等条約により制限されていた関税政策以外の面で，とりわけ大衆教育や近代的な金融制度の導入で成功を果たした。

さらに，日本は以下の2点において，極めて独創的な展開を見せた。第1点目は技術に関することである。日本は19世紀中頃には極めて低賃金の国であり，他のアジアやアフリカの低賃金国と同様に，資本集約的な機械を輸入するにあたって，同じような問題に直面していた。しかしながら，日本はこの問題に対して，極めて創造的に対処し，イギリスの技術（たとえば紡績機）を改変して，低賃金の環境で費用対効果が出るように全く作り直してしまった。

日本が革新的であった第2点目は，制度に関することである。輸入関税は工業化の推進に利用できなかった。その代わりに，日本政府は政府の資産と人的資源を投入して革新的な産業部門を保護育成した。「戦略的産業政策」の始まりである。これら2点における革新的な努力のおかげで，他の国々が停滞して

いる最中に，日本は経済的に発展することができたのである。

　日本の経済発展における成功は，それに先立つイギリスにおける成功を理解せずして，理解することはできない。イギリスの成功は，日本が19世紀後半に経済的繁栄への第一歩を踏み出す際に必要となった技術をもたらした。同時に，イギリスの成功は，日本の経済発展を阻む要因をもたらしてもいる。イギリスの成功が生み出した経済競争と軍事力は，不平等条約の押し付けにより，日本の政策的選択肢を狭めてしまった。

　日本がいかにしてこのような状況に対処したかを考えるとき，日本の発展とイギリスの成功を支えた双方における制度的な違いに目を向けざるをえない。イギリス自体は，工業化のための政策を持っていなかった。なぜなら，産業革命が完了するまで，工業化という概念そのものが存在していなかったからである。日本や後発の国々が取った工業化政策とは違うものではあったが，イギリスが当時どのような政策を取っていたかについても知っておくとよい。国内的には，イギリス政府は私的所有権を保護して，自由市場を創設した。対外的には，重商主義と植民地主義が「自由貿易帝国」を生み出し，イギリスの産業に利益をもたらした。その一方で，大衆教育と技術革新を奨励するための政策がなかったことは明らかで，これらが存在していなかったことがその後19世紀後半以降のイギリスの発展にとって阻害要因となった。

　日本人の目でイギリスの歴史を読み直すことで，社会組織の面──生産や事業がいかに組織されているか──や，経済文明の将来的な方向性──経済や社会がいかに相互作用的に構築されるか──に対して，さまざまな疑問が湧いてくることであろう。

2017年10月オックスフォードにて

　　　　　　　　　　　　ロバート・C. アレン

謝　辞

　本書は，1980 年代に開始した研究プロジェクトの申し子である。この研究プロジェクトは，ヨーロッパ都市価格史データのデジタル化を目指して始められたが，最終的にはグローバル規模の所得価格史データベース構築にまで広がった。もとは，リチャード・アンガーとともに穀物価格のデータベースをつくろうとして始めたプロジェクトから派生したもので，彼との共同研究からたくさんのことを学ばせてもらった。個人研究ならびに共同研究ネットワーク──カナダ西部の教育と職業訓練研究ネットワーク（Western Research Network on Education and Training），教育・技術・グローバル化に関する先端研究チーム（Team for Advanced Research on Globalization, Education, and Technology），グローバル所得価格史研究グループ（Global Price and Income History Group）──を通じて，研究資金を提供してくれたカナダの人文社会科学局（Social Sciences and Humanities Research Council）とアメリカ国立科学財団（National Science Foundation）に心より感謝申し上げる。

　妻ダイアン・フランクは製陶窯の描画を描き，息子マシューはフランス語の引用文を訳すのを手伝ってくれた。妻と息子にはこのような手助けをしてくれたことと，執筆スケジュールが過密な時もよく耐えて応援してくれたことに感謝する。

　この研究の遂行中には，多くの方々と議論をし，多くのことを学ばせてもらった。原稿を読み，コメントを返してくれた友人たち（Ken Sokoloff, Daron Acemoglu, Joel Mokyr, Alessandro Nuvolari, David Hendry, Paul David, Peter Temin, Jeff Williamson, Peter Lindert, Jane Humphries, Debin Ma, Jean-Pascal Bassino, Christine Moll-Murata, Jan Luiten van Zanden. Knick Harley, Stan Engerman, Jean-Laurent Rosenthal, Patrick O'Brien, Jo Innes, Nigel Goose）に感謝申し上げる。とくに，ジョエル・モキイアは極めて寛大にも出版前の *The Enlightened Economy* の原稿を貸してくれた。モキアの著書から参照した箇所は，この原稿に依拠している。研究者と

しての成長を見守り，温かな助言で導いてくれたのは，2人の卓越した学者，ギデオン・ローゼンブラスとパトリック・オブライエンである。経済学者として，そして経済史家としての仕事がいかなるものかを，彼らから学ばせてもらった。彼らとの共同研究と親密な議論の経験がなければ，本書は陽の目を見なかったであろう。2人から受けた指導と励まし，そして友人としての付き合いに，心より感謝する。本書はこの2人に捧げたいと思う。

目　　次

日本語版への序　i

謝　　辞　vi

第1章　前工業化経済と産業革命……………………………………………1

産業革命を説明する　3

文化と経済──原因それとも結果か　13

消費主義と勤勉　14

結婚と子ども　15

近代文化の成立　16

産業革命への経済的アプローチ　16

ヨーロッパ経済の変容 1500〜1750 年　18

近世の拡大から産業革命へ　23

第Ⅰ部　工業化以前の経済

第2章　前工業化イギリスの高賃金経済………………………………28

賃金と価格　37

イギリスにおける賃金の収斂　47

熟練労働者　49

高賃金経済は生活の質にどのような意味を持つのか　51

高賃金と経済成長　61

第3章　農業革命…………………………………………………………63

マクロの視点──人々はどのように食料を供給されたのか　64

農業労働者の 1 人当たり産出量　66

なぜ産出量と生産性は上昇したのか　68

目　次　ix

囲い込みは産出量と生産性を上昇させたのか　70

開放耕地農民はどのように農業の近代化を達成したのか　74

農民たちはなぜ自分たちの農法を改良したのか　83

結　論　88

第4章　低価格エネルギー経済　……………………………………91

ロンドンの成長と石炭取引の興隆　96

家庭用石炭暖房の方法　103

北東部炭鉱地帯以外の石炭生産の増加　107

世界を視野に入れたイギリスのエネルギー　110

オランダの都市化と「木材危機」　114

結　論　117

第5章　なぜイギリスが成功したのか　………………………………120

進歩と貧困のモデル　126

19世紀への多様な経路　137

イギリスが成功した要因　139

含意するものとさらなる疑問　145

補遺　近世経済の方程式　148

第II部　産業革命

第6章　なぜ産業革命はイギリスで起きたのか　……………………152

イギリス――高賃金で安価なエネルギー経済　156

なぜイギリスの独特な賃金・価格構造が問題となるのか――労働を
　　資本で代替する　158

イギリスと中国にモデルを応用する　164

イギリスとフランスにモデルを応用する――ピン工場の例　166

第2段階――ミクロレベルの発明の流れ　168

3つのマクロレベルの発明の歴史　170

補　遺　171

第7章　蒸気機関 177

第1段階——ニューコメンのマクロレベルの発明　179

第2段階——1世紀半にわたる改良　185

蒸気機関の普及　201

第8章　綿　業 207

マクロレベルの技術革新，第1段階——ジェニー紡績機　214

リチャード・アークライトの発明　222

なぜフランスではないのか　230

なぜフランスではなくてイギリスで紡績機械が発明されたのか　234

第2段階——紡績機械の改良　234

結　果　241

補遺1　ジェニー紡績機の収益率　243

補遺2　アークライト工場の収益率　245

第9章　コークス溶鉱法 247

マクロレベルの発明，第1段階——エイブラハム・ダービー1世の
業績　252

マクロレベルの発明，第2段階——コークス溶鉱鉄の競争力を高め
る発明，1720〜55年　257

1755〜1850年までのマクロレベルの発明への一層の改良　259

ヨーロッパ大陸におけるコークス溶鉱法の導入　261

アメリカにおけるコークス溶鉱法の導入　269

コークス溶鉱法はなぜイギリスで発明されたのか　270

第10章　発明家，啓蒙主義そして人的資本 272

産業的啓蒙主義　273

重要な発明家に関する統計分析　277

産業的啓蒙主義と実験　289

長期的視点で見た産業的啓蒙主義　292

　　　経済的，社会的発展の水準　295

　　　産業革命の原因としての文化　305

　　　補遺　重要な発明家リスト　308

第 11 章　産業革命から近代経済成長へ………………………………310

　　参考文献　315

　　訳者解説　349

　　図表一覧　356

　　索　　引　359

第1章
前工業化経済と産業革命

貨幣の増加，金のかかる生活慣習，さらに課税によって，モノづくりや商業活動の盛んな国で労働の価格が競争相手の国以上に高騰した時，タイミングよい機械の発明の助けによって高い労賃を相殺することができなければ，その金のかかる国家は商業的繁栄を失い，衰退していくことになる……ノッティンガム，レスター，バーミンガム，シェフィールドなどの都市も，人間の頭脳が発明するありとあらゆる創意あふれた改良を採用することによって，手労働の価格の上昇を常に相殺してこなかったなら，とっくの昔に外国との貿易の可能性など放棄していたに違いない。これは疑いようのない一般原則である。
　　　　　——T. ベントレー『労働を減らす機械……の効用に関する手紙』（Bentley 1780）

　なぜ産業革命はイギリスで，18世紀に起こったのか。本書はこの歴史的問題について論ずる。経済発展の理論は成長の直接の原因として技術変化を強調する。工業化するイギリスはまさにそれがあてはまる例であった。蒸気機関，綿紡績機，石炭とコークスを用いた製鉄技術は確かにその評価に値する。これほどの規模の発明は前例のないものであったし，世界を変える産業の拡大と，さらなる技術革新の時代の幕を開くことになったからである。産業革命のそのほかの特徴（急速な都市化，資本蓄積，農業生産性の上昇，所得の増加）も技術改良の結果だった。したがって，18世紀の飛躍的技術革新を説明することこそが産業革命を説明する鍵であり，それが本書の第一の目的である。

　私の説明は二つの段階を経て進む。この本の第I部では，近世（1500〜1750年）の経済の拡大を分析し，それが18世紀イギリスの特異な賃金・価格構造を生み出したことを示す。賃金が目立って高い一方で，エネルギーは目立って安かった。第II部では，蒸気機関，水力紡績機，ジェニー紡績機，コークス高炉が労働力よりも石炭の利用および資本の利用を促すことになったことを示

す。これらの技術がイギリスで採用されたのは，労働力が高く石炭が安かったからで，別の場所で採用されなかったのは，賃金が安くエネルギーが高価だったからである。発明には同じ計算が働いていた。使われる見込みのない新しい機械の開発になぜ費用をかける必要があるだろうか。要するに，18世紀イギリスの産業革命は，そこでそれを発明することが採算に合うから発明されたのであり，ほかの時期，ほかの場所では利益の見込みがなかったのである。利益性を左右する生産要素価格［資本，労働，石炭の価格——訳注。以下同じ］は，1500年以降のグローバル経済におけるイギリスの成功の結果であり，それゆえに産業革命はグローバル化の第一局面の帰結と見ることができる。

　本書は産業革命の終結についても論ずる。終結期は，新しい産業——最初に鉄道と蒸気船，次いでベッセマー製鋼のような新製造業——が登場した1830年あるいは1850年とされるのが通例である。私も終結の時期を19世紀の30〜60年代あたりとするが，その理由は異なっていて，産業革命を最初に生み出した諸要因がこの頃を境に弱まっていくことになるからだ，というものである。紡績工場やコークス高炉は，イギリスでは希少な投入要素を節約し，豊富で安価な投入要素の利用を高めるからこそ発明された。だから大陸でも世界のどこの地域でも，これらの技術はすぐには採用されなかった。ランデスは1850年までの時期を「大陸での模倣」の時期の一つと特徴づけている（Landes 1969）。フランスもドイツもベルギーもやっとイギリスの技術を利用し始めたばかりであり，工業化以前の生産方法がいぜんとして支配的だったからである。「ギャップを埋める」試みはようやく1850年と1873年の間に生じた。この時期に近代的な技術が伝統的方法に取って代わり，ヨーロッパ大陸の工業はイギリスと同等の足場に立って競争できるようになった。大陸でイギリスの技術の採用が緩やかにしか進まなかったことは，戦争や制度，あるいは文化よりもむしろ，イギリス以外で採用されても利益が得られない新しい技術が持つ経済学的特徴と関係していた。

　しかしこの状況は——ほかならぬイギリス人の努力のおかげで——長くは続かなかった。イギリスの技術者は蒸気機関や高炉を研究し，コストを下げるためにそれらに改良を加えた。投入要素は，イギリスでは安いが他の国では高い

ものも含め，区別することなくどれも節約された。たとえば，蒸気機関が1馬力・時間当たり消費する石炭は45ポンドから2ポンドに減った。そのため，蒸気機関を使うことは，どこでも，たとえ石炭が高価なところでも，利益を得られるものとなった。産業革命の初期にイギリスが成功を収めた基盤は，その環境に合わせた，だが他の地域では役に立たない技術を発明したことにあった。19世紀中頃までにイギリス工業技術者の高い能力によって技術改良が重ねられていたが，そのために，イギリスはかつては享受していた競争力を奪われることになった。綿工場，蒸気機関，コークス高炉はいまや世界中どこでも使える技術となり，イギリスを越えて急速にその利用は広まった。グローバルな普及は産業革命の終焉を印すものとなった。産業革命は技術の誕生から終焉に至る一つのサイクルにより限界が設けられていたのである。この問題は本書の第II部で詳論されることになる。第I部ではまず産業革命の起源から始めることにしよう。

産業革命を説明する

ここでの説明は他の多くの説明とは異なっている。実際，産業革命をどう説明するかということは，社会科学の分野で長きにわたって論じられてきた問題であり，ありとあらゆる理論を生み出してきた（Hartwell 1967, Jones 1981, Blaut 1993, Goldstone 2002, Bruland 2004）。たがほとんどの解釈は，社会構造，制度と所有権，科学，文化という項目に整理することができる。

社会構造

マルクス主義の発展段階論は社会構造の重要性を強調する。社会はそれぞれの所有と労働の関係により規定されたいくつかの段階を経て進化する。原始共産主義（すなわち狩猟と採集），奴隷制（古代ギリシャやローマに見られる），農奴制（中世ヨーロッパ），そして資本主義。資本主義は成長にとって鍵となる。それが自由な市場と土地なきプロレタリアートによって特徴づけられるからであ

4

る。市場は経済活動を導くために必要である。さらに人口の大部分が自分の意志で都市に移動し，農業生産性が上昇するためには，中世的な所有権を失っていなければならない。

　マルクスが書いたのは1世紀半も前のことである。それ以来，歴史家は中世世界について多くを発見し，近代的特徴さえ少なからず見られることが分かってきた。穀物価格の研究は，市場が広範に広がり，18世紀と同じくらい効率的に働いていたことを明らかにしている（Persson 1999, Bateman 2007）。都市の経済は活発で商業的であった（Britnell 1993）。もはや農業さえも，伝統という覆いをまとってまどろんでいたとは見なされない。反対に，作付けパターンは環境と商業機会に敏感に対応し，生産性はかつて考えられていたよりもずっと高かった（Campbell 2000）。この中世の楽観的再評価の極端な例はクラークで，中世の制度は経済発展にとってほぼ完璧なものだったとまで主張する（Clark 2007）。

　中世の諸制度について楽観的な結論に達するには，そのもっとも特徴的な形態，たとえば農奴制をも無理やりにでも正当化せねばならない（Brenner 1976）。中世のほとんどの時期，イギリス人の大多数は農奴で，土地を農奴保有（隷農保有）により保有していた。自由民はその土地所有権を国王のコモンロー裁判所で守ることができたが，農奴は何千もある荘園の領主が主宰する荘園裁判所でしか訴訟を起こすことができなかった。農奴は領主が彼らの権利を侵害しても，国王裁判所に訴えることはできなかったし，領主の暴力に対して身体の公的な保護を受けることもできなかった。彼らはまた経済的意欲を削ぐようなさまざまな税を負担せねばならなかった。保有権が相続される際に，領主が最良の家畜を取り上げてしまうとしたら，農奴はどうして自分の家畜を改良する気になるだろうか。土地は，取引に対して課される恣意的な一時金を支払わねば，譲渡できなかった。こうした統制は，領主の支配を受けない自由保有の土地に見られるよりもずっと平等主義的な土地保有状況を生み出した。農奴は領主の許可がなければ領地を離れることができなかったので，労働力の移動は制限されていた。所領を離れた農奴は逃亡することもできたから，許可は簡単には与えられなかった。領主は農民に対して恣意的な税を課した。特別賦課税（tal-

lage）［中世の領主がとくに不自由領民に恣意的に課した税］がその一つで，初め
は特別な目的のために——たとえば十字軍遠征で捕虜になった領主の身代金と
して——課された。しかし便利で取りやすい収入源だったので，経常的な税と
なった（Allen 1992, pp. 58-66）。こうした仕組みが中世経済の成長を阻害しな
かったとか，あるいは人口の半分が農奴のままだったら1492年以後のグロー
バル化への道が開けた時の反応はもっと鈍かっただろう［すなわち，グローバ
ル化がなくても国内の経済は十分発展できたであろう］とか考えることには無理
がある。資本主義制度の出現は，近代的経済成長のための，十分条件ではな
かったにしても，必要条件だった。

制度と所有権

　マルクス主義は農奴制の衰退と資本主義の勃興に関心を持っていたが，自由
主義者は専制政治を問題視し，「最小の統治」——行政に対する議会のチェック，
財産権の保障，法制度の柔軟性など——に関心を寄せていた。自由主義者の見
解によれば，産業革命は，議会の優位を固め，国王大権を制限し，私的財産権
を安全なものとした1688年の名誉革命にまでさかのぼることができる。こう
した法制上の変化は，産業革命を可能にする投資のための好ましい環境を生み
出したとも考えられている（North and Weingast 1989, De Long and Schleifer 1993, LaPorta
et al. 1998, Acemoglu, Johnson and Robinson 2005, Greif 2006, Ménard and Shirley 2005）。

　だがこの解釈には弱点がある。銀行業と利子率の研究によれば，1688年以
後に何らかの構造的な断絶があったことを示す証拠は見いだせず，金融の面で
も投資環境の明瞭な改善は認められない（Clark 1996, Epstein 2000, Quinn 2001,
Goldstone 2003）。所有権はフランスでも——おそらくこの点に関しては中国で
もまた——イギリスと少なくとも同じくらい安全だった（Bogart 2005a, 2005b,
Hoffman, Postel-Vinay and Rosenthal 2000, Pomeranz 2000）。実際，フランスは所有権
が安全過ぎたがために苦しむことになった，との説もあるほどなのである。イ
ギリスには土地の囲い込みや，私有地にかかる運河や有料道路の建設に反対す
る所有者に優先する議会の個別法律［特定地域および特定個人・団体のみに関
する議会により制定された法律］があったが，フランスにはこれに相当するもの

6

がなかった。そのためにプロヴァンスでは有望な灌漑計画がありながら実施されなかった（Rosenthal 1990, Innes 1992, 1998, Hoppit, Innes and Styles 1994）。これらの計画は，フランス革命が地方の特権を廃棄し，権力を国民議会に集中したのちにようやく実施されたのである。しかしイギリスは先にこの状況に至り着いていた。名誉革命は，「1688年以前には専制権力はほんのたまに行使されるだけだったが，それ以後はいつでも行使できるようになった」ことを意味したからである（Hoppit 1996, p. 126）。

　最後に，税は大陸よりもイギリスのほうが高かったとされる（Mathias and O'Brien 1976, 1978, Hoffman and Norberg 1994, Bonney 1999）。いずれにせよ，課税の範囲は極めて広く，ビールに対する消費税や抵当権設定者の債務不履行に対する担保物件の受戻しの費用（現実には18世紀のイギリスでは安く済まされる手続きではなかった）から，ワットの分離凝縮器の発明にまで及んでいた。飛躍的技術革新からの説明は，制度史の議論の場合より以上に，技術そのものに焦点を当てねばならない。蒸気機関やジェニー紡績機の研究が明らかにしたのは，フランスが制度の面でどんなに優れていたとしても，産業革命をフランスで発明することは利益にならなかっただろう，ということである。フランスで制約となったのは価格だった。

科学革命

　産業革命に先んじて，17世紀には科学革命があった。それはイタリアでガリレイとともに始まり，イギリスでニュートンとともに終結した。同時期に生じた経済的覇権の交替と並行する現象である。果たして近代科学は近代産業の発展を促したであろうか。

　これは大学の学長たちのお好みのテーマであり，事実，17世紀から科学研究の擁護者によって論じられてきた（Inkster 1991）。1671年，ロバート・ボイルは，「優れた頭脳が生み出した発明は，広く求められるようになれば，手仕事職人に仕事を与え，商工業者に生活の糧を得させるばかりか豊かにさえする手段を与える」，と主張している。「博物学者」は新しい製品を発明したり（たとえば振り子時計），製造上の問題を解決すること（たとえば，コーネリアス・ド

レッベルによるトルコ赤染色の発明）で，経済に利益をもたらすことができた。だがとりわけボイルの強い関心を引いたのは，生産を機械化する「装置」を発明する可能性だった。「木材が風車で挽かれ，ヤスリが簡単な道具で削られ，絹の靴下さえもが機械によって織られるのを目にすると……どんな手仕事であれ，発明工夫によって人間がそれを機械装置に行わせるようにできないものかと問うてみたくなる」。ボイルは，その可能性は「小売り商人や書斎人が想像している以上に」あり，実験科学がそれを発見するものと考えていた（Boyle 1671, Essay 4, pp. 10, 20）。

　ボイルは正しかっただろうか。技術に関する科学的発見のインパクトについては，1960 年代に徹底的に究明され，ほとんどの歴史家は否定的な見方をとった（Musson and Robinson 1969, Landes 1969, pp. 113-4, 323, Mathias 1972, Hall 1974）。しかしこれらの歴史家たちの見解は行き過ぎであり，科学的発見が産業革命の重要な技術の基盤となったことを示す良い例もある。たとえば，ホールは科学的発見と新技術との間には結びつきがないとしたが，その理由は，彼が 1760〜1830 年の期間しか分析しなかったからである（Hall 1974）。ワットの例では，潜熱の理論は分離凝縮器の発明に何の貢献も果たさなかった，とホールは結論した。この主張は正しいのだが，問題は，産業革命にとって重要な科学的発見は，1760 年以後ではなく，1700 年以前になされている，ということなのである。

　もっとも重要な科学的発見は空気圧に関するもの，つまり空気には重量があり，蒸気は圧縮すれば真空を作り出すことができる，という発見だった（Landes 1969, p. 104, Cohen 2004）。この発想が生まれた経緯は一つの大きな物語であり，それには 17 世紀科学の指導的な人物——ガリレイ，トリチェリ，オットー・フォン・ゲーリケ，ロバート・ボイル，ロバート・フック，クリスティアン・ホイヘンス，ドニ・パパン——が絡んでいる。これについては第 7 章で論じよう。これらの探求の頂点となったのは，1698 年に発明されたトーマス・セイヴァリーの蒸気ポンプと，1712 年のトーマス・ニューコメンの蒸気機関だった。それは当時の技術的驚異であり，科学から導き出された産業技術の最初の例の一つだった。

8

　17世紀の物理学上の発見は，蒸気機関の発明のための必要条件ではあったが，十分条件ではなかった。科学的発見の多くは大陸でなされたが，蒸気機関はイギリスで発明された。なぜだろうか。科学的知識を実用的技術に転換するためには高い費用を要した。投資する価値があったのは，大規模な石炭産業が揚水技術に対して大きな需要を生み出し，実質的にただ同然の燃料の無制限な供給のあるイギリスだけだった。イギリスの異例の賃金・価格構造がなければ，研究開発は利益を生み出さなかっただろうし，ガリレイがイタリアに対してそうであったように，ニュートンもイギリスの経済に対してほとんど何も貢献しなかったであろう。

合理主義の優位か

　西欧の勃興は文化的進化によっても説明されてきた。これにはいくつかの側面があり，そのうちの二つはマックス・ウェーバーにまでさかのぼる。彼の最初の議論は，近代人はその高い合理性によって特徴づけられる，というものである。もっとも有名な著書の一つ『プロテスタンティズムの倫理と資本主義の精神』（Weber 1904-05）で，ウェーバーは宗教改革が近代西洋の合理主義へと向かう道を拓いたとの理論を展開した。それは西洋とその他の世界の大きな分岐点となった。

　歴史家は『プロテスタンティズムの倫理』に好意的ではなかった。その実証的根拠は，一時的だがプロテスタンティズムと高い所得の間に相関がある，ということだけだった。この相関は16世紀にも，また現代でも確認できない。ウェーバーはカルヴァン主義と同時期のカトリック神学の諸教説の違いを誇張していた，とも指摘されている（Tawney 1938, Trevor-Roper 1967, Blaut 1993, Lehmann and Roth 1995）。

　経済学者もまた合理性に関するウェーバーの見解については冷淡である。ウェーバーの考えは1950年代，60年代には開発政策に大きな影響力を持っていた。途上国で農業生産性が低いのは農民が「非合理主義的」だからだ，ということを彼の議論は示唆したからである（Rogers 1962, McClelland 1961, Hagen 1962）。非合理主義が広がっているとの見方には，シュルツをはじめとするほ

とんどの農業経済学者が反対した（Schultz 1964）。独立小農民の合理主義を検証する方法は，農産物価格の変化に対して彼らがどう反応するか，新しい技術の導入にどれだけ積極的かを調べてみることだった。こうした研究の結果が示したのは，途上国の小規模独立農民は先進国の農民と同じくらい合理的である，ということであった（Berry and Cline 1979, Booth and Sundrum 1985, Mellor and Mudahar 1992）。

　経済史家も中世および近世の農民に関して同様の問題を検討してきた。農奴制が終わりを告げ，小農民が土地に対する事実上の権利を獲得すると，中世イギリスの伝統主義を体現するものと考えられていた開放耕地は，農業革命の基盤となった。イギリスの小農民は，発展途上国の農民と同じようなやり方で生産性を引き上げた（Allen 1992）。こうした発見は，非西洋または前近代の経済は非合理主義によって停滞を余儀なくされていた，という考えに疑問をいだかせるものとなった。

文化としての科学

　没後に刊行された作品で，マックス・ウェーバーは文化変化と経済発展に関する第2の議論を展開した（Weber 1927）。すなわち技術進歩が起こるためには，科学的態度が迷信に取って代わらねばならない，というものである。ウェーバーによれば，前近代の人々は自然界の出来事を超自然的存在——神，霊魂とか妖精——の介入によるものと見ていた。それゆえに，自然界をコントロールするには霊的世界を操作することが必要となる。これは時には生贄，祈禱，あるいは神殿や教会の司祭の介入によって成し遂げられ，時には魔女，魔法使い，シャーマンによって行われた。霊能者とは無関係に進行する経験的規則性や「自然の法則」があることについて，ふだんはある程度は認識されていたが，それでも彼ら霊能者は人間生活に大きな影響を与え，ものの考え方を支配していた。技術的・社会的進歩のために必要な経験的で科学的な見地への行く手には，こうした精神的志向が立ちはだかっていた。

　となると，近代社会が生まれるには，ウェーバーが「世界の魔術からの解放」と呼ぶものが必要となる。世界が霊的力に影響を受けない唯物的領域だ

となれば，人々の関心は経験的規則性とか自然の法則の発見に向かうことになる。それ以後，技術発展は急速に進むことができた。この過程は西洋では他の地域よりも早く始まり，それが西洋の勃興を説明するとウェーバーは考えた。

　問題はなぜ西洋は迷信を克服できたか，ということである。ジェイコブのような科学史家は，科学革命が民衆文化を変容させた，と主張する（Jacob 1997, pp. 1, 2, 6-7）[1]。「自然についての新しい科学的理解が，機械化された産業に先行し，そしてもっとも重要な点だが，その発展を助けた」。17世紀後半および18世紀には，科学に対する関心が広がり，科学との日常的な接触が人間性の変化をもたらした。「科学革命から引き出せるもっとも重要な文化的意味は……1750年までにイギリスで最初に新しいタイプの人間が生まれた点にある」。この人間は「必ずそうだというわけではないが，一般的にいえば，男性の企業家で，生産過程に機械論的に取り組もうとする」。彼はそれを「機械によって動かされるもの，もっと抽象的な言い方をすれば，重量，運動，および力と惰性の原理に立って概念化されるもの」，と見ていた。労働と労働者もまたこうした見地から捉えることができた。この新しい思考方法の行き着く先は，生産の機械化だった。モノづくりは「労働の代わりに機械を用いること」でなされた。この新しい文化は大陸よりもイギリスで熱心に取り入れられ，その結果「産業発展はまず最初にイギリスで起こった。それは単に原材料［上の利点］，資本の蓄積，安い労働力，あるいは技術革新だけによるのでなく，科学と文化に関わる理由のためだった」。というより，フランスに対するイギリスの優位は，「フランスやオランダとイギリスの科学文化の顕著な違い」によるものだった（Jacob 1997, p. 105）。フランス人が理論的であるのに対しイギリス人は実践的だった，というのである。

　イギリスとフランスの工業技術のこの対比論には大いに問題がある。18世紀のイギリスとフランスの間に発明の能力に大きな違いがあったかどうかは，はっきりとは分からない（Hilaire-Pérez 2000）。確かにフランス人の発明の例は

---

1) 文化的説明の他の例としては，Stewart (1992), Levere and Turner (2002), Jacob and Stewart (2004)。

たくさんある。モキイア（Mokyr 2009）は「化学の知識，製紙，それに最高級の織物」を例にあげている。ではなぜイギリス人がフランス人より実践的工業技術文化を持っていたと考えられるのだろうか。それは最初にコークスで鉄を溶融し，蒸気機関を発明し，機械で紡績する方法を発見したのがイギリス人だからである。本書の第 II 部で，こうした行動の相違は，研究開発を行うことの利益が国により違いがあることに起因する，ということを示す。この議論が受け入れられるなら，文化的説明は表面的なものだということになる。実際，文化的説明は循環論的である。

　モキイアは，啓蒙主義が科学革命を産業革命に結びつけたとする，影響力ある一種の文化的議論を提出した。彼はその本質的特徴を記述するために「産業的啓蒙主義（industrial enlightenment）」という用語を編み出した。産業的啓蒙主義は，科学や実験的方法の技術研究への応用，科学的方法により把握される自然法則が支配する秩序ある宇宙という考え方，自然界と技術の科学的研究が人間生活を改良するとの期待，といったことを強調する。産業的啓蒙主義は，「産業革命がなぜ西欧で（なぜフランスやオランダではなくイギリスで，という問いではなく）起こったか」を説明する（Mokyr 2002, p. 29）。モキイアは産業革命がイギリスで起こった二つの要因をあげる。第 1 に，産業的啓蒙主義は大陸よりもイギリスでより深く根を下ろしていた。学者と制作者の間のコミュニケーションはより容易で実り多いものだった。もちろん，そうした行動の差は，イギリスでは発明に対する収益率がより高かったことによっても説明できるだろう。第 2 に，イギリスではフランスよりも熟練手工業者がより多くいたため，技術者が自分の発明を実現することがより容易だった。ここには人的資本についての議論も一部含まれている。実際，イギリスは 18 世紀には，おそらくドーヴァー海峡の向こう側の国民以上というわけではないにしても，人的資本に恵まれていた。これはまた，職人たちがニュートン的世界観を持つようになった，との主張と重なるところがある。

　産業革命の文化的説明は，科学的世界観がだんだん社会階層の下のほうにまで浸透していき，発明家の第 2，第 3 の層に影響を与えた，と論ずる。これらの層の人々こそが飛躍的に革新的な技術に磨きをかけ，それを広範囲な活動に

わたって応用するのに決定的役割を果たしたのである。ジェイコブは工場作業員さえもニュートン主義者にならねばならないと考えた（Jacob 1997, p. 132）。「相対的に洗練された機械的知識は，そうした機械的仕掛けが発明され，さらに重要な点だが，効果的に開発される前に，人々の知的世界の一部となっていなければならなかった。あなたが機械に関わる仕事をする労働者であれば，機械を理解することは，あなたの雇い主があなた自身を含む自然の全体をどう見ているかを一層よく理解するようになることを意味した」。こうした人々は王立協会のようなエリート団体のメンバーでもなければ，当時の指導的科学者と知り合いだったわけでもなかった。ジェイコブとモキイアは，トップレベルの科学が，地方の「科学協会，アカデミー，フリーメーソンの集まり，コーヒーハウスでの講義」，その他の場を通じて，民衆のなかへ浸透していったと考える。

　科学革命の文化的解釈は，民衆文化の歴史家からはどちらともとれる支持を受けている。18世紀の文化は中世の文化とは非常に異なっていた。1500年から1800年の間に，「民衆の態度には二つの漸進的な，だが重要な変化」があった。「それは世俗化と政治化という二つの，ありきたりだが有益な抽象的言葉に要約される」（Burke 2006, pp. 257-8）。ほとんどの人々は来世での霊的な可能性よりも，現世でのより良き生活を送ることのほうに強い関心を持つようになった。「富と地位は救済の証として，あるいは救済に代わるものとして」さえ，求められた。もちろん，これはウェーバーの見解である。多くの人々が示した宗教的熱狂や，ジョン・ウェスレー［1703-91. イギリス国教会の司祭でメソジスト運動の指導者。各地を巡回し，しばしば野外で説教して信仰の覚醒を訴えた］のような説教師が多くの信者を引き付けるのに成功したことを考えれば，世俗化の議論にも検討の余地がある。それはともかく，なぜ人々はより世俗的になったのだろうか。それはエリートの科学が大衆にまで滴下した結果なのだろうか。イギリス社会にニュートンが与えた影響について，シャープ（Sharpe 2007, p. 330）の主張の骨子はせいぜい次のことである。「魔術に対する民衆の懐疑，民衆のニュートン科学の受容は，さらなる研究が緊急に必要な問題である」。換言すれば，真偽は証明されていないのだ！

文化と経済——原因それとも結果か

　同じくこの時代の経済変化に起源を持つとされる文化の進展のその他の三つの側面に関しては，より確かな根拠がある。三つの進展とは，識字能力と計算能力の拡大，労働の動機としての消費主義の出現，経済的に望ましくない場合の結婚の後回しまたは回避である。もちろん産業革命以前には，これらの諸現象は十分に展開していたわけではなかった。だがこうした文化的変化は，近代的な男性と女性が出現する動きの大きな一歩だった。新しい文化と経済はあいまって進化し，相互に支え合っていたのである。

　識字率の上昇は知識と人生の見方に深い変化を及ぼしたし，読書の広がりはさまざまな面から経済発展に関係した。都市，農村の工業と商業では，農業では必要のない熟練が求められた。その結果，中世ヨーロッパの識字率は，農村部よりも都市でのほうがずっと高く，つまり都市化とともにそれは上昇したといえる。商業的繁栄もまた，人々が教育と知識にお金をかけるのを容易にした。それ以上に，活版印刷の発明は本の価格を大幅に引き下げ，有用な知識のためであれ娯楽のためであれ，読書の慣行を大きく広げることになった（van Zanden 2004a, 2004b, Reis 2005）。イギリスでは，自分の名前を署名できる人口の比率は 1500 年の 6 ％ から 1800 年の 53 ％ に上昇した。この規模の読者層は世界史に前例のないもので，多くの分野で新しい思考様式を生むことになった。

　計算能力を計測するのはより難しいが，これもまた近世のイギリスでは向上した。商業の発展が第一の原因だった。多くの人々は信仰の助けとして，または単なる娯楽のために読書することを望んだが，楽しみのために筆算を学ぶ人はごく少数だった。算術は役に立つから学習された（Thomas 1987）。算術と幾何学は，会計簿を記録し，船を操舵するために欠かせなかった。18 世紀の人的資本の水準が中世よりずっと高かったことは，なぜ産業革命がそれ以前には起こらなかったかを説明する重要な理由の一つである。

消費主義と勤勉

　経済の進化はまた勤勉への誘因を強めることにもなった。これは18世紀の著述家のテーマであり，新しい消費財――本や時計のようなイギリスの国産品や，砂糖，茶のような輸入品――は所得を得たいとの欲求を生み出した，と論じた。ジェームズ・ステュアート卿は『経済学原理』で次のような議論を展開した（Steuart 1767, pp. 53-4, 58, 199, 229）。「産業が繁栄すれば，自由な働き手は……有益な製造業で雇用されるだろう。製造業は創意工夫のある者によって洗練され，標準的な好みと呼ばれるものを決めることになる。この好みが消費を増加させる」。なぜだろうか。「誰かに最初の店に入ってこのことを試してもらおう。ここほど簡単に自分の欲しいものを見つけられる場所はほかにない。彼が目にするどれも必要であるか，少なくともとても便利であるように見える。そこで彼は（とくに金持ちであれば），どうして職人の工夫だけが発明しえた優れたモノを，こんなに長い間なしですませてこられたのか，疑問に思うようになる」。こうしたモノを買うためには所得が必要となり，そのためには一層働かなければならない。古代世界では「人は他人の奴隷であるがゆえに労働することを強いられた。だがいまや自分の欲望の奴隷であるがゆえに，労働を強いられる」。その結果，商工業の盛んな国では，誰もが自分の能力を金銭計算に向けなければならなくなる。そうしなければ，疑いもなくこの競争的模倣の世界で後れをとってしまう。この世界では，もっとも勤勉な者，もっとも工夫創意のある者，もっとも倹約する者が常に勝者となるのである。

　こうした考え方はマサイアスとド・フリースにより引き継がれ展開された（Mathias 1979, de Vries 1993, 1994, 2003, 2008）。彼らはステュアートが記述したような変化について「勤勉革命（industrious revolution）」という用語を編み出した。消費の歴史家は新しい消費財が支出パターンをどのように変えたかを研究してきた（McKendrick, Brewer and Plumb 1982, Brewer and Porter 1993, Berg 1998, 2002, 2004, 2005, Berg and Clifford 1999, Fairchilds 1993, Lemire 1991, 1997, Styles 2007, Weatherill 1996）。またヴォースは，新しい消費財が労働強度を高めるとの予測

を裏付ける証拠を見いだした（Voth 2000）。同様のパターンはパリやその他の首都にも見られたが，消費革命と勤勉革命の中心地はイギリスとオランダだった。新しい消費主義は，経済進歩を説明するために，十分ではないが必要な条件だった。新奇な消費財——その多くが17世紀の経済のグローバル化に伴う外国からの輸入品だった——を買うための熱狂的な所得の追求は，産業革命の文化的基盤であった。

結婚と子ども

　北西ヨーロッパではまた，独特な結婚慣習が発達し，これも他の社会に見られるよりも高い生活水準と，個人の独立のためのより広い基盤を生み出す要因となった。ヘイナルは20世紀初期の国勢調査を使って，世界には二つの結婚慣習があることを示した（Hajnal 1965）。サンクトペテルブルクとトリエステを結ぶ線の東側と南側では，実質的にすべての女性が結婚し，しかもその多くが10代で結婚した。この線の西側と北側では，女性の5分の1もが生涯結婚しなかったし，結婚する女性も20代になってから結婚した。こうした傾向は北西ヨーロッパでもっとも顕著だった。第1の結婚慣習は，高い出生力と低い生活水準につながった。ヘイナルがヨーロッパ型の結婚と呼ぶ第2の結婚慣習は，低い出生力を意味し，経済的条件に対応して結婚する女性の比率と女性の初婚年齢が変化するようなパターンである。ヨーロッパ型の結婚は，人口の大部分の生活水準が常に高いこと，さらに高い生活水準が貯蓄と経済成長を容易にすることを意味する（Jones 1981）。マルサスは，イギリスではほとんどの人の生活水準は中国よりも高い，その理由は，イギリス人は所得が低い時には結婚を控えるのに対し，中国人はそうしないからだ，と信じていた。

　ヨーロッパ型の結婚慣習を説明するものは何なのだろうか。デ・ムーアとファン・ザンデンは「女子の力」という示唆的なタイトルの論文（De Moor and van Zanden 2005）のなかで，この慣習の起源はイギリスとオランダでは中世末期までさかのぼることができるとした。結婚相手の選択にあたって（家族より

むしろ）個人の役割を強調する宗教的教えが発達してきたことがその背景にあったが，決定的な要因は，黒死病に続く高賃金経済だった。高い賃金とそれに対応する高い労働力需要は，若者——とくに若い女性——が親元を離れて自立し，自分の生活と結婚を自分で決められることを意味した。女性は条件が整い，ぴったりの相手が見つかるまで結婚を先送りした。16 世紀の賃金の下落はこの独立した生き方を脅かした。しかし北西ヨーロッパの高賃金経済はその存続を可能とした。そして実際にヨーロッパのこの地域での結婚はどこよりも両親の干渉から自由だったし，ヨーロッパ型の特徴を完璧に示すものだった。18 世紀の女性が享受した自由を過大評価すべきではないが，それでも個人の自立は高賃金経済によって長期的には保たれた。

近代文化の成立

　一般的にいえば，イギリスと北西ヨーロッパの民衆文化は産業革命に至る数世紀の間に変容した。文化はおそらくより世俗的になり，また経済的成功により強い関わりを持つようになった。民衆は読んだり，計算したりできるようになった。新しい商品を追い求め，それを買うお金を得るために働いた。経済的に望ましくない時には，結婚を控え，家族数を制限した。18 世紀は 21 世紀と同じではないが，近代的な態度と特徴がしだいに優位を占めるようになった。その多くは経済的な起源を持ち，それが経済のさらなる成長を促したのである。

産業革命への経済的アプローチ

　近代文化は産業革命の成立を容易にした。しかしそれを引き起こすには十分ではなかった。資本主義，最小の統治，科学革命と同様，近代文化も一つの説明として致命的な弱点を持っている。こうした発展は産業革命の必要条件ではあったかもしれないが，十分条件ではなかった。制度を整える，自然界につい

ての知識を増やす，生産に経験的方法を適用する方途を熱心に探る，こういったことは技術の供給を増すことになったかもしれない。だが新しい技術に対する需要がなければ，発明へのインパクトにはならなかっただろう。本書は，高賃金と安価なエネルギーが，イギリスの企業に，労働を資本とエネルギーに代替する技術の発明に対して例外的な経済的誘因を与え，それによって技術への需要を増大させた，ということを明らかにする。私は科学的知識の拡大とか，科学文化の広がりとかいった，供給サイドの発展も無視しているわけではない。しかしこれまでしかるべき注意が払われてこなかった技術の供給を促す別の要因，とくに高い実質賃金を強調する。それはすべての人々が教育や訓練にお金を使うことができる点で，［イギリスが］世界の他の地域より有利な立場にあったことを意味する。その結果である高い識字率と計算能力は，発明と技術革新に貢献することになった。高い賃金と安いエネルギーはグローバル経済におけるイギリスの成功の結果であったから，産業革命の起源は，それ以前の経済的成功にまでさかのぼることができる。

　18 世紀イギリスに関する私の見解は，19 世紀アメリカの技術進歩について論じたハバカクの分析（Habakkuk 1962）を想起させる。アメリカの発明には，労働者 1 人当たり産出量の成長を加速させる労働節約的な偏り［生産要素のなかでもとくに労働力を節約する技術に強く向かう傾向。第 6 章を参照］があった。ハバカクはこの労働節約的な傾向をアメリカの高い賃金によるものとした。それが労働を経済的に利用するような発明へと導いたのである。高賃金のほうは土地と天然資源の豊富さの結果であった。本書では，イギリスの至るところに存在する炭鉱地帯が 18 世紀に［19 世紀アメリカの豊富な土地と天然資源と］同じ役割を果たした，と論じられる。安いエネルギーは，企業が高い賃金を支払いながらも競争力を保つことを可能とした。高い賃金と安いエネルギーは，労働を資本とエネルギーで代替する技術の発明を採算の取れるものにしたのである。したがって，18 世紀イギリスは 19 世紀アメリカの前編だったともいえる[2]。

---

　2) David（1975）はローカル・ラーニングに基づくハバカクの見解を定式化し，拡張した。Temin（1966）はこの議論の一般均衡論的含意を研究し，「実質賃金」の異なった意味

イギリスの独特の賃金・価格構造は産業革命が進行する回転軸だった。したがって論理的に次に問うべき問題は，イギリスの賃金と価格をどう説明するかということである。結局，それは近世期の国際経済におけるこの国の大成功の結果だった，ということになる。この成功は，一部は［資本，労働，土地などの］生産要素の賦存状況の変化，一部は商業政策によるものだった。これらのテーマは本書の第I部で詳論される。ここでは何が起こったか，簡単にスケッチしておこう。

ヨーロッパ経済の変容 1500～1750 年

1500 年から 1750 年の間に，ヨーロッパの経済は変容を遂げた。中世ヨーロッパの製造業と商業の中心は地中海地域であり，それに今日ベルギーと呼ばれる地域に小さな飛び地があった。イギリスの人口の大部分は農村地域に住んでおり，ほとんどが農業で暮らしていた。生産性も所得も低かった。それ以外のヨーロッパの地も同様に後進的であった。18 世紀までに経済の重心は北海側に移動した。地中海経済は深刻な衰退に見舞われ，ベルギーの経済も悪化した。16，17 世紀にはオランダが先頭に立ち，当時の経済的驚異の的となった。イギリスの進歩はそれよりはゆっくりとしていたが，着実だった。17 世紀にはイギリスの所得は大陸の主要なライバル，フランスやハプスブルク帝国のそれを追い越すまでになった。18 世紀までにイギリスはリードを広げ，オランダをも凌駕した。産業革命はこの前進の総仕上げであった。

ヨーロッパ経済の再編は国際貿易の拡大によって加速した。16，17 世紀には，市場の統合の広がりによって，織物生産の立地は地中海地域から北海地域へと移動した。17，18 世紀には，大陸間の取引が拡大した。大きな利益を得たのはイギリスとオランダで，製造業と商業の成長を刺激する世界帝国を築いた。最初は獲得した南米の銀のおかげでスペインが最大の勝者のように見えた。

を区別することの重要性を強調した。この点で，私はテミンの先行研究に従う。

第 1 章　前工業化経済と産業革命　**19**

表 1-1　人口の部門別比率（1500〜1800 年）

(%)

	1500 年			1800 年		
	都市	農村の 非農業	農業	都市	農村の 非農業	農業
〈もっとも成功した国〉						
イングランド	7	18	74	29	36	35
〈ある程度成功した国〉						
オランダ	30	14	56	34	25	41
ベルギー	28	14	58	22	29	49
〈わずかに前進した国〉						
ドイツ	8	18	73	9	29	62
フランス	9	18	73	13	28	59
オーストリア＝ハンガリー	5	19	76	8	35	57
ポーランド	6	19	75	5	39	56
〈ほとんど変化しなかった国〉						
イタリア	22	16	62	22	20	58
スペイン	19	16	65	20	16	64

注）この表でまず注目すべきは農業人口の比率である。多くの国でそれはおよそ 75 ％だったが，この比率は
20 世紀初頭の途上国の農業人口の比率と同じである。1500 年に比率が低かったのはどの国か，また 1500
年から 1800 年の間にこの比率はどのように低下したかに注目せよ。イングランドはもっとも大きな低下を
見せ，スペインの低下はもっとも小さかった。さらに，都市，および農村の非農業グループの比率がどの
程度伸びたかにも注目せよ。イングランドは最大の都市革命を経験し，農村の非農業の比率もポーランド
に次いで大きく伸びた。

出典）Allen (2000, pp. 8-9).

しかしそれはやがて破滅の原因であることが分かった。インフレーションを引
き起こし，この国の製造業と農業の競争力を失わせることになったからである
(Drelichman 2005)。

　近世経済における成功と失敗は経済の構造に歴然と現れている。表 1-1 は，
ヨーロッパの主要経済の人口を農業，都市，農村の非農業の三つのグループに
分けている。この表では国は現代の境界で分割されている。データの利用可能
性からこれはやむをえない。国ごとの政策と制度の影響の違いを考察すること
が望ましいが，当時はこれらの国の多くはバラバラに分かれており，国の境界
は人為的なものでしかない。

　1500 年には，ほとんどのヨーロッパの人々は後進的な経済のもとで暮らし
ていた。これは何よりもまず，農業に従事する人口の大きさにより示されてい

る。イングランド，オーストリア＝ハンガリー，ドイツ，フランス，ポーランドでは，およそ4分の3の人々は農業に従事していた。この比率は，20世紀初頭のアジア，アフリカ，ラテンアメリカ，および東欧の比率とほぼ同じである（Kuznets 1971, pp. 203, 249-55）。経済構造の点からすれば，西ヨーロッパも中世の終わりには同じ——低い——発展の水準にあった。

　農業人口の比率の大きさに対応して，都市の規模も小さく，人口の10％にも満たない程度だった。たとえば，1500年，ロンドンにはわずか5万人しか住んでいなかった。他のイギリスの都市は市場町とあまり変わらない規模だった。農村部での非農業雇用も，とくにのちの発展と比べると限られていた。

　1500年時点でのヨーロッパの先進的経済はイタリア，スペイン，それに現在のベルギーだった。オランダ経済も先進国並みの比率を示していたが，人口規模はあまりに小さく，その数値は，当時の経済的重要性を表す指標というより，未来を予兆させるものといったほうがよい。これらの経済では，都市人口の比率は19％から30％だったが，中世の有力な製造業はこれらの都市に立地していた。それに対応して，農業人口の比率はおよそ60％ほどに下がった。

　1500年から1800年の間に，ヨーロッパ経済はさまざまな軌跡を描いて進んだ。表1-1の国はこの多様性を強調するようグループ分けされている。イングランドはずば抜けて成功した国だった。農業人口の比率は35％にまで落ちた。これは最大の下落で，ヨーロッパが到達したもっとも低い率だった。1800年には，農業従事者は1人でほぼ3人の人間を養うことができるようになったが（2.86＝1/0.35），1500年の農業従事者は1.3人しか養えなかった（1.35＝1/0.74）。農業革命はイギリス経済の変容の不可欠の一部だった。

　農業の比率の低下に対応して，都市と農村の非農業の比率が上昇した。後者は「プロト工業」革命[*1]に対応する部分である（Mendels 1972, Coleman 1983）。これは近世に見られた現象だった。ヨーロッパの各地で製造業が農村地域で発達した。生産は作業場か自宅で行われた。商人が農村住民を出来高払い労働者として雇い，彼らに原料を渡して，完成品を集めた。完成品はしばしば大きな市場会館で別の商人に売られ，ヨーロッパ中に運ばれた。地域ごとに稠密な特化が見られた。毛織物生産はノリッジやヨークシャーのウェスト・ライディン

グ周辺で発達し，金属ボタン，取り付け金具，各種器具類はバーミンガムで作られ，靴下はレスタシャーで編まれた。毛布はオックスフォード近辺で織られ，ハドソン湾会社によりカナダに船で運ばれた。農村工業の展開はヨーロッパの各地で見られたが，イギリスではとりわけその密度が高かった。

　北西ヨーロッパでの農村工業の拡大と結びついて，新しい経済的先進地が台頭してきた。拡大は古い生産者を犠牲にして起こったからである。中世にはイタリアとフランドルの都市が大陸の至るところに輸出される毛織物を生産していた。イギリスもまた繊維の短い羊毛から作られる重い広幅毛織物を輸出していた。16世紀までに，イギリスとオランダはイタリア製の軽い梳毛毛織物を模倣し始めていた。これらの織物は「新種毛織物」と呼ばれた。やがて非常に人気を博し，イタリアは17世紀には毛織物生産事業から駆逐されてしまった（Rapp 1975, Harte 1997）。イギリスはこの競争で勝ち残った。黒死病以後の人口減少により，多くの優良な農地が放草地に戻されたことが成功の主たる要因だった。羊の飼料供給が改善されたことは，羊からとれる羊毛が，貧弱な飼料で飼われていた中世の羊の短い羊毛よりも，梳毛毛織物に向いた長く良質なものとなることを意味した。それに加えて，大陸からの亡命者が，イギリス製品の品質と種類を改善するような熟練技術をもたらした（Goose 2005）。

　近世のイギリスでは都市化もまた急速だった。それは一部は農業の改良の結果だった。国家は農村で発生した所得のいくつかに課税し，それを首都や地方都市に支出した。その一つポーツマスでは兵器工場や海軍工廠が経済を引っ張っていた。またバースのような都市は地主階層の農業所得によって支えられていた。都市の成長が製造業によることもあった。ロンドンは早くからイギリスの出版や家具製造の中心地だった。とはいえ，ほとんどの都市の成長は貿易と商業によるものだった。17世紀，ヨーロッパの域内貿易はロンドンの拡大の基盤だった。農村の製造業とも密接な結びつきがあった。新種毛織物はイースト・アングリアで織られ，ロンドンを通じて地中海地方に輸出された。1500年から1700年の間にロンドンの人口は10倍に増えた。この成長には新種毛織物の輸出が多大な貢献を果たした（Davis 1978, p. 390, Wrigley 1987, p. 148）。

　17，18世紀になると，大陸間の貿易が重要性を増した。16世紀の南アジア

でもっとも成功を収めたヨーロッパの勢力はポルトガルだった。香料貿易を独占し，シナモンとナツメグの産地である「香料諸島」モルッカをはじめ，重要な植民地を掌握した。17世紀初めには，代わってオランダがポルトガルからこれら諸島を奪い，インドネシア帝国を築いた。この帝国支配の成功によって，アムステルダムはヨーロッパにおける熱帯産商品の卸し売りの中心地となった。積極的な植民地政策，航海法，オランダとの3度にわたる戦争の助けを借りて，ロンドンはこの貿易をアムステルダムからもぎ取った。インドとの取引により，アジアからの輸入品リストには茶，綿織物が加わった。18世紀が進むにつれ，イギリスの国際収支のなかで大陸間取引の重要性はしだいに高まり，この貿易の成長がイギリスの都市の成長に貢献した。

　近世においてもっとも成功を収めた2番目の経済は低地地方だった。農業に従事するのは人口の半分以下で，都市，および農村の非農業の人口比率も非常に高かった。現在のベルギーにあたるフランドルは高度に都市化されており，中世には製造業の主要な中心地であった。その経済は近世の主導国ほど急速には成長できなかったが，1800年の時点でも，大陸のたいていの地域よりも近代的な構造と高い所得を維持していた。

　オランダは17世紀ヨーロッパの最先進国だった。実際，当時の経済政策の主要な課題は，いかにしてオランダを模倣するかということだった。イギリスと同様，オランダもまた農業革命を経験した。それが都市と製造業の経済の成長を容易にしたのである。貿易は低地地方の進歩の命運を左右するものだった。新種毛織物の生産は低地地方のホントスホーテのような村で最初に確立された。軽い毛織物の製造はアルデンヌをはじめとするその他の農村地域にも広がった。しかしもっと重要ことだが，毛織物製造はレイデン，デルフト，ゴーダ（ハウダ），ハーレム，ユトレヒトなどの都市で再編された（Pounds 1990, pp. 235, 293）。オランダはポルトガルのアジアにおける帝国を引き継ぎ，アムステルダムはヨーロッパにおける一大卸し売り市場となった。オランダの製造業と農村工業もまた強大だった。イギリスは18世紀後半までオランダを凌駕することはできなかった。

　第3のグループはアルプス山脈とピレネー山脈以北の残りの大陸ヨーロッパ

である。フランスとオーストリアは主要な軍事勢力であった。ポーランドは1500年に統一されたが，次の3世紀の間に分割された。ドイツはこの時期を通じていくつもの領邦国家に分裂したままだったが，プロイセンは国際的な舞台で活躍する国の一つであった。

これらの国々は近世にはまずまずの発展を見せた。農業人口の割合はおよそ60％に落ちた。これは1500年のイタリアやスペインに近い数値である。この低下に対応して，プロト工業従事者の比率が上昇した。雇用される人口の比率から見て，これらの国々は先進的経済のプロト工業に匹敵するほどの重要な農村工業を発達させた。しかし都市の人口比率はほとんど増加しなかった。それがこれらの国々をイギリスや低地地方と分かつところであった。フランスはしばらくの間は重要な植民地をいくつか持っていたが，七年戦争とフランス革命の時に失ってしまった。

イタリアとスペインは最後のグループを構成する。これらの経済で目を引くのは，1500年から1800年の間に構造的変化が見られないことである。イタリアとスペインは中世末には大陸のほとんどの地域よりも都市の人口比率は大きく，農業従事者の比率は小さかった。だがこの比率にはほとんど変化がなかった。そこから派生していえるのは，農村工業の成長が見られなかったことである。プロト工業化はアルプスまたはピレネーの南にまで広がることはなかった。イタリアは海外の領土を持たなかった。スペインは持ったが，何の利益にもならなかった。産業拡大を刺激するよりも，イベリア半島の経済を破たんさせるようなインフレーションをもたらしたからである。

近世の拡大から産業革命へ

産業革命は中世後期にまでさかのぼる社会的・経済的進化の長い過程がもたらした結果だった。イギリスの商業と帝国の拡大はこの進化の土台をなす重要な特徴だった。しかしそれがすべてではなかった。

産業革命への歩みは黒死病とともに始まった。人口減少は耕作者のいない農

地をたくさん生じさせることによって労働の移動性を高め，さらにこの移動性の高さが農奴制の崩壊を導いた（Allen 1992, pp. 37-77）。少ない人口はまた高賃金経済をも生み出した。高い消費がもたらす利益は人間だけに限定されなかった。羊も同様により良い餌を食べた。そしてその長い羊毛は，イギリス近世の梳毛毛織物，つまり新種毛織物産業の基礎となったのである。ロンドン港を介したこの織物の膨大な量の輸出はロンドンの人口の急速な成長をもたらし，首都を支える燃料を提供するための石炭産業の勃興を促した。商業取引のかつてない好況は 17，18 世紀，イギリスの貿易拠点拡大と植民地獲得を目指す重商主義政策によって，アメリカやアジアにまで広がった。貿易が増大すれば都市も拡大し，都市の成長は農業生産性を引き上げる刺激となった。拡大した都市は小さな都市よりもいっそう洗練された分業を促し，その結果，都市化はさらにより高い効率性と高い賃金へと直接つながっていった（Crafts and Venables 2003）。

　近世経済の拡大は有利な制度と文化の発展によって支えられていた。農奴制の終焉と資本主義的企業にとって望ましい安定した法的環境の確立は，疑いなく成長を促進した。迷信や中世的宗教の緩やかな衰退，それに呼応する科学的態度の興隆とともに，人々は生活上の問題を超自然の力を操作することによって解決するのではなく，現実的な解決方法を探し求めるようになった。商売上の必要性と本の価格の暴落は，識字能力と計算能力を高めた。多くは海外から獲得された綿，茶，砂糖，タバコなどの新商品は，消費への欲望を増幅し，働いて高い所得を得ようとの動機を強めた。資本主義的発展にとって望ましい政治制度は，識字や計算能力，勤労意欲の高まりと同様，国際商業と都市の拡大の帰結だった（Brenner 1993, Hill 1966, Acemoglu, Johnson and Robinson 2005）。都市化はまた中世の迷信をも掘り崩していったかもしれない。

　近世経済の商業的拡大がもたらしたのは，イギリスが 18 世紀に享受した特異な賃金・価格構造だった。賃金は高く，エネルギーは安かった。これらの要素価格は，労働を資本と石炭で代替する技術を発明する強い経済的誘因を企業に与えることにより，産業革命に直接つながっていった。産業革命の有名な技術——蒸気機関，機械紡績，コークス溶融——はこうした特徴を持っていた。法や文化の進化は，これらの経済的誘因に応じて供給側の対応を生み出した。

文化や法の進化は商業に起源を持つものだったから，近世期のイギリス経済の国際的拡大は産業革命に決定的な貢献を果たしたといえる。こうしたテーマが本書のこれ以下の諸章の検討課題となる。

訳注

* 1　プロト工業（革命）：機械化や工場制を伴う産業革命以後の本格的工業化に先立って，北西ヨーロッパを中心に，農村の家内工業を基盤として展開された工業化を指す。農家は主に繊維製品などを副業として生産していたが，近世になるとこれが都市の商人により組織され，自家消費や近隣の市場ではなく，新大陸を含めた域外の遠隔地市場向けに生産されるようになった。副業に頼らざるをえない，比較的貧しく人口圧の高い農村地域がプロト工業の立地となる傾向があった。農村における雇用と所得機会の増大は，ヨーロッパ型結婚慣習による出産力の統制を緩め，人口増加をもたらした。この，しだいに工業生産に特化した地域の人口に食料を提供するために，近隣地域では商業的農業が成長し，地域間の分業が展開していく，とするのもプロト工業化論の特徴の一つである。プロト工業化論のモデルが最初に適用されたのはフランドル地方の例であったが，その後，ヨーロッパ各地だけでなく，日本を含めた非ヨーロッパ世界の事例についてもその妥当性が検証されてきている。

第 I 部

工業化以前の経済

第2章
前工業化イギリスの高賃金経済

> イングランドの製造業で働く人々は脂たっぷりの食べ物をとり，砂糖入りの飲み物を飲み，ヨーロッパのどの国の労働貧民よりも健康に生き，快適に暮らしている。彼らはどの国よりも仕事に対して良い賃金を受け取り，衣食に気前よく金を使う。
> ダニエル・デフォー『イングランドの完全な商工業者』(Defoe 1726, ch. XXII)

18世紀イギリス経済のもっとも際立った特徴の一つは，賃金の水準の高さである。産業革命期の生活水準に関する文献はたいていがこの時期の貧困を強調しており，そうした見解ではこの事実はほとんど見過ごされている。イギリスの労働者は現代の水準に照らせば確かに貧しかった。しかしこの章の要点は，イギリス人の労働者が，18世紀のほとんどの大陸ヨーロッパおよびアジアの労働者と比べれば，豊かであったということである。イギリスの労働者は産業革命の経済的拡大の果実を十分には受け取ることはなかったが[1]，国際的に見れば高い所得水準にすでに到達していたのである。

イギリスの労働者が産業革命期に極端に貧困であったとの見方は，「貧民」についての19世紀の熾烈な論争，とりわけ古典派経済学者の見解にまでさかのぼる。彼らの使う言語にも問題の一端があった。通常，彼らは賃金を「生存水準」にあるものとして語ったからである。この用語はあいまいで誤解を招きやすいものだった。現代の感覚では，それは賃金が生理的最低限の食べ物，身

---

1) これは Feinstein（1998）の見解であるが，最近新しい消費物価指数をもとにした Clark（2005）の挑戦を受けている。ただ Clark（2005）の指数は炭水化物に置くウェイトがあまりに小さすぎる上に，パン価格については，たくさんの資料があるにもかかわらず，小麦の価格時系列を代理指数として用いている。こうした処理方法を修正すると，Feinstein（1998）の線に沿った悲観的な実質賃金の時系列が得られる。Allen（2007b, 2007c）も見よ。

にまとうボロ布，雨露をしのぐためのわずかな葺き藁を買うことができるだけのもの，ということを示唆する。もしすべての賃金がこの「生存水準」にあるとすれば，世界中どこの労働者も一様に惨めな存在だったことになろう。実際には古典派の見解はもう少しニュアンスに富んでおり，「生存水準」は弾力的用語であった。それは一家族を辛うじて養うことができる生理的最低限を意味することもあれば，「社会的に決定された」もので，より高い程度の安楽さを意味することもあった。

　古典派の経済学者は，誰もが生存のために必要なぎりぎりの最低限にあるとするのではなく，世界を賃金の階梯という見地から見ていた。この階梯では北西ヨーロッパの労働者はもっとも高い生活水準にあり，アジアの労働者はもっとも低かった。アダム・スミスはそれをこう著している（Smith 1776, pp. 74-5, 91, 187, 206）。「イギリスでは，労働者の賃金は，現在，労働者が一家を支えるのにぎりぎり必要なものを明らかに上回っている」。労働者の生活水準は低地地方ではこれより少しばかり良好でさえある。「労働者の賃金はイングランドよりオランダのほうが高いといわれる」。イギリスのなかでも，イングランドはスコットランドを上回る。「庶民の食料である穀物の価格はイングランドよりスコットランドのほうが高い……反対に労働の価格はスコットランドよりもイングランドのほうが高い」。したがって，1日の労働は国境の北側よりもイングランドのほうがより多くの食料をもたらす。しかしスコットランドでも，「労働はフランスよりもいくぶん高い報酬を生む」。アジアはヨーロッパに大きく後れをとっている。「労働の実質価格，つまり労働者に与えられる生活必需品の実質的量は，……ヨーロッパの大部分の地域よりも……中国やインドでは少ない」。スミスはイングランド南部と低地地方の海洋貿易中心地をもっとも賃金の高い地域と見ていた。実質賃金はイギリスのケルト周縁地域では低かった。大陸ヨーロッパのほとんどの地域もまた重商主義的先進国の後塵を拝し，アジアは賃金階梯の底辺に位置していた。古典派経済学の見解では，これは生理的最低限度の賃金と見られるものだった。

　これらの事実について19世紀に主流となった解釈は，人口学的なものであった。人口は出生率と死亡率が等しくなるまで拡大する，とマルサスは信じ

ていた。この結果に対応する賃金は「生存水準」賃金である，なぜならその賃金は両親が子どもを育て，人口が拡大することなく再生産することだけを可能にするものだったからである。彼が積極的制限論を展開した［『人口論』の］初版では，出生率は常に最大限に保たれる一方で，死亡率は賃金が上昇するに伴い下落するとされた。こうした状況のもとでは，生存水準賃金は，死亡率を高い出生率に等しくなるまで引き上げるに十分なほど低くなければならなかった。のちの予防的制限論を論じた版では，出生率もまた所得が下落するにつれ低下するとされる。この修正は，出生と死亡がより高い「生存水準」賃金で相互に等しくなる，ということを意味する。それゆえ，社会における賃金は，積極的または予防的どちらの制限が優勢かということによって左右された。これはまた結婚慣習，法，およびマルサスが「習性」と呼ぶものの問題でもあった。

　マルサスはヨーロッパ（とくにイングランド）とアジアでは「習性」が違うと論じつつ，このモデルを応用した（Malthus 1803, pp. 116, 124, 251-2）。イングランドでは，「人口に対する予防的制限は社会のあらゆる階級にわたって相当な力で働いている」。農民や商工業者の息子は「何らかの事業あるいは農地経営で地歩を固め，家族を養える可能性が生まれるまで，結婚を遅らせる」。労働者さえも，「［賃金からの］わずかな収入を 4 人，5 人の家族の成員の間で分割するのにはためらいを感じるだろう」。晩婚は出生力を制限し，イングランドの賃金を高く保った。他方アジアでは，もろもろの慣習の結果，早婚と皆婚が広がった。そしてこの慣習は，積極的制限が支配的で，賃金がヨーロッパより低いことを意味した。祖先崇拝，子どもが老いた両親を扶養するものとの期待，嬰児殺し，これらいずれも「中国がおそらく世界のどの国よりも，生存手段に比して人口が多い」ことを意味していた。マルサスはヒンドゥー教の禁欲主義が出生力を押し下げた可能性（予防的制限）も念頭に入れていた。しかし結論はこうだった。「人々の間に広く行き渡っている慣習や考え方から見て，早婚への傾向が支配的であることには変わりない」。その結果，「下層階級の人々は極端な貧困に陥る……かくて人口は生存手段の限界に直面して圧縮される。そして国の食料は，生活を支えることのできる最小の分け前だけを大多数の人々に分け与えられることになる」。災厄は決して過ぎ去ることはなかった。

「インドは，予想されるように，いつの時代にもすさまじい飢饉に見舞われてきた」[2]。

ヨーロッパとアジアの賃金をめぐるスミスとマルサスの一般論は，当時の旅行者の報告や，食事や消費に関する資料を検討した歴史家によっても支持される。本書がとくに関心を持つのは，常時雇用され，所得分布の底辺にいる人々——小農民と未熟練労働者——である。もちろん，熟練労働者はどこでもより恵まれていた。高齢者，身体障害者，病弱者はいずれも不利な立場にあったが，彼らの状況は労働市場よりもむしろ，公的福祉，私的慈善，教会の扶助が得られるかどうかに左右された。旅行者の記録は，中国，インド，フランス，イタリアの労働者が生存維持の底辺にある一方で，イングランドの労働者はずっと高い生活水準を享受していたことを示唆する。

その証拠を解釈するには一つの基準が必要であるが，それは非常に手の込んだものとなる。鍵となるベンチマークは生存水準所得で，「生理的最低限」と定義される。この所得を持つ家族は，実質的にすべての資源を食料に費やす。食事は，家族が生存していく——だがそれ以上ではない——ために十分なカロリーとタンパク質を供給する，という意味で，栄養学的に適切でなければならない。このレベルの栄養を確保するためのもっとも安価な方法は，一般的にいえば，もっとも安い穀物を買って，これをオートミールのように煮粥にすることである。パン（とくに小麦パン）は高価すぎて避けられるのが通例だった。パンが食べられることがあっても，商業的製粉業で生ずる目減りを避けるために，自家で挽かれた劣等な穀物を使って焼かれるのがふつうだった。タンパク質をとるためにいくつかの豆類も食べられた。肉はまれに食されるご馳走で，家畜類よりも漁業のような天然の資源から確保されることが多かった。

---

2) 中国についてのマルサスの見解は，Lee, Campbell and Tan (1992)，Laveley and Wong (1998)，Lee and Wang (1999)，その他によって挑戦を受けている。Lee and Wang (1999) は中国の嬰児殺しはヨーロッパの予防的制限と機能的に等価だったとしている。しかしこの説明には中国人の生活水準がヨーロッパのそれと等しかったとの前提がある。Allen, Bassino and Ma *et al.* (2007) のデータは，この仮定に疑問を呈している。ヨーロッパの先進地域（イングランドとオランダ）の実質賃金は中国の先進地域（揚子江デルタ）よりも高かったことを示しているからである。

32　第Ⅰ部　工業化以前の経済

　脂肪分を得るために少量のバターや油も摂られた。生理的最低限とは，製粉や料理での食品価値の損失を最低限に抑える方法で用意された，もっとも安価な穀物を主な成分とする，ほぼ菜食主義者並みの食事である。生理的最低限の食事には，小麦パン，肉，アルコール，それに多くの酪農製品がない。これらはすべて手に入れるには高価すぎる栄養源である。加えて，その他のものはほんの少量だけしか購入されなかった。

　「生理的最低限」水準と，満足のいく，あるいはゆとりある生活水準とを区別することが重要である。定義上，人は生理的最低限の食事で生存することはできるが，一般的にはより多くの食べ物，もっと多様な高度に加工された食べ物を（もちろん，より多くの食べ物以外のものも）求めるものである。肉は重要な嗜好品だった。たとえばエンゲルスは，「個々の労働者の通常の食事が……賃金に応じていかに異なるか」を描いた（Engels 1845, p. 85）[3]。豊かな労働者は「毎日肉を食べ，夕食にはベーコンとチーズをとる」。「週に2，3回だけ，ときには日曜だけ肉を食べる」，というのがそれほど余裕のない労働者である。彼らは肉の代わりにジャガイモとパンを食べる。これより下層の労働者は，「肉を買う余裕が全くなく，チーズ，パン，粥，ジャガイモだけを食べる」。最後に，「ジャガイモが主食のアイルランド人」がいる。

　ジャガイモが安価な食べ物であることを強調する見方は，19世紀的な食べ物の階層構造を示している。というのも，ジャガイモが広く消費されるようになったのは1800年頃からで，それ以前は，ライ麦，大麦，とくにオート麦のような安い穀物がこの役割を担っていたからである。だが肉は常に高い需要の所得弾力性［第3章を参照］を持つ食べ物であり，肉の消費量は労働者階級の生活水準の上がり下がりを示す重要な尺度であった。

　産業革命期以降の生計費に関する研究は，エンゲルスが描いた高い生活水準を立証する。1790年代の高い穀物価格は，フレデリック・イーデン卿が，全国にわたる多くの労働者家族の所得と消費を仔細に調査し，『貧民の状態』について考察した著名な3巻本を著すきっかけとなった。この時代の中産階級の

3）Somerville（1843, pp. 12-3）は同様の消費パターンの統計的要約を提供している。

第 2 章　前工業化イギリスの高賃金経済　　33

基準からすれば，民衆は貧しかった。しかし彼らの環境は，後述するように，ヨーロッパの多くの他の国やアジアの労働者の環境と比べれば，良好だったといえるように思われる。典型的な例を一つあげれば，イーリング（当時はロンドンのすぐ近郊）に住み，妻と 4 人の未成年の子どもを持つ 40 歳の庭師である（Eden 1797, II, pp. 433-5）。いくつかの仕事を兼業しながら，彼は 1 日 30 ペンスほど稼いでいたが，これは 1790 年代のロンドンの労働者の賃金に相当する額だった。この所得で家族は 1 日当たり小麦パンを 4 分の 1 斤，肉を半ポンド，チーズを数オンス，1 パイントのビール，それに茶，砂糖を買うことができた。また新しい靴や衣料を買い，上 2 人の子どもを学校に通わせることもできた。冬には暖房のために石炭を買い，家や菜園の賃料を払った。菜園は野菜ばかりか若干の動物性食品も提供したはずである。この家族はエンゲルスの肉消費の尺度の頂点近く，生存ぎりぎりの水準よりはるかに高いレベルで暮らしていたのである。

　もちろん，こうした生計費がどれだけ代表的事例であるのか疑問の余地がある。後段で，庶民が稼いだ所得で何を買うことができたかを推計することによって，この問題に迫ってみよう。推計は，イーリングの庭師の生活スタイルが多くのイギリス人の手の届く範囲にあったことを立証する。海峡の向こう側でも同じくらい生活は良好だっただろうか。状況は場所によって異なる。低地地方の食事は潤沢であったように見える。ド・フリースとファン・デア・ワウデは孤児の食事の歴史を検討して，それが消費者全体を代表するものだと主張する（de Vries and van der Woude 1997, pp. 621-7）。16 世紀から 18 世紀を通じて，孤児に使われたお金のほとんどはライ麦パン，肉，ビールにあてられた。18世紀，平均的な消費量は，孤児 1 人当たり年間パン 140 キログラム，肉 20 キログラム，バター 14 キログラムだった。これらの数値は，とくに孤児が子どもであることを念頭に置くと，先に見たイングランドの生計費にかなり近い。孤児の食事と一般大衆の消費の主な相違点は，消費されるパンのタイプの違いだった。一般大衆はより多くの小麦パンを食べたのである。

　低地地方からフランスに目を移すと，状況は悪化するように思われる。ハフトンは，18 世紀の労働者と農民の食事に関する多くの研究を要約して，次の

ように述べる（Hufton 1974, pp. 44-8）。食事は狭い範囲の食品に限定され，その95％は穀類だった。これらはパンとして，またはある種の「薄いスープや粥」として食された。一般に穀類とは，イングランドの労働者が食べる小麦ではなく，「ライ麦，大麦，オート麦，ソバ，トウモロコシ，または栗」のことだった。穀類は「キャベツやカブ，玉ねぎ，人参，および生垣からとれた青物野菜」から作られた野菜スープで補完された。穀物をもう少し加えて濃くされることもあった。家族が牛を飼っていれば，これにミルクが加わった。「実際，ミルク，たまに食べる卵，削ったチーズ片，豚脂少々」，それに海岸近くなら魚が，動物性タンパク質の唯一の源泉だった。彼らは自分で家畜を飼うことができる境遇にある場合だけ，肉を手に入れることができた。当然のことながら，栄養不足を原因とする病気が蔓延していた。ハフトンは，「17世紀には凄まじい飢餓はなくなったとはいえ，慢性的な栄養不良は貧民にとってふつうの状態だった」，と結論する。もしこれが実際にフランスの労働者にとっての標準だったとすれば，彼らの生活水準はイングランドやオランダよりも確かに低く，フランス人は生理的最低水準の生存賃金にあたる食事をとっていたことになる。

　イタリアでも状況は同じように悲惨で，生活水準は18世紀後半から19世紀初めには極めて低い水準にまで低下した。トウモロコシ栽培の広がりがこれを証明する。トウモロコシは中世の常食であった小麦パンよりずっと安いカロリー源であり，主食として小麦パンはポレンタ［トウモロコシ粥またはトウモロコシパン］に取って代わられた。

　　要するに，1人の労働者，昼間に2ポンドのパンだけを食べる田舎の住民は，それ以外に夕方に1皿のスープで空腹を満たす必要がある。これに対し，2ポンド分のパンと同じ値段で，少なくとも6ポンドないし7ポンドのポレンタを買うこともできた。これはスープとパンの代わりをし，人間の生存水準を上回るに足るものであった。　　　　　　　　　　　　（Wolf 1986, p. 59から引用）

　「肉は農民の食卓から消えて久しい」（Wolf 1986, p. 59）。トバイアス・スモレットは『フランス・イタリア紀行』（1766年）のなかでこう記述する。「これらの貧しい連中の栄養源はポレンタと呼ばれる一種の粥で，トウモロコシから

作られ，非常に栄養があってまずまずの味である（Langer 1975, p. 59 から引用）。実のところ，ポレンタにはナイアシン［ニコチン酸］がなく，トウモロコシだけの食事は風土病のペラグラ病［ナイアシンの欠乏による皮膚，消化器などの疾患］や慢性的下痢を引き起こす。ヴォルフは「生存水準生活と貧困との境界域は，都市でも農村でも，18世紀の間にしだいに貧困の側に移っていった」という（Wolf 1986, p. 58）。趨勢が下方に向かっただけでなく，そのレベルはイングランドの労働者のそれをはるかに下回っていた。

　ユーラシアの反対側ではどうだったろうか。アジアのほとんどの地域で共通の食事は，利用できるもっとも安価な穀物を基礎としていた。「同時代人の記述によれば，インドの大部分の地域での庶民の食事の品目は，主に米，キビ，豆類からなっていたと思われる」（Raychaudhuri and Habib 1982, vol. I, p. 164）。17世紀初めにインドを訪問したパルサートは，インドの食事を「単調だ」と記している。デリー・アグラ地域では，「米と混ぜた青豆から作られるわずかなキチェリー（ケジェリー）のほかには何もとらない。……夕刻にはバターと一緒に食べ，昼間は少しの乾燥した豆やその他の穀物を口にする」。労働者は「肉の味をほとんど知らない」。実際，豚，牛，鳥，卵はすべて禁忌の対象とされている。手に入るところでは，魚が唯一の動物性タンパク源である。インド西部でも事情は同じで，小麦は労働者階級の人々の間では食べられない。彼らの主要な炭水化物源はキビだった。キビは粗い粉に挽かれ揚げてチャパティにして，豆類や野菜と一緒に食べられた。18世紀初めに東インド会社の船ストリーサム号でアジアを旅行したチャールズ・ロッキャーは，インド洋を行き来するアラブ人水夫たちについて書き残している（Lockyer 1711, p. 258）。「彼らはわずかな賃金で働き，われわれの船会社よりもはるかに安い費用で養われる。塩干し魚，米，ギー［上質の液体バター］，ドール［ダル。レンズ豆の一種。カレー味の豆粥にして食す］，それにわずかばかりの鶏肉が，彼らの求めるすべての食料である。ドールとはフェッチ［レンズ豆と同様の豆類の一種］より小型の小さな豆類で，白エンドウのような物質を含み，米と一緒に炊いてカッチェリーにされる」。

　消費の範囲が限られていたという事実は，世界の他の地域でも認められる。

36　第Ｉ部　工業化以前の経済

インド人はふつう裸足で歩いた。同時代の記録は，「衣類の貧弱さ」を強調する。1年の大半，男性は腰布，女性はサリーのほかにはほとんど身にまとわない。家は藁で屋根を葺いた粘土の小屋である。農民も労働者も竹製のマットと寝台のほか，家具らしきものはほとんど持たない。金属製のポットや道具類はまれで，料理はたいてい素焼きの鍋で行われる（Raychaudhuri and Habib 1982, vol. I, pp. 459-62）。暮らしていくのにこれ以上お金を節約することは難しい。

　インドと同じように，中国への旅行者も菜食主義者並みの食事について記録している。ジョージ・スタントン卿は，［1793年にイギリスの全権使節として清国に赴いた］有名なマカートニーの遠征についての説明のなかで，北京の「労働貧民」は「野菜だけの食事に切り詰められ，動物性食物にあずかれるのはごくたまに，それもわずかな量でしかない」，と記している（Staunton 1798, vol. II, pp. 55, 213）。（消費のミニマリズムは食事以外にも広がっていた。「北河沿いの住民には住居にも衣料にもまぎれもない貧困の印が認められる」）。ロッキャーは広東のもっと豊かな人たちがとる同じような食事について，一層熱を込めて解説を加えた（Lockyer 1711, p. 173）。「米が一般的な食事である」。中国人もまた食事の時に，「シャムシュー［焼酒。米酒粕を蒸留してつくる焼酎の一種］とかポウチョー［黄酒。米を原料とする醸造酒の一種］，その他の蒸留酒をたしなみ，お腹がいっぱいになると食事を終える」。肉はほとんど食べない。「われわれの食事のように肉は切り身あるいは大きな塊でテーブルに運ばれることはなく，細かく刻まれ茶碗か小さなお椀に入れて出される。そこから一組の小さな箸で器用にとりわけられるのである。……彼らはスープが大好きで，魚を煮込んだ煮汁さえ飲む」。中国史家は，「ヨーロッパ人が確かにアジアのほとんどの国の人々より多くの肉と，それ以上に多くの酪農品を食べていた」ことを認めている（Pomeranz 2000, p. 35）。揚子江流域の農業生産を分析・再現したリーは，農産物の利用についてこう推計した（Li 1998, p. 111）。「食事は米が基本だった」。それに加えて，小麦も麦粥として煮立てられ，「不作の夏季に米不足をしのぐため」に用いられた。いく種類かの豆も，また酒も消費された。動物性食品はほとんどといってよいほど生産されなかった。食事は主に米からなっていたので，中国史家が生活水準を査定する標準的な方法は，1人当たりの米消費量を

推定することである。

　食事の歴史は，地球上には実際に色々なレベルの生活水準があった，ということを教えてくれる。北西ヨーロッパは，白パン，肉，酪農製品，ビールなど，高価で入念に手を加えたさまざまな食品を消費するという点で，もっとも高い生活水準を享受していた。これに対して，フランス，イタリア，インド，中国の労働者と農民は，ほとんど動物性タンパク質を含まない，しばしば煮込んだ穀物からなる菜食主義者並みの食事をとっていた。この種の食事は，イギリスや低地地方では最貧層の人々だけのものであった。こうした結論の根拠となっている同時代人の記録は期待に沿うほど多くはないし，また必ずしも一般化できるような記述でもない。では18世紀の旅行者の記録はどの程度事実を表すものといえるのだろうか。幸いにもわれわれは，同じ結論を指し示すような別の証拠からこの問題に迫ることができる。

賃金と価格

　人々がその賃金で何を買うことができたかを調べれば，生活水準の比較に関してより体系的に解明することができる。そのための推計には賃金と価格についてのデータベースが必要である。19世紀半ば以降，ヨーロッパの歴史家は諸都市の物価の歴史を書いてきたが，これらが必要な原資料を提供する。典型的な例でいえば，歴史家はまず何世紀間も存続した大学，病院，修道院のような施設を見つけ出す。次に歴史家は会計記録をひもといて，それら施設が購入したあらゆるものの価格を抽出する。その結果，食料，織物，建築材の価格，およびその施設に雇われた石工，大工，労働者のような人々の賃金の時系列を得ることができる。アジアに関する同様な作業はようやく始まったばかりであり，利用できるデータはまだ遠い過去には及んでいない。しかし世界中の工業化以前の生活水準を評価できるだけのものは集められている。

　賃金と価格の研究は，イギリスが高賃金経済であることを明らかにする。これは少なくとも四つの意味で正しい。

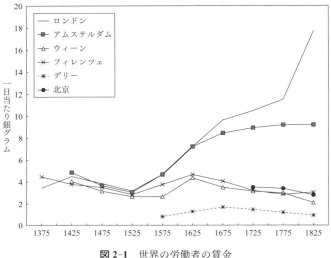

図 2-1　世界の労働者の賃金

1. 為替レートから見て，イギリスの賃金は世界でもっとも高いものの一つであった。
2. イギリスの賃金は，消費財の価格に比べて相対的に高かった。すなわちイギリスの労働者はその貨幣所得で他の多くの国の労働者よりも多くを買うことができ，したがってイギリスの生活水準は他の国よりも高かった。
3. 賃金はイギリスでは，資本の価格に比べて，他の国よりも相対的に高かった。
4. 賃金はイギリスでは，エネルギーの価格に比べて，他の国よりも相対的に高かった。

　第3，第4の点は，とくに石炭を動力とする機械化技術の発明を促す誘因として重要なので，それらの問題を論ずる際に検討されることになる。ここでは最初の二つを取り上げておこう。

　図2-1は，中世から19世紀に至るヨーロッパとアジアの主要都市における建築労働者の賃金を示している。もとの資料は当該国の貨幣単位での賃金を記録している。そこでこれらを，その賃金で購入できる銀の重量に換算した。こ

の時代，大部分の国で銀鋳貨が主要な交換手段だったから，この換算は，賃金を為替レートで比較することと同じになる。

図 2-1 は，中世末期には賃金がヨーロッパのどこでもほぼ同一であったことを示す。通貨は何であれ，労働者は 1 日当たりほぼ銀 3.5 グラム分を稼いだ。アメリカから銀が輸入されヨーロッパの賃金と価格が高騰する 16 世紀になると，この同一性は崩れた。しかし賃金の高騰は東ヨーロッパ，あるいは銀の大部分が流入したスペインと比べても，北西ヨーロッパでより顕著であった。賃金の研究は大陸の多くの都市に関して行われてきたが，いずれもウィーンやフィレンツェのそれと類似していた。17 世紀末には賃金の高騰は低地地方では終わったが，ロンドンではその後もやむことなく続いた。その結果，ロンドンの賃金は 18 世紀には世界で最高の水準に達した。

アジアの賃金はそれよりずっと低かった。アジアの賃金の歴史研究はまだ 16 世紀後半以前にまでさかのぼっていない。しかしそれ以後の時期では，アジアの賃金はヨーロッパの賃金より常に低かった。北西ヨーロッパとアジアの間のギャップは非常に大きかった。その他のヨーロッパ大陸での賃金は，おそらくアジアの賃金をわずかに上回っていたが，その差は小さかった。換言すれば，アジアはヨーロッパの遅れた地域と似た状況にあったように見える。

北西ヨーロッパで得られる高い賃金は高い生活水準につながったのだろうか。答えは消費財の価格いかんによる。消費財がたった一つしかない（たとえば，パン）とする仮定は非現実的である。したがって，それに代わって，異なった生活スタイルに対応する「消費財のバスケット［組み合わせ］」を仕分けすることにする。バスケットは，消費財の価格が測定ないし推定され，その価格が世界中どこでも算出しうる，という意味で，完全で具体的でなければならない。食事と生存水準賃金に関する前述の議論に沿って，ここでは財貨の二つのバスケットを定義する。より高価なのは「ヨーロッパのゆとり」バスケットであり[4]，イギリスや低地地方の「ゆとりある」労働者に関するイーデンその他の

---

4) このバスケットは Allen (2001) で使われたバスケットに変更を加えたものである。主な違いは，パンの消費が年 182 キログラムから 234 キログラムに増加し，カロリー量を 1,914 キロカロリーから 2,500 キロカロリーに引き上げたことである。これは「ゆと

40　第Ⅰ部　工業化以前の経済

表 2-1　ゆとり生活スタイル：財のバスケット（ヨーロッパ・小麦パン）

	年1人当たり消費量	価格，単位当たり銀グラム	支出の比率（%）	栄養摂取量/1日	
				キロカロリー	タンパク質，グラム
パン	234 キログラム	0.693	36.0	1,571	64
豆類	52 リットル	0.477	5.5	370	28
肉	26 キログラム	2.213	12.8	178	14
バター	5.2 キログラム	3.470	4.0	104	0
チーズ	5.2 キログラム	2.843	3.3	54	3
卵	52 個	0.010	1.1	11	1
ビール	182 リットル	0.470	20.0	212	2
石鹸	2.6 キログラム	2.880	1.7	–	–
亜麻布	5 メートル	4.369	4.8	–	–
ローソク	2.6 キログラム	4.980	2.9	–	–
照明油	2.6 リットル	7.545	4.3	–	–
燃料	5.0 M BTU	4.164	4.6	–	–
合　計		450.956	100.0	2,500	112

注1）オリーブ油と葡萄酒がバターとビールに代替されて消費される場合，5.2 リットルのオリーブ油はバターに，また 68.25 リットルの葡萄酒はビールに代替される。5.2 リットルのオリーブ油は1日当たり 116 キロカロリーを生むが，タンパク質はない。68.25 リットルの葡萄酒は1日 159 キロカロリーを生むが，タンパク質はない。ストラスブールでは 1745～54 年の平均物価はオリーブ油1リットルが銀 7.545 グラム，葡萄酒は銀 0.965 グラムだった。
　2）M BTU＝100 万英国熱量単位
　3）価格は単位当たりの銀グラム。価格は 1745～54 年のストラスブールの平均値。価格の項に示されている総計は，示された価格でのバスケットの総費用である。
　4）栄養素は以下の構成を仮定して計算されている。パン：1キログラム当たり 2,450 キロカロリー，タンパク質 100 グラム；豆類：1リットル当たり 2,592 キロカロリー，タンパク質 199 グラム；肉：1キログラム当たり 2,500 キロカロリー，タンパク質 200 グラム；バター：1キログラム当たり 7,286 キロカロリー，タンパク質7グラム；チーズ：1キログラム当たり 3,750 キロカロリー，タンパク質 214 グラム；卵：1個当たり 79 キロカロリー，タンパク質 6.25 グラム；ビール：1リットル当たり 426 キロカロリー，タンパク質3グラム；葡萄酒：1リットル当たり 850 キロカロリー，タンパク質ゼロ。

観察者の報告する生計費がヒントとなっている。表 2-1 はこの生計費を示している。これには肉，パン，チーズ，ビールが十分組み込まれている。ゆとり生計費は1日 2,500 キロカロリーとたっぷり 112 グラムのタンパク質を提供できる。

―――――――――
りバスケット」にとってより適切な数値と思われる。パン消費の増加はバスケットの費用を，相対価格の違いに応じて5～10％高める。この調整により，厚生比率（本書ではゆとり比率）をどこでも5～10％引き下げられ，相対的生活水準またはその趨勢にマイナスの影響を与えることになる。

ゆとり生計費は，ヨーロッパのほとんどの地域やアジアの労働者が消費しているような種類の食事ではなかった。後述するように，それは何よりも高価すぎた。その代わり，これら労働者は手に入るもっとも安い穀物から，もっとも安価な方法でカロリーとタンパク質を確保した。トウモロコシはイタリアで，米はベンガルで食べられ，地域によって食事内容は違っていたが，どれも1日1人当たり1,900を少し超える程度のカロリーを生むよう組み合わされていた。これは1950年代，グリーン革命が食料供給を増加させることになる以前の，多くの貧しい国々で得られるカロリーにほぼ等しいレベルだった。1,900キロカロリーは激しい労働を1日中行うには不十分な栄養であった。こうした生存維持のための支出パターンは以下の表2-2，表2-3に示されている。

　同じ生存維持生計費でもタンパク質の供給量には大きな違いがあった。オート麦を基礎とする北西ヨーロッパの食事は，最低限のタンパク質（1日45グラム）しか供給しないアジアの米主体の食事よりも多くのタンパク質（1日当たり89グラム）が摂れた。しかしこのアジアの食事でも，現代の栄養基準を満たすのに十分だった。アメリカ合衆国が推奨する1日当たりタンパク質の摂取量は，理想体重にとってのキログラム当たり1日0.8グラムである。平均身長（約165センチメートル）の近世の成人男性は，肥満度指数が20（理想的範囲）とすれば体重は54キログラムで，合衆国の推奨するカロリー摂取量に従えば，44グラムが必要となる。健康にとって必要な44グラムと，ヨーロッパのゆとりある食事が与える112グラムとの差は，イングランドの労働者の摂取した法外なタンパク質の量を際立たせる。

　表2-1～表2-3の支出パターンは単身成人男性に関するものである。生存水準所得を分析するために，これを膨らませて妻と子どもの生計費を含める必要がある。1人の女性の推奨されるカロリー摂取量は男性のそれよりも少なく，また当然子どもの必要カロリーはもっと少ないから，表2-1～表2-3に見られるような三つの「バスケット」は——ざっと推定して——父親，母親，それに数人の子どものいる一家族を養うのに必要なもの，ということができる。加えて，これらのどのバスケットにも家賃が含まれていないことに注意する必要がある。しかしこれは支出のおよそ5％を占めるだけであった。これらの点を

42 第I部 工業化以前の経済

表 2-2 生存維持生活スタイル：財のバスケット（インド・米とインド・キビ）

	インド・米			インド・キビ		
	年1人当たり消費量	栄養摂取量/1日		年1人当たり消費量	栄養摂取量/1日	
		キロカロリー	タンパク質, グラム		キロカロリー	タンパク質, グラム
米	162 キログラム	1,607	33			
キビ				205 キログラム	1,698	62
豆類	20 キログラム	199	11	10 キログラム	100	5
肉	3 キログラム	21	1	3 キログラム	21	1
バター／ギー	3 キログラム	72	0	3 キログラム	72	0
砂糖	2 キログラム	21	0	2 キログラム	21	0
綿	3 メートル			3 メートル		
合　計		1,920	45		1,912	68

表 2-3 生存維持生活スタイル：財のバスケット（ヨーロッパ・オート麦，北京・モロコシ）

	ヨーロッパ・オート麦			北京・モロコシ		
	年1人当たり消費量	栄養摂取量/1日		年1人当たり消費量	栄養摂取量/1日	
		キロカロリー	タンパク質, グラム		キロカロリー	タンパク質, グラム
モロコシ				179 キログラム	1,667	55
オート麦	155 キログラム	1,657	72			
豆類	20 キログラム	187	14	20 キログラム	187	14
肉	5 キログラム	34	3	3 キログラム	21	2
バター／油	3 キログラム	60	0	3 キログラム	67	0
石鹸	1.3 キログラム			1.3 キログラム		
綿／亜麻	3 メートル			3 メートル		
ろうそく	1.3 キログラム			1.3 キログラム		
照明油	1.3 リットル			1.3 リットル		
燃料	2.0 M BTU			2.0 M BTU		
合　計		1,938	89		1,942	71

考慮すれば，一家族を養う年間費用は，表 2-1〜表 2-3 に見られる生存維持バスケットの費用の 3.15 倍（＝3×1.05）であったと推定できる。

　［一家族の］年間生存維持費用に対する常時雇用下の年間所得の比率を計算することで，所得と支出のバランスを調べてみることができる。前者は表 2-1〜表 2-3 のバスケットの 3.15 倍であり，後者は賃金率に雇用された時間を掛

第 2 章　前工業化イギリスの高賃金経済　43

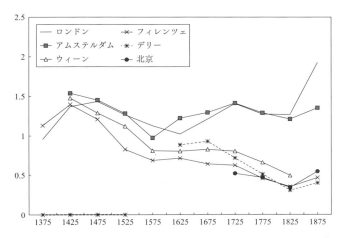

図 2-2　労働者にとってのゆとり比率：所得／ゆとりバスケットの費用（ヨーロッパとアジア）

けた数値である。ヨーロッパでは，ほとんどの賃金情報は日給に関するものであり，年間全労働日は 250 日と仮定し，残りは日曜，宗教的祭日，あるいは病気や仕事のない時間とする。インドではわれわれの知る賃金契約の多くは月給であり，年間稼得高は月ごとの数値を 12 倍して得られる。所得をゆとり家計の費用で割れば「ゆとり比率」，生存維持生計費で割れば「生存維持比率」を得ることができる。どちらの場合も，1 以上の数値であれば，労働者がある程度の余裕をもって当該の生活スタイルを確保できるだけの収入を持っていることを示す。1 よりも小さければ，想定された仮定のもとでは，その生活スタイルは彼には手が届かないことを意味する。

図 2-2 は中世末から 19 世紀の先進ヨーロッパ地域の都市，および 17 世紀または 18 世紀から 19 世紀にかけてのデリーと北京における生活水準の歴史を示している。この図は基準としてヨーロッパのゆとりバスケットを用いている。15 世紀はヨーロッパのどこでも労働者にとってピークの時期だった。年間 250 日働いたとすれば，彼らはゆとりバスケットの費用よりもおよそ 50 ％以上も高い稼ぎを得ることができた（つまり，ゆとり比率は 1.5 に等しい）。16 世紀には人口が増加するにつれ賃金はどこでも停滞したが，ロンドンとアムステルダ

ムでは回復が見られた（Rappaport 1989）。そのため，これらの都市の労働者は，ゆとりバスケットを手に入れることのできる常時雇用下の年間稼ぎ高を持ち，高い生活水準を維持することができた（Schwartz 1985, 1992）。しかしウィーンやフィレンツェの労働者にとっては話が違った。実際には彼らの経験こそがほとんどのヨーロッパの労働者の標準だった。実質所得は着実に低下し続け，19世紀中頃には常時雇用下の年間の稼得高は，北西部のゆとりある生活スタイルを維持する費用の半分かそれ以下になってしまった。

17世紀からはこの比較にアジアの賃金を加えることができる。インドと北京の経験はウィーンとフィレンツェのパターンに似ているように見える。17世紀には，デリーの賃金はヨーロッパのゆとりバスケットを買うことができるほどの高さだった。時間をもっとさかのぼれば，インドの労働者はもっと稼いでいたのだろうか。今のところ，この時期のことは分からない。分かるのは，18世紀には，アジアの労働者はゆとりあるヨーロッパの生活水準を確保するだけの稼ぎを得られなくなったということである。彼らが稼いだのは，この費用のせいぜい30〜40％であった。

ゆとりある生活スタイルのための費用の30〜40％しか稼げないのに，アジアやヨーロッパの労働者はどうやって暮らしていたのだろうか。十分食べられるほど買えただろうか。生存維持比率（常時雇用下の年間稼得額を家族の生存維持生活スタイルの費用で除した数値）を示す図2-3は，この問題に光を当てる。興味深い違いもあるが，順位と基本的パターンは図2-2に見られるものと同じである。オート麦を主体とした食事は，アムステルダムの労働者が一般にロンドンの労働者よりも高い——安定した——購買力を持っていたことを意味する[5]。しかしこの尺度で見て，どちらの労働者も大変余裕があり，生存ぎりぎりの所得の額よりも3倍から4倍稼いでいたことになる。

中世末期にはウィーンやフィレンツェの——実際にはその他の大陸の都市の

---

5) 北西ヨーロッパのオート麦中心の生存維持生計費に基づくと，18世紀末から19世紀初めのこれらの地域の労働者の生存水準比率を過小評価することになる。なぜならジャガイモは安いカロリー源であり，その消費は拡大していったからである。ただ，オートミールはいぜんとしてふつうの食べ物だった。

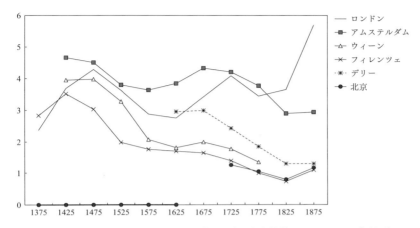

図 2-3 労働者にとっての生存維持比率：所得/生存維持バスケットの費用（ヨーロッパとアジア）

——労働者はこの高い生活水準を維持していた。しかし幸運は続かなかった。というのも，19 世紀には彼らの所得は生理的最低限をかろうじて維持できる程度に落ちたからである。実際，インド人や中国人の賃金はこの水準の暮らしを確保するにも事欠くほどだった。妻のわずかな稼ぎと猫の額ほどの菜園地の収穫物が家族の生き残りには必要だった。ルフェーブルもフランスの男性の賃金についての初期の研究で同じ結論に達している（Lefebre 1962, I, pp. 216-9）。「妻の稼ぎは家族が辛うじて飢えをしのげる程度だったに違いない」。所得と支出を計算してみると，「ポレンタ経済」についての 19 世紀の観察者の描写が裏付けられる。

インドは生存維持生活水準を用いた比較ではより良好な水準にある。17 世紀には北インドの労働者は，もし年間を通じて常時雇用された状態にあれば，生存維持バスケットの費用の 3 倍を稼ぐことができた。この所得はロンドンの労働者の（底の時期の）豊かさに匹敵するが，アムステルダムの労働者のそれよりも下だった。この点で，こうした計算値には，工業化以前のヨーロッパとアジアにはほとんど差がなかったとする，歴史修正主義者の見解を支持するところがある（Parthasarathi 1998, 2001, Pomeranz 2000）。しかし 19 世紀にはこの豊

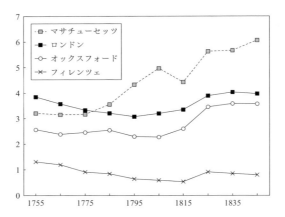

図 2-4 労働者にとっての生存維持比率：所得/生存維持バスケットの費用（ヨーロッパと合衆国）

かさは失われ，北インドの労働者は生存維持バスケットをやっと手に入れられる程度だった。北京の賃金についての情報は 1738 年以後のものしか得られないが，次の 2 世紀の間，平均稼得高は，デリー，フィレンツェ，ウィーンと同じく，生存維持バスケット費用のあたりを上下していた。この時期，アジアとヨーロッパの後進地域の実質所得にはほとんど差がなかった。

　ヨーロッパの先進地域を除いて，生活水準がこの底辺水準を超えている地域が一つだけあった。北アメリカの東海岸がそれである。図 2-4 は 1750 年代から 1840 年代の 10 年ごとのマサチューセッツの労働者の生存維持比率を示している[6]。18 世紀中頃，この率は 3 を少し超える程度で，ロンドンのレベルを下回っているが，イングランドのほとんどの地方都市のそれを上回っていた。大西洋経済の西の辺境地域はブームを迎え，その繁栄はヨーロッパからの移民を

---

6) マサチューセッツの生計費を計算するために用いられたバスケットは，穀物は（アメリカの穀物である）165 キログラムのトウモロコシに等しい，とした点以外は，表 2-3 で示されたものと同じである。賃金と物価は最終的には Wright (1885) から得られたが，Lindert and Deitch の作成した表とそれを掲載したカリフォルニア大学のグローバル物価・所得史 (the Global Price and Income History Group at the University of California, Davis) のウェブサイト (http://gpih. ucdavis.edu) からもとられた。若干のずれは修正した。薪の価格は，Wright (1885) は単位が「適切」と指摘しているが，コード当たりの価格と仮定されている。

呼び込み，アフリカからの奴隷を引き寄せた。のちに合衆国となるこの地域が持つ比較優位は一次産品にあり，農産物を輸出し，工業製品を輸入していた。1790年には，アメリカの人口の95％は農村に住み，最大の都市はニューヨークだったが，その人口は1500年のロンドンの人口よりもさらに少ない3万3000人に過ぎなかった。18世紀の高い実質賃金は大西洋経済のダイナミズムをよく表している。それは本国イギリスを変容させつつあったが，工業技術の進化をうかがわせるような直接の輸入品はほとんどなかった。アメリカには工業はないに等しかったからである。しかし19世紀に合衆国が拡大するにつれ，アメリカの賃金はイギリスのそれを追い越し，労働節約的技術の発明を促す大きな力となった。アメリカの優位は図2-4に表れている。産業革命期のイギリスでは実質賃金はほとんど上昇しなかったが，アメリカでは独立以後，急速に上昇し[7]，アメリカの実質賃金はイギリスの賃金をおよそ50％上回った。ハバカクの理論化の刺激となったようなアメリカの高賃金経済は，19世紀には出現していた。しかし18世紀半ばには，労働節約的な偏りを持った技術変化を誘発するという重要な役割を担ったのは，大西洋経済の中核に位置するイギリスにおける高賃金であった。

イギリスにおける賃金の収斂

イギリスでは高賃金経済の地理的境界は時代とともに移っていった。15世紀にはどの地域でも実質賃金は高かった。これは1348〜49年の黒死病の遺産だった。多くの人が死亡し，16世紀中頃に人口増加が再開するまで，どこでも労働力不足が見られた。

1550年以後は，実質賃金はどこでも下落した。だが人口が1500年の5万か

---

7) 合衆国の実質賃金に関する文献は非常に多い。最近の貢献には次のものがある。Williamson (1976)，David and Solar (1977)，Williamson and Lindert (1980)，Margo and Villaflor (1987)，Goldin and Margo (1992)，Sokoloff and Villaflor (1992) および Margo (2000)。

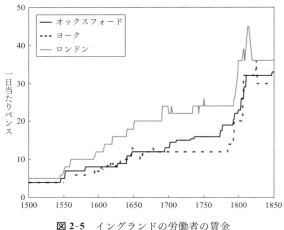

図 2-5 イングランドの労働者の賃金

ら1世紀後に20万人に増加したロンドンでは，この下落は弱まった。首都の経済の急速な成長は，労働市場の逼迫と賃金上昇をもたらし，それが近隣地域からの移入者の洪水を引き起こした。図 2-5 にこれを読み取ることができる。ロンドンの賃金は1550年以降，オックスフォードやヨークの賃金を上回った。17世紀初めには，イングランド農村地域の常雇いの未熟練労働者の稼ぎ高は，ゆとり生計費のわずか60％にまで下落した。地理的な格差はこの時期に最大となり，高賃金経済はロンドンに限られていた。

17世紀後半に地方の賃金がロンドンとの差を埋め始めるにつれ，高賃金経済は北部にも広がり始めた。図 2-5 は，オックスフォードの日当が17世紀後半からロンドンの水準にまで上昇しつつあることを示す。18世紀を通じて，オックスフォードの常雇い労働者はゆとり生計費を十分賄いうるだけ稼いでいた。北部でも所得は上昇したが，しかしそのスピードはそれほどではなかった。［北部の］ヨークでは，労働者は18世紀，ゆとり生計費の80％を稼得できただけだった。この差は産業革命期まで縮まらなかった。この時期になると北部の賃金と南部の地方の賃金は再びロンドンのレベルに近づいた。ヨークの未熟練労働者がゆとり生計費を賄いうるほど十分稼ぐようになるのは，ようやく1800年以後のことだった[8]。

北部への高賃金経済の広がりに対応して，白パンの消費も広がった。18世紀の初め，北部イギリスの主要な炭水化物源はオート麦で，パンとしてもポリッジとしても食された（Smith 1776）。「オート麦はイングランドではふつう馬の餌となるが，スコットランドでは人間の食べ物である」とはジョンソン博士の言だが，まんざら誇張とはいえない。ピーターセンの推計によれば，1770年代，小麦はイギリスのパンの価格の60％を占めるだけだったが，19世紀最初の10年には81％，19世紀中頃には90％を占めるまでになった（Petersen 1995, pp. 220-35, 284-316）。この増加の多くの部分は北部の工業都市で生じたが，そこではしだいに多くの労働者がオート麦のパンから小麦のパンへと切り替えていったのである。

熟練労働者

これまでは未熟練労働者，一般に「労働者」と記される人々についてだけ語ってきた。熟練労働者は常により多く稼得した。ヨーロッパでは，大工や石工の賃金は，労働者の賃金よりおよそ60％高かった。アジアの賃金についての情報は断片的で，整合性も高いとはいえない。近世インドに関する情報のなかには，熟練のもたらす特別収入は100％ほどであったことを示唆するものもある。18世紀の中国に関するもう少し確かな情報によれば，ヨーロッパと同じで，この特別収入は60％だった（van Zanden 2004a）。さしあたりヨーロッパの事例に議論を絞ろう。それについてはより確実なことが分かっており，大陸の高い賃金地域を概観する助けとなるからである。

図2-6はヨーロッパ各地の建築職人についてのゆとり比率を示している。これらの比率は，労働者に関する同様の比率よりもいずれも高かった。実際，ほとんどの場合，これらの比率は1より大きく，常雇いの大工や石工はゆとりある生活スタイルを維持しながら，いくばくかのお金を残すことさえできた，と

8）この論点はGilboy（1934）によって最初に提起された。

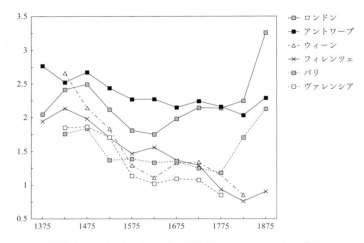

図 2-6　石工のゆとり比率：所得/ゆとりバスケットの費用

いうことを示唆している。しかし趨勢には重要な違いがあった。大陸の他の地域では生活水準は下落したが，ロンドンおよび低地地方では，職人の所得は近世期を通じて高いままだった。対照的に 18 世紀後半には，ヴァレンシアやフィレンツェの職人の実質所得は 1 以下に落ちていた。彼らはゆとりある生活スタイルを維持するための費用を賄おうとすれば，余剰の所得は一切生まれなかった（それどころが若干不足することもあった）。これはヨーロッパで共通に見られるパターンであった。パリやウィーンでは状況はそれほど深刻ではなかった。もっとも，ウィーンの職人のゆとり比率は 19 世紀前半には 1 以下に落ちたのだが。18 世紀にはパリでもウィーンでも，石工や大工はゆとりある生活スタイルを維持して，少しばかりのお金を残すことができた。

　さてこれまでの記述から高賃金経済の境界を見定めることができる。その中核はいつでも海港都市，すなわちロンドンと低地地方の都市だった。中核部では，未熟練労働者さえも常にゆとり生計費を支払うことができるほど稼いだ。熟練労働者はもちろんもっと恵まれていた。17 世紀から 18 世紀の間に，高賃金経済はイングランドの北方に広がり，北部の都市の未熟練労働者でも 19 世紀初めにはゆとりある生活スタイルを送ることができた。大陸では地理的な広

がりを示す証拠は一切ない。しかしパリやウィーンのような，ほどほどに所得の高い都市の飛び地があった。ロンドンやアムステルダムの労働者と比べればその稼ぎ高はずっと小さかったとはいえ，たとえばパリでは熟練労働者は確かにゆとりある生活スタイルを維持できるほどの稼ぎがあったし，未熟練労働者の稼ぎもそれに近いものになった。その結果，高賃金経済の帰結のある部分は，薄められた形ではあれ，パリにまで広がった。

高賃金経済は生活の質にどのような意味を持つのか

　高賃金と高い生存維持比率が重要なのは，それが基本的必要を満たす以上の購買力があることを示唆するからである。そうした余剰を使う方法は色々あったし，どういう方法を人々が選ぶかは，当人の生活の質，および経済成長に大きな影響を及ぼした。実質所得によって影響を受ける生活には五つの側面がある。

食べ物の量
　生存ぎりぎりで暮らしている人々は飢えているのが通例であり，所得が上がれば，それに応じて食料の量を増やすのがふつうだった。表2-4はアレグザンダー・サマーヴィルが編纂したイングランド北部の労働者の家計（Somerville 1843）を要約している[9]。もっとも高い賃金は（週当たり318ペンス）石工や大工のような熟練職人に対応している。次に高いのは（週当たり186ペンス，1日31ペンス）建設労働者に対応している。3番目に高いのは（週当たり120ペンス）綿工場の作業員の平均的稼ぎ高を代表している。もっとも低い所得は不定期な被雇用者に対応している。成人男子1人当たりの消費カロリーは，もっとも賃金の低い仕事の1日当たり1,605キロカロリー，つまりは基本的新陳代謝

---

9) Horrell and Humphries (1992) は産業革命期の多くの生計費について統計的分析を提供している。彼らの研究は食事の量よりも消費カロリーに焦点を当てており，その点でサマーヴィルの生計費をもとにした結論を支持する。

52 第 I 部 工業化以前の経済

表 2-4 食料消費と所得の関係：サマーヴィルの生計費

	週当たり所得（ペンス）			
	66	120	186	318
1週間に消費される食料（ポンド）とミルク（パイント）				
小麦粉	8.54	12.20	17.08	19.53
オートミール	7.50	13.75	11.25	15.00
ジャガイモ	17.39	34.78	36.52	34.78
ミルク	7.33	4.00	6.00	6.67
バター	0.00	0.00	0.80	1.28
肉	0.00	0.00	1.09	2.55
ベーコン	0.29	1.14	0.57	0.43
チーズ	0.00	0.00	0.56	0.80
砂糖	0.00	0.57	1.26	2.40
茶	0.00	0.00	0.12	0.23
食料に支出される所得の比率	85 %	76 %	74 %	61 %
成人男子1日当たりカロリー（キロカロリー）	1,605	2,806	3,219	3,937
成人男子1日当たりタンパク質（グラム）	64	106	119	147
カロリー当たり食料費の指数	1.00	0.92	1.23	1.41

注1）318ペンスの所得クラスは週当たり6ペンスのビールも消費した。これは無視されている。
　2）成人男子1日当たりのカロリーと1日当たりタンパク質の計算では，家族が3人の成員男子に等しい成員で構成されていると仮定されている。生存水準およびゆとり比率の計算でも同じ仮定が用いられている。
　3）カロリー当たり食料費用の指標は，それが含むカロリー量で食料費用を除した数値に基づいている。
　4）食料の量は，各品目の支出をその価格で除すことで得られる。
出典）Somerville（1843, pp. 12-3）.

を辛うじて支える量から，熟練労働者の 3,937 キロカロリーまで幅がある。後者は 21 世紀の摂取量レベルに当たる。稼ぐお金が多ければ，より多くの食料を口にしたのである[10]。

　表 2-4 に見られる特徴は国際的にも当てはまり，先に論じた賃金と食事との間の関係が再確認される。フランスとイタリアの労働者の肉消費量が少ないのは，賃金が低い結果だった。フォーゲルはもっと広く比較し，18 世紀後半のイングランドとフランスの平均カロリー消費量を推定しているが（Fogel 1991, p. 45），その結論も表に見られる傾向と矛盾しない。フォーゲルは，平均的フランス人が 2,290 キロカロリーしか消費しないのに，平均的イングランド人は

───────────────

　10）社会調査官が集めた生計費は，しばしば型にはめられたり検閲されたり──この場合にはアルコール消費量について過少報告する──したように思われる。

1日当たり2,700キロカロリーを消費したことを明らかにした。フランス人口の40％は1,958キロカロリー以下しか摂れなかったが，このレベルにあるイングランド人は20％だけであった。フォーゲルの推計は信頼できるデータに依拠して高度な仮定を設定した上で成り立っているが，結果の大筋は二つの国の消費者の購買力の違いに一致する。

食べ物の質

　高賃金経済のもとにある人々はよりたくさん食べただけでなく，より高価な食べ物を食べた。実質賃金が非常に高かった15世紀には，パン，肉，およびアルコールが望ましい食事として強調された（Dyer 1989, pp. 158-9）。17, 18世紀には砂糖や茶などの輸入商品が食べ物の選好リストに加わった。ジャガイモが労働者の間で広く消費されるようになったが，ジャガイモは劣等なカロリー源と見られていた。

　これらの食べ物に対する選好は，表2-4にあげられた各食品に対する支出の増加に示されている。もっとも貧しい労働者は茶や砂糖などの熱帯地方の産品を消費しなかった。タンパク質消費量は，最貧の男子の1日当たり64グラムから，もっとも賃金の高い男子の1日当たり147グラムに増加した。選好の変化を示す一つの指標は，表2-4に見られるカロリー摂取費用の上昇である。食料消費が肉のような高価な栄養源に傾くにつれて，カロリー当たりの費用はほぼ50％上昇した。

身体的充実度，健康，身長

　北西ヨーロッパの高い水準の食料消費は，より健康で長寿な生活と，より生産力の高い労働力をもたらした。第1の指標は身長である。歴史家は新兵応募記録を分析してその歴史をたどってきた。18世紀にはイギリス陸軍の新兵の身長は，男子人口の平均的な身長がおよそ172センチメートルだったことを示唆する（Floud, Wachter and Gregory 1990, pp. 140-9, Cinnirella 2007）。フランスの記録は，17世紀フランス男子の身長が162センチメートルしかなかったことを明らかにする。彼らの平均身長は1740年代には168センチメートルまで伸び

54　第 I 部　工業化以前の経済

たが，1760 年代にはまた 165 センチメートルにまで落ちた（Komlos 2003, p. 168）。ロンバルディアの男子身長は 1730 年代には 167 センチメートルだったが，19 世紀初めには 164 センチメートルに下がった。18 世紀末から 19 世紀初めのオーストリア帝国の男子の身長はさらに低く，およそ 162 センチメートルであった（A'Hearn 2003, pp. 370-1）。身長は子ども時代の純栄養摂取量によって決まる。低い実質賃金が食料消費を制限する度合いに応じて，フランス人やイタリア人はイギリス人よりも身長が低かったと予測されるが，実際その通りであった。

　所得と食事内容の違いは経済活動にも影響したと考えられる。一つは労働の強度である。低カロリーの食事で暮らす人々は働くエネルギーも小さかった。フォーゲルはカロリー推計値をもとに，フランス人口の 20 ％ は軽い労働でも 1 日 3 時間以上は行えなかったと主張している（Fogel 1991, p. 46）。この比率はイングランドではもっと小さかった。18 世紀には多くの仕事——たとえば建設業や鉱山業——は終日の重労働を必要とした。こうした仕事をする人々は栄養を十分摂らねばならなかった。［それに比べ］紡績，編み物，あるいは機械操作などの別の仕事では，必要とされる肉体的労力はずっと小さかった。したがって，平均的な栄養摂取量の違いが経済活動全体にどう影響を与えたかは，仕事の遂行に必要な労働量の分布状況いかんにも左右された。

消費革命

　「消費革命論」は 18 世紀について書かれた近年の文献の重要なテーマである[11]。マッケンドリック，ブリュアー，プラムが最初に「18 世紀イングランドでは消費革命があった」と宣言した（McKendrick, Brewer and Plumb 1982, p. 1）。2 種類の証拠がこの変化を立証する（Shammas 1990, Brewer and Porter 1993）。一つは当時の人々の貿易や「奢侈品」消費についての議論である。二つ目は，「奢侈品」や新奇な物品の消費の増加に関する統計的な証拠である。それらの物品には熱帯産の食料（茶，砂糖，コーヒー，チョコレート），アジアからの輸入工

11）近世消費革命の多くの特徴は，実質賃金がほとんどの地域で高かった 15 世紀イングランドですでに予告されていた，と Kowaleski（2006）は論じている。

第 2 章　前工業化イギリスの高賃金経済　　**55**

表 2-5　1688 年のイングランド

	階級内の人数	人口の比率 （%）	1 人当たり所 得（ポンド）	生存維持費用に対す る所得の比率（%）	生存維持以上の 所得の比率（%）
地主階級	200,358	3.5	46.4	23.2	21
ブルジョワジー	262,704	4.6	40.2	20.1	23
商工業者	1,190,552	20.9	9.0	4.5	19
農業者	1,023,480	18.0	10.4	5.2	20
労働者	1,970,895	34.7	5.6	2.8	17
小屋住み農民／貧民	1,041,344	18.3	2.0	1.0	0
合計／平均	5,689,322		9.6	4.8	

注 1 ）Lindert and Williamson（1982）の数値に一つの方向から変更を加えた。キングが 4.5 人以上の世帯を報告し
　　　ている場合，超過の成員は奉公人であると仮定し，これらを労働者のなかに含めて計算している。また各
　　　奉公人には 9 ポンドを割り振り，彼らの雇い主の所得からこれを差し引いた。
　　2 ）生存維持所得は 1 人当たり 2 ポンドとされている。1680 年代の物価を用いて成人男子の生存ぎりぎりの所
　　　得を直接計算すると，2.07 ポンドである。女性や子どもはいくぶん低い額で生存できたはずだが，ここで
　　　はこの計算は行っていない。生存水準以上の各階級の所得は，1 人当たり 2 ポンド以上の所得に人数を掛
　　　けて計算した。すべての階級を合計すると総額が得られ，それに応じて各階級当たりの「生存維持以上の
　　　所得の比率」が計算される。
　　3 ）地主階級は，さまざまな地位の聖俗の貴族，ジェントルマン，牧師，科学や美術の専門家などを含んでい
　　　る。
　　4 ）ブルジョワジーには商人，役人，法律家，少なくとも年 200 ポンド以上の所得のある職人，陸海軍の将校
　　　が含まれる。
　　5 ）商工業者には店舗主，中小商人，製造業者が含まれる。農業者には借地農，自由保有農が含まれる。
　　6 ）労働者には，肉体労働者，建築関連労働者，鉱夫，家内奉公人，一般の水夫と兵士が含まれる。
　　7 ）小屋住み農民と貧民には，小屋住み農民のほか，被救済民，浮浪民が含まれる。
出典）Lindert and Williamson（1982）.

芸品（綿織物，絹，中国の陶磁器），それにイギリスの工業製品（アジアからの輸入品の模造品，衣料品，本，家具，時計，ガラス製品，陶磁器類，金属製品など）が含まれていた。消費革命は当時の人にはイギリス特有の現象と見られていたが（Berg 2005, pp. 7-8），低地地方でも同様な現象があり，パリのようなコスモポリタン的な都市にまで広がっていた（de Vries 1993, Fairchilds 1993）。

　いったい誰がこれらの消費財を買ったのだろうか。上流・中流階級が主な購入者であったことは疑いない。しかし労働者もまた需要の重要な源泉だった。表 2-5 は有名なグレゴリー・キングによる 1688 年のイングランドの社会表[*1]を組み直したものだが，広い社会層の人々が生存目的以外の支出を行う可能性を持っていたことを示している。キングは人口の 18 ％ を占める最貧層の浮浪民，救貧法被救済民，小屋住み農民に年 1 人当たり 2 ポンドの所得を割り当てている。実際に，地代を含む生存維持バスケットは 1683〜94 年の平均価格で

56　第Ⅰ部　工業化以前の経済

2.07ポンドで，これにほぼ等しい。この一致はキングの割り当てた2ポンドの妥当性を示すとともに，それが消費にとって何を意味したかを示唆している。明らかに，小屋住み農民や救貧法被救済民は消費革命のための余剰所得は持っていなかったのである。

　しかしこれ以外のグループは全員，いくばくかの余剰購買力を持っていた。生存維持費用を年間2ポンドとすれば，ジェントリ，貴族，富裕な商人，法律家，その他のもっとも富裕な二つのグループの成員は，人口数では8％を占めるだけなのに，余剰購買力の44％を握っていたことを意味する。店舗主，プロト工業化時代の工業経営者や労働者からなる中間層は，人口のほぼ4分の3を占めるが，生存水準を超える所得の56％を占めていた。実際，このグループは消費財の大きな市場を構成したのである。

　彼らの購買力は死亡時の所有物［の明細書として裁判所の］検認［を受けた］遺産目録に明らかである。ウェザリルは，1675年から1725年までのイングランドの遺産目録に見られる17品目の工業製品の所有状況について研究した（Weatherill 1996, pp. 76, 78, 168）。伝統的なものもあれば（テーブル，料理用深鍋，白目製の皿，銀または金製の大皿），片手鍋，陶器，本，時計，絵画，姿見，窓カーテン，食卓用リネン，磁器，ナイフとフォーク，それに温い飲み物を入れる器などの新しい物品もあった。予想されるところだが，より多くお金を持ち地位も高い人々はこれらの品物を持つ傾向が高かったことをウェザリルは明らかにした。しかし輸入された新奇な消費財の市場は労働者階級にまで広がっていた。もっとも高い賃金を稼ぐ熟練職人はもっとも積極的な買い手で，彼らの購入は多くの新しい輸入品にまで及んでいた。それほど賃金が高くない労働者はもう少し控えめな購買者であったが，彼らでもイギリス製の製品のいくつかを購入した。労働者の多くは洒落た衣服を買った（Lemire 1991, 1997, Styles 2007）。インドとは違って，ほとんど誰もがテーブル，深鍋，白目製品を持っていた。1760年代後半にイングランドを周遊したアーサー・ヤング［1741-1820. イギリスやフランスの各地をめぐる旅行記を著し，農業の発展に貢献したイギリスの文筆家，社会改良家］は，貧民の「誰もがお茶を飲んでいる」と繰り返し伝えている（たとえばYoung 1771b, vol. III, p. 276）。低地地方と18世紀パリの遺

産目録も同じようなパターンを立証している。これらの地域の外では，労働者階級がこうした物品を購入したという確固たる証拠はない。

こうした特徴はこの地域で繰り広げられた賃金の歴史からも明らかである。高賃金経済はイングランドと低地地方に集中し，それに加えて，規模は劣るがパリやウィーンのような首都に派生的に生まれていた。実際，これらが消費革命の起きた場所だった。消費財に対する欲望はもっと広がりがあったかもしれない。しかし労働者，店舗主，プロト工業経営者にその夢を実現させる現金を与えたのは，高賃金経済であった。

教育と学習，熟練格差

北西ヨーロッパの労働者は，自分たちが手にした新しい豊かさを，食べたり消費財を手に入れる以外の方法で享受できた。とくに学習と熟練を獲得することに使うこともできた。それは単なる楽しみのためになされることもあれば，功利的な目的でなされることもあった。通例，経済学者は第 2 の動機がより重要だったと考え，教育を「人的資本投資」と呼ぶ。学校教育は，将来のより高い所得を実現するための資源の使用を伴うからである。「人的資本形成」には三つの側面，つまり識字能力，計算能力，仕事の熟練があった。

識字能力から始めよう。その広がりは，結婚の登録簿その他の公式の文書に自分の名前を（記号を印すのではなく）署名できる人の比率を求めることで検証されてきた。自分の名前を署名できる能力は，それが必ずしも高い読み書き能力を示すわけではないため，また多くの人は書くことを学ばずに読むことを学んだため，不完全な指標でしかない。とはいえ，署名は多くの人々について長期間にわたって観察できるし，——歴史家はそう仮定するのだが——読み書き能力のより多様な側面との相関関係があった。

署名に関する情報は，近世期に，とりわけ北西部の高賃金経済の地域で，識字率が劇的に上昇したことを明らかにする。中世末期には，識字能力は主に都市に限定されていた。たとえば 1587 年のヴェネツィアでは，男性の 33 ％，女性の 13 ％ が読み書きでき（Grendler 1989, p. 46），他の都市でも同様な状況だった。農村住民の間ではおよそ 5 ％ だけが読むことができた。これらの比率，

58　第 I 部　工業化以前の経済

表 2-6　成人の識字率（1500〜1800 年）

	自分の名前を署名できる人口の比率	
	1500 年	1800 年
イングランド	0.06	0.53
オランダ	0.10	0.68
ベルギー	0.10	0.49
ドイツ	0.06	0.35
フランス	0.07	0.37
オーストリア＝ハンガリー	0.06	0.21
ポーランド	0.06	0.21
イタリア	0.09	0.22
スペイン	0.09	0.20

注 1) 1500 年のデータは農村・都市の分類から推定されている。
　 2) 農村人口の識字率は 5 ％と仮定されている。これは以下のようなの
　　　 ちに作成されたデータで確認される。スペインについては Nalle
　　　 (1989, p. 71) と Houston (1988, pp. 140-1, 152-3)、ポーランドにつ
　　　 いては Wyczański (1974, p. 713)、ラングドックについては Le Roy
　　　 Ladurie (1974, pp. 161-4)、イングランドについては Graff (1987, p.
　　　 106) を参照。
　 3) 都市人口の識字率に関しては、1587 年のヴェネツィアでは識字率は
　　　 男性で 33 ％、女性で 12.2〜13.2 ％、全体を平均して 23 ％だったと
　　　 の研究（Grendler 1989, p. 46）を一般化し、23 ％と仮定されている。
　　　 この比率は、ヴァレンシアでも（Nalle 1989, p. 71）、ポーランドの
　　　 貴族やブルジョワジーの間でも（Wyczanski 1974, p. 713）ほぼ同じ
　　　 で、15 世紀のロンドンではこれよりわずかに低かった（Graff 1987,
　　　 p. 106）。この時代、スペイン、イタリア以外の国では都市の人口比
　　　 率が低かったので、都市の識字率が全国の平均にはっきりとした影
　　　 響を及ぼすことはなかった。
　 4) 1800 年のデータは 17、18 世紀のものより詳しい。たとえば、Nalle
　　　 (1989)、Houston (1988)、Graff (1987)、Cressy (1980, 1981)、Fraga
　　　 (1990)、Grendler (1989)、Ruwet and Wellemans (1978)、Wyczanski
　　　 (1974)、François (1989)、Furet and Ozouf (1977)、Gelabert (1987)、
　　　 de Vries and van der Woude (1997)、Park (1980)、Chartier (1987)、Cipolla
　　　 (1969)、Kuijpers (1997)、Larguie (1987) を参照。

および人口の都市・農村分布をもとに、1500 年時の識字率が推計されてきた
（表 2-6）。この当時、イングランドでは識字率は著しく低く、6 ％程度であっ
た。

　1800 年までに識字率はどこでも上昇していた。それは北西ヨーロッパ——
低地地方、ドイツのライン川流域、北東部フランス、それにイングランド——
でもっとも高く、人口の半分以上が自分の名前を署名できた。これらの地帯は
高賃金地域であるか、人の移動によってこれらの高賃金地帯と結びついた地域

だった。ヨーロッパのより貧しい地域では，人口のほぼ5分の1だけが読み書きできた。

　人々はおそらく二つの理由——経済的理由と楽しみ——から読むことを学んだ。読み書き能力は——少なくとも中世には——小規模な農業よりも商業や実業の世界でのほうがずっと役に立った。農村よりも都市のほうが読み書き能力が高かったのはそのためである。この動機は近世でも変わらなかった。北西ヨーロッパでは若干の識字率の上昇が見られるが，これはこの時期の都市化を反映するものだった。しかし都市化からは1500年以降の識字率の急上昇を十分説明できない。18世紀には都市でも農村でもより多くの人々が読む能力を持つようになったからである。グーテンベルクの活版印刷の発明は本の実質価格をたちまち3分の2引き下げた。価格の下落は続き，1800年までに本の実質価格は1450年の価格の10％にまで低下していた。本は多くの人々にとって手の届くものになったのである（van Zanden 2004b, p. 13）。プロテスタンティズムは神の言葉を読むことに特別の意義を置いていたが，これも一役買うことになった可能性がある。しかし北西ヨーロッパのカトリック教徒もまた，プロテスタントと同じように読み書きを学んだ。農業世界は私的所領の法的に認可された再編と，囲い込み運動のような国家の支援する改革によって変容を遂げたが，そのどちらも文書資料を利用して進めることができればより有利だった。経済的変化は読めること，書けることの価値を高めた。実際，18世紀の書籍は法律や技術，あるいは実用的なことがらに関するものが多かった。宗教と仕事は読むことの唯一の誘因というわけではなかった。近世には宗教や政治についての安価で猥雑な小冊子の出版も見られた。宗教だけでなく，不信仰もまた読書の動機だったのかもしれない（Reis 2005）。

　人的資本形成のもう一つの側面は計算能力の向上である。算数と幾何を使いこなす人の比率は，識字能力の比率を測るよりも難しい。人口の広い層が署名しなければならない結婚登録簿に相当するような資料がないからである。キース・トーマスはかなり印象主義的な証拠を吟味した上で，イングランドでは「1700年には2世紀前よりも」「ずっと広範に計算能力が広がっていたことはほとんど疑いない」との結論に達した（Thomas 1987, p. 128）。1500年には足し

算や引き算のできる農村ジェントリはまれだったが，2世紀後の彼らの後継者はできるのがふつうだった。18世紀までに膨大な量の算術本が販売されるようになったが，このことは多くの人々が計算術を学んでいたことを示唆する。実際，計算力は以前より向上していた。アラビア数字がローマ数字に取って代わり，対数や計算尺が計算をスピードアップした。娯楽が動機の一つとなる読書とは違って，算数を楽しみから学ぶものはごくわずかだった。学ぶ刺激となったのは実用的なものであった。幾何は航海や測量にとって必要であり，イングランドの商船が増加し農業の再編が進むにつれて，幾何への需要は高まった。算数の教本に見られる例は貿易や商業から引用された。これらの熟練が主に利用されたのは，こうした分野だったに違いない。算数の能力に対する需要を生み出しその獲得を促したのは，都市的商業的経済の成長であった。

　職人の熟練は人的資本の第3の側面である。それはふつう徒弟制度を通じて獲得された。徒弟制度は，親方が徒弟に住居と食事を提供し，仕事を教えることを約束する契約関係だった。徒弟は契約期間中，部屋と食事のほかは通常は何の支払いも受けずに親方のもとで働くことに同意した。それに加えて，徒弟は徒弟修業の初めに親方に一定額の支払いをした。徒弟修業が首尾よく終了すると，徒弟は営業に従事でき，イングランドでは救貧法のもとでの被救済権[*2]のような重要な社会的利益を受けることができた。徒弟制度がヨーロッパの低賃金地域でどの程度普及していたのかは分からない。しかしイングランドでは普及の度合いは高く，17，18世紀には男子の3分の2は徒弟修業を終えて大人になった（Humphries 2009）。こうした職人の熟練の蓄積は産業革命に対する重要な貢献要因であった。

　親方は無償で徒弟を受け入れたわけではなかった。親方は徒弟修業の始まりにあたって徒弟の両親に高額の金銭負担を求めた。両親はこの資金を自分で貯蓄するか，親族からそれを調達するかしなければならなかった。資金の必要性はこれで終わりではなかった。親方になるために，男子は徒弟修業が終わった後でも，事業を始めるために資本を調達しなければならなかった。そのために通常，日雇い職人として得た収入を蓄えておく必要があった。

　こうした金銭的配慮の必要性は高賃金経済の重要性を浮き彫りにする。人的

資本蓄積の三つのタイプのいずれも高賃金経済が支えていたのである。慈善的支援を別にして，両親は学校と徒弟制度のためにお金を使わなければならなかった。先に引用したイーリングの庭師は2人の子どもを教育するために週6ペンスを使っていた。これは彼がビールに費やす額と同じだった。彼がもっと貧乏だったら，学校は「お金がかかりすぎる」と考えただろう。識字能力も計算能力も，どこでも富裕層の間でもっとも高かった。労働者の大部分が署名することができたのはイングランドと低地地方だけだった。ヨーロッパの低賃金地域では，小農民や労働者は中世末期とあまり変わらない識字能力しか持たなかった（Reis 2005, pp. 206-7）。おそらく計算能力についても状況は同じであった。高い賃金はあらゆる形態の熟練の獲得を容易にした。両親が自分の息子を親方に預けるために支払わなければならない現金をやりくりする苦労は，彼らが高い賃金を受け取っていれば和らげられただろう。また日雇い職人が事業を始める資金を蓄えるのも，もし日雇い職人が生存するためだけの費用以上に稼いでいれば，より容易になったはずである。広範に広がった識字能力，計算能力，職人の有能さは，先進経済における熟練に対する需要の高さを反映する。そしてこうした経済が生み出す高い賃金が，学校や徒弟修業に必要な費用を支払う経済力を労働者に与えたのであった。

高賃金と経済成長

　高賃金は17, 18世紀のイングランドの暮らしの顕著な特徴だった。それは高い水準の消費と教育をもたらした。高い賃金はこの時期の力強い経済成長の結果であり，新しい技術が発明されて高価なイングランドの労働力をより節約するようになるにつれ，さらなる成長へとつながった。

訳注
＊1　グレゴリー・キングの社会表（social table）：この表はグレゴリー・キング（1648-1712）が作成した「1688年に関して計算されたイングランドのさまざまな家族の所

得と支出の構成表」がもとになっている。キングは紋章官，地図製作者などの職業を経験したのち，1695 年頃からは政府のさまざまな分野の統計データを集め分析する仕事に携わるようになった。当時のイギリスはフランスとの戦争に巻き込まれており，自国の国力を測ることは政府に関わる者にとって大きな関心事だった。キングは1696 年に『イングランドの状態と条件に関する自然的政治的観察』を著した。「社会表」のもとになる統計表は，この本に掲載されている。イングランドの社会の位階を分類する試みはすでに 16 世紀から前例があったが，ごく大雑把なものだった。これに対して，キングの著作は人口，世帯の数や規模，貴族から浮浪民に至る 26 もの社会層の分類と 1 世帯当たりの所得と支出などを推定した詳細なものである。さらにキングは国力の水準を示す一つの指標として，社会層を「王国の富を増やすもの」と「減らすもの」の二つに分け，貧民以下を後者に含めた。キングの統計的分析を可能にした背景の一つには，戦争が必要とした各種の税――人頭税，結婚・出生・埋葬税など――の査定・徴収記録が利用できたことがある。それ以上に，一世代前の「できる限り数量を基礎とした，正確な科学研究」を目指したウィリアム・ペティ，あるいは死亡率週報を人口統計学的に分析したジョン・グラントらが道を開いた政治算術の手法と実績があった。数量を重視するこの学派の思考様式は「科学革命」の自然科学者と共通するものである。研究が進むにつれ，キングの数値や推計の粗雑さ，あるいは思想的な偏向なども指摘されるようになったが，その業績は今日，歴史人口学，社会統計，あるいは計量経済学などの先駆的研究として高く評価されている（斎藤修『新版　比較史の遠近法』書籍工房早山，2015 年，第 2 章も参照せよ）。

* 2　救貧法のもとでの被救済権（settlement）：1601 年のエリザベス救貧法は，誰でも合法的に救恤を受ける資格を有する教区（教区籍）を持つとの考え方を確立した。もともと出生した場所が当人の教区だとされていたが，1662 年の居住地法以後，年 10 ポンド以上の借家に 40 日以上居住すれば，その教区で救済を受ける資格があるなど，教区の定義は広げられ，1691 年の法では，捺印契約書により徒弟となってある教区に居住すれば，それも教区籍の資格となることが定められた。

第3章
農業革命

> イギリス人は依然として例の疑わしい教義にとらわれている。農業が進歩するためには大規模土地所有は必要であるという教義である。
> ——アレクシス・ド・トックヴィル『イギリス旅行』(de Tocqueville 1833, p. 72)

　農業は北西ヨーロッパの拡大に重要な役割を果たした。イギリスと低地地方の経済的成功の過程で，農業労働力の割合は約75％から35〜40％に低下した。イギリスとオランダは主として国内で生産される食料で養われていたために，それぞれの国の農業従事者は以前よりも多くの人口を扶養するだけの生産性を獲得しなければならなかった。それだけではない。すでに第2章で見たように，イギリスとオランダの農民はヨーロッパの他地域の農民よりも多くの食べ物を食卓に並べていたのである。彼らはどのような方法で，そして，なぜそうしたのであろうか。

　少なくともイギリスの農業に関する限り，この設問に対するお馴染みの解答がある。しかも，それは農業の変革だけではなく，イギリス経済全体の急速な発展を説明している（たとえば，Brenner 1976, Cohen and Weitzman 1975, Ernle 1912, Marx 1867, McCloskey 1970, Overton 1996, Shaw-Taylor 2001, Young 1774 等）。この仮説は図3-1にまとめて示されている。このモデルでは，開放耕地[*1]の囲い込み[*2]や小農経営[*3]に代わって，賃金労働者を使う資本主義的な大規模借地農業経営が登場するといった農業制度の近代化[*4]が経済を前進させる原動力となった（図の1）。大規模な囲い込み農場は，食料を以前よりも多く生産したと考えられるし，見方によってはエーカー当たり雇用者数は小農経営よりも少なかったという説もある（図の2）。食料生産の増加と農業雇用の減少は都市人口の増加

図 3-1 農業とイギリス経済発展の標準モデル

をもたらした（図の3）。その結果，工業生産は増加し，経済成長が始まったのである（図の4）。

　この章における議論は，農業革命の事実と重要性を確認する点では既存のモデルと同じである。しかし，因果関係の点では既存のモデルとは相容れない。この章の趣旨は，右向きの矢印で示される因果関係は非常に弱かったということを示すことである。もっと強い因果関係の矢印は反対方向に引かれるべきなのである。低地地方とイングランドにおいて農業革命が起こったということは確かなことであり，農業革命が経済の拡大にとって不可欠であったことも確かである。しかしながら，因果関係の方向は，多くの場合，まず世界貿易の拡大があり，次いで都市工業の成長，農業生産性の上昇，そして最終的に大規模農場と囲い込みを結果するというものであった。都市が農村を変化させたのであって，逆ではない。

マクロの視点——人々はどのように食料を供給されたのか

　農業革命の重要な特徴は，農業生産の増加であった。高い生活水準を維持しながら人口が増加するためには，より多くの食料は不可欠であった。食料生産は増加しなければならなかった。そして，産出量の増加がいつ起きたのかに注目すると，本当に重要な変化は何であったのかが分かる。

　農業センサスがないため，近世ヨーロッパ諸国の農業生産量を推計する唯一の方法は，消費量から推計する方法である。もっとも単純な方法は，1人当たり食料消費量が一定であると仮定し，輸出入量を考慮し，既知のデータから推測して，人口の増減から農業生産量を推計する方法である（たとえば，Deane and Cole 1969, Overton 1996)[1]。この方法をイギリスに当てはめると，1650年か

ら 1750 年の時期については，生産量は横ばい（人口増加がなかったから）であったことが分かる。次いで，1750 年以降人口増加は加速し，生産量は急速に増加した。1750 年に始まる農産物の明らかな増加は，囲い込みが生産性に大きな影響を与えたということを示している。その理由は議会囲い込み運動が1750 年代に始まり，19 世紀まで継続したからである。

　しかしながら，この議論は人口史を農業の領域に投影したものに過ぎない。問題は，前の章で見た通り，1 人当たり食料消費量は一定ではなかったということである。所得の増加の結果，人々のカロリーとタンパク質摂取量は以前よりも増え，その消費量も食料品価格の変化に伴って変化したのである。信頼すべき推計[2]を得るには，こうした行動様式も考慮に入れなければならない。何人かの研究者（Crafts 1976, Jackson 1985, Clark, Huberman and Lindert 1995, Allen 1999）がこうした推計を行っている。彼らは，イギリスの家計調査と発展途上国の消費[3]に関する研究から算出した農産物需要の所得および価格弾力性［所得あるいは価格の変化が財の需要を変化させる割合］の推計値を用いている。歴史分野の文献でふつう想定されているのは，需要の所得弾力性は 0.5，自己価格弾力性［ある財の価格の変化がその財の需要を変化させる割合］は −0.6，食料と工業製品の交差価格弾力性［ある財の価格の変化が他の財の需要を変化させる割合］は0.1（他の妥当な数値も同じ結果を示す）である。

　1 人当たりの食料需要を 1 人当たりの所得と農産物価格の関数とすれば，農産物市場において需給均衡状態で売買されたであろう農業生産物の増加分を計

---

1) これらの復元では，農業生産量（Q）は，1 人当たり農産物消費量（c）および農産物消費量に対する農業生産量の比率（t）を掛けた人口（N），すなわち $Q=tcN$ に等しいとしている。変数 t は，農産物の国際取引の割合を組み込んでいる。すなわち，たとえば，もし輸入が農産物消費量の 10 % であるとすると，t は 9 となる。19 世紀以前には，多くの場合，輸入はごくわずかの割合を占めるに過ぎなかった。

2) 最初にこの点を示唆したの Crafts (1976) であり，その後 Jackson (1985)，その他によって再び試みられている。

3) 1 人当たり農業生産物の消費量を賃金および価格の関数にするもっとも簡単な方法は，$c=ap^e i^g m^b$ を用いることである。この場合，p は農業生産物の価格，i は 1 人当たり所得，m は工業製品の消費財の価格，a は一組の計測単位を決める係数である。自己価格，所得，交差価格の需要弾力性は，それぞれ e, g, b である。

66 第 I 部 工業化以前の経済

算することができる。イギリスに関していえば，これは三つの局面を示す。第1は，16世紀初期から始まり，1730年代まで続いた局面である。この時期に産出量はほぼ2倍に増加した。ヨーマン［近世イギリスの農民のうち，農夫・借地農業経営者等と区別して用いられる富裕な独立自営農民層］の最盛期である。第2の局面は，1740年から1800年までの時期である。この時期には，産出量は10％しか増加していない。成長率がこのように低かったとするならば，この時期に囲い込みが農産物を増加させたという主張の正しさには疑念が生じる。第3の局面は，1800年から50年にわたるものである。収穫率は大幅に上昇し (Allen and O'Grada 1988)，産出量の増加は65％に上った。しかし，この拡大は短命であった。19世紀半ばから農産物の産出量と生産性の上昇が急に止まってしまったからである (O'Grada 1994)。

　1740年から1800年に1人当たりの農産物産出量の増加が止まってしまったことについて詳しく検討する必要がある。この時期には，人口と所得は急速に増加しつつあり，食料に対する需要を押し上げていた。しかしながら，イギリスの物価はもっと急速にヨーロッパ大陸のそれを上回って上昇した[4]。イギリスにおける物価急上昇の明らかな原因は，需要の増加が供給を上回っていたからである。1人当たりの食料消費量を1人当たりの所得と農産物価格の関数とすれば，この考えを数学的に表現することができる。この方法を使えば，今度は，物価が上昇したことに対応して，農業生産者が［人口増加と所得増加に対応して］生産を増加させた分を［農産物価格で除して］計算することによって，人口・所得・価格の変動から供給量の増減の歴史的な動きを算出することができる。

農業労働者の1人当たり産出量

　イギリスの農業は，1人当たり食料を多量に生産していただけではなく，1800年には1人の農業労働者は製造業とサービス部門で働く2人の労働者を

　4）異なった価格変動は，国際食料品市場が完全には統合されていない場合にのみ起こりえた。

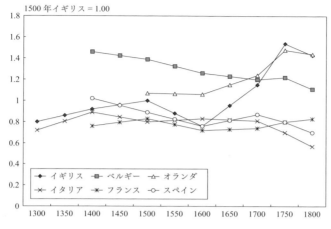

図 3-2　農業の労働生産性

養うのに充分な食料を生産していた。農業従事者1人当たりの産出量は，農業生産の推計値を第1章で示した農業人口で割れば算出できる。図3-2に示したのは，この方法で算出したヨーロッパの先進主要国の数値である。それぞれ特徴的な三つの型が明らかとなる。

　最初は現在のベルギーに当たる地域の例である。中世フランドル農業はその生産性の高さで有名であった。また，この地域の労働生産性の高さは，農民が大規模な都市人口を扶養することができたということを意味していた。ヨーロッパの他の場所でも生産性が高い地域があった。とくにノーフォークの北東部である（Campbell 1983, 2000）。近世になり，ベルギーにおいても人口が増加して，農場が分割されるようになると農業従事者1人当たりの産出量は徐々に減少していった。それでもベルギーは高い水準を維持し続け，ヨーロッパの他の地域の農業経営者が追いつくのに何世紀もかかった。

　第2の例はオランダとイギリスである。全体として見ると，中世には両国とも顕著な生産性の高さを示してはいない（Allen 2005）。1600年から1750年にかけて，いずれも農業革命を経験し，農業労働者1人当たり産出量はベルギーの水準に達し，次いでそれを超えた。両国とも農業革命で有名であり，労働生

68 　第 I 部　工業化以前の経済

産性が劇的に上昇していることが図 3-2 から分かる。

　残りのすべてが第 3 グループに属する。1300 年から数値が得られるイタリアは典型的な例である。14 世紀半ばの黒死病によって人口は激減した。その結果，1300 年から 1400 年までの間に農業労働者 1 人当たりの産出量は上昇した。その後 100 年で，再び人口増加が始まり，労働生産性は黒死病以前の水準に戻り始めた。イギリスの数字も同じような増減を示しているが，違っているのはイタリアの労働生産性が近世を通じて引き続き低下していることである。イタリアには農業革命はなかった。ヨーロッパ大陸の主要国ではすべて 1400 年から 1800 年の間に農業人口の増加が収穫逓減をもたらすにつれ，同じように生産性の低下がもたらされたのである。

なぜ産出量と生産性は上昇したのか

　労働者 1 人当たり産出量をいくつかの構成部分に分け，等式で示すことによってオランダとイギリスの農業革命の原因を割り出すことができる。

$$\frac{産出量}{労働}=\frac{産出量}{改良された土地の面積} \times \frac{改良された土地の面積}{全耕地面積} \times \frac{全耕地面積}{労働}$$

この等式は各構成部分がそれぞれ異なる生産要素によって決まるということを示しているので分かりやすい。構成部分を左から右の順に分析してみよう。

改良された土地面積当たりの産出量

　「改良された土地の面積」は耕地・採草地・放牧地の面積を含む。近世には，農作物と家畜の生産性が上昇したため，改良された土地の単位当たり産出量は増加した。たとえば，乳牛 1 頭当たりからの搾乳量は 1300 年には年 100 ガロンであったが，1800 年には 380 ガロンに増加した。羊 1 頭当たりの羊毛は 1.5 ポンドから 3.5 ポンドに増加したし，羊肉の重量は 22 ポンドから 60 ポンドに急増した。同様に，小麦の収量は 1300 年には，イギリスのほとんどの場所に

おいて 1 エーカー当たり約 10 ブッシェル（これより高いところもあったが）で
あったが，1700 年には約 20 ブッシェルと 2 倍に増加し，その後 18 世紀を通
じてわずかだが 10 ％の増加を示した（Allen 1992, 1999, Turner, Beckett and Afton
2001, Brunt 1999, 2004）。その他の穀物の収量も同じように増加した。

　収穫量は，品種改良と環境の改善によって増加した。17 世紀に初めて行わ
れたことであるが，もっとも優良な作物から種子を取り，繁殖用の動物のうち
最良のものを選ぶことによって，農業経営者は作物と家畜の再生産を制御した
のである。生育環境が改善されることによって，遺伝物質の生産性は向上した。
家畜の場合は，より豊富で栄養価の高い牧草（放牧地の改良の結果である）と栽
培された豆，クローバー，ターニップ［蕪菁］で飼育することを意味していた。
多くの場合，意図的ではなかったであろうが，穀物の収量は土壌の栄養の改善
によってもまた大幅に増加した。多くの場合，家畜数の増加を意図して行われ
たエンドウ豆，インゲン豆，クローバー栽培の増加は，土壌に空気中の窒素を
固定化し，窒素肥料の量を増加させたのである。土壌の窒素の蓄積は極めて
ゆっくりと進行したが，数世紀間にわたって，小麦の収量を 1 エーカー当たり
5 ブッシェル増加させた。こうして，窒素肥料の蓄積が収量の増加のかなりの
部分に貢献した。残りの部分は，種子の改良と穀物の栄養素の吸収を容易にし
た犂の改良等による耕作方法の進歩である。

全耕地面積に占める改良された土地の面積

　生産性はまた土地が改良されたことによって上昇した。この過程は低地地方
においてもっとも劇的に行われた。そこでは極めて多くの土地が海の干拓に
よって造成された。イギリスにおいても干拓は行われ，オランダ人の技術者が
沼沢地の排水を監督するために雇われた。すでに触れた牧草地の改良は，イギ
リスの農業生産性の上昇に極めて重要な意味を持った。1300 年に，改良され
た採草地と放牧地はおよそ 200 万エーカー，共同放牧場は 2000 万エーカー
あった。1700 年には，約 700 万エーカーの共同地［村の農民が共同で耕作する
耕地］が改良され，18 世紀にはさらに 800 万エーカーの「荒蕪地」［村の農民
が耕作ではなく，家畜放牧地，木材・泥炭採取地として利用権を持つ共有の荒れ地］

70　第I部　工業化以前の経済

が「放牧地」に転換された（Allen 1994, p. 104）。これは単なる名称の変化ではなく，土地の価値の実際の改良を意味していた。たとえば，北部イングランドでは共同放牧場の囲い込みは，新たに囲い込まれた土地の表面から集められた石垣で耕地を囲い込むことを意味していた。表面の岩を取り去るだけで牧草の生育が促された。

労働者1人当たり全耕地面積

　労働者1人当たりの耕地面積は，その逆数である項，すなわち1エーカー当たりの労働者数で考えるともっと簡単に理解できる。この項は，互いに相殺する方向で働く傾向に左右された。一方で囲い込まれた牧草地は共同放牧場よりも集約的に経営されたから，改良された土地の増加は雇用を増やした。他方で，近世のイギリスでは改良された土地当たりの労働者数は減少した。耕作地の牧草地への転換を伴う囲い込みは，農業雇用を減少させた。小規模の家族農場から大規模な農場への変化もまた農業雇用を減少させた。減少の程度は，女性と子どもにとって，とくに大きかったが，1エーカー当たりの常雇い成人男性の数も減少した（Allen 1988, 1992）。最後に，雇用は賃金と農産物の相対価格から影響を受けた。たとえば，ナポレオン戦争中の穀物価格が非常に高かった時期に農業経営者は土地から最大の収穫を得ようとして追加の労働者を雇ったのである。

　農業の労働生産性は，こうした要因のバランスに依存していた。1500年以降の数世紀間に，改良された土地1エーカー当たりの産出量と農地の総計に占める改良された土地の面積は，ともに労働者1人当たりの産出量を押し上げた。他方，1エーカー当たりの雇用労働者数は，雇用創出か雇用減少のいずれの変化が優勢になるかに従って，その影響はさまざまであった。

囲い込みは産出量と生産性を上昇させたのか

　近世におけるイギリス農業の生産性上昇の原因は何かという問いに対するもっとも古い説明は，開放耕地の囲い込みである。たとえば，アーサー・ヤン

グは開放耕地農民を「野蛮な破壊者」であると罵倒している。こうした評価はアーンリ卿による広く行き渡った極めて影響力の強い解釈（Ernle 1912, p. 248）によって増幅された。「開放耕地制度の下にある耕地の混在が持つ農業経営上の欠陥は，甚だしく，根深いものである」。そして，「こうした古い制度の下では，産出量の増加も改良農法の全般的な採用も期待できない」。同様に，大規模借地農業経営者は雇用する労働者の賃金と地代を支払う現金を獲得しなければならなかったから，ヨーマンよりも革新的であったと考えられた。他方，ヨーマンは，多くの場合，自身の土地を所有し，家族労働に依存していたから，大規模借地農を駆り立てたような現金を必要としなかった。

　こうした批判がいたずらに誇張されたものであることを示すのはいとも簡単である。たとえば，開放耕地農民は「新しい農法を受け付けなかった」とするアーンリの極端な主張（Ernle 1912, p. 199）を考えてみよう。これは，開放耕地村落と囲い込み村落における作付方法を比較すれば，検証できる。このような比較をすれば，開放耕地農民のほうが改良農法の多くを採用したということが容易に分かる。このことは，エンドウ豆やインゲン豆が広範囲に普及した 17 世紀には非常にはっきりしている。開放耕地農民は，そうした作物に適する場所があればどこでもそれを導入したからである。18 世紀後半になると両様の動きがあった。開放耕地農民は，クローバーやターニップといった新種作物を広範に導入した。しかし，囲い込み地を経営する農民が優位を保っていた。彼らはこうした作物を開放耕地農民よりも徹底して採用したからである。開放耕地農民のほうは，新しい制度と並んで，古い制度の構成要素を温存しがちであった（Allen 1992, pp. 107-29）。開放耕地農業と囲い込み農業における土地利用方式のもっとも大きな違いは，土地の利用法として牧草地がもっとも利益を生む地域で現れていた。一般的に，囲い込み農民はその土地の大部分を牧草地にした。他方，穀物生産地域の囲い込み農民ほどではないが，開放耕地農民は高い割合の土地を相変わらず穀作地として利用していたのである。

　開放耕地と囲い込み地の作付けの相違は，産出量や生産性の低下を含んでいなかったから，重大な結果をもたらさなかった。他方，中世と 1800 年頃の生産性の違いは，これら二つの農業制度が中世の出発点からどの程度進歩したの

72　第Ⅰ部　工業化以前の経済

表 3-1　作物収穫量と囲い込み（1800 年前後）（収穫量：エーカー当たりブッシェル）

	開放耕地エーカー当たりブッシェル	囲い込み耕地エーカー当たりブッシェル	囲い込み耕地/開放耕地（比率）	囲い込み耕地の中世から 19 世紀までの収量増加
重粘土質土壌耕地				
小麦	19.7	20.2	2.2	5.3
大麦	26.5	31.8	20.0	35.3
オート麦	23.5	33.0	40.4	44.6
豆類	18.8	22.2	18.1	27.9
平　均	21.2	24.1	14.7	23.8
軽質土壌耕地				
小麦	20.0	19.7	− 1.5	−
大麦	27.0	29.3	8.5	18.4
オート麦	26.5	32.5	22.6	28.8
豆類	19.9	18.1	− 9.0	−
平　均	23.4	24.7	5.6	10.9
牧草地帯				
小麦	20.9	21.9	4.8	8.9
大麦	28.0	32.2	15.0	27.3
オート麦	36.9	38.1	3.3	4.5
豆類	22.4	23.4	4.5	7.5
平　均	24.7	26.7	8.1	14.2

出典) Allen (1992, p. 136).

かを示しているので，重要な判断基準となる。

　収穫率は，農業生産性を表す指標としてもっともよく使われてきたものの一つであり，表 3-1 は 1800 年頃のイングランドのミッドランド南部地方の結果をまとめたものである。収穫量のデータは，農業にとって潜在的に重要な土壌の質を反映させるために，三つの地域に分類してある。開放耕地と囲い込み農業でもっとも大きな違いがあったのは，重粘土質土壌の穀作地帯である。この地帯の特徴は，収穫量を増加させるためには下層土の排水が必要とされる粘土質土壌地であったことである。囲い込みは排水を容易にし，実際，この地域の囲い込み村落では開放耕地村落よりも春穀の収量はほぼ 3 分の 1 も高かったのである。しかし，［冬穀の］小麦の収穫量の違いは無視しうるほどであったし，囲い込み農業の全体としての優位はわずか 15 % であった。この差は，囲い込

み地の農民が中世以来成し遂げた増収分の 24 ％ に相当した。軽質土壌穀作地帯では，クローバーとターニップが改良農業と結びついていたが，開放耕地と囲い込み地の村落の間の収穫量の違いは，6 ％ ほどであった。囲い込んだあとかなりの土地が草地にされていた牧畜地帯では，収穫量の違いはそれほど大きくはなく，約 8 ％ くらいであった。これらの差は，囲い込み地の農民が中世の穀物収量を超えて獲得した 11 ％ と 14 ％ に対応するものであった。開放耕地農民が「新しい技術を受け付けない」とするアーンリの判断は，的外れなものである。開放耕地農民は，自然条件によって分類した農業地域のあり方に従って，競争相手である囲い込み地の農民が獲得した成果の 76 ％，86 ％，89 ％ を達成したのである（Allen 1992, pp. 133-7, 2002, p. 19）。こうした結論は予想されないことではなかった。17 世紀に開放耕地農民が率先してエンドウ豆やインゲン豆を植えたからであり，豆科植物が収穫量を増加させる重要な窒素肥料源であったからである。

　労働生産性の点からも開放耕地農法と囲い込み地農法を比較することができる。先ほど触れたミッドランド南部のいくつかの地域に関して，計算してみた。労働生産性は労働者 1 人当たりの産出量と等しい。また，これらの計算では，「産出量」は種子と飼料を除いた農業生産物の価値（1806 年価格で表した）である。労働量は，経営者の管理時間を含む農業労働の費用で計測されている。

　両者を比較してみると収穫量の場合と同じように，囲い込み農法のほうがわずかながら生産性が高かったことが分かる。重粘土質土壌穀作地帯では，労働者 1 人当たりの産出量は囲い込み農法で 11 ％ 高かった。軽質土壌穀作地帯では，囲い込み農法の優位は 3 ％ に低下した。ほとんどの牧畜地帯では，両者の差は開放耕地の 6 ％ 優位から囲い込み農地の 12 ％ 優位までさまざまであった。囲い込み農法がかなりの優位性を示した唯一の例は，いくつかの古い時代からの囲い込み地であった。そこでは生産性は開放耕地よりも 81 ％ 高かった。こうした結果が出てくる背景には，農法の性格というよりも草地が本来持っていた優位性があった。議会囲い込み地においても，それほどの優位性はなかった。

　こうした違いは，1500 年から 1700 年に至る間に 50 ％ も急上昇した労働生

74 第 I 部　工業化以前の経済

産性の全般的な上昇という観点から解釈する必要がある。収穫量の場合と同じ
ように，囲い込みは両者の上昇をほとんど説明していない。つまり，開放耕地
の農民は，イギリス全体で起こった生産性上昇の大部分を達成していたのである。

　全要素生産性（TFP）は，開放耕地と囲い込み耕地を比較する第3の方法で
あり，広く用いられている。全要素生産性は，生産に用いられたすべての土地，
労働，資本の指標と農場の産出量との比率である。この指標がよく用いられる
理由の一つは，記録が豊富にある地代額から推計できるからである。しかし，
さらにいくつかの追加的な経済的仮定を設けなければならない。土地市場が均
衡状態にあるとすると，地代の差額（投入・産出価格の差を調整した）は全要素
生産性の違いを表す。なぜなら生産性の高い農民は低い農民よりも多くの余剰
を生み出すし，その余剰は地代として地主に帰属するからである。一般的に囲
い込み農場は開放耕地農場よりも地代額は高かった。しかし，推計される全要
素生産性の違いは，わずかなものであった。全要素生産性の絶対値で見ても上
昇比率で比べても中世と19世紀の間の差は小さかったのである。さらに，開
放耕地農場と囲い込み農場の地代額の違いは，生産性の違いを誇張することに
なるかもしれない。なぜなら地代の市場が競争的均衡状態にあったとする仮定
は，近世農業の場合にはとりわけ問題を含むものであったからである。均衡状
態にあれば，囲い込みによって上昇する地代は，所得発生だけでなく，所得再
配分をも伴ったであろう（Allen 1992, pp. 171-87）。

開放耕地農民はどのように農業の近代化を達成したのか

　もっとも強力な開放耕地批判の一つは，1766年にホーマーによって提起さ
れたものである（Homer 1766, pp. 7-8）。「土地保有者がとくに多いところで全員
の同意を得なければならないということが，開放耕地状態にある土地の改良に
とってはほとんど乗り越えられない障害となる」。もちろん，開放耕地農民に
よる新種作物の導入に関して，こうした決めつけは問題である。彼らの革新性
と新種作物の導入には全員の同意が必要であったとするホーマーの見解はどの

ように折り合いがつけられるであろうか。同意はどのようになされたのであろうか。本当に全員一致が必要であったのか，全員一致がなくとも変化は導入されえたのであろうか。開放耕地では，意思決定はどのようにしてなされたのであろうか。

さらに開放耕地における技術革新は，技術変化の制度的な基礎に関するいくつかの問題を提起している。農業上の革新には，それぞれの地域において，研究開発費が発生する。新種作物の耕作は地域的な条件に適合しなければならないからである。この原則は遠く離れた地域間（たとえば，地中海地方の農民は，イギリスあるいはオランダの農法をただ模倣するだけでは収穫量を上げることはできない）だけではなく，近接した地域間でも，また外見上は同じような自然条件下にある地域間にも当てはまる。今日の世界では，地域の農業大学や政府の公開サービスが必要な実験を行っている。古典的なイギリス農業革命の地主モデルでは，地主農場を使って農業上の実験を行う大規模土地所有者によって，研究・開発が行われたということになっている。彼らが開発した方法は，次いで彼らの借地農業経営者によって採用された。借地農業経営者は，囲い込み農場を経営していたから自由に革新的方法を導入できたのである。地主は土地を借りている借地農業経営者が支払うより高い地代によって，実験に費やした費用への見返りを手に入れた。このモデルには解決しなければならない二つの難問があった。第 1 の問題は，実験場として用いられた地主農場を農業史家がほとんど見つけられなかったこと，ましてや利益をあげうる農業上の発見をした地主農場となるとさらに少なかったことである（Beckett 1986, pp. 158-64）。第 2 に，開放耕地において技術革新が実際に行われつつあり，したがって同じような役割を果たす制度を開発したに違いないということである。それらはどういうものであったのか。

開放耕地制度に関するこうした問題に対する解答は，意思決定の事例研究によってしか出てこない。これが可能な村はオックスフォードシャーのスペルズベリーである。これは一つの明示的な例に過ぎない。しかし，この例は開放耕地村落の内部で作用しているさまざまな要因を垣間見せてくれるし，ホーマーの非難とは相容れない方法で農民たちが実験と技術革新と意思決定を行ってい

76　第 I 部　工業化以前の経済

ることを示している。ジョアン・サースクは，サミュエル・ハートリブの周りに集う 17 世紀の農業改良家たちの一団について触れている（Thirsk 1985, pp. 547-58）。彼らはイングランドの各地に住むジェントリたちであり，低地地方から導入されつつあったクローバーのような作物の実験的導入に熱心に取り組む人々であった。クローバーの栽培には実施上多くの問題があった。ハートリブを囲む仲間たちはさまざまな方法で実験を繰り返し，それらについてハートリブに手紙を書いている。彼はこの書簡の一部を刊行し，仲間たちにその他の情報を手紙で配布している。このグループの仲間たちは，それぞれの研究成果を手本にすることができた。集団的な発明［第 7 章を参照］の進展によって，イングランドにクローバー栽培が導入されたのである[5]。スペルズベリーの開放耕地へのイガマメ，ターニップ，クローバーの導入にも同じような問題があったが，ハートリブを囲む会から連想されるような方法で解決されたのである。

　スペルズベリーは非常に大きな教区（3,900 エーカー）であり，タストン，フルウェルとスペルズベリーの三つの別々の村から成っていた。それぞれの村には固有の耕地制度があった。ほとんどの農場は小規模で，充分家族で耕作することができたし，伝統的な謄本保有地[*5]として保有されていた。したがって，農民は土地に対して長期の所有権類似の保有権を有し，自身の土地の生産性を上げる方法を見つけ出せば，金銭的に恩恵をこうむることができた。

　われわれが確認できる最初の新種作物は，イガマメである。イガマメは 18 世紀の初期にオックスフォードシャー全体に普及した牧草である。1701 年にタストンに導入され，謄本保有農民たちは開放耕地から数条の耕地をイガマメ栽培に充当し，それを改良採草地として利用することに同意した。同意書はこの土地を「囲い込み地」と呼んでいる。この土地が耕地から切り取られて，塀，あるいは生垣によって囲われているという意味でそう呼ばれたのである。しかし，その耕作には開放耕地制度の多くの特徴が残っていた。たとえば，土地は一カ所にまとめられていなかった。つまり，それぞれの農民は自分たちの地条を相変わらず保有し，地条はまず干し草用に刈り取られた。次いで，採草地に

　5）工業における集団的発明に関する議論については，Allen（1983）を参照。

は村の家畜群が共同で放牧された。それぞれの謄本保有農民は，耕地の境界が自身の保有地に接している場合には，耕地の境界を維持する義務を負っていた。謄本保有農民のなかから3人の耕地委員が選出され，採草地に牧草を植える時期と村の家畜群を放牧する時期を決定した。同意事項に違背した場合，科料が科せられ，それを領主に支払わなければならなかった。タストンのイガマメに関する同意によって，開放耕地式に運営される改良採草地が生まれたのである[6]。

　このような採草地を作るのにどの程度の同意が必要だったのであろうか。明らかに全員一致は必要であった。同意書には，タストンのすべての謄本保有農民と所領管理人ウィリアム・カニングの署名があるからである[7]。

　同意書があったということは，全員一致がホーマーの指摘したような乗り越えられない障害ではなかったことを示している。他方，全員一致は解決が困難な緊張をはらんでいたという事実もはっきりしている。同意が達成される前にどのような議論があったのかを示す記録はないが，翌年継続を脅かす意見の相違が出てきたということも確かである。

　カニングは1703年4月3日のリッチフィールド伯爵（スペルズベリー卿）宛書簡のなかで，こうした事情を次のように要約している。「彼らが植えたイガマメをどのように栽培するかを決める件について，タストンとフルウェルの住民の間で大きないさかいがあり，裁判所に持ち込まれたことを知った」。荘園裁判所でイガマメの栽培法が議論されることはとくに驚くべきことではない。通常，耕地を管理する組織は荘園裁判所であったからである。「イガマメの栽培は正しい方法で導入され，実行されれば大きな改良に結びつくもの」とカニングは見ていた。しかし，すべての謄本保有農民が同意したわけではなかった。「主だった者の間で反対が強かったので，彼らを屈服させなければ，間もなく計画は頓挫してしまうであろうと思った」。反対する者が2人いた。「したがって，私はタストンのウィルトン・ルークとジョン・ハルを承服させて事態を改

---

6) これらイガマメに関する同意事項を最初に研究し，開放耕地農業を評価する際にこれらの同意の重要性を最初に理解したのは，Havinden (1961) である。

7) この結論は，1703年におけるスペルズベリーの免役地代帳（DIL II/b/33）とタストンの囲い込み同意書（DIL II/n/1）を比較した結果，得られたものである。この節で参照したすべての史料は，オックスフォード州文書館に所蔵されている。

78　第Ⅰ部　工業化以前の経済

善することにした。その方法は，裁判の翌日にジョン・フリーマン［タストン
のもう一人の謄本保有農］を 2 人のところに連れて行くことであった。そして，
「われわれが現在抱えているすべての懸案が良い方向に向かうよう彼らが直ち
に同意しないならば，彼らの無礼と不作法を木曜日に開廷される裁判所の領主
裁判官に報告し，彼らを厳しく処分させる措置を講じるつもりである」とカニ
ングは彼らに告げた。カニングは，さらに別のやり方，たとえば，「自分たち
の家の手入れをせず，朽ちるままにしている」という理由で罰すると彼らを脅
かした。また，「イガマメ栽培の好ましい秩序に反して些細な違反をするたび
ごとに，彼らに令状を突き付け，ハルが切り倒した木に対して直ちに 20 シリ
ングを支払わない場合には，翌日に令状を発送するであろう」と彼らを脅かし
た。こうした脅かしは功を奏した。「こうして彼らは 2 人とも私が発する命令
に従うことに同意した」[8]。

　荘園当局による強制は，ホーマーが提起した問題に対する一つの解決策で
あった。しかし，スペルズベリーにおける通常の解決策は，新種作物の導入を
自由意思に任せることにしたことである。1708 年におけるスペルズベリーの
耕地囲い込みに関する同意がその例である。同意の目的は，「一定面積の耕地
を毎年耕す耕地」，すなわち継続的に作付けされる土地にすることであった。
タストンにおいて収穫後に共同放牧が行われていたように，耕作委員が選出さ
れ，放牧を管理し，規則違反には罰金が科せられた。タストンの同意と違う主
な点は，謄本保有農民は誰でも自分の「毎年耕作地」を自由に耕せたことであ
る。「穀物の種子をまいてもよかったし，イガマメを植えてもよかったし，自
分の好きなものは何でも耕作できた」[9]。この囲い込み地の使い方が巧妙で
あったのは，タストンと同じように，イガマメを栽培することができたという
点であるが，最初は皆がそうしなければならなかったわけではない。しかし，
それが通常のやり方となったようである。18 世紀後半の裁判所記録は，「［囲
い込まれていない］古いイガマメ耕地」について記録している[10]。それは，囲

　8）DIL I/k/1h.
　9）DIL II/n/26.
10）たとえば，DIL II/w/134.

い込みのために用意された耕地図にも描かれている[11]。最初は柔軟に運営することによってタストンで起こったような争いは回避され，進取の気風に富んだ謄本保有農民は実験を続けることができたし，その他の農民も自分の村で試した後，イガマメ栽培を導入することができたのである。

　スペルズベリーの開放耕地に導入された作物は，イガマメだけではなかった。18世紀中葉には，クローバーやターニップも導入された。ターニップに関する最初の記述は1751年の荘園裁判所にあり，その導入は最初は自由意思にまかされていた。「スペルズベリーのシンクフォイル耕地と呼ばれる耕地にあるチッピング・ノートン道路に通じるオーバー・シューティング耕区に次の季節にターニップを植えることが同意されたので，これを指示する」。重要なことは，ターニップの耕作は開放耕地自体にではなく，1708年に「毎年耕作地」として作り出されたイガマメ栽培用の囲い込み地に導入されたことである。この土地は，新種作物を試験する実験耕地として利用されようとしていた。最初の同意書では，すべての農民はこの耕地のなかにある自分の地条に何を植えるかを決定することができたし，1751年の指示書には「誰でも自分の土地を自由に利用することができる」[12]という任意原則がはっきりと認められていた。

　後になると，耕作の仕方は修正された。ターニップの作付けは相変わらず「イガマメ用囲い込み地」に限られていたが，耕作が強制されるようになった。全員一致は必要とされなかったが，多数決が規則となった。こうして，1758年の耕作議決書は次のように述べている。「次の季節には，土地保有者全員，あるいはその多数から，来る5月1日までに同意を得て『古いイガマメ耕地』と呼ばれるスペルズベリーの耕地のなかの区画に白ターニップを播種することに同意し，これを指示する」[13]。おそらく，すべての農民の作付けが同じであれば，この耕地の管理は効率的に行われたであろうし，この変化の背後にあった動機もそれであった。開放耕地制度は，私的所有と共同管理の混合から成り立っていた。こうした場合，個人よりも集団を優先するほうが技術革新を容易

11）囲い込み用耕地図集成（Misc. Sta.I/1）。

12）DIL II/w/108.

13）DIL II/w/108.

80　第 I 部　工業化以前の経済

にしたのである。

　1762 年には作付け様式に極めて重要な二つの変化があった。第 1 は，「大麦作付け地にターニップを植えることに同意し，これを命じる」[14]とする指示から分かるように，ターニップの耕作がイガマメ用の囲い込み地から開放耕地自体に移ったことである。翌年の指示は，ターニップをブライアー耕区とウイットナー・ビア耕区に植えるべきことをよりはっきりと命じている[15]。第 2 は，クローバーが耕地に導入されたことである。

　　われわれはまた，アームスハウス耕区とウインター・ビア耕区にクローヴァーを植えること，そしてこれらの耕区はクリスマスから 4 月 10 日まで囲い込まれることに同意する。クリスマスと既述の 4 月 10 日までの間にこれらの囲い込み地に家畜を入れる者はすべて 10 シリングが科料される[16]。

　この場合，「毎年耕作地」でクローバーの栽培が試される試験期間はなかった。それどころか，クローバーは強制的に直接耕地に導入されたのである。しかし，栽培は耕地のごく一部に限られていた。

　1760 年代と 1770 年代は，村人たちが土壌に最適な輪作計画を完成させた実験の時期であった。1760 年代には少数の耕区でクローバーとターニップが輪作された。たとえば，1765 年にはウインター・ビア耕区にはターニップが植えられ，ブライアー耕区には牧草の種子がまかれた[17]。これは 1762 年の耕作方法と逆であった。この方法による耕作は徐々に他の耕区に広がっていった。1780 年代には，輪作は完成していた。

　　この法廷において次のような同意がなされた。コスタ・ヒルおよびディーン耕地側にはクローバーを植え，聖ミカエル祭に囲い込み，7 月 12 日に囲い込みを解いて，羊を放牧する。羊はいつものようにそこで飼育される。次いで，ジャックス・ブレイク耕地からスレイト・ピッツ耕地までターニップを

14）DIL II/w/134.
15）スペルズベリー荘園裁判所要約手稿（Ms summary of Spelsbury court rolls）。
16）DIL II/w/134.
17）DIL II/w/18.

植え付け，生育すれば直ちに耕作者によって囲い込まれる。クローバーは，クーム・ロード耕地で2年間栽培され，1月1日に囲い込み，4月26日に囲い込みを解く[18]。

村人たちは，ターニップを1年間栽培するが，他の作物へ転換する前にクローバーは2年間植えておくという計画を定めていた。この決定に至るまでには20年間の実験期間があった。

新穀草式農法，つまり，耕作と牧草栽培に交互に土地を規則正しく利用する制度は，農業革命のもっともよく知られた発明の一つであった。タストンの荘園裁判所の命令には，タストンの農民が1760年代以降継続的にこの農法を実験していたことが示されている。たとえば，1766年の荘園裁判所記録には，耕地を12年周期でイガマメの作付け地に転換したことが記載されている。

以下のことを命じる……土地保有者が同意できるならば，古いイガマメ囲い込み地からガイズ・クロスまでのタストンの開放耕地には，1767年の春にはイガマメを作付けし，翌年の聖ミカエル祭までにヤードランド［ヴァーギットともいう。中世以来の標準的な農民の平均的保有地面積，多くの場合，20〜30エーカー］ごとに囲い込み，これを12年間続ける。この囲い込み地は，クリスマスに囲い込み，聖ミカエル祭には開放する。しかし，いかなる時も羊を放牧してはならない[19]。

1788年の議事録は，古いイガマメ作付け地にはターニップを植えるよう規定している。ここでは順序が逆であった。すなわち，「以下のことが同意され，指示されている。各農民が同意する限り，デッドマン・ヒルに連なる古いイガマメ作付け地の一部にターニップを植えること，ターニップの生育直後に囲い込むことが同意され，指示されている」[20]。これはこの時期のコッツウォルズ地方では一般的な慣習であった。ラッセルは，次のような報告を残している

18）スペルズベリー荘園裁判所要約手稿。
19）スペルズベリー荘園裁判所要約手稿。
20）スペルズベリー荘園裁判所要約手稿。

82 第 I 部 工業化以前の経済

(Russel 1769, vol. 1, p. 23)。

この国ではイガマメの作付けは広く行われており，一般的にはほぼ 10 年間，あるいはもっと長い間作付けされている。10 年間ほど作付けされたあと開放耕地に戻して，羊の放牧場として利用する。この方法は，豆をさやから取り出し，焼却をした後，表土を 0.5 インチほど削り取り，ターニップ，時により小麦の生育のために灰を鋤き込むというやり方である。

　耕地をイガマメ用の囲い込み地に転換し，囲い込み地でほぼ 10 年間作付けし，その後ターニップ，クローバー，穀物の輪作に戻せば，これで新穀草式農法が完成する。このような耕地転換は，すべての保有農民に要求された。全員一致の必要性は，こうした方法の採用を妨げなかった。自由意志──おそらく選択的な──に基づいて，ターニップ，クローバー，イガマメを作付方式に組み入れるやり方は，こうした作物の持つ価値を証明したであろうし，同時に栽培方法を学ぶ機会を農民に与えたであろう。

　全員一致の必要性が開放耕地農民による技術革新を妨げたとするホーマーの主張は，間違っていた。実際，スペルズベリーの歴史は開放耕地農民たちが農業上の実験を支持したことを示している。この点は極めて重要である。1700 年にはターニップ，クローバー，イガマメを効率的な農業制度に組み入れるもっとも適切な方法を誰も知らなかったからである。この知識は，至る所で，試行錯誤で獲得されたのである。スペルズベリーは例外ではなかった。

　おそらくもっと驚くべきことは，開放耕地が二つの理由でこうした進化に適合的な環境であったということである。第 1 に，耕地よりも耕区が基本的な経営単位であり，小規模の土地が，新しい，あるいは実験的な用途に転換できたということである。第 2 に，同じ耕区に土地を保有する者すべてが同じことをする必要はなかった。最初のスペルズベリーのイガマメ耕作用の囲い込み地は，各々の農民が自分の好きな作物を育てることができるように作られた。もちろん，囲い込みの目的はイガマメを栽培することであり，最終的にはそうなったが，すべての農民が利益をあげられることが明白になるまで，全員一致は見送られた（こうしたやり方に従わない場合には，タストンのように争いが生まれた。

荘園当局が少数派を多数派に従うように強制することもできたが，強制ではなく自由意志に基づくやり方が最終的に同じ結果をもたらすことも可能であった）。ターニップの栽培が導入された時にも，任意選択原理が再び採用された。「誰でも自由に決定できる」という原理である。新しい作物の導入に熱心な農民に最初に試させて，新しい作物を植えるべきかどうか，植える場合にはどのような方法で耕作するべきかを決定するために，小規模な実験が行われた。間もなく，他の農民がこれに続いた。最終的には，多数決による決定という原則が個々人の意思決定に代わった。しかしながら，その時でも開放耕地はさまざまな利用方法に適合していた。18世紀の末期には，すべての土地を無理にノーフォーク式四種輪作様式で耕作する必要はないというのが多数派の考えであった。それよりも，新しい作物は導入するが，休閑地を利用するという古い農法を残す複雑な制度が進化してきた。スペルズベリーの意思決定過程を考慮すると，18世紀後半における調査記録の理解が容易となる。開放耕地は柔軟な制度であり，企業心に富んだ個人が新しい作物を実験的に導入することができる最初の間は強みを発揮したが，後になると弱点をはらんだ制度となった。企業心のもっとも低い農民でも相変わらず生き残ることができる場となったからである。

農民たちはなぜ自分たちの農法を改良したのか

イギリス農業革命に関する古典的なモデルでは，技術革新は制度的な変化によって，すなわち囲い込み，資本主義的農業などによってもたらされるということになる。しかし，開放耕地農民であれ，囲い込み地を耕作する農民であれ，経営規模の大小に関わりなく，あらゆる種類の農民は彼らなりに農法を改良してきたこと，したがって制度的な変化は原因ではありえなかったことをわれわれはすでに見てきた。何かほかの要素が原因であったとすれば，都市経済の成長が明らかにその一つであると考えられる。最近，キャンベルは中世農業の発展を阻害していたのは，都市の需要の欠如であったと主張している（Campbell 2000, pp. 424-30）。この説は，非効率的な制度が問題であったとする見解ととも

に次章で検討する。ここでは，価格と賃金の歴史から分かることを検討する。

　都市経済の成長が農業を近代化させた原因であるとすると，その影響は農村経済と都市経済をつなぐ主な経路であった市場を通じて及んだであろう。この場合，一般的にはチューネン・モデル（von Thünen 1826）が引用される。このモデルでは，都市の需要の増加は輸送費が高い財の価格を上昇させ，都市近郊におけるその財の耕作を促す。単位面積当たり収益は，都市近郊ではあらゆる経済活動分野で高かった。集約的に土地に労働を投入することが利益を生んだからである。キャンベルは，ロンドンが周辺諸州にこのような影響を与えたとしている（Campbell 2000, pp. 424-30）。そして，都市の需要がもっと多ければ，イギリス全体にわたって，穀物収量は上昇したであろうと示唆している。英仏海峡の向こう側の事態を分析して，グランサムはパリの成長がフランスの首都周辺の農産物価格の上昇を促し，農民はより集約的な，生産性の高い農業を導入して，こうした事態に対応したことを立証している（Grantham 1978, 1989）。

　ロンドンの成長が，17世紀と18世紀にこのように近隣の州に影響を与えた事例がある。イギリスでは，市場はかなりよく統合され，穀物の輸送費は低く，穀物価格の地域格差はなかった。しかし，動物性食品は別であった。市場は統合されていたが，輸送費は高く，したがって，たとえば食肉価格はロンドンではもっとも高く，スコットランドやウェールズでは最低であった（Young 1771b, 1771c）。この価格差のために，ロンドン近郊の地主は耕地を牧草地に転換した。17世紀の囲い込みの一部はこうした要因が働いて行われたのである（*Victoria County History, Cambridgeshire*, vol. 20）。しかしながら，穀作がヨークシャーよりもハートフォードシャーでより集約的に行われたことを示唆する史料はないし，収穫率が後背地よりもロンドン近郊のほうで多かったということもない。イングランドのほとんどの地域で中世と19世紀を比べてみれば収穫率の上昇があったことは確かであるが，ロンドンやその他の都市の需要によってそれを説明することはできない。

　都市の拡大は，生産物市場だけでなく労働市場を経由して農業に影響を与えた。ロンドンは近世を通じて高賃金都市であった。首都の成長は極めて急速であり，しかも死亡率は非常に高かったので，イギリス人口の自然増の半分を吸

第 3 章 農業革命　85

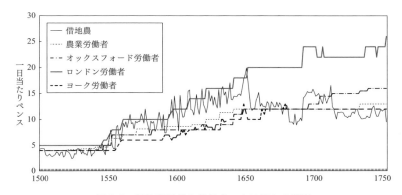

図 3-3　借地農所得と労働者の 1 日当たり所得

訳注）借地農の定義については，第 2 章表 2-5 を参照。

収したことになる（Wrigley 1987, p. 136）。その結果，多くの村落から労働力を吸収する都市・農村間の人口移動率は高かった。17 世紀の末期には，高賃金経済は南部イングランドの他の町や都市に広がり，18 世紀の末期には北部イングランドも高賃金圏に組み入れられた。問題は，こうした高賃金経済によって農業がどのような影響を受けたかである。

　この関係を理解する一つの方法は，農業収入を前の章で議論した都市の賃金のグラフに加えることである。これを示したのが，図 3-3 であり，これには農業労働者の賃金も含まれている。17 世紀には農業労働者の所得はロンドンの建設労働者の賃金よりも低く，この所得格差が極めて多数の労働者がロンドンに移動する原因であった。ロンドンと農村の賃金の違いは，ロンドンの賃金が例外的に高かったか，農村の賃金が例外的に低かったから生じた可能性がある。国際的な比較をしてみると，後者よりも前者のほうが当てはまることを示している。言い換えれば，囲い込みによって，土地を失った農民が農村労働市場にあふれ，賃金が下がったからではなく，首都の拡大が労働力需要を増加させ，賃金を引き上げたために所得格差が生じたのである。

　しかしながら，農村の被雇用者の所得よりも，農業革命に至るさまざまな意思決定を行いつつあった農業経営者の所得のほうが重要である。図 3-3 には小

86 第 I 部 工業化以前の経済

規模のヨーマン農場からあがる純所得も示してある。［ここでいう］農場とは，遺産目録が示すような 15 エーカーの穀作地と標準的な家畜頭数を想定している。年純所得は，一定面積の農場を耕作するのに必要な日数・穀物輪作方法・家畜数・収穫量に基づいて，1 日当たりの率に換算してある。この計算の特徴の一つは，中世の収穫量と家畜生産量を想定していることである。したがって，図 3-3 に示した農場所得は，小規模農業経営者が農法を近代化しない場合でも彼らがいかにうまく経営していたかを示している。

　図 3-3 から分かることは，なぜ開放耕地の農民は 17 世紀に生産性を上昇させることができたかということである。およそ 1550 年から 1620 年までの時期に起きた価格革命の期間中，農産物価格はその他の価格よりも急速に上昇した。この時期には，ロンドンは爆発的な人口増加を経験しつつあったし，ロンドンの労働者の賃金はこの国の他のどこよりも上昇していた。農産物の価格上昇は，小規模農民の生活水準がロンドンのそれに釣り合っており，地方都市の労働者のそれよりも高かったことを意味していた。この時期には，近代化を図る大きな経済的誘因はなかった。

　1620 年以降に事態は変化した。農産物価格の上昇はやみ，農業所得は停滞した。17 世紀中葉にはイングランド南部の小都市に成長の波が及ぶようになり，ヨーマンはロンドンの人々だけではなく，地方都市の隣人にも後れをとったことに気づくようになる。こうした格差は，消費革命の拡大のせいでとりわけひどくなった。17 世紀の実質賃金の上昇は，北西ヨーロッパの主要な都市の職人が中世後期の豊かさを象徴するパンとビールと肉を超えて消費を拡大することを可能にした。豊かな労働者は新たに登場した豊富な熱帯産品，インド・インドシナ・東インド諸島から輸入される胡椒，その他の香辛料，コーヒー，茶，砂糖を消費することができるようになった。さらに，「奢侈品」の工業製品も普通の消費項目に加えられた。こうした奢侈品には書籍・時計・刃物類・陶磁器・質の良い家具，その他が含まれる。

　自営農民もこうした生活水準を望んだ。彼らにはいくつかの選択肢があった。一つは農場を売却して，ロンドンに移り，都市経済に参加することであった。ヨーマンの多くはそうした。18 世紀に大規模所有地が増加したのは，一部は

小規模自由保有地と謄本保有地の購入によるものであった（Habakkuk 1940）。こうした土地を売却したのは農業を離れたヨーマンであった。

　もう一つの選択肢は生産性を上げることであった。それには二つの方法があった。一つはヨーマン型の農業革命であり，もう一つは地主型の農業革命である。前者は農場の収入を増やしてロンドン並みの消費を達成することであった[21]。ジェームズ・ステュアート卿は，ことの本質を見抜いていた。「農民は，自分が消費する以上の余分の穀物を生産する努力をしない。ただし，余分の生産によって自分の欲求が満たされることが分かれば，そうするであろう」。60年後にギボン・ウェークフィールドはグローバルな文脈でこのことを詳細に分析している。

　　イギリスでは，国民の間に新しい欲望，欲望の対象物を買うことができる新しい市場を植民地が作り出して以来，絶えず最大の改良が起こっている。砂糖とたばこがアメリカで増産されるに伴って，イギリスでは穀物の生産方法は以前よりもはるかに巧妙になった。イギリスでは，穀物は少ない労力を使って，以前よりも少ない労働者で生産されたから，砂糖が消費され，たばこが喫われるようになったのである。　　　　（Eagly 1961, pp. 55, 60 から引用）

　実際，作物収穫量と家畜生産量の増加は小規模農場を存続可能にしたのである。図3-4は，1630年と1730年の間，実質産出量がなだらかに50％増加した場合，小規模農場が1日当たりの所得をいくら生み出すかを示したものである。これはこの時代の収量増加の大きさを示すものである。生産性がこのような上昇を達成した場合には，小規模農民の所得はロンドンの労働者のそれと並んだのである。これが農業革命を促した一つの動機であり，それが行動の実行

---

21) Weisdorf（2006）は，商業的な製造業の生産性の上昇が工業製品の価格を引き下げ，それによって農業経営者が工業製品を購入する欲求を増加させるというモデルを開発している。このモデルによれば，農業経営者の対応は，次のようなものである。彼らは，工業製品を国内で生産するよりも，食料を生産し，商業部門で生産される工業製品を購入するためにそれを売るという方向へ精力を振り向けるのである。総合すると，労働力は農業部門から商業的工業部門に移動し，農業経営者1人当たりの産出量は増加する。ワイズドルフは，このモデルが近世のイギリスの状況を説明するということを明らかにしている。

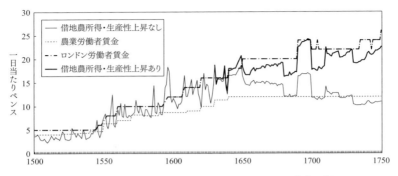

図 3-4 生産性上昇が伴う場合と伴わない場合の農業所得

可能な道筋でもあった。

　都市の労働力需要の増加に対するもう一つの反応は，少ない労働力で農業を行うことであった。これは，小規模保有地を統合して大規模な農場にするか，開放耕地を囲い込み，放牧場に転換するか，いずれかの方法で達成された。富農のとった戦略は，多くはロンドンに移動したに違いない隣人の農場を買い上げ，大規模農業経営を行って雇用労働力の節約を実現することであった。囲い込みと農場の統合はまた，地主型農業革命の主要な戦略でもあった。地主によって行われようと，富農によって行われようと，これらの戦略は都市経済の必要を充分満たしたし，農業生産性を上昇させたのである。

結　　論

　農業革命に関する標準的な説明では，開放耕地の囲い込みや小農経営の資本主義的な農業経営への変化といった農業制度の近代化がその原動力とされていた。このような変化は，産出量を増加させ，（マルクス主義的な説明では）農業雇用を減少させた。産出量の増加分は，より大きな都市人口，あるいはプロト工業に従事する人口を扶養することを可能にした。このことは製造業の成長を促した。農村における制度的な変化が都市を成長させ，経済を前進させる原因

第 3 章　農業革命　　89

となった，としている。

　こうした標準的な説明にも一部の真理はある。しかし，反対の因果関係のほうがもっと強かったのである。ロンドンとプロト工業部門が，成長の動力源であった。両者の成長が，賃金を上昇させ，農業から労働力を吸収した。小規模農民は，土地を売却して都市に移動するか，農法を改良し，収穫量を増加させた。都市の高所得に後れをとらないように，そして消費革命の動きに加わるためであった。地主は農場を買い取って統合し，放牧地に転換した。雇用労働力を節約するためである。農業経営を続けるヨーマンのなかには，ロンドンに移動した隣人の小規模な農地を購入し，同じ目的を果たす者もいた。こうした過程の結果，農産物の産出量は大いに増加し，労働生産性も上昇した。農業革命は，都市と製造業の成長の結果であった。

訳注

＊1　開放耕地（open field）：中世・近世のイギリスにおいて，農民がその保有地を個別に保有するのではなく，共同で保有する耕地形態をいう。個々の農民の保有地は，柵・石垣等などで囲い込まれることなく，長方形の地条（strips）として，村の耕地に分散し，他の農民保有地と混在していた。農作業と放牧は他の農民と共同で行われた。

＊2　囲い込み（enclosure）：中世・近世のイギリスにおいて，開放耕地に分散して存在していた農民保有地，あるいは村の共同地，採草地，共同放牧場，荒蕪地等を柵や石垣等で囲い込むことをいう。囲い込みの主体は，農民である場合もあったし，荘園領主である場合もあった。主として16世紀に行われた囲い込み運動を第1次囲い込み運動と呼び，18世紀以降に活発になったそれを第2次囲い込み運動と呼ぶ。囲い込みの目的は，土地の用途転換，土地生産性の上昇，個別利用等であった。18世紀以降の囲い込みは，議会の個別立法を獲得し，囲い込み委員会において利害を調整して行われたため，議会囲い込み（parliamentary enclosures）と呼ばれた。囲い込みによって，イギリス農業の生産性が上昇したか否かについては，まだ議論が続いている。

＊3　小農経営：土地を主要な生産手段とする農業においては，古くから土地所有・経営・耕作をどの階層が担うかによってさまざまな制度が形成されてきた。ここでいう小農経営（peasant farming）とは，事実上の土地所有者自身が家族労働，あるいは少数の外部労働力（たとえば，農事奉公人等）を使って小規模な土地を経営・耕作する形態をいう。封建制度の下で土地を所有する領主に貢租を支払い，土地を貸与され，保有地を耕作する封建農民も経営形態から見れば，ある意味では小農経営であるが，こうした制度は農民の自律性・独立性という観点から小農経営とは区別して使われるのが一般的である。歴史的には，中世ヨーロッパの自由保有農民，近世イギリスの独立自

90 第Ⅰ部 工業化以前の経済

由農民（ヨーマン），あるいは事実上の土地所有農民であった謄本保有農民等，近世日本における農民（本百姓）がこれに含まれる。土地所有者（土地領主）が耕作者を直接雇用し，大規模な農場経営を行うドイツを中心に展開した農場領主制（Gutsherrschaft）や熱帯プランテーション等の大規模農業経営制度，あるいは土地所有者が農民に土地を貸与し，耕作させ，収穫物を取得する小作制度（フランス・イタリア等で展開した分益小作制度，日本の地主小作制度），あるいは地主（landlord）・借地農業経営者（tenant farmer）・農業労働者（agricultural labourer）という構成で農業が資本主義的に経営される三分割制度と区別して，耕作農民が経営主体として独立し，農業収入の大部分を取得する形態を小農経営という。

* 4 　農業制度の近代化（三分割制度）：限嗣相続制度の下で，貴族・ジェントリによる大土地所有制度が支配的であったイギリスでは，地主は，一部の土地（地主農場）を自身で経営するほかは，その所有地を一括して借地農業経営者に賃貸し，地代を取得する制度が展開していた。借地農業経営者は，経営資本を調達して，賃金労働者である農業労働者を雇用し，生産物を売却して，利潤を取得する。こうして，イギリスでは，地主（landlord）・借地農業経営者（tenant farmer）・農業労働者（agricultural labourer）による資本主義的な農業経営形態である三分割制度（tripartite division, landlord-tenant-system）が他国よりも早期に，大規模に進展した。経済学的にいえば，この制度の下で，農業における地代・利潤・賃金が成立することになった。とくに，17 世紀末期から 18 世紀初期における土地市場の活発化，所有地の細分化・分散を抑える法慣習である「厳格継承的不動産処分（strict settlement）」の設置によって，大土地所有制度は強化され，18 世紀初頭以降，三分割制度は着実に進展していった。こうした農業制度の下では，一般的には大規模農場における規模の経済が働き，農業の景気変動や農産物価格の変動に左右されにくい環境が形成され，安定的な農業投資が保証される。また，農産物価格の低落の時期に借地農業経営者が納めるべき地代の滞納を地主が許容することもあったし，借地農業経営者が負担していた地租を地主が肩代わりすることもあった。しかし，19 世紀 70 年代以降になると，一部の階層に土地が集中することから生じる政治上・経済上・社会上のさまざまな弊害に対して批判が強まり，厳格継承的不動産処分・限嗣相続制度の廃止を要求するいわゆる「土地問題」が議論されるようになった。小農経営・その他の農業制度と比較して三分割制度の下で農業の生産性が上昇したか否かはなお議論の余地がある。

* 5 　謄本保有地・農民（copyholder）：中世・近世のイギリスにおいて，荘園裁判所に保有の詳細が登録されている土地，農民をいう。荘園領主の拘束力が弱い自由保有農民（freeholder）を別とすれば，その保有権は安定していた。彼らの前身は中世の農奴・隷農であったが，荘園裁判所にその保有が登録されていないその他の農民，たとえば任意保有農民（tenant at will）と比較すると次第に土地保有に関して既得権を強化し，その保有態様は事実上の私有に近くなった。

第4章
低価格エネルギー経済

> 石炭はイギリスの富と豊かさの最大の源の一つであり，イギリス製造業の精髄である。
> ——ムッシュー・ティケット（1738年）[1]

すでに第2章で触れたように，18世紀のイギリスは高賃金経済の国であった。このことが，ある意味でイギリスの固有性を表すものであり，産業革命の技術革新を説明する手助けとなる。しかし，高価な労働だけがイギリスを他国から際立たせる唯一の特徴ではない。これよりもさらに著しいのは，エネルギー価格であった。イギリスにおける初期の石炭産業の発展は，この国が世界でもっとも安価なエネルギーに恵まれていたということを意味していた。こうしたエネルギーの利用方法を学ぶことが技術変化への重要な誘因であり，オランダのようなヨーロッパの他の高賃金国からイギリスを分かつ特徴であった。

石炭は再び注目されつつある。ジェヴォンズの『石炭問題』（Jevons 1865）のような19世紀の偉大な書物は，イギリスの産業的な卓越性を豊富な石炭に帰しているし，ジョン・ネフの古典的業績である『イギリス石炭産業の興隆』（Nef 1932）においてもこのテーマは展開されている。しかし，それ以降，20世紀になると，石炭は資本蓄積や残差生産性［経済的財の産出量と投入量との比率は生産性を表すが，生産要素を構成する資本・労働・土地のすべての投入を計測することは困難である。通常は，全体の産出量の変化率から資本と労働の変化率を差し引いた数値を用いる。これを残差生産性と呼び，技術進歩を表す数値であるといわれている］上昇のようなマクロ集計量によって，影が薄くなってしまった。

---

1) Nef (1932, vol. 1, pp. 222-3) に依拠する Hatcher (1993, p. 547) から引用。

92　第 I 部　工業化以前の経済

再び経済成長のミクロ的基礎へ注意が向けられるにつれて，石炭は注目されつつある。石炭の役割を最初に強調したのは，環境史家たちであった。「イギリス産業革命の生態的起源を見つけることは，困難なことではない。変化に対する最初の刺激は資源不足から直接生じた」。とりわけ「限られた面積の内部で増加した人口の諸要求に応えるために拡大を続ける経済システム」から生じた木材不足から生まれた（Wilkinson 1973, p. 112）。石炭が解決の手段であり，産業革命を可能にしたのである。こうした洞察を拡大し，木材・泥炭・石炭・石油・水力電気・核エネルギーのような優れた燃料によって一連の歴史的段階を定義する著述家もいる（Boyden 1987, Smil 1994）。リグリー（Wrigley 1988）は，「有機燃料」経済と「無機燃料」経済に分け，経済史家たちにこうした理論的な枠組みを広めた。

　石炭はまた，アジアではなく，ヨーロッパにおいて大転換がなぜ起こったのかを理解しようとする歴史家たちの注意を引いた。たとえば，ポメランツ（Pomeranz 2000, p. 62）は，19世紀にヨーロッパが中国に先んじた理由を説明する外生的な要因として石炭に注目している。「地域の木材供給に対する圧力を和らげる同様の経済的誘因が存在し，進歩した技術と高度に商業化した経済も展開していた揚子江デルタとイングランドを比べると，ヨーロッパの優位性は，偶然的な地理的位置と全体的な技術水準によるところが大きかったのである。その優位性は，全体として市場経済の効率性における優位性（おそらく存在しなかったであろう）をはるかに凌ぐものであった」。少なくともはっきりしていることは，次のことである。石炭に恵まれていたからイギリスが最初に産業革命に成功した。産業革命は自然の賜物であり，歴史の産物ではないのである。

　実際，石炭は近世イギリスの成功物語の一つであった。中世経済は動物，人間，水力，風力で動かされていた。木材と木炭が暖房と産業工程で使う熱エネルギーの主源泉であった。少量の石炭が主要な炭田のすべてから採掘されていたが，エネルギー供給において大きな比率を占めることはなかった。石灰煆焼や鍛造用の国内石炭市場は存在していた。この二つの用途は石炭利用にとくに適していた。製塩のために海水を煮沸する際に石炭が用いられていた北東部の海岸地方のような小規模な地方市場もいくつかあった（Hatcher 1993, p. 430）。

他の国々においても状況は似たり寄ったりであった。少量の石炭が主要な炭田のすべての露出部分から掻きとられていたからである。石炭産業が大規模なところはどこにもなく，イギリスも他の国々に先んじているということは全くなかった。

　すべてが変わったのは，16世紀半ば以降であった。1560年から1800年までの間に産出量は66倍に増加した（表4-1）。その半分はノーサンバーランドとダラムの鉱山からの産出量によって説明できる。その大部分は，急速に成長しつつあるロンドンに船舶で輸送された。残りの石炭はイギリス西部，スコットラン

表4-1 イギリスの石炭生産（1560〜1800年）

	石炭生産量（千トン）		
	1560年	1700年	1800年
スコットランド	30	450	2,000
カンバーランド	2	25	500
ランカシャー	7	80	1,400
北ウェールズ	5	25	150
南ウェールズ	15	80	1,700
南西部	13	150	445
ミッドランド東部	20	75	750
ミッドランド西部	30	510	2,550
ヨークシャー	15	300	1,100
北東部	90	1,290	4,450
計	227	2,985	15,045

出典）1560年については Hatcher (1993, p. 68)，1700年と1800年については Flinn (1984, pp. 26-7)。ハッチャーには，1770年の数値もあり，総計は2640万トンである。北東部の数値はフリンのそれと同じである。その他に関しては，大きな，時期的にずれる不一致がある。フリンは部門別の消費量の推計値も提示しているから，ここでは，フリンの数値を採用した（Flinn 1984, pp. 252-3）。

ド，ウェールズの炭鉱で採掘され，その多くは地元で販売された。それ以外で大規模な石炭産業を有する世界で唯一の場所は，現在のベルギー南部である。リエージュとモンス周辺の鉱山では，1800年頃に年間約200万トンを採掘していた。これはスコットランドのそれとほぼ同じであり，イギリス全体の13％に当たる（Pounds and Parker 1957, p. 97）。世界のその他の場所では，産出量は極めて少なく，中世の水準を超えるのはまれであった。イギリスの石炭産業が産業革命以前に圧倒的な優位を獲得していたことは疑いえない。1800年にイギリスは世界の石炭産出量の圧倒的部分を生産していた。

　少なくとも炭鉱地帯では，この豊富な石炭がエネルギーを極めて安価なものにしたのである。石炭産業の拡大と重要性を理解するために，この章では，さまざまなエネルギー価格を検討することにしよう。図4-1は主な結果の一部を示したものである。もっとも印象的なのは，ニューキャスルにおける（石炭による）エネルギー価格の低さである。もちろん，石炭はニューキャスルの近く

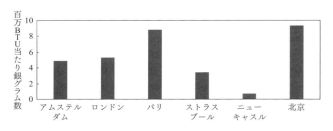

図 4-1 1700年代初期のエネルギー価格

で採掘され，ロンドンに送られた。ニューキャスルの価格は，ロンドンのそれの 8 分の 1 であり，輸送費の高さを示している。ニューキャスル価格は，イギリスの炭鉱地帯では例外的ではなかった。18 世紀にはいずれの場所でも坑口価格はトン当たり約 4 ないし 5 シリングであった。この価格は，100 万 BTU（英国熱量単位）［British Thermal Unit，イギリスで用いられている熱量単位で，重量 1 ポンドの水の温度を華氏 1 度上昇させるのに必要な熱量］当たり銀約 0.75 グラムに相当する。これらの価格は次の二つの事実を際立たせている。①炭鉱地帯におけるイギリスの低価格エネルギー経済，②石炭生産地域における低価格と石炭消費地域における高価格との 2 層からなるイギリスの物価構造である。

しかし，消費中心地においても，価格が法外に高いということはなかった。図 4-1 に示したロンドンのエネルギー価格も石炭価格から算出してある。この価格は国際基準から見ても比較的安価なものであり，泥炭価格から算出したアムステルダムのそれに近い。中央ヨーロッパ（ストラスブールを基準にして）では，木材供給が豊富であり，エネルギー価格は低かった。しかし，これらの価格はそれでもイギリス北部と西部の 4 倍であった。大規模な都市であり，燃料を木材に頼っていたパリでは燃料費は高価であった。ヨーロッパでは，パリに近い高価格の燃料費を支払っていた二つの都市は，マドリッドとヴァレンシアであった。ともに石炭を欠き，豊かな森林に覆われているということもなかった。アジアでも北京がそうであったように，燃料費は高価であった。

低価格エネルギー経済はそれほど重要なことであったのか。石炭は安価なエネルギーを無尽蔵に供給するものであったから（ジェヴォンズには失礼である

が），イギリスの工業化にとっては実に決定的な重要性を持っていたのである。のちに見るように，石炭はまた蒸気機関や鉄道のような技術変化を副次的に生み出した点でも重要であった。石炭は，冶金工業と結びついて，19世紀において製造業を機械化し，世界経済を統合することになる機械産業の基礎を築いたのである。これらすべての点で，世界の他の地域，とりわけ低地地方の高賃金経済とイギリスを分かったのは石炭であった。

　この章では，低エネルギー価格経済がイギリスにおいてどのように，そしてなぜイギリスに現れたのかを取り扱う。これは単に石炭の埋蔵にだけ関わる問題ではない。イギリスの石炭埋蔵量はこの時期以前にはほとんど無視されてきたし，他の諸国──ドイツと中国が重要な例であるが──の石炭資源の利用はイギリスの石炭産業の興隆の数世紀あとに始まったからである。石炭利用には社会経済的な原因があった。ネフの「木材危機」がもっとも受け入れられている説である。これは，石炭へのエネルギーの移行はイギリスにおける森林地帯の枯渇のせいであるとする説である。少なくとも北東部とロンドンの石炭取引に関する限り，この説にもいくぶんかの真実がある。しかし，この説はイギリス西部で起こったことを説明することはできないし，意外なことに，ロンドン経済の重要性の多くを見逃している。私は，イギリスにおける石炭産業の成長を説明する重要な要因は，世界経済におけるイギリスの成功であったと主張したい。世界経済におけるイギリスの成功は，高賃金経済を伴ったロンドンの拡大，したがって，イングランド南東部の暖房用の燃料需要の桁外れな増加につながった。石炭はこのような需要に応えた。しかし，このような反応が起こるためには，家庭で石炭を使用することができるように住宅のデザインを変えなければならなかった。ロンドンにおける家屋建設の増加は，このようなデザイン革新に豊かな土壌を提供した。石炭を使用することができる家屋が開発されると，以前は石炭が常に安価であったにもかかわらず，燃料として利用されていなかったイギリス西部，北部にこうした家屋が普及して行った。（「森林地帯の枯渇」よりもむしろ）家屋建設需要の増加が，北東部沿岸地域以外の採掘量を増加させた。

96 第 I 部　工業化以前の経済

ロンドンの成長と石炭取引の興隆

　問題は，イギリスの石炭産業が 1560 年以降に大規模な成長を示した理由と
他の場所ではそれに匹敵する拡大の過程がなぜ見られなかったのかを説明する
ことである。北東部沿岸地域における石炭生産の増加を最初に見ておこう。こ
の地域の石炭生産の増加は，主要な市場であるロンドンの成長と密接に結びつ
いていた。次いで，その他の炭鉱地帯における産出量の増加を検討してみよう。
最後に，オランダにおける都市化がヨーロッパ大陸の石炭産業をイギリスのそ
れに匹敵する成長と結びつかなかった理由を考えてみよう。

　イギリスにおける石炭生産の成長に関するもっとも尊重すべき説明は，古典
的書物である『イギリス石炭産業の興隆』（Nef 1932）においてジョン・ネフが
提唱したものである。石炭採用の引き金となったのは，テューダー期における
「木材危機」であった。エリザベスの即位と内戦との間の時期に，イングラン
ド，ウェールズ，スコットランドは深刻な木材不足に見舞われた。それは特定
の地域に限られたものではなく，イギリスの大部分の場所に共通して見られた
のであり，誇張であるとの非難を受けることなく，国家的な危機として記述す
ることができる（Nef 1932, vol. 1, p. 161）。イギリスは最初に森林を伐採し尽く
したのであり，それがドイツやフランスよりも先に石炭産業を開発した理由で
ある。ヨーロッパ大陸諸国は，1 世紀後にイギリスに続いた。「17 世紀の末期
には……木材危機は西ヨーロッパのすべての国で一般的になっていた」（Nef
1932, vol. 1, p. 162）。

　多くの歴史家は木材危機が実際にあったことに疑問を呈してきた（Flinn
1959）。たとえば，ハマースリーは，「ひどく誇張された燃料不足は……どの時
期にも極めて局地的で限られた現象であった」と主張している（Hammersley
1957）。イギリスでは木材は潤沢であったとする自身の見解を補強するために，
購入者不足のせいで，木材の販売が困難であり，さらに木材が腐食してしまう
といった事態を記録した王領森林の調査にハマースリーは注意を向けている。
また，彼は農地よりも森林地帯の土地の価値が低いということにも注目してい

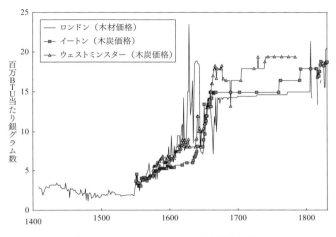

図 4-2 ロンドンにおける木材燃料価格

出典）ロンドン（木材価格）：Thorold-Rogers（1866-1902），イートン（木炭価格）：Beveridge（1939, pp. 144-7），ウェストミンスター（木炭価格）：Beveridge（1939, pp. 193-5）。

る。しかし，こうした類の反論を認めながらも，ハッチャー（Hatcher 1993）は，彼の権威ある近世石炭産業史のなかで，木材危機説の最新版が正しいことを裏付けている。ハッチャーの著作の中心的な章である「豊富から欠乏へ——1550〜1700年における燃料欠乏と石炭の興隆」の内容にネフも確実に同意したであろう。

　価格は木材危機のリトマス試験紙である。つまり，実際に危機が存在したとすれば薪や木炭の価格は上昇していたに違いないし，一般の物価よりも一層急速に上昇していたはずである。ネフはこのことに気がついていたし，ロンドンの物価変動の「一例」をもって彼の説を補強したのである。それは，図4-2に示した一連の木材価格の数値である。この図には，ネフが著書を出版した後に集められたロンドンと近郊における木炭価格の二つの系列も示されている。価格はすべて1 BTU当たりのグラム表示の銀で表されている。図4-2は一見したところネフの見解の正しさを示している。つまり，木材価格は，1550年以降に大幅に上昇したのであり，これは石炭産業が離陸した時期と一致している。

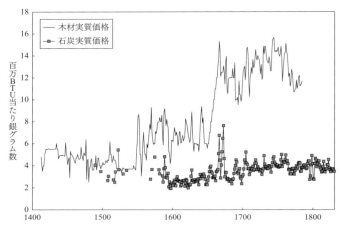

図 4-3 ロンドンにおける木材と石炭の実質価格

出典）木材実質価格：図 4-3 における木材実質価格とイートン木炭価格を合成，石炭実質価格：ロンドン到着地への供給価格（Mitchell and Deane 1971, pp. 479-80）。二つの数値ともロンドン消費者価格指数で除して実質換算（Allen 2001）。

しかし，事実はもう少し複雑である。まず，1630 年までネフの木材価格の系列は木炭の価格系列よりも急速に上昇している[2]。したがって，木材燃料価格一般の上昇を誇張して示している。第 2 にネフも承知していたように，1550～1640 年はインフレーションによって特色づけられる時期であり，木材燃料価格の変動が持つ意味を検証するためには，それらは一般物価指数および石炭価格と比較されるべきである。図 4-3 は，石炭の「実質価格」，つまり一

---

[2] ネフは，ウィーベの *Zur Geschichte der Preisrevolution des 16 und 17 Jahrhunderts*（1895, p. 375, Nef 1932, vol. I, p. 158）に依拠して，1451 年と 1632 年の期間における木材燃料価格指数と一般物価指数を対照させている。前者は後者よりもずっと急速に上昇している。ウィーベは木材燃料価格指数をサロルド・ロジャーズの *A History of Agriculture and Prices in England, 1866-1902* からとっている。彼より後の歴史家たちは，わずかな修正を施すだけでこの比較に大幅に依存している。たとえば，Wilkinson (1973, p. 112) は 1702 年までウィーベの系列をそのまま使っているし，Sieferle (2001, p. 86) は，ウィルキンソンの数値に倣っている。18 世紀にヨーロッパ大陸では木材が不足しつつあったとする見解を支持するために，雑多で一時的な価格データに基づく議論が行われているが，データは系列的なものではなく，極めて部分的である。

般物価指数で除した価格と図 4-2 で示した複数の価格系列［木材価格とイート
ン木炭価格］から導き出した木材燃料の実質価格を示している[3]。

図 4-3 はわずかながらではあるがネフの見解の正しさを示している。

1. 木材の実質価格は，16 世紀後半にはそれ以前の時期よりも高く，1650 年
   以降に再び上昇して新たな水準で高止まりした。
2. 1550 年以前には石炭と木材燃料の価格差は少なかった。
3. これに続く 16 世紀後半には，石炭の実質価格は低迷している。このこと
   は予想されるところである。この時期に輸送設備が劇的に改善されたか
   らである。しかし，石炭価格の低迷は大したことはなかった。17 世紀に
   は反転したからである。全体的な印象は，ロンドンにおける石炭の実質
   価格には数百年間にわたって傾向らしきものがなかったということであ
   る。このことは，石炭産業が一定の費用で産出量を飛躍的に増加させた
   ということを示している。
4. 1550 年以降には木材価格は石炭価格の 2 倍であった。1650 年代に木材燃
   料価格は急上昇を示し，石炭価格との差はさらに大きくなった。石炭消
   費量の急上昇をもたらしたのは，石炭価格と木炭価格のこの格差であっ
   た。

ロンドンにおける木材燃料価格の上昇は，この都市の桁外れな成長の結果で
あった。1520 年にロンドンの人口は約 5 万 5000 に過ぎなかった（黒死病以前
のほぼ 7 万 5000〜10 万人から低下している）。ロンドンの人口は 1600 年には 20
万人に急増した。1700 年にはその人口は 50 万人を超え，19 世紀初頭には 100
万人近くに増加した（Wrigley 1985）。高賃金経済を伴った人口爆発は，極めて
狭い場所における燃料需要の例外的な拡大をもたらしたのである。

燃料需要は地域的に集中していたが，供給が分散するのはやむをえなかった。
木材の多くは，持続的な産出を最大限にするために萌芽更新[*1]される森林地帯

---

3) ここで用いられている一般物価指数は Allen（2001）の著書で用いられている消費者物
   価指数である。これは 1745〜54 年のストラスブールの平均物価と比較した物価である。
   このように計算された「実質価格」は，18 世紀半ばのストラスブールにおける価格水
   準を基準にした物価と解釈される。

100   第 I 部　工業化以前の経済

から供給された。このような制度の下では，樹木は材木にするために根もとの近くで切断された。次いで根もとの近くで切り取られた切り株から新芽が出て大きくなるとほぼ 15 年後に切り取られ，この循環が繰り返された。森林の定期循環的な伐採は，森林地が年間 1 エーカー当たり約 1 コード［約 128 立方フィート］の木材を産出することを意味していた。ロンドンへの木材供給には，広大で，ますます大きな面積の土地からの木材の伐採が必要であった。木材の陸路輸送費は高かったが，水路輸送はそれほど高価ではなかった。その結果，ロンドンを取り囲む材木供給地域が形成され，供給地域は河川および沿岸輸送費によって決まっていた[4]。テムズ川上流域から運ばれた木材はヘンリーに集荷され，水路輸送でテムズ川を下ってロンドンに運ばれた。材木はまたサフォークのメティンガムから沿岸沿いに 120 マイル，あるいはそれ以上に遠くの沿岸地域からロンドンに運ばれた（Hatcher 1993, p. 34, Campbell, Galloway and Murphy 1993, pp. 49, 86, 117）。ロンドン中心部に供給された木材量の増加は，木材の輸送距離の増加，したがって輸送費の増加を意味していた。経済学者の言葉を使えば，ロンドンにおける木材の供給曲線は上方にシフトしており，したがって，都市が成長し，需要が増加するにつれて，木材価格は上昇したのである。

　木材から石炭への移行は，燃料の性質の違いによって複雑であった。石炭は石灰煆焼や鍛造には木材よりも優れていたが，その他の用途では木材のほうが好まれた。石炭と木炭が 15 世紀後半や 16 世紀前半のように，1 BTU 当たり同じ価格で販売されている時には，石炭市場は石灰煆焼と鍛造用に限られていた。薪あるいは木炭は他の用途のために購入された（図4-3）。もちろん，石炭は燃焼の際に悪臭を放つし，工業製品に好ましくない不純物を混入させるので，そうした目的には粗悪な産品であると見なされていた。「石炭は木材よりも好ましくない燃料である。また，石炭は木材よりも健康に良くないといわれている。したがって，石炭が消費されている場所では一般的には木材の費用よりもいくぶんか低くなければ売れない」（Smith 1776, p. 165）。このことは，石炭が広

4）Galloway, Keene, Murphy (1996) は，中世のロンドンに関して，この地域を地図上で特定しているが，近世の場合についても同じであった。

がった最初の 30 年間には，薪の半額で石炭が売られていたという事実を示す
図 4-3 から明らかである。50 ％ も安いということが，大部分の購入者を質の
悪い燃料を選ぶようにさせた要因であった。1650 年以降，木材燃料よりも一
層安い価格で石炭は売られた。

　石炭は環境学者が「バック・ストップ」技術［代替可能技術。たとえば，オラ
ンダに大量に埋蔵されていた泥炭の供給が木材価格の上昇を抑える方向に働いたよ
うに，自然資源の枯渇に伴う価格上昇に歯止めをかける代替資源を開発する技術］
と呼ぶものであった。すなわち，一定の費用で巨大な動力を提供することが可
能なエネルギー源であった。太陽光エネルギーは現在の例である。バック・ス
トップ技術理論によれば，従来使われているエネルギーは他のエネルギーより
も価格が低く，それが最初に利用されるようになった理由でもある。従来の資
源が使い尽くされてくるとエネルギー価格は上昇する。その価格が，代替エネ
ルギーの費用と同額となると，代替エネルギーが主流となり，その費用が将来
いつまでもエネルギー価格をそのレベルに抑え続けるようになる。現在使われ
ているエネルギーよりも高い価格で無制限に供給することによってバック・ス
トップ技術がエネルギー危機を「解決」するのである。

　石炭はふつう考えられているのとは違った方向ではあるが，エネルギー価格
に上限を設定したバック・ストップ技術の一つであった。この上限を図 4-3 に
見ることができる。図 4-3 に示されているように，大量の石炭は 100 万 BTU
当たり銀 4 グラムの「実質価格」でロンドンに供給することができた。木炭と
薪は 1 BTU 当たりでより高価で売買された。木炭と薪は石炭よりもクリーン
な燃料であったが，石炭価格が安定していたせいでこれら燃料の市場における
価格上昇は限定されたものであった。石炭燃料の好ましくない特徴すら買い手
が我慢するほどの価格差が石炭と木炭・薪の間にはあり，それもまたこうした
結果を生んだのである。こうした見方からすれば，17, 18 世紀における木材
燃料価格が安定していたのは，北東部の石炭が安定した価格で洪水のようにロ
ンドンに流れ込んだという事実の反映であった。さらに，通常のバック・ス
トップ技術モデルとは違って，1 BTU 当たりのエネルギー価格は，ロンドンで
はバック・ストップ技術が働き始めた時期に上昇しなかった。エネルギー供給

は，品質は低下したが，中世末期の価格で拡大したのである。

　石炭と木炭・薪価格の格差はまた，東部沿岸の石炭取引の開始の時期を説明する際に不可欠の役割を果たす。ロンドンの石炭価格は，石炭採掘と首都への輸送費を償うに充分なほど高くなければならなかった。これは「実質」価格で約銀4グラムに相当した。15世紀には，木材は極めて安く，石炭市場は石灰煆焼と鍛造に限られていた。木材価格が上昇するにつれて他の活動に石炭を使う可能性が増えてきた。1580年代には，木材は1 BTU当たり石炭の2倍で売られていた。このような格差は木炭を石炭に代える試みを誘発するに充分なほど大きかった。こうした試みがうまくいくことが分かるようになると，東部海岸の石炭取引が拡大し始めた。タイミングは完璧であった。つまり，石炭取引が飛躍したのは，ロンドンが巨大になり，木材燃料価格を上昇させ，ノーサンバーランドの石炭を採掘し，それをロンドンに輸送することが利益のあるものになった時期であった。石炭取引の成長は，首都の成長の結果であり，木材の全般的な不足の結果ではなかった。

　燃料市場の詳細から離れて，今度はイギリス石炭産業の離陸をグローバルな視点から見てみよう。第1章でロンドンを含めたイギリスの都市化が，国際貿易拡大の結果であったことを示してきた。17世紀には拡大はまだヨーロッパ内部に限られていたし，羊毛に基礎を置くものであった。18世紀になると貿易は大陸間に拡大し，その構成も広範なものとなってきた。今度はロンドンの成長が石炭取引の拡大を牽引した。これらの動きが結合したことは，次のようなことを意味している。すなわち，イギリスが早い時期に石炭を利用することになったのは，国際経済における成功によるものであった。われわれは習慣的に石炭を「自然」資源であるとしている。確かに，石炭が埋蔵されていなかったら，石炭取引そのものもなかったであろう。大部分は自然の制約の下にあった。しかし，石炭があるからといって，石炭取引が行われるということにはならない。石炭取引は国際経済の拡大によってのみ活発となったのである。石炭は自然の産物であると同時に社会的な産物でもあった。

第4章 低価格エネルギー経済 **103**

家庭用石炭暖房の方法

　前の節では，石炭市場における重要な特徴の一つについて，簡単にしか議論
してこなかった。すなわち，石炭を使用するためには，エネルギーの消費者側
の技術も新たに発明されなければならなかったという点である。ある場合には
——たとえば，海水を蒸留して製塩する方法は重要な例である——技術的な問
題は大したことはなかったが，応用するとなるとたいてい問題は深刻であった。
技術的問題が解決されなかったならば，石炭市場は実際そうなったようには拡
大しなかったであろう。エネルギーの購入者のなかには，ガラス・煉瓦・陶
器・ビール・パン・金属・その他の製造業者がいた。彼らの一部がどのように
エネルギー問題に取り組んだかについては，工業エネルギーの進歩を検討する
際に考えることにしよう。しかし，17世紀におけるもっとも重要な石炭利用
は家庭用暖房におけるそれであった。フリンは，イギリスにおける純石炭消費
量の半分以上が1700年にはこの目的のために使用されたと推計している
(Flinn 1984, pp. 252-3)。しかし，木材から石炭への転換は，ある燃料に代えて，
他のものを火に投げ込むというだけの問題ではなかった。燃料を転換するとい
うことは，実際には複雑なデザインの問題を提起したのである[5]。
　問題は家の間取りから始まった。典型的な中世の家屋には，床から垂木まで
吹き抜ける大きな広間あるいは部屋があった。暖房と調理用の火は部屋の中心
にある低い炉の上でたかれた。火から出た煙は炉の上部の空間に充満し，屋根
に開けられた穴から家の外に排煙された。煙を含んだ空気はベーコンを燻製す
るのに有効であったが，全く健康的な住環境であるというわけにはいかなか
った。しかし，このデザインには二つの利点があった。一つは家族が火の周りに
集まることができた点であり，もう一つは燃えやすい壁から火が離れており，
火事になる確率を低くしているという点である。こうした家屋において，木材
ではなく石炭を燃やした場合，二つの問題が生じる可能性があった。一つは石

---

　5) 技術的な問題に関する議論は，全面的に Hatcher (1993, pp. 409-18) によっている。

炭から出る煙の硫黄臭が家の構造を住みにくいものにしたであろう，という問題である。これよりも起きる可能性が強いもう一つの問題は，石炭であれば火が消えやすいということである。効率的に燃焼させるためには，中世の家屋の開放された炉よりも小さな囲い込まれた空間に石炭を閉じ込める必要がある。

したがって，石炭を燃やすには全く新しい型の家屋が必要であった。煙突は不可欠であり，15世紀には大邸宅では設置され始められていた。最初は家のなかに石あるいは煉瓦造りの壁が作られ，裸火が壁を背にして燃やされた。火の上の覆いが煙を集め，それを煙突に導いて外に排煙した。有効に暖を取るために火を囲んでしばしば小さな部屋が作られた。

火の上部に覆いを設けることは石炭燃焼の第一段階であったが，それだけでは充分ではなかった。石炭を集めて高温で燃焼させるためには，燃焼場所を囲い込むか，金属製の箱を設置することが必要であった。また，石炭を火格子の上に置き，下から空気が通るようにしなければならなかった。燃焼している石炭の間を抜ける風を引き入れるためには，（木材の燃焼に用いられていた広い煙突ではなく）高さのある狭い煙突が必要であった。これは，火に酸素供給量を増やし，生活空間に煙が逆流しないように，煙を上に導いて家屋の外部に排煙するという双方の目的にとって必要であった。煙突を高くし，先端に向かって細くし［上昇気流を生み出さ］なければ，うまく機能しなかった。このデザイン変更の動きが行き着いた先は，次のようなものであった。1階と2階の壁に背中合わせに暖炉を設置し，中央の煙突で排煙する家屋を設計するというものであった。このように設計された家屋では，石炭がよく燃え，煙が充満することなく，暖を取ることができた。

長い時間をかけ，多くの実験の結果，このような様式の家屋ができ上がった。構成要素はそれぞれ完全に作られていなければならなかった。そのためには，もっともうまくいく方法を見つけ出すために多くの異なったやり方を試してみなければならなかった。たとえば，火格子は金属から煉瓦のそれに変えることも可能であった。どちらが良かったのであろうか。煙突の穴の大きさはどの程度にすべきであろうか。燃焼システムのすべての要素に関して，こうしたこまごまとした些末な問題が発生した。炉床はどの程度の大きさにすべきであろう

か。煉瓦製にすべきか金属製にすべきか。熱が煙突から逃げずに部屋に放出されるためには，炉床はどのように設計されるべきであろうか。煙突の高さはどの程度にすべきであろうか。内径の大きさはどうであろうか。煙突の先は細くすべきであろうか。金属の煙道にはいくつくらいの捩じりと渦巻を設ければよいのであろうか。部屋から部屋へ煙を入れずに複数の暖炉を中央の煙突につなぐためには，どのような方法をとるべきであろうか，などなどである。個々の構成要素が完全なものでなければならないだけではなく，相互にバランスが取れていなければならなかった。デザインのいくつかは特許を取得しているし，それを奨励する著書や小冊子を書いている者もいるから，こうした装置の跡はいくつか現在でも記録に残っている。しかし多くの実験が，記録を残さずに行われたことは確かである。実験の大部分はロンドンで行われたが，ロンドンが1666年の大火で崩壊した際に建築上の成果は破壊された。

　取り入れられた大まかな時期を確定することができる技術革新の一つは，煙突である。ジョン・オーブリーは次のように述べている。「その昔，宗教改革以前には，一般庶民の家には排煙用の屋根窓のほかに煙突はなかった」。1576〜77年に，ウィリアム・ハリソンは，「最近建設された多くの煙突」をここ数十年間における「イングランドの三つの素晴らしい出来事」の一つであると呼んでいる。若い頃には「王国の多くの高台の町」の普通の家屋には「2，3個以上の煙突はなかった」ことを記憶している年寄りもいた。16世紀の初頭においては，「誰でも広間の飾壁の辺りで火をたき，そこで食事をし，肉の下ごしらえをしていた」（Hatcher 1993, p. 411 から引用）。建設が本格的に始まる16世紀中期まで煙突はまだ一般的ではなかったとオーブリーもハリソンも指摘している。少なくとも，ハリソンはエセックスの状況についてそういっている。これだけでは充分明白な証拠とはならないが，石炭市場がイングランド南部で拡大したのと同じ時期に煙突の普及が始まったことだけは明らかである。

　石炭を燃やす家が考案されると，技術的な挑戦と並んで経済的な挑戦が始まった。実際には起こらなかったことを考えてみよう。仮に現代の経済が木材から石炭への移行に伴う挑戦に立ち向かったとすれば，デザイン上の問題を解決する大規模かつ協調的な研究開発計画がおそらく立ち上がったであろう。16,

106　第 I 部　工業化以前の経済

17 世紀にはそうしたことは起こらなかった。デザイン上の革新は分散した市場に委ねられていた。技術革新の多くは特許を取得していなかった（煙突の先を細くすることは法的には新しいものではなかった）から，特許権料で実験経費を取り戻すことは誰にもできなかった。その結果，実験は営利目的での建築に便乗して行われた。家を建設する建築業者は，多額の費用やリスクを負担せずに，うまく機能しているかどうかを見るためにデザインを変えることができた。ねらいは，より高い熱効率の，煙のこもらない家屋を建設してそれを販売し，より多くの金を稼ぐことであった。デザインの革新がうまくいくことが分かれば，その建築業者あるいは他の誰かがそれを広め，一層良いものに改良するように努めることができる。革新を模倣し，さらに精巧なものにする，これが石炭をたく家屋の進歩のありかたであった。「集団的発明」[詳しくは第 7・9・10 章参照] と呼ばれるこのモデルでは，実験の進み具合は家屋建設のそれに決定的に依存していた。販売用家屋建設が実験の費用を賄う活動であったからである。

　集団的発明の経済学は，ロンドンの成長が石炭への移行にとって決定的であったことを示すもう一つの局面を浮き彫りにしている。もちろん，最初の局面は木材価格の高騰であり，これが移行を促した。第 2 の局面は，住宅建設ブームであり，それが集団的発明を支え，問題を解決したのである。16，17 世紀にロンドンは極めて急速に成長し，非常に多数の新たな家屋が狭い地域に建設されつつあった。この大量の建設が，通常の商業的理由で進められていた計画にデザイン上の実験を組み入れる無数の機会を提供した。また，この住宅建設が近接して行われたことが，情報の共有を容易にし，建設業者たちがそれぞれ新しい技術をお互いに自由に使い合うことを許し，石炭を使う家を完成させることを可能にしたのである。安価な石炭が埋蔵されていたにもかかわらず，イギリスのミッドランド西部地方の町ではこの種の実験の試みは行われていない。充分な数の住宅建設が行われていなかったからである。ロンドンにおける建築ブームが石炭への移行の経済的誘因となったのであり，発生した技術的な課題を解決するのに必要な実験資金を提供したのである。

北東部炭鉱地帯以外の石炭生産の増加

　イギリスの石炭の半分は，ノーサンバーランドとダラムで採掘された。その一部は，地場の製塩やガラス工業のようなエネルギー集約型の産業で消費された。しかし，拡大の大部分はロンドンの成長で説明することができる。イングランド西部，ウェールズ，スコットランドが石炭産業の他の半分を説明する。（北東部沿岸地域ではなく）これらの地域の石炭産業はそれ自体重要であり，さらにいずれも産業革命の中心地であったことを考えれば，二重の意味で重要である。北東部沿岸地域よりもずっと西部で産業革命が起こった理由の一つは，これらの地域では石炭が他の金属鉱石と混在して埋蔵されていたのに北東部沿岸地域では金属鉱石は産出されなかったからである[6]。しかし，金属は 18 世紀以前には物語の重要な部分を構成していなかった。17 世紀にイギリス西部でも東部および南部と同じように，採掘された石炭の大部分は家庭用暖房に使われていた。17 世紀にミッドランド地方あるいはスコットランドで石炭産出量が急速に増加した理由を問うてみることもできる。地理的な理由から，答えはロンドンの場合とは違っているはずである。大量の人口が首都に集中している結果，巨大都市に燃料を提供するために木材の船舶輸送が長距離に及び，そのためにロンドンでは 1550 年以降木材価格が急騰した。ミッドランド西部には大都市はなかったから，同じようなメカニズムは働かなかった。消費の中心地は小規模であり，石炭と木材生産双方の中心地と混ざり合っていた。

　ロンドンとイギリス西部の相違は，燃料価格の歴史において際立っている。図 4-4 は，16 世紀前半から 1800 年までの首都以外のイングランドにおける木炭と石炭の「実質」価格（すなわち，名目価格を消費者価格指数で除した価格）を示したものである。このグラフは，構成要素 2 系列が［図 4-3 に比べても］かけ離れているから，充分注意して参照すべきである。しかし，データはばらついているが，このグラフは非常にはっきりした傾向を示している。第一に，

---

6) 鉄鉱石はクリーヴランド丘陵に埋蔵されていたが，主鉱脈は 1850 年まで発見されなかった（Birch 1967, p. 334）。

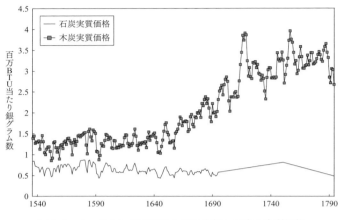

図 4-4 ミッドランド地方における木材と石炭の実質価格

　石炭と木炭が 1 BTU 当たりほぼ同じ価格で販売されていた 16 世紀前半のロンドンとは対照的に，イギリス西部の石炭価格は常に木炭の半分であった。第 2 に，1660 年の王政復古以前には石炭と木炭の相対価格が変化したという証拠はない。とくに，ロンドンにおいて見られるような木材価格の急上昇はない。第 3 に，木炭価格が急上昇し，石炭の実質価格が緩やかに低下するにつれて，17 世紀後半にこうした状況は変化した。この時期になって初めてイギリス西部において遂に木材不足が生じ始めたのである。

　ロンドン以外の場所の価格の動きは，石炭生産の成長に関するある結論と謎を示している。その結論とは，17 世紀後半以前には木材価格の上昇は石炭の増加の原因ではなかったということである。燃料の相対価格が変化せず，一般物価と比較して安定的であったとすると石炭産出量の増加を説明するのは，燃料供給量の変化ではなく，需要の変化に違いないのである。

　謎というのは，こうである。データが始まる 1538 年にすでに石炭は木材燃料費の半分になっていた。それ以前のデータは持ち合わせていないが，状況が異なっていたと信じる理由は一つもない。石炭採掘費は常に安かったのである。石炭への移行がなぜもっと早く，たとえば，中世に起こらなかったのか。中世の人々が石炭を使うことを知らなかったということはできない。石炭はあらゆ

る地域で採掘されていたからである。イギリス西部の中世における石炭と木炭価格のデータがない以上，木材が非常に安く，誰も石炭を使う理由がなかった，という可能性を完全に否定することはできない。しかし，石炭に対する需要がなかったというほうがよりありそうな説明である。

中世にはなぜ石炭に対する需要がなく，1538年以降に増加したのであろうか。この時代の石炭の大部分は，家庭用暖房として利用されていたから，上の二つの疑問に対する答えは石炭を燃やす家屋の開発である。それが開発される以前は，イギリス西部あるいはスコットランドの人々は，頭のなかでは，木材の代わりに安価な石炭をたいて暖房費を節約することができると考えたかもしれない。しかし，中世の炉ではそれは実行不可能であった。なぜ石炭を燃やす家を開発しなかったのかという疑問が出されるかもしれない。しかし，すでに見てきたように，それは複雑で多面的な問題を含むものであった。この問題は集団的発明によってしか解決することは困難であった。そしてまたそれは，建築業者たちが相互に観察し合い，情報を交換できるような狭い地域で家屋建設が盛んに行われるということを前提としていた。イギリス西部では，集団的技術開発が維持されるにはあまりに人口は分散し，家屋建設数も少なかった。一般住宅に石炭を持ち込む実験場であるロンドンにおける住宅建設が始まるまでは，ブリテン諸島全域で石炭が使用されることはなかったのである。

石炭を使う家屋が開発されると，それはイギリス中に普及した。煙突があり，石炭燃焼に適した暖炉を備えた「近代的」構造の家屋が中世のそれに代わった現象は，一般的にはホスキンズの指摘（Hoskins 1953）に従って「大再建[*2]」として知られている。主に1570～1640年の間に起こったと彼は考えていたが，現在では大再建は18世紀前半まで続いたと見られている。そうすると大再建はイギリス西部，スコットランド，ウェールズで石炭産業が興隆した時期と一致するということになる。実際，二つの現象の間には相互依存関係があった。すなわち，安価な石炭は古い時代の，木材を燃やす家屋から石炭を燃やす家屋への転換に対する誘因となったし，新しい住宅の建設は石炭の産出量を増加させたのである。

110　第I部　工業化以前の経済

世界を視野に入れたイギリスのエネルギー

　石炭産業の興隆は，イギリスのエネルギー事情が 18 世紀には独特なもので
あったことを意味する（Malanima 2000, 2006）。このことは，燃料の数量の面か
ら見ても価格の面から見ても明らかである。

　すでにわれわれは，18 世紀にイギリスは世界の石炭の圧倒的部分を生産し
ていたことに注目した。イギリスだけを考えても石炭の持つ意味は大きかった。
18 世紀にはブリテン島で消費される熱エネルギーの大部分はおそらく石炭燃
焼から作られていた。このことはとくにイングランドの場合にもっとも明白で
あった。

　熱エネルギーは，木材，石炭，泥炭を燃やすことで得られた。イングランド
でも泥炭を燃やすことはあったが，その使用は王国の遠隔地に限られていた。
主要な熱エネルギー源は木材と石炭であった。木材と石炭からどのくらいのエ
ネルギーが得られるのであろうか[7]。1700 年頃にイングランドには 300 万エー
カー近い森林があったが，1800 年には 250 万エーカーに減少してしまった。
グレゴリー・キングによれば，森林面積の半分，すなわち，1700 年には 150
万エーカー，1800 年にはおおよそ 125 万エーカーが燃料用に使われた。持続
可能な循環伐採を維持する場合には，1 エーカーの森林から，1 年間に木材 1
コード［約 128 立法フィート］の木材が取れる。この章で用いているエネル
ギー転換係数に従えば，木材 1 コードは石炭 1.3 トン分のエネルギーを産出す
るからイングランドの森林は 1700 年には石炭にして 195 万トン，1800 年には
162 万 5000 トン相当の石炭エネルギーを産出したことになる。この数字をこ
の期間における石炭生産量，それぞれ 300 万トン，1500 万トンと比べてみる
ことができる。1700 年には石炭はすでに木材よりも重要であったし，泥炭か

　7）この議論は Hatcher（1993, pp. 54-5, 549）によっているが，ここではいくぶん異なっ
　　たエネルギー転換に関する数値を用いている。しかし，結論は同じである。Warde
　　（2007, pp. 115-22）は，17 世紀中に石炭が木材よりも重要なエネルギー源となったと
　　推計している。

表 4-2　エネルギー価格（1400～1800 年）

	平均エネルギー価格（100 万 BTU 当たり銀グラム数）（記載年から50 年間の価格）								
	1400	1450	1500	1550	1600	1650	1700	1750	1800
ロンドン（石炭）		1.68	1.57	2.67	3.26	5.00	5.26	6.47	8.16
〃　　（木炭）	3.74	2.18	1.86	4.36	6.25	14.38	14.90	16.36	18.04
イングランド北東部沿岸（石炭）			0.13	0.45	0.73	0.70	0.72	1.18	
イングランド西部（石炭）			0.24	0.51	0.77	0.81	0.81	1.13	1.13
〃　　　　　（木炭）			0.44	0.94	1.61	2.53	3.25	5.34	6.17
アムステルダム（泥炭）			1.81	2.64	4.48	4.47	4.88	6.39	11.61
〃　　　　（木材）					2.92	4.05	4.24	5.44	8.91
〃　　　　（石炭）									7.52
アントワープ（木炭）	4.00	3.45	3.14	6.41	9.06	9.16	13.09	15.23	19.04
〃　　　（泥炭）						6.71	20.94	23.82	22.89
〃　　　（石炭）				6.71	6.03	7.12	7.95	7.20	7.37
パリ					8.62	8.51	8.84	9.64	
フィレンツェ			3.17	4.69	6.36		5.63	5.58	10.23
ナポリ				7.61	9.03		5.37	6.13	8.75
ヴァレンシア	7.45	6.41	6.70	11.27	13.26	12.81	8.54	11.28	
マドリッド				10.86	14.31	11.91	7.58	10.14	14.25
ストラスブール	1.94	1.30	1.22	2.38	2.98	3.01	3.41	5.46	11.28
ライプツィヒ				3.43	4.78	2.96	4.12	3.62	
ウィーン	1.42	1.15	1.01	1.61	2.07	2.10	2.35	2.82	2.98
グダニスク（現在のポーランド：ドイツ名ダンツィヒ）			2.00	3.49	3.59	3.79	3.58	6.00	9.79
ワルシャワ				3.07	6.46	5.44	5.16	8.84	
ルヴーフ（現在のウクライナ）			4.02	4.83	5.09	4.78	4.47	6.68	
北京							9.33	8.99	8.08
広東							4.15	7.15	
プネー（インド）								15.26	11.03
フィラデルフィア									7.14

出典）Allen (2003b, 2007a)，Allen *et al.* (2007)，および両書に引用された史料。フィラデルフィアについては，*Historical Statistics of the United States, Millennial Edition Online*, series Cc235 の 1795～1805 年における無煙炭平均価格。

ら得られる熱エネルギーを含む全エネルギーの半分以上を供給していた。1800年には少量の機械エネルギーを含む熱エネルギーのほとんどすべてが石炭から獲得されていた。こうした状況は世界の他のどの国にも見られなかった。

　石炭が豊富に存在したことは，イギリスにおけるエネルギー価格の低廉さにはっきりと現れている。表 4-2 と表 4-3 に 1400 年から 1800 年における世界の

112　第 I 部　工業化以前の経済

表 4-3　エネルギー実質価格（1400～1800 年）

	平均エネルギー実質価格（記載年から 50 年間の実質価格）								
	1400	1450	1500	1550	1600	1650	1700	1750	1800
ロンドン（石炭）		3.76	3.36	3.08	2.63	3.56	3.93	3.96	3.84
〃 （木炭）	6.35	4.50	4.14	5.91	5.08	10.21	11.15	10.08	
イングランド北東部沿岸（石炭）			0.35	0.57	0.60	0.48	0.54	0.75	
イングランド西部（石炭）			0.69	0.69	0.63	0.58	0.63	0.65	0.50
〃 （木炭）			1.30	1.26	1.30	1.80	2.49	2.97	2.67
アムステルダム（泥炭）			4.04	3.01	4.09	3.70	4.21	4.87	7.08
〃 （木材）					2.55	3.39	3.57	4.23	5.67
〃 （石炭）									4.57
アントワープ（木炭）	8.01	8.57	7.25	7.50	9.96	10.49	12.61	13.94	12.31
〃 （泥炭）						15.31	20.28	23.15	15.92
〃 （石炭）				6.53	4.92	6.41	7.61	6.60	5.51
パリ					5.50	5.39	6.95	6.65	
フィレンツェ			4.73	4.79	5.02		6.10	5.13	6.38
ナポリ				7.88	8.45		7.01	5.85	5.39
ヴァレンシア	9.97	9.04	9.03	7.80	6.64	6.90	5.53	6.58	
マドリッド				7.17	6.49	7.06	6.16	5.98	6.28
ストラスブール	2.82	2.25	2.08	2.54	2.38	2.69	3.34	4.30	5.93
ライプツィヒ				4.18	3.73	3.05	4.21	3.69	
ウィーン	2.87	2.58	2.34	2.65	2.15	2.72	3.20	3.31	2.76
グダニスク（現在のポーランド：ドイツ名ダンツィヒ）			5.35	6.06	4.60	4.54	4.96	6.99	6.01
ワルシャワ			6.70	9.50	9.99	8.78	10.81		
ルヴーフ（現在のウクライナ）			6.34	6.26	7.83	6.09	7.03	6.38	
北京							10.85	9.41	7.11
広東							5.14	7.66	
プネー（インド）								13.12	10.78

出典）Allen (2003b), Allen *et al.* (2007), Allen (2007a).

エネルギー価格に関する多くの情報をまとめておいた。以下の点が目立っている。

1. ヨーロッパとアジアのほとんどの都市でエネルギー価格はかなり安定的であった。ヨーロッパにおける両極端の一方はスペインであり，木材燃料費は 100 万 BTU 当たり銀 10～12 グラムであった。逆に中央ヨーロッパでは，豊富な森林がエネルギー価格を 100 万 BTU 当たり銀 2～4 グラムに抑えていた。しかし，ほとんどの都市ではエネルギー価格は 100 万

BTU当たり銀5～6グラムの範囲内にあった。アジアではエネルギー価格は高めであった。インドのプネー［インドのマハーラーシュトラ州の都市名］における価格はスペインと同じくらいであり，北京の価格はスペインよりも大幅に低いということはなかった。広東の木炭価格はヨーロッパの標準に近かった。これらのエネルギー価格を実質価値で見ると，長期的に上昇傾向を示していたわけではない。表4-3からは，ヨーロッパ大陸が木材危機を経験しつつあったというネフの主張を裏付ける証拠を読み取ることはできない。

2. 近世ロンドンにおける木材価格の急騰はほとんどまれな例であった。石炭取引の興隆こそがこの問題に対する解決策であった。しかし，石炭はロンドンに安価な燃料を提供したわけではなかった。首都におけるエネルギー価格は，ヨーロッパの大部分の都市とほぼ同じであった。

3. 石炭取引の興隆からイギリスが得たものは，イギリス北部および西部の炭鉱地帯ではっきりと現れた。輸送費は極めて高かったので，イギリスには価格の二重構造が存在していた。イギリスの炭鉱地帯では，石炭から得られるエネルギー費用は100万BTU当たり銀1グラム以下であり，他の場所におけるエネルギー費用のほんの数分の一に過ぎない程度のものであった。これは世界でもっとも安いエネルギーであった。木炭エネルギーさえミッドランド西部では安かった[8]。イギリスはこの安価なエネルギーの恩恵を産業革命期に受け取ったのである。

4. 北アメリカは自然資源の豊富さでよく知られているが，森林が伐採され尽くすと，この優位性はエネルギー利用ではあらわれなくなった。確かに18世紀末期には，エネルギーは合衆国の東海岸では安価ではなかった。1800年頃にフィラデルフィアの無煙炭の価格は，100万BTU当たり銀7グラムであった。これはロンドンのそれとほぼ同じであり，イギリスの

---

8) もちろん，イギリスの石炭の低価格は木炭価格を圧迫したが，ほとんどの期間を通じて，萌芽更新費用を賄うに充分なほど高価であり続けた。イギリスの木材燃料の供給はぎりぎりのところまで拡大していたが，それでも利用し尽くすまで最大限に利用されていた。

114   第 I 部　工業化以前の経済

炭鉱地帯にある都市でのエネルギー価格の数倍であった。炭鉱地帯と沿岸をつなぐ運河が建設され，1830 年代には東部の沿海地帯では無煙炭の価格は低下した（Chandler 1972）。1840 年代になると，フィラデルフィアとニューヨークでは無煙炭の価格はトン当たり 15 シリングとなった。これはマンチェスターとエディンバラの石炭価格の 3 倍に当たる（von Tunzelmann 1978, p. 96）。イギリスとは異なって，アメリカの工業化は安価な石炭に基づくものではなかった。

オランダの都市化と「木材危機」

　低地地方は，イギリスの対極としてとくに重要であった。近世において，国際商業に基づいて高度な都市化を経験し，そのためにもう一つの高賃金経済国となったからである。18 世紀に低地地方に産業革命が起こらなかったのはなぜか，イギリスがなぜ追い抜いたのか，この問題は長い間謎の一つであった。答えの大きな部分を占めるのは石炭である。

　表 4-2 と表 4-3 は，これらの問題に光を当てるアントワープとアムステルダムのいくつかの価格統計を示している。アントワープの価格史は，ロンドンにもっとも近い例である。アントワープは 16 世紀後半に始まった木炭価格の同じような上昇を経験した。アントワープでは 1576 年からの記録で石炭は散発的に触れられている。この当時，石炭と木炭は 1 BTU 当たりほぼ同じ価格で売られていた。この価格では石炭に対する需要は極めて限られていた。しかし，17 世紀前半における継続的な木炭価格の上昇は石炭市場を拡大し，1621 年以降，石炭は規則的に売買の記録が残されるようになった。アントワープの石炭はイングランド北東部の沿岸地帯からとリエージュからムーズ川を航行して供給された（Pounds and Parker 1957, pp. 129-30）。アントワープは，ニューキャッスルからの距離はロンドンよりもそれほど遠くはなかったが，低地地方では石炭はロンドンよりも高かった。それにもかかわらず，アントワープの石炭は 1 BTU 当たりで木材価格の半分であり，ロンドンのそれとちょうど同じであった。明

らかに，消費者をより厄介な燃料である石炭に向かわせるには，同じ程度の価格低下が必要であった。

　アントワープの歴史は，重要な一つの局面でロンドンのそれとは違っている。すなわち，人口の動向である。ロンドンの人口が急膨張したのに対して，アントワープのそれは収縮した。それでは薪の価格を上昇させていたのは何であったのであろうか。アントワープが木材供給の減少に見舞われていたことこそその原因であったと考えられる。おそらく，オランダの反乱をめぐる戦役と独立後の商業の再編が供給路を混乱させたのである。

　アムステルダムの歴史はロンドンとアントワープの歴史のどちらとも違っている。オランダ共和国における都市の成長の結果，ロンドンの成長が燃料需要の増加を促したのと同じように，燃料需要の大幅な増加がもたらされた。木材供給はイングランドと同じような高い輸送費に左右されていた。しかしながら，オランダの木材価格はロンドンやアントワープの統計に見られるような上昇を示していない。理由は泥炭がオランダのバック・ストップ技術であったからである。泥炭は有機燃料であり，石炭のように硫黄分を含んでいない。表4-2に示すように，この二つの燃料は1 BTU当たり同じ価格で売られていた。消費者と産業界の顧客が泥炭と薪を同じ価値の燃料であると見なしていたことは明らかである。

　オランダ共和国の莫大な泥炭埋蔵量は，燃料が弾力的に供給されることを意味していた。運河システムの整備は，泥炭が都市の顧客に低価格で供給されることを保証していた。泥炭の豊富な供給は，木材価格を抑制する方向に働いた。その結果，木材から泥炭への移行は，ロンドンやアントワープで見られたような木材価格の上昇を伴わずに行われた。

　オランダの拡大が泥炭に基礎を置くことは避けられないわけではなかった。それは単に費用の問題であった（Unger 1984）。石炭はいくつかの供給源からもたらすことができた。ニューキャッスルからは，アントワープと同じ価格でアムステルダムに運ぶこともできた。また，現在のベルギー南部にあたる炭鉱からムーズ川を下って，低地地方に運ぶこともできた。さらに，ドイツのルール地方から供給される可能性もあった。石炭は品質の悪さを補うために泥炭よりも

116　第 I 部　工業化以前の経済

安く売られなければならなかったであろう。しかし，泥炭価格が充分高いか，石炭採掘費が充分低い場合には，オランダの諸都市が鉱物燃料を用いることも割りに合っていたはずである。これは実際に 19 世紀に大規模に起こったことであった。

　もっとも興味深いのは，ルール地方の石炭がライン川を下ってアムステルダムまで運ばれ，燃料とすることが割りに合ったかどうかということである。実際は，輸送費用が高すぎ，政治的分裂が運搬を妨げたのである。ルール炭田それ自体の状態が改善されなければならなかったが，それは 18 世紀末期まで進まなかった。政治的統一は 1815 年まで実現しなかった（Pounds and Parker 1957, pp. 98-9）。1 世紀前にルール炭田を開発することが経済的に割りに合うものであったかどうかを結論づけるためには，詳細な費用便益分析をしなければならないであろう。おそらく，割りに合ったであろうが，その場合には，アムステルダムの泥炭への依存は政治的分裂と「政策の失敗」の結果であったということになる。そうでない場合には，泥炭が非常に安い上にイギリスの石炭も非常に購入しやすく，19 世紀までわざわざ内陸部の石炭に転換する必要がなかったから，であるということになるかもしれない。

　イギリスとヨーロッパ大陸の運命は，それぞれの燃料の歴史的な歩みの相違によって分かれた。イギリスの成功の秘密は二重価格構造であり，それは経済の中心と周縁の関係を反映するものであった。ロンドンは中心であり，国際貿易で成長した。この成長の結果，燃料需要は増大し，これに応えたのはイギリスの北東部と西部の周縁地域における石炭産業の発展であった。輸送費用の高さの結果，石炭は周縁地域において極端に安く，そこでは蒸気機関と石炭を用いる金属工業が発展したのである。

　実際にはそうはならなかったが，イギリスと平行した発展の軌跡をとる可能性もあったのは，オランダ共和国の諸都市であった。それらの都市は中心になりえた。実際，その成長は国際経済における成功を基礎にするものであったし，結果として燃料需要を増加させたのである。しかしながら，需要の大部分はオランダの泥炭で賄われた。利用されなかったもう一つのエネルギー源は，ルール地方の炭田であった。アムステルダムからライン川をさかのぼってルール地

方に至る経済的な回廊地帯は，ヨーロッパ大陸におけるイギリスに相当する地域であった。それは安い泥炭で発展が押さえつけられた地域であった。イギリスで見られたような二重価格構造がヨーロッパ大陸で展開することを泥炭が妨げたのである。そして，イギリスにおいて18世紀の新技術の多くを促進したのは，炭鉱地帯における低廉な燃料価格であった。

　泥炭が通常の利用にはあまりに高価であったアントワープにおいてのみイギリスのような発展パターンが開花したのである。ベルギー南部では石炭産業が発展し，都市の需要に応えた。リエージュ近郊の炭鉱では，ちょうどコールブルックデールの価格がそうであったように，石炭価格は低かったし，イギリス産業革命の飛躍的な技術をもっとも早く採用したのも，実際ヨーロッパ大陸のこの地域であった。しかし，この地域はあまりに小規模であり，自力で飛躍的な技術改良を達成することはできなかった。その上，低地地方の石炭需要の経済発展上の恩恵の一部はイギリスに向かってしまった。石炭がリエージュと並んでニューキャスルから輸入されたからである。イギリス北東部沿岸の炭田の早期における発展がこの点でイギリスに「先発優位性」[新しい市場に先に参入することによって得られる市場占拠率・利益等の優位性]を与えたのである。

結　　論

　低価格エネルギー経済は，イギリスの経済的成功の基礎であった。高価ではない石炭が産業革命期の蒸気機関と冶金技術の発明の誘因となった。この問題については，本書の第II部で展開するであろう。低価格エネルギー経済はまた高賃金経済を支えたのである。

　高賃金経済の謎の一つは，イギリスの企業が，たとえば，フランスの企業よりも高い賃金を労働者に支払いながら，国際競争力を保持することができたのはなぜか，という点である。理由の一つは，イギリスの企業が産業革命よりも以前に労働節約的な機械を開発していたことである。第2の理由は，安価なエネルギーが高賃金の負担を相殺していたことである。（この関係は新古典派経済

118 第Ⅰ部 工業化以前の経済

学のいう「要素価格フロンティア」［第6章を参照］である）。同時代の人々はこの優位性に気づいていた。18世紀後半にはまだガラス製造はフランスがイギリスよりも進んでいた産業の一つであった。指導的なフランス企業であるサン・ゴバンの社長であるドゥルーネ・デランドは，イギリス企業がフランス企業と競争して，勝利を収めることに最初は懐疑的であった。イギリスの賃金はフランスの企業のそれよりも3分の1も高かったし，生活水準もそれに伴って高かったからである。

　フランス人とイギリス人の生活様式を考えると，イギリス人がわれわれと価格競争して勝てるような板（ガラス）を作ることなど決してないであろう。われわれフランス人はほんの少しのバターと野菜が入ったスープを飲む。肉を食べることはほとんどない。時には少量のリンゴ酒を飲むが普段は水を飲んでいる。あなた方イギリス人は肉，それも多量の肉を食べ，いつもビールを飲み，それにフランス人の3倍のお金を使う。

(Harris 1975, p. 67, n. 42 から引用)

　しかし，イギリスにおける高賃金の重荷は，安価なエネルギーによって相殺された。1770年代の事業設立趣意書では，ガラス製造の燃料費はフランス企業のたった6分の1と見積もられていた（Harris 1975, p. 38）。製鉄工業においても，同じような相殺が見られる。コールブルックデール製鉄所のリチャード・レイノルズは，1784年に枢密院長官のガウア伯に書簡を送り，「石炭はわが国の労賃の高さをいくぶんかでも埋め合わせできる唯一の商品である」という理由で，石炭に対する課税計画に反対している（Raistrick 1989, p. 97 から引用）。17世紀と18世紀における産業化過程における木炭から石炭への移行——多くの技術的問題を解決しなければならなかった移行——は，次第にイギリス経済におけるエネルギーの平均価格を低下させ，平均賃金の上昇を下支えしたのである。

訳注
＊1　萌芽更新（coppicing）：持続可能な林業経営において採用される木材伐採方法である。

第 4 章　低価格エネルギー経済　119

石炭・コークス・石油・原子力等の無機エネルギーが登場する以前，家庭用暖房・溶鉱燃料用の薪炭，建材，船舶用資材，家具製造等に木材が広範に利用されていた時期に，再生可能資源の木材を継続的・安定的に供給する技術として採用されたのが，萌芽更新と呼ばれる方法である。木材を根もとから伐採すると切り株に新しい芽が多数発芽し，自然に落ちた種から樹木が生育する天然更新よりも早く成長するという特定樹種が持つ性質を利用し，数年間の生育期間をおいて，成長した樹木を再び伐採するという循環的な森林資源利用の技術である。萌芽更新によって根もとから伐採された切り株の周りには，太陽光が以前よりも豊富に注がれ，天然更新も促進される。日本では，針葉樹よりも広葉樹のブナ科樹木・杉・桑等，イギリスでは樫，楓，ハシバミ等が萌芽更新による再生に適している。イギリスでは，この技術が古くから森林地帯で導入され，石炭・コークスに代替するまで有機エネルギーを供給していた。

* 2　ロンドンの大再建（Great Rebuilding）：16, 17 世紀のロンドンは文字通りイギリスの政治・経済・文化の中心地として，内外から多くの人口を吸収し，消費中心地としてはもとより，16 世紀後半以降にイギリスに導入された新種毛織物工業製品の輸出基地として，イギリス経済を牽引し，世界経済の窓口としての位置を獲得していた。1500 年初頭から 1700 年までのほぼ 2 世紀間にロンドンの人口はおよそ 5 万 5000 人から 50 万人へと 10 倍近く増加した。しかし，1665 年から翌年にかけてロンドンは最後のペストに見舞われ，10 万人に近い犠牲者を出している。さらに，翌 1666 年 9 月には大規模な火災を経験し，人命の損失は少なかったものの，多数の教会・市庁舎，その他の公共建築物が崩壊している。住民の家屋も約 1 万 3200 戸が失われたといわれている。1670 年のロンドンの人口は，約 47 万 5000 人と推計されており，この間二つの大災害があったにもかかわらず，1660 年の 20 万人から比較的順調に回復している。この時期のロンドンの経済活動にとって無視しえない傾向として，大火によって失われた住宅の再建があげられる。耐火性を保証する新たな住宅は，石炭燃焼に適した暖炉を備えた「近代的」構造を持った石造りや煉瓦家屋であった。本書の著者アレンは，17 世紀後半，とくに大火後のロンドンにおける活発な耐火住宅の建設が暖房用・調理用の石炭需要を大幅に増加させ，イギリスの石炭産業に強い刺激を与えたとしている。

第5章
なぜイギリスが成功したのか

> 私たちの目の前に常に開かれているこの「宇宙」という大著には，哲学が書かれている。しかし，この本を理解するためには，使われている言語を理解し，書かれている文字を読むことをまず学ばなければならない。「宇宙」という書物は数学の言語で書かれ，文字としては三角や円，その他の幾何学図形が使われており，これらなしには人間は一語たりとも理解することはできない。これらがなければ暗闇の迷宮を徘徊することしかできない。
> ──ガリレオ・ガリレイ『試金天秤』[1]

　イギリスの経済は 1500 年以降急成長した。都市は拡大し，ロンドンの労働賃金は高く，農業は改良され，そして製造業が農村にも広がった。変化の詳細を見れば，都市と商業が経済成長の牽引役であったことが分かる。たとえば，高賃金は 16 世紀のロンドンでは維持することができたのに対し，他の都市では崩壊した。17 世紀に，イギリスの地方都市も急成長するにつれ，ロンドン以外の地域も追随し始めた。ロンドンの成長によって木材価格が急騰したため，北東部から大量の石炭の洪水が堰を切ったように流れ込んだ。

　この章では，産業革命が起きる何世紀も前から，都市と商業経済の成長がイギリス経済を牽引してきたという議論を展開していきたい。この問題は二つの点から複雑になっている。第 1 点は，究極的な因果関係に関連する。都市の成長は国民経済を押し上げたかもしれないが，しかし逆に何が都市を成長させたかを考えるべきなのであろう。ここでは，分析の段階を一つ前に戻して，都市の成長を他の要因から説明してみたい。第 2 点は，互恵的で双方向の因果関係についてである。たとえば，都市の成長は農業生産性の上昇を促すと考えられ

---

1) A. C. Grayling, *Towards the Light of Liberty : The Straggles for Freedom and Rights that Made the Modern Western World*, 2007, pp. 95-6 から引用。

るが，一方で生産性の高い農業は逆に都市化を促したともいえる。双方向的因果関係を考えていかなければならない。

　この因果関係を理解するための唯一の方法は，数式で表すことである[2]。ガリレイは自然界は数学的であると気づいたが，社会もまた数学的なのである。この章では，ガリレイの導きに従い，三角や円の代わりに連立方程式を用いて，社会経済の発展を数学的に表していきたい。ここで展開するモデルは，第1章表1-1にその経済構造が要約されているヨーロッパのすべての国々について，応用できるものである。この分析の時間枠は1300年から1800年までである。このモデルでは，経済的変化の原動力として，人口増加，農業制度の再編，技術革新，帝国とそれに結びついた大陸間貿易，制度的構造，エネルギー価格の変動を考慮する[3]。これらの原動力は，都市化，農業生産性，プロト工業化[第1章の訳注を参照]，実質賃金に影響を与え，また翻ってそれらは相互に影響し合っていた。

　これらの原動力の重要性については，これまで広範な議論が重ねられ，とくにそれぞれの要因ごとの議論の整合性が問われてきた。たとえば，囲い込みに関する議論では，第3章で見たように，囲い込みが農業生産性の向上に果たした役割を否定する歴史家らによって，その整合性が問われてきた。帝国と大陸間貿易に関する議論では，ヨーロッパ以外の市場は小さく，奴隷貿易や植民地交易で得られた利益は少なかったのではないかとの理由で，批判を受けてきた[4]。代議制の政府に関する議論でもまた，フランスで利子率や税率が取り立

---

2) 本章で論じるモデルは Allen (2003a) のモデルと同じものだが，エネルギー価格を新たな変数として追加した。Allen (2003a) には，変数データの出典と推計の手順についてより詳しい情報が掲載されている。

3) Allen (2003a) では経済的変化の原動力として識字率も含んでいた。しかし，統計的には極めて有意性が低かったため，論文中のシミュレーションには含まなかった。本章でも論じないことにする。

4) これらに関しては，膨大な研究蓄積がある。研究手法の多様性について言及しているいくつかの参考文献として，Davis (1973, 1978, 1979), Minchinton (1969), Williams (1944), Wallerstein (1974-91 (1979)), Frank (1978), Findlay (1990), Darity (1992), Engerman (1972, 1994, 1998, 2000), Ferguson (2003), Thomas and Bean (1974), O'Brien (1982, 1999), O'Brien and Engerman (1991), O'Brien and Prados de la Escosura (1998), McCloskey (1970-71, 1980), Solow (1991) および Solow and Engerman (1987) を参照。Morgan

122　第 I 部　工業化以前の経済

てて高かったわけではないという理由で，論争が巻き起こってきた。

　この章では，四つの式からなる連立方程式を用いてヨーロッパの発展をシ
ミュレーション分析するという，新たな方法を採用する。この類いのモデルは，
因果関係が双方向的な場合に役に立つ。このモデルでは四つの変数，すなわち
賃金水準，都市化，農業生産性，プロト工業化を変数として説明を行う。この
モデルを用いて，なぜある国は経済発展に成功し，なぜ他の国は成功しなかっ
たのか，シミュレーション分析を行ってみよう。

　このモデルは，ヨーロッパ諸国のほぼ 1 世紀ごとの変化を追った 55 の観測
点からなるデータベースに基づいてつくられている。たとえば，1400 年のス
ペイン，1500 年のスペイン，1750 年のポーランドというような観測点を用い
ている[5]。このデータベースを使うことで，モデルの方程式を統計的に推計す
ることができ，またシミュレーション分析に用いる情報を得ることができる。
このデータベースには，第 1 章表 1-1 に見られるような経済構造に関する情報
が含まれている。その情報とは，第 2 章で見てきた実質賃金，第 3 章で説明し
た農業産出量と生産性，第 4 章で表したエネルギー価格のことである。さらに，
この章で議論していく国際貿易量や，政治制度的な変数も追加される。第 4 章
表 4-3 で表したエネルギー価格以外は，アレン（Allen 2003a, pp. 436-9）におい
てデータベースの情報はすでに公開済みである。また，データの詳細な説明や
出典情報も，そこで参照されたい。

　ここで大きな問題となるのが，国単位で分析を行うことが適切かどうかとい
うことである。まず，それぞれの国が国内で十分に均一的であるかという疑問

　　（2001）はこれらに関していくつか重要な局面を概観している。最近の著作としては，
　　Inikori (2002)，O'Rourke and Williamson (2002a, 2002b)，Findlay and O'Rourke (2003)，
　　McCusker and Morgan (2000)，Ormrod (2003) および Findlay and O'Rourke (2007) を参
　　照。
　5）ここではヨーロッパ諸国として，第二次世界大戦後の国境によって定義される，イン
　　グランド・ウェールズ，ベルギー，フランス，オランダ，スペイン，イタリア，ドイ
　　ツ，ポーランド，オーストリア・ハンガリー・チェコスロヴァキアを含む。観測点と
　　して，1300 年，1400 年，1500 年，1600 年，1700 年，1750 年，および 1800 年を含む
　　が，1300 年についてはイングランドとイタリアのデータしかなく，オランダがデータ
　　セットに登場するのは 1500 年以降である。

がある。たとえば，「イギリス的な」賃金水準だとか，「イタリア的な」賃金水準と呼べるものがあるのであろうか。さまざまな点から見て，それぞれの国は国内で不均一であるので，ここではそれぞれの国の平均値を用いることで対処している。しかしながら，世界帝国や農業制度の変化が社会を変革するほど大きければ，その効果は一国の平均的な経験のあり方にも現れてくるはずである。そして，実際にそのように現れる効果は目に見えるものであった。

　第2の疑問点としては，同一のモデルがすべての国に当てはまるかどうかという問題がある。とくに，ある1組の4元連立方程式が，近世ヨーロッパの多様な発展のあり方を要約できるのかどうか，あるいは，ここで大陸ヨーロッパにおける多様な発展の経路を捉えるためのモデルを，それぞれの国に合わせて特別につくる必要があるのかどうかという問題である。ここで驚くべき答えは，たった一つのモデルがあらゆる国に当てはまるということである。そして，それは，なぜいくつかの国が他の国よりも成功したのかを示している。

　ここで用いる方法は，統計的なものだが，だからといって近世史を語るための叙述的な方法と相容れないわけではない。実際に，この分析の目的は，競合する叙述的な説明のうち，どれが一番もっともらしいかを見極めることにある。たとえば，一つの叙述的説明では，農業制度の違いが経済発展の軌跡の違いの原因であると強調しているし，また別の叙述的説明では，代議制政府の出現が経済的成功の原因であると強調している。この章の分析では，これら二つの叙述的説明の重要性の評価は低くなる。その代わりに，商業革命や国際貿易の重要性のほうが，モデル検定の結果，ここでは強調されることになる。

　商業は，叙述的説明のなかでは三つの役割を演じている。第1は，一番重要な点だが，新種毛織物に関連するものである。17世紀の商業革命は，ヨーロッパ内での出来事で，毛織物中心地の移転がその中核となる出来事であった。中世には，厚手の毛織物の中心地はイタリアとフランドル地方の都市で，ヨーロッパ大陸全域に輸出していた。イギリスも厚手の広幅織の輸出に成功していた。16世紀までに，イギリスとオランダは「新種毛織物」[*1]と呼ばれる薄手の梳毛毛織物を生産するようになっていた。これらはイタリア製の生地を真似して織られていた。これらヨーロッパ北部の製造業者による模倣はあまりにも成

124　第 I 部　工業化以前の経済

功したため，イギリスとオランダの輸出によってイタリアの製造業者は 17 世紀には仕事を失うこととなった（Rapp 1975, Harte 1997）。新種毛織物は低地地方とイースト・アングリア地方で，梳毛毛織物生産の長い伝統の上に確立していった（Coleman 1969）。ノリッジの製造業は，16 世紀中葉に戦争と圧政から逃れてきたフランドル地方からの亡命者によってさらに盛んになった（Gwynn 1985, Munro 1997, Holderness 1997, Martin 1997, Goose 2005, Luu 2005）。17 世紀末までに，イギリスの毛織物生産の 40 ％ は輸出用になっており，また毛織物はイギリスの国内製造業の輸出の 69 ％ を占めていた（Deane 1957, pp. 209-10, Davis 1954, p. 165）。毛織物はロンドンにとってとくに重要であった。新種毛織物は首都ロンドンの港から輸出された。1660 年代にはロンドンからの輸出品と再輸出品の 74 ％ が毛織物であり（Rapp 1975, p. 502），ロンドンの成長に大きく貢献していた。18 世紀初頭までに，ロンドンの労働者の 4 分の 1 が海運業や港湾サービス業，その他関連事業に従事するようになっていた（Boulton 2000, p. 320）。

　イギリスの新種毛織物における成功は，中世末期の人口危機に根ざしている。黒死病の流行前には，イギリスの比較優位は羊毛生産にあり，羊毛輸出量はかなり大きかった。14 世紀前半には，羊毛輸出にかけられた重い輸出関税が増額されていった（当時，羊毛に内国関税はかけられていなかった）。1347 年までに羊毛にかけられた関税は羊毛輸出価格の 3 分の 1 にまで達し，国内での毛織物生産に強い保護を与えていた。［この原料輸出関税のおかげで製品である］毛織物の輸出は着実に伸びていった（Carus-Wilson 1952）。1348〜49 年に黒死病によってヨーロッパ各地で人口が激減した。イギリスでも，少なくとも他地域と同じくらい人口減少は激しかった。ヨーロッパの多くの地域では，15 世紀までに人口は回復し始めていた。しかしながら，イギリスでは 16 世紀半ばまで人口は極めて低い状態を維持したままだった。この時期に，イギリスの比較優位はますます羊毛生産にシフトしていき，何百万エーカーもの広大な耕地が牧草地へと転換していった。実質賃金は非常に高かった。羊たちも人間と同様に繁栄の分け前にあずかったともいえる。とくにミッドランドでは，黒死病の前は穀物を生産していたような，肥沃な土地が牧草地になっていったからである。

栄養価の高い草を食べた羊の毛は長くなる傾向がある。「羊毛の繊維は，羊の体の他の部分と同様に，栄養状態が極めて良好な時には，量が増えたり，長さがのびたりするものである」（Youatt 1883, p. 70）。そして，実際に典型的な羊1頭分の羊毛の重量は14世紀から17世紀の間に2倍に増えていた（Trow-Smith 1957, pp. 166-8, 245-7）。栄養の足りない中世の羊の短毛は厚手の広幅毛織物を生産するのに適していたが，長毛は梳毛毛織物を織るのに適していた。これが新種毛織物産業の素材面での基盤をつくったが，この産業の拡大は，つまり入手可能な羊毛の変化に対する必然的な反応であったともいえるのである（Bowden 1962, Kerridge 1972, Ramsay 1982）。また，新種毛織物産業は羊毛の輸出関税にも依存していた。なぜなら，もし関税がなかったとしたら，イギリスの高賃金は毛織物産業の競争力を弱め，梳毛毛織物ではなく，未処理の羊毛が輸出される結果を招いたであろうと考えられるからである。

　18世紀には，重商主義と植民地主義が成功したことにより，国際貿易はイギリス経済に2度目の飛躍をもたらした。多くのヨーロッパ諸国は，アジアやアメリカと貿易する特許会社をつくり，インドや中国の貿易商と競い合った。しかしながら，植民地との交易はふつうは植民地化を進めた宗主国に限られていた。スペインとポルトガルはヨーロッパの国々では初めてアジアやアメリカに広大な領土を獲得することになった国である。オランダは17世紀の前半にポルトガルの領土を占領した。オランダはインドネシアのようなアジアの植民地を何世紀も保持することになったが，アメリカ植民地はほんの一時しか保持できなかった。イギリスの植民地化は17世紀に始まり，18世紀にはこれらの植民地から生み出された貿易でイギリス経済は大きな利得を得ていた。ロンドンは17世紀に新種毛織物の輸出拠点として成長し，18世紀に入ってからはアメリカ，アフリカ，アジアとの貿易が拡大するにしたがって，ロンドンも成長し続けたのである。

　商業の拡大は，第3の方法でも経済成長を促した。すなわち，安価なエネルギーの供給という経路である。前章で見たように，ノーサンバランドの炭鉱業は，16世紀後半のロンドンの成長によって拡大を早めたが，そのロンドンの成長は商業の拡大によるものであった。石炭取引は，首都ロンドンに無尽蔵で

126   第Ⅰ部　工業化以前の経済

安価な燃料を供給した。当時のイギリス南部では，ヨーロッパ大陸の他の都市と比べてエネルギーが格段に安かったわけではなかった。しかし，炭鉱地帯では状況は全く違って，エネルギーは極めて安価であった。バーミンガムやシェフィールドのような都市は，18世紀に石炭の産業技術への利用が広がって拡大した。金属精錬・加工業は，そのなかでもとくに急成長し，ロンドン以外での経済発展の基盤をつくりあげた。イギリス北部ではエネルギーが安価なため，この地域の産業は高賃金を支払っても国際競争力を持つことができたので，急速に賃金水準が上昇した。18世紀後半までには，イギリス各地の賃金水準はロンドンの高水準に向かって収斂しつつあった。

進歩と貧困のモデル

　これが近世イギリス史の叙述的説明として正しいことを立証するために，近世経済モデルをここで使いたい。このモデルを使うことで，説明変数と被説明変数を区別して捉えることができる。ここで展開されるモデルでは，四つの変数を説明する。すなわち，実質賃金，都市人口とプロト工業人口の割合，そして農業生産性である。これらの変数はお互いに影響し合っている。たとえば，生産性の高い農業は都市化を促すが，都市化は逆に農業生産性の上昇を促す。ここでの経済発展の見方は，したがって，生活水準の向上，都市化，プロト工業化，農業革命のいずれもが互いに補強し合う関係にある，とする捉え方である。これらの変数のうちのどれも，他のすべての変数を引っ張る原動力とはなりえない。これらの四つの変数は究極的には他の変数によって説明される。たとえば，開放耕地の囲い込み，世界帝国の建設などがそのような変数である。他の原動力となった変数は，毛織物生産の生産性指標，過去の都市化の進度，それから土地労働比率である。このモデルには四つの被説明変数，つまり実質賃金，都市人口とプロト工業人口の割合，農業生産性を，説明するための変数からなる，四つの方程式が含まれている。

　このモデルは，再帰方程式になっている。各時点（1世紀ごと）に，四つの

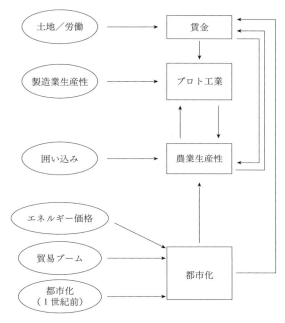

図 5-1 モデル・フローチャート

方程式の解が求められ，経済の原動力となる変数によって，実質賃金，都市人口とプロト工業人口の割合，農業生産性の値が決まる。図 5-1 では，この解の求め方の論理をフローチャートで表している。この図は，統計分析によってその重要性が高かった変数の間の相関を示している。他の相関も検証されたが，統計的歴史的な有意性は認められなかったため，ここでは明示していない。モデルによって値が決定される四つの被説明変数は長方形で囲まれ，これらを究極的に説明する原動力となる説明変数は楕円で囲まれている。このモデルによって値が決定される被説明変数は，相互にさまざまに影響し合っている。たとえば，都市化が進むと農業生産性が高まる。因果関係は逆にも働き，農業生産性が高まったことで，都市に住む人口の割合も増えたともいえる。ここで展開されたモデルでは，農業革命と都市化はどちらも経済発展の原因でもあり結果でもあると考えられる。前の世紀から次の世紀へと，人口の変化と 1 世紀前

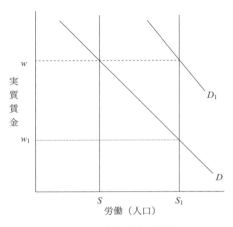

図 5-2 労働需要と供給

の都市化の進展度合によって、このモデルはつながっている。

このモデルの方程式については、本章の補遺で数式の詳細を説明する。ここでは、それぞれの方程式について順番に解説をする。

賃金方程式

賃金方程式は、極めて重要である。なぜならここでは、なぜ北西ヨーロッパは高賃金であるのに、ヨーロッパの他地域では賃金は低い水準に落ちたのかということを説明したいからである。16〜17世紀の賃金水準の下落に関する標準的な説明は、土地の供給が固定されているなかで生じた人口増加である (Abel 1980, Le Roy Ladurie 1974, Postan 1950, 1975, Wrigley and Schofield 1981, Wrigley 1988)。この収穫逓減効果は、このモデルでは、賃金水準が土地・労働比率によって決まる、とすることで表されている。図 5-2 は、この関係を理論的に示している。図 5-2 では、D は前工業化社会における労働の需要曲線を表している。土地の面積は固定されているので、収穫逓減が意味することは、賃金水準が下がった場合にだけ、より多くの人口が雇用される、ということである。この理由から、需要曲線は右下がりになっている。統計分析は、近世ヨーロッパでは、もし他の条件が同じなら、人口増加は賃金を押し下げることを立証している。S は労働供給で、人口水準によって表されている。S が低い水準にあれば、賃金は w という高い点で決まる。ヨーロッパの多くの国では、人口は 1500 年から 1800 年の間に拡大し、図 5-2 にあるように賃金は w から w_1 へと下落した。ただし、成功した経済では、ストーリーは違っていた。そこでは、人口増加に歩調を合わせて需要曲線は右に (D_1 へと) シフトした。その結果、賃金水準は w のままであった。

ここで重要な問いは、なぜ一部の国では労働需要曲線が右上にシフトし、他

第 5 章　なぜイギリスが成功したのか　129

の国では動かなかったのかということである。統計的な検定では，労働需要は，農業生産性が高まり，都市が拡大した時に，増加するということを示している。なぜ都市の拡大が重要だったかという理由としては，都市化が効率性を高める規模の経済を生み出し，それに伴い労働需要も高まったことが考えられる（Crafts and Venables 2003）。農業の改善と都市の拡大は，北西ヨーロッパの高賃金の直接的要因であった。そして，これらの進展が見られなかったフランス，イタリア，スペインでは，生活水準は下がったのである。

農業生産性方程式

　論理的に考えると次の質問は，なぜ農業生産性が上昇したのか，そしてなぜ都市は拡大したのか，というものである。ここではまず農業について考えよう。

　農業生産性の上昇を説明するには二通りの見方がある。伝統的な見方では，第3章で議論してきたように，農業革命は農村制度の「近代化」に起因するものだとする。もう一つは，農業以外の経済分野の成長が農業生産性向上の原因であるという見方である。大都市と農村工業は，食料，麻，羊毛，皮，そして労働力の需要を増やし，それらによって農民が生産方法を近代化する経済的誘因が生まれた，と考えるものである。統計分析では，農業制度も，農業以外の経済も，どちらも農業生産性の説明として重要であることが証明された[6]。

　ヨーロッパ各国のデータベースを用いた統計分析によれば，都市化，プロト工業化の進展，そして高賃金のすべてが農業生産性の向上に寄与していた。最初の二つの変数が大きな値を示す時は，食料と繊維のための農業生産の需要が大きかったことを表している。一方で，賃金変数が高い値を示す場合には，農業労働力が都市に移住してしまわないほど高い純収入を生み出すことが必要であるから，生産性の低い農業分野から生産性の高い農業分野に転換したり，あるいはその他の方法で生産性を高めたりする経済的誘因が生まれたことを表している。これらの変数は，非農業経済が大きくなると農業生産性の上昇を誘発

---

6) 本章のシミュレーションでは，農業生産性の測定値として，Allen (2003a) で用いた農業全要素生産性指数を使用する。この指数は第3章の農業労働生産性指数の変形版であるため，これら二つの指数のグラフは相互に類似している。

130　第I部　工業化以前の経済

する，という見方を具体的に裏付けている。

　農業制度がこのような需要への反応を限定的なものにする役割を担っていた
ことは，追加的に二つの変数を統計分析に含めることで立証できる。一つ目は，
18世紀のイギリスを表象する変数である。当時イギリスで特徴的だった農業
［の三分割］制度［第3章の訳注を参照］——すなわち広大な所領，大規模借地農
場，土地を持たない農業労働者——は，そのもっとも発展した形態を示すよう
になっていた。もしこれらの制度が重要であるなら，おそらく他の変数によっ
て含意される水準以上にイギリスの農業の効率性を押し上げていたはずである。
しかしながら，これらの制度を表す変数は統計的に有意とはならず，実際には
マイナスの係数が導き出された。すなわちこれらの制度が非生産的であったこ
とを示している。この分析結果は，イギリスの大所領が農業改良の源泉であっ
たとする見方に疑問を呈するものである。

　二つ目の変数は，囲い込まれた土地の割合である。この変数を用いることで，
イギリスにとってもっとも顕著な農村制度［すなわち囲い込み］の重要性に焦
点を当てた検定ができる。イギリスでは，囲い込まれた土地の割合は，開放耕
地が消滅するにしたがって，時代とともに増加してきた。囲い込みの進展の指
標としては，ワーディーの推計（微調整を加えたもの）が用いられた（Wordie
1983）。イギリスはこの時代に囲い込み運動が起こった唯一の国として有名で
あるが，しかしイギリスだけに囲い込まれた農地があったわけではない。実際
に，パウンドが作成した地図によれば，囲い込まれた土地の割合には，各国で
相当な違いがあった（Pounds 1990, p. 335）。イギリス以外の国の囲い込まれた土
地の割合は，この地図から計測している。

　結局，囲い込まれた土地の割合は，農業生産性に対して限定的な影響しか与
えていなかったことが分かった。囲い込み変数の係数はだいたい0.18程度で，
15％水準でようやく統計的に有意になったので，普通に考えれば相関度が低
いということになる。しかしながら，この係数に好意的な分析をすることもで
きる。0.18という値は，囲い込まれた土地での農業生産性は開放耕地よりも全
要素生産性（TFP）にして18％高かったということを意味している。もし地
代が収益の3分の1を占めていたとしたら，囲い込みは地代を64％増加させ，

たとえば1エーカー当たり12シリングから20シリングに押し上げることができたことになる。この結果はイギリスの多くの場所での地代の違いに相当する（Allen 1992, p. 172, 1999）。アーサー・ヤング［第2章を参照］がこの回帰係数を知ったら大喜びをしたであろう。なぜなら，ヤングが常々口にしていた「2倍の収益」に近いものだからである。統計的有意性はぎりぎりのところではあるが，囲い込み変数はヤングへの賛辞として，また囲い込みの貢献を確かめるため，このモデルに組み込まれている。

都市化方程式

　都市の拡大は実質賃金の上昇のもう一つの直接的な原因であった。都市に住む人口の割合は近世を通じて多くの国ではほとんど変わらなかったが，オランダと，とくにイギリスでは増加しつつあった[7]。ここで以下の五つの説明変数が国ごとの多様な形態を説明する。

　すべての統計検定で「強靭性」を持っていたのが，各国における1世紀前の都市化率の変数であった。係数は0.79で，もし他の条件が変わっていない場合は，都市化の割合は1世紀前の79％であっただろうということを意味している。この変数は都市社会システムの持続性を表している。

　この持続性はいくつかの社会的過程の進展を表しているともいえる。もっとも一般的な事例は，オーストリアやドイツの場合のように都市化の割合は低く，その後もそうあり続けたところ，言い換えれば，成長が緩やかであった国である。より興味深い事例はイタリアで，社会関係資本の蓄積があったために，経済基盤が崩壊した後にも，都市が再生できた。中世には，イタリアの主要産業は毛織物であった。この産業は，ヨーロッパ北部からの新種毛織物の輸出で破壊されてしまった。しかし，イタリアの都市はそれでも消滅しなかった。その代わりに，イタリアの経済は絹織物を基盤として再生した。農村では蚕を育て，都市では絹織物が織られた。技術的にはかなり違う技能が必要であったが，ビ

---

　7) de Vries（1984）および Bairoch（1988）は，ヨーロッパの都市化について権威ある概説を行っている。イングランドの都市化についての近年の研究としては Sweet（1999），Chalklin（2001）および Ellis（2001）がある。

132 第 I 部 工業化以前の経済

ジネスの才能やネットワークは毛織物生産から引き継がれた。イタリアは 17
世紀に驚異的な企業心を見せていたが，しかしそれは 2 歩下がって 1 歩進んだ
という程度で，経済全体として大きく飛躍することはなかった。

　都市の割合は，スペインでも大きく，近世を通じてずっと大きかったが，そ
の理由は別のところにあった。中世都市を支えた製造業は，アメリカ大陸から
輸入された金銀が引き起こした物価騰貴によって破壊された。中世都市の人口
減は，アメリカの金銀財宝で建設された首都マドリードの成長によって，相殺
された（Ringrose 1983）。これらのそれぞれ極めて異なった歴史は，1 世紀前の
都市化の割合を変数として含むことで捉えられる。

　都市の持続性は，もちろんイギリスやオランダで起きた都市革命を説明して
はいない。これらの国々の都市化を説明するにはさらに四つの説明変数が必要
である。一つ目は，農業生産性であり，これはすでに議論してきたものである。
より大きな都市は，より効率の良い農業を誘発しただけでなく，より良い農業
は逆により大きな都市へと導く。二つ目は，大陸間交易である。その貿易量は
重商主義と植民地獲得に関係していた。いくつかの国は帝国拡張競争に成功し，
他の国々は失敗した。スペインはラテンアメリカとフィリピンに広大な帝国を
築き，イギリスは北米の大部分，カリブ海の砂糖植民地，インドのベンガル地
方を獲得し，オランダはインドネシア，香料諸島，スリナムを征服，フランス
は北米とカリブ海，インドに主要な領土を持った。ポルトガルは，ブラジル，
アフリカ，南アジアに大きな帝国を築いたが，ここで分析するデータベースに
は含まれていない。他のヨーロッパ諸国はこの競争に参加していなかった[8]。

　帝国の影響は，1 人当たりの大陸間貿易量によって測ることができる[9]。17

8）資本の源泉，製造業の市場としての帝国植民地の役割は Wallerstein（1974-91），Arrighi
　（1994）および Frank（1978, 1998）などの「世界システム論」で強調されてきた。Ace-
　moglu, Johnson and Robinson（2005）もアジア・アフリカ貿易の重要性を主張し，Inikori
　（2002）も同様である。

9）この貿易変数には，金銀の輸送は含まない。貿易量は Deane and Cole（1969, p. 87），
　Levasseur（1911, vol. I, p. 518, vol. II, pp. 20-2, 94-6），Haudrère（1989, vol. 4, p. 1201），
　Villiers（1991, p. 211），de Vries and van der Woude（1997, pp. 393, 445, 460, 474, 478），
　Garcia Fuentes（1980），Morineau（1985, pp. 267, 494），Hamilton（1934, pp. 33-4）および
　Fisher（1985, pp. 67-8, 1997, pp. 164-70, 201-6）より求めた。18 世紀イングランドの輸

世紀初めのロンドンの毛織物輸出と，植民地産品の輸入によって，貿易収支は均衡していた。そして，18世紀は植民地産品の再輸出で，ロンドンの貿易はさらに拡大した（Boulton 2000, p. 321）。これらの国々はすべて重商主義政策をとり，植民地との交易は自国民にだけ制限しようとして介入した。オランダの経験は，重商主義が重要であったことを確証させる例外的事例である。オランダは海運の効率が極めてよく，大西洋貿易ではもっとも自由貿易に近い形態をとっていた（アジア貿易ではそうではなかった）。しかしながら，オランダはイギリス，フランス，スペインの規制によって，大西洋植民地貿易の大部分から閉め出されていた。オランダが勢力を伸ばせたのは，戦争が起きた時だけであった（de Vries and van der Woude 1997, pp. 476-9）。貿易量にはさまざまな要因が影響していたが，オランダの経験は，この時期に政治の影響がいかに重要であったかを表している。それが，このモデルでは貿易は［軍事力による］帝国の拡大によってもたらされた結果であるとして扱われている理由である。

　ここで，貿易量について，金銀の輸送を除外して計測していることに注意されたい。スペイン貿易のように主要な船荷が金銀という場合には，これは貿易量の計測に影響する。オランダやとくにイギリスの帝国植民地は貿易と商品市場を提供したのに対し，スペインは略奪を行うのに成功し過ぎていたということができるかもしれない。アメリカからの金銀はスペインの物価と賃金を暴騰させ，製造業を儲からないものにしてしまった（Hamilton 1934, 1936, 1947, Drelichman 2005）。

　都市化を進めた第3の変数は，エネルギー価格である。この点で一番大きな変化は，石炭経済の発達である。問題はそれがどれほどイギリス経済に意味を持っていたかということである。18世紀イギリスの都市の成長は，ロンドン以外の炭鉱地帯に近い都市で起きた。安価な燃料が手に入るということは，18世紀のイギリス北部と西部での都市化と経済成長を加速化させた[10]。

　　入額と輸出額は1700年前後の価格で表示されている。そのため，いわば量的な指数であるともいえ，比較可能である。他の国々のデータもイングランドの輸出入額と比較可能にするために1700年スターリング価格で示されているが，輸出額・輸入額の調整指数としては亜麻布価格と砂糖価格がそれぞれ用いられている。

10）ロンドンの成長に伴って木材価格が高騰したため，イングランドの石炭生産は増加し

134　第 I 部　工業化以前の経済

　都市化に影響した最後の変数は，政治制度である。18 世紀の自由主義者は，
フランスの絶対王政とイギリスの「混合王政」[18 世紀当時の用語で立憲君主制
と同義] やオランダ共和国の政体を比較した。代議制は経済的に優れていると
の主張もある。イギリスやオランダの利子率がフランスよりも低かったことが
その証拠だという。このような議論はノースとワインガスト，デロンとシュラ
イファなどの最近の理論家によって，再度主張されてきた。彼らは，絶対君主
は財産を没収したり，税金をつり上げるなどして，企業活動を妨げていた，と
論ずる（North and Weingast 1989, De Long and Schleifer 1993）。エックランドとト
ムリンソンは，特殊利益の追求を含めた補完的な説明を提案した（Ekelund and
Tollinson 1997）。

　ここで議論されたモデルでは，君主変数によって，政治制度を表すことにし
た。これはいわゆる「ダミー変数」で，絶対王政の国は 1，共和国や代議制政
体の国は 0 と置くものである。ここでは，デロンとシュライファが用いた分類
を採用する。中世イタリア，オランダ共和国，18 世紀のイギリスは，典型的
な「代議制」の国であった。他のほとんどの国には，絶対「君主」がいた[11]。

　デロンとシュライファはポーランドを分類しなかったが，ここでの分析では
分類する必要がある。ポーランドは興味深い事例で，1790 年代に完了した
ポーランド分割までは，非常に弱い王権と代議制政府が統治していた。した
がって 1800 年以前は「非君主」国としてポーランドを扱い，1800 年以降は
[分割に関わった三国] ロシア，プロイセン，オーストリアのもとで「君主」国
になったとして扱う。18 世紀のポーランドは，誰の利益のためであっても政
府は「小さく」なり過ぎてはならないことを客観的に教えてくれる実例である。

　君主変数は，ほとんどの方程式で統計的には有意にはならなかったものの，

───────────

　　た。このことから，エネルギー価格は内生的に決定するということが分かる。しかし
　　ながら，石炭は，この期間を通じてロンドンに一定価格で供給がなされていた。なぜ
　　なら，一定の実質価格で無制限に供給可能であったからである。したがって，石炭価
　　格は外生的に決定されるということができ，モデル推計にも用いられた。
11）デロンとシュライファは，暗黙のうちにナポレオンを君主として分類しているので，
　　ここでもそれに従った。そのため，1800 年のフランスは「君主」国の分類に入ってい
　　る。1800 年時点ではオランダもフランスの属国であったため，同様の分類にしている。

国制に関する議論に敬意を払って，モデルのなかのすべての方程式に組み込まれた（本章補遺を参照）。都市化方程式だけにおいては，君主変数は統計的に有意になっていた。しかしながら，正の有意性を示していたから，絶対王政は経済成長率を上昇させた，ということになる。しかし，この効果はいずれにせよ小さなものであった［図5-7を参照］。

プロト工業化方程式

プロト工業化は，高賃金を促した第3の発展要因である。プロト工業化は賃金方程式に直接組み込まれないが，農業生産性に影響を与えることで，賃金にも影響していた。実際，プロト工業化はイギリスの高賃金経済を理解する上で，極めて重要である。なぜなら，17世紀イギリスの発展を牽引した新種毛織物産業が含まれるからである。

プロト工業化は，近世経済発展のなかで両義的な役割を果たしたことを反映して，矛盾した要因をはらんでいる。一方で経済的先進地域では，大規模な農村工業（たとえば新種毛織物）が起こり，経済を牽引して，経済成長に重要な役割を果たしてきた。だがもう一方で，多くの農村工業は，経済的に遅れた地域でも発達し，その地域の産業革命につながるような遺産を残すことはなかった。

プロト工業化の二つの顔は，プロト工業化方程式のなかに反映されている。一方では，農村工業に従事する人口の割合は，農業生産性と賃金水準に対して負の関数となっている。これらの負の影響は，プロト工業化が，高い農業生産性ではなくて，低い農業生産性の結果起きたということを示している。換言すれば，しばしば中央ヨーロッパで遅れた農業を行っていた貧しい小農民がプロト工業に携わっていたということである（表1-1）。

もう一方では，プロト工業部門の規模は，繊維生産における生産性の正の関数だった。この生産性の向上は，新種毛織物生産の発展の特徴だった。15世紀に牧草地が改善されるにしたがって長い繊維の羊毛が豊富に供給されるようになり，それをいかに加工するかについて試行錯誤が重ねられた。大陸からやってきた亡命者［ユグノーなど］は，この試行錯誤に役立つ技術と商業的な

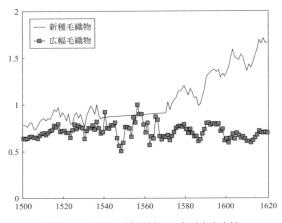

図 5-3 イギリス繊維製品の全要素生産性

知識を携えてやってきた。これらの技術がイギリスに導入され，機織り方法が改善されると，羊毛や労働の投入費用の面から，薄手梳毛毛織物の価格は下落した。節約された費用は効率性の標識であり，これを基準にしてヨーロッパ中の繊維生産の生産性を測ることもできる（図 5-3 は新種毛織物生産の効率性の向上とイギリスの厚手広幅毛織物部門での効率性の停滞が対比されている）。生産性はイギリスと低地地方でもっとも高く，繊維生産の生産性が高いところでは，統計的に見てプロト工業部門の規模も大きくなっている。17～18 世紀に，イギリスと低地地方での繊維生産における高い生産性は，農業生産性の高さと高賃金を相殺するほどであった。もしそうでなければ，農村工業は減退していたであろう。イギリスや低地地方で農村工業が盛んだった理由は，中央ヨーロッパにおける要因とは全く逆のものだったのである。

　プロト工業化方程式は，絶対王政を表す君主変数を含んでいる。統計的推計では，この係数は負で大きいが，有意水準にはまだ達しないというレベルであった。絶対王政が経済発展を抑圧していたということについて，これ以上に強力な証拠となるものは出ていない。

19 世紀への多様な経路

　このモデルが良いものかどうか，どのように判断したら良いだろうか。これらの方程式がヨーロッパのさまざまな地域の多様な発展の経路を説明できるかどうかが，その重要な試金石となる。もしこのモデルを使って 1300 年からのシミュレーション分析をした時に，イタリアやフランスでは賃金水準が下落したこと，そして構造改革が限定的だったことが示せるであろうか。オランダとイギリスでは賃金が維持され，都市と農村で革命的変化が見られたことを示せるであろうか。

　図 5-4 から図 5-6 までは，イギリス，イタリア，フランス，オランダでの都市化，農業生産性，賃金水準の軌跡をシミュレーション分析して比較している。フランスのシミュレーションの結果は，ドイツ，オーストリア，ポーランドのものと非常に似通っている。これらの国々では，都市化は遅々として進まず，農業生産性は停滞し，実質賃金は下落していたことを示している。フランスや中央ヨーロッパの主要な国々は，モデルの予想では経済発展がほとんどなかったということになる。イタリアやスペインのシミュレーション結果も，同じくらい惨めなものだが，それでも都市化の面では初期の水準はその後もおおむね維持されている。

　他方，オランダやイギリスのシミュレーション結果は，経済発展の成功例を示している。まず，都市化はずっと広範囲に起きていたことが分かる。オランダでは 1500 年の時点でヨーロッパ大陸のどこよりも都市化が進んでいた。また商業の発展とその基盤の上に建設された帝国が 1800 年までに高い都市化水準を生み出していた。イギリスの都市化は 1500 年のずっと低い水準から始まったが，フランスやイタリアを追い越して，1800 年までにはオランダにほとんど追いついていた。

　成功した経済と成功しなかった経済の違いは，農業生産性に顕著に現れている。イギリスとオランダはどちらも農業革命を経験し，そのことはシミュレーション・モデルにも現れている。またモデルは，ヨーロッパの他の地域で停滞

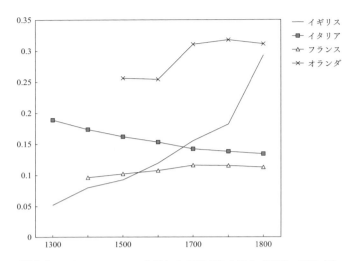

図 5-4 シミュレーション分析による都市化の割合（1300～1800 年）

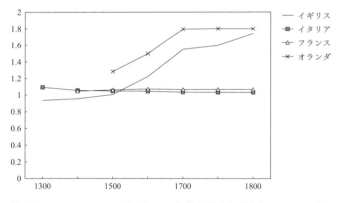

図 5-5 シミュレーション分析による農業全要素生産性（1300～1800 年）

した状況がずっと続いていたことも再現している。

　都市化と農業生産性の向上，そしてプロト工業化は，賃金水準に明白な影響を与えていた。北西部ヨーロッパでは，シミュレーションで導き出された賃金水準は近世を通じて高く維持されていた。イギリスのシミュレーションでは，

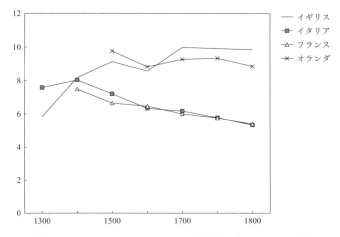

図 5-6 シミュレーションによる実質賃金（1300〜1800 年）

16 世紀に下落を見せるものの，17〜18 世紀に経済成長に伴って労働市場が逼迫するにつれ再上昇している。ここでは，急速な発展を通じて，いわゆる「マルサスの罠」［マルサスの人口論で定式化されたように，食料増産よりも人口増加のほうが速いことによって，経済成長しても 1 人当たりの生活水準の向上につながらないという，低いレベルでの均衡状態を指す］からの逸脱が見られた。大陸ヨーロッパの多くの地域との対照は極めて印象的である。大陸では人口が増加すると経済が停滞し，実質賃金水準は下落していることがシミュレーション分析から分かる。

イギリスが成功した要因

シミュレーション・モデルを使って，成功した経済と成功しなかった経済の違いを要因分析することもできる。ここでは，イギリスと，ライバルの大陸の強国フランスやオーストリアとの比較を例に考える。大陸では人口増加もあまり進まなかったのに賃金水準が下落したのに対して，イギリスは急速な人口増

140　第Ⅰ部　工業化以前の経済

加にもかかわらず，いかにして高い賃金水準を維持しえたのか。可能性として
は，モデルにも組み込んでいるのだが，以下の要因が考えられる。17世紀の
絶対王政から代議制への転換，開放耕地の囲い込み，新種毛織物に由来する生
産性の向上，イギリス帝国建設の結果としての大陸間貿易の拡大，そしてエネ
ルギー価格である。これらの要因を一つひとつ順に除去しながらシミュレー
ションを続けると，イギリスと大陸の強国との根本的な違いが見えてくる。こ
のシミュレーションでは，特定の部門だけでなく，経済全体でどのような変化
が起きたのか，その変化の派生物も見えてくるのである。

　このシミュレーション方程式の含意する結果では，とくに強調しておくべき
ことがある。それは，このシミュレーションにおいて重要な意味を持っている
からである。すなわち，原動力となる説明変数は，どの方程式に組み込まれて
いるかに関わりなく，モデルで規定された四つの方程式の被説明変数すべてに
影響を与える，ということである。たとえば，都市に住む人口は大陸間貿易の
量に依存する。貿易量は賃金水準，農業生産性，プロト工業部門の大きさの直
接的な決定要因ではない。しかしながら，このモデルがシミュレーション分析
された時，大陸間貿易変数はこれらすべての被説明変数に影響する。なぜなら，
貿易は都市を大きくし，大きな都市は農業を効率的にさせ，……というように
影響が続いていくからである。同様に，囲い込まれた農地の割合は農業生産性
の方程式にだけ組み込まれるが，囲い込みは都市化等にも影響している。なぜ
なら，囲い込みは農業生産性を高め，高い生産性の農業は都市の規模の拡大を
可能にしたからである。

　図5-7から図5-9は，1300年代から1800年代までのイギリスの農業全要素
生産性，都市化の割合，実質賃金を，新たなシミュレーション・モデルで表し
ている。すべての図の上方に，「シミュレーション実測値」という変数の経路
が示されている。この経路は，モデルが規定する囲い込み地の割合，繊維生産
の相対的な生産性などの変数の歴史的変化をシミュレーション分析した際に，
モデルから得られる数値である。もしこのモデルが完璧なものであれば，シ
ミュレーションで得られた変数の値は，歴史的経路と一致する。結果的に，こ
のシミュレーションで主な特徴は再現できているといえよう。

第5章　なぜイギリスが成功したのか　141

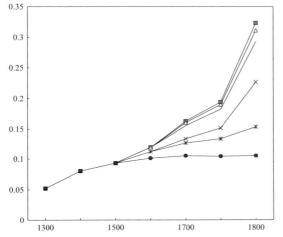

図 5-7 シミュレーション分析による都市化の割合（累積効果の検証，イングランド）（1300～1800 年）

注）図 5-7～図 5-9 はイングランドの歴史から成長促進要素を取り除いた際の累積的効果を検証するものである。したがって，図 5-7 の「シミュレーション実測値」は，成長促進要素すべての歴史的実測値を使って，都市化の割合をシミュレートした結果を表示している。「代議制なし」は，もしこの国が絶対王政であった場合の，都市化割合のシミュレーションを表示している。都市はより大きかったであろうということが分かる。「囲い込みなし」は，もし囲い込まれた土地の割合が1500 年のままであった場合に，都市の大きさはやや小さかったであろうということを示している。「囲い込みなし」の線には，1500 年以降の囲い込みと絶対王政の継続の両方を除去した場合の効果が表れている。したがって，「絶対王政なし」の線と「囲い込みなし」の線の差に，「囲い込みなし」自体の効果が見られる。このグラフを上から下に読んでいくと，より多くの成長促進要素を累積的に除去していった時の効果が見えてくる。「新種毛織物なし」では，新種毛織物による生産性の向上を除去し，「大陸間貿易なし」では，大陸間貿易を除去し，「石炭なし」では，エネルギー価格を当時の木炭価格の 2 倍に設定した。「石炭なし」の線は，都市革命は起きず，あらゆる成長促進要素を除去した時の効果が見られる。そうすると，イングランドは図 5-4 のフランスと同じになる。

　その他の，下方に位置する線は，成長を促す要因を計算式から一つずつ除去した時にシミュレーション分析で再現された変数の値を示す。「代議制なし」と表示された線は，もしイギリスで18 世紀まで絶対王政が続いていたらどうなっていたかということを表す変数の経路を示している。説明変数の除去数は，グラフの下にいくにつれて累積していく。したがって，「囲い込みなし」と表示された線では，囲い込まれた土地の割合は1500 年のまま維持されているだけでなく，代議制政府もない状況が表されている。したがって「代議制なし」

142　第Ⅰ部　工業化以前の経済

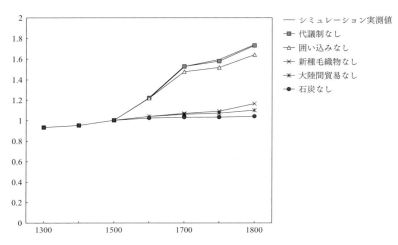

図5-8　シミュレーション分析による農業全要素生産性（累積効果の検証, イングランド）（1300〜1800年）

注）図5-7の注を参照。

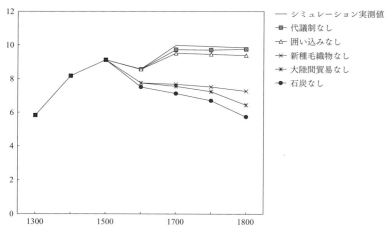

図5-9　シミュレーション分析による実質賃金（累積効果の検証, イングランド）（1300〜1800年）

注）図5-7の注を参照。

と「囲い込みなし」の線の違いは、囲い込みの影響がどれほどだったかを示しているといえる。これと同じ理由から、グラフの一番下「石炭なし」と表示された線は、五つのすべての成長促進要因が除去された結果を表している。

　図5-7から図5-9までを見ると、イギリスの成功についていくつかの重要なポイントが見えてくる。まず、グラフの一番下の線は、大陸の強国が示した経路のように、全く成長のない軌跡を描いている。農業生産性や都市人口割合の上昇はほとんどなく、実質賃金は下落していた。換言すれば、成長促進要因がなければ、イギリスの歴史はフランス、ドイツ、オーストリアが示した経路と変わらないものになっていただろう。

　第2点は、イギリスの発展に対して、18世紀の議会の優位が、ほとんど影響しなかったということである。利子率の研究は、1688年の名誉革命が成長促進的であったという証拠を何も見つけ出していない（Clark 1996, Epstein 2000, pp. 12–37, Quinn 2001）。ここでの分析結果は、これらの先行研究の見方を支持するものである。

　代議制の政府が経済成長を促進しなかったとしても、別に驚くべきことではない。国制がどのようなものであっても、ヨーロッパの主要国ではすでに所有権は確立していた。ローゼンタールが立証したように、フランスの問題の一つは所有権があまりにも強く保護されていたことにある。たとえば、国家は、プロヴァンス地方において有益な灌漑事業を、土地所有者らが法廷で反対したため進めることができなかった（Rosenthal 1990）。議会が優勢になったことで、イギリスではフランス以上に高い税金がかけられるようになった。この見方はかつての、そして現在の自由主義者の見方とは異なるものである（Mathias and O'Brien 1976, 1978, Hoffman and Norberg 1994, Bonney 1999）。だから代議制政府は良い政府であった一方で――イギリスの地域改良法［都市が環境改善・地方税賦課の決定などを実現する場合の法的根拠を議会から得て、都市内に特別の権限を持つ「都市環境改善委員会」を設置し、環境改善・その他の事業を進めることを可能にした地域的個別法律］はその良い例であったが――、しかしながら［高い税を求めるなどの点で］とことん悪い政府でもあった。権力を内閣に集中させることで、ポーランドの国家は強権化し、ついには滅んでしまった。絶対王政

144　第Ｉ部　工業化以前の経済

と低開発の関係が統計的に直接的に強く現れたとしたら，非常に大きな驚きで
あろうが，この検定ではそうした結果は得られなかった。

　第3点は，囲い込みはイギリスの進歩にほとんど貢献しなかった。すべての
事例で，「囲い込みなし」の軌跡は「シミュレーション実測値」とほぼ同様に
急速な上昇を見せている。図5-7から図5-9までは，農業史家が導き出した研
究結果を補強するものとなっている。それらの研究は，囲い込みが都市化，実
質賃金，農業全要素生産性に対してさえほんの小さな影響しか示さなかったこ
とを明らかにして，その重要性を疑問視しているのである。このシミュレー
ションでは，囲い込みの農業生産性に対する直接的影響だけでなく，農業生産
性の上昇がたとえば都市の成長に与えた影響を考慮すればどのようなフィード
バック効果が見られたか，といったことも含まれている。このような広範な枠
組みで考えても，農業の生産方法に関するもっと限定された研究結果と同様に，
囲い込み運動はイギリスの発展に周辺的な影響しか与えなかった，ということ
が見えてくる。

　この結論とは逆の因果関係も強調しておく必要があろう。イギリスの農業の
成功は，都市の拡大とプロト工業の成功，そして高賃金経済の維持に対する反
応であった。農民は生産量を増やし，労働量を節約することで，この問題に対
処しようとした。労働量の節約は，農場規模を大きくし，農耕地を囲い込んで
牧場にすることで成し遂げられた。イギリス農業革命の顕著な特徴とされるこ
れらの変化は，ある程度は農業生産性を向上させた。しかしそれらの変化は都
市化された高賃金経済への反応と見るべきであって，自発的自律的な要因では
なかった（オランダの農業もまた同じような理由で同様に発展したということは，
留意すべき点である）。伝統的な歴史学研究は，言い換えれば，逆立ちをしてい
たということなのである[12]。

　第4点目に，17世紀の新種毛織物の成功を支えた生産性の向上は，イギリ
スの成功にとって非常に重要な意味を持っていた。この産業における成功は，
黒死病の後に生み出された広大な牧草地と，それがイギリスの羊の健康と毛の

────────────
12）この解釈は，イギリスにおける工業人口の増大に対して資本主義的な農業が重要な役
　割を果たしたとするCrafts and Harley（2002）の解釈とは，相容れないものである。

長さに与えた影響を基盤としていた。この成功は，羊毛にかけられた輸出税にも依存していた。新種毛織物の隆盛は，都市化を，そしてまた農村工業の成長を力強く後押しし，支えた。これらの影響を通じて，新種毛織物の成功は農業全要素生産性の成長にも大きく寄与していた。借地農が，食料，羊毛，労働力の需要増加にうまく対応していったからである。17世紀の成功がなければ，1800年の時点で，賃金，農業生産性，都市の規模はいずれも低い水準にとどまっていただろう。

　第5点目に，17～18世紀にかけて建設された海外植民地帝国もまた成長に貢献した。その影響を一番強く受けたのは都市の規模であった。イギリスの都市拡大の半分以上が，シミュレーションの結果，帝国拡大で説明できることが分かった。

　第6点目に，石炭も重要である。ここで使われたシミュレーション・モデルでは，1600年以降のエネルギー価格は木材燃料から得られるエネルギーの平均実質価格の2倍として設定された。ここで得られた価格の動きは憶測の域を出ないが，歴史上に実際起こった量よりも多くの木材が伐採された時に，どのようになるであろうかという状況を想定したものである。このような価格上昇は経済の成長を抑制したであろう。一番大きな影響を受けたのは都市化と賃金率であったであろう。都市化は1500年の時点よりやや減退したであろうし，賃金水準はフランスと同様に下落したと考えられる。都市化に対する抑制は，農業生産性の伸びも抑制したであろう。有機的燃料から無機的燃料への転換（これはリグリーの言葉であるが）はこうした逆方向の発展を回避させた。

含意するものとさらなる疑問

　シミュレーション分析によって，一つの簡単なモデルで近世経済の成功と失敗を左右した要因を捉えられることが示された。大陸間貿易の活況が，北西ヨーロッパを前進させた鍵となる発展であった。このような結論は，これまでポメランツ，フランク，イニコリ，アセモグルらを含め何人もの歴史家によ

146 第 I 部 工業化以前の経済

っても主張されてきたことである（Pomeranz 2000, Frank 1998, Inikori 2002, and Acemoglu, Johnson and Robinson 2005）。しかしながら，この章では北西ヨーロッパの興隆は，アメリカやアジアとの貿易が重要になる前の世紀から始まっていたことを示してもいる。この点では，デイヴィスやとくにラップの研究に依拠している。商業革命は大西洋貿易が重要になる以前の 17 世紀に始まっていたとし，毛織物産業において，地中海地方の生産者を北西ヨーロッパの生産者が凌駕するような，ヨーロッパ域内での産業再編が起こったことに，それらの研究は注目したのである（Davis 1954, Rapp 1975）。北西ヨーロッパの成長とイタリアの没落は，このような証拠を読み取れば，大西洋経済の勃興よりも先に生じていたことになる。北西ヨーロッパの成功は，2 段階の進展からなっていた。一つ目はヨーロッパ内部で，そして二つ目はアメリカやアジアへの展開である。

　この成功は，マルサスの罠から抜け出す，最初の段階を示していたともいえよう。高賃金は，経済が十分に早く成長していれば，前工業化社会の出生率でも維持可能であった。その理由は，近世には年間出生率は最大でも 5 ％，年間死亡率は 3 ％程度，人口増加は差し引き約 2 ％ほどに過ぎなかったからである。もし労働需要もまた年間 2 ％以上の速いペースで伸びていれば，20 世紀のヨーロッパ人が行ったような出生抑制をしなくても，賃金を上昇させることができたであろう。このような好循環は，まず近世イギリスと低地地方で起き，人口が急速に増加している最中にも高賃金を維持することを可能にした。ヨーロッパの他の地域では，人口はそれほど急速に増加しなかったが，経済は停滞し，賃金水準も抑えられていた。出生力の低下ではなく，急速な経済発展こそが，高い賃金水準を維持する基盤であったのである。

　この章のシミュレーションは，国制の面からイギリスの成功を説明しようとする見解に疑問を投げかけた。代議制政府の確立は，近世ヨーロッパの発展にほとんど影響を与えなかった。国制の重要性を主張する議論では，政治体制，所有権の保障，低税率，そして良い政府が連結されて論じられた。しかしながら，実際にこれらは色々な組み合わせで現れることがある。たとえばイギリスでは，15 世紀後半〜16 世紀に，国王裁判所が謄本所有権と借地農に有利な定期借地保有権を確定して以来，農業生産者のほとんどが確固とした土地所有権

を獲得しており、このことが農業革命の前提条件になっていた（Allen 1992, pp. 55-77）。これは、国王役人の司法積極主義［イギリスの場合、農業従事者の土地所有権は、名誉革命以前から、国（議会）ではなく、司法（国王役人）が既得権を守ることで保障されており、したがって、積極的に司法権を行使し、議会の定めた制定法にすら反することを敢えて主張することもあった］の結果であり、議会のそれではなかった。イギリスが傑出した勢力へと台頭したのは、1688 年の名誉革命以前のことであった。イギリスはそれまでに厚手の紡毛毛織物生産でイタリアに取って代わり、ロンドンの人口は 1520 年の 5 万 5000 人から、1670 年の 47 万 5000 人へと爆発的に増加していた（Wrigley 1985）。石炭業の発展は、巨額の投資を必要とするメガプロジェクトであった。18 世紀フランスでは、大陸間貿易で大西洋岸の港が栄えることができるほど、所有権は確固たるものになっていた。もしフランスが代議制になっていたら、さらにより早く成長できたであろうか。もし議会の評決によってもっと高い税金をかけていたとしたら、フランスは洋上の支配権をもっと有効に競い合って、植民地を失うことなく、もっと帝国を拡大させていたかもしれない。しかしながら、どれほどその利益が大きかったかは、疑問が残る部分である。なぜなら、フランスの人口はイギリスの 3〜4 倍あった（そしてオランダの 10 倍であった）から、人口 1 人当たりの経済効果を同じ割合にするためには、大陸間貿易も同じ割合でもっと拡大していなければならなかったからである（これは些細な点であるが、イギリスの成功は人口が多くも少なくもなかったことにある、ともいえる）。フランスの発展は、高い税金や商業的契約の履行を強制できなかったこと、あるいは王権が民間信用に介入していたことにより、押しとどめられたわけではない（Hoffman, Postel-Vinay and Rosenthal 2000）。良い政府は、安価な政府ではなかったし、議会も必要とはしなかったのである。

　近世における経済的成功の要因は、政府の権限が制限されていたことでも、高い識字率や効率的な農地所有権があったことでも、あるいは人口増加が長期的に緩やかだったことでもない。生態学的要因も重要な貢献を果たしたといえるが、それは［黒死病後の一時期の］人口減が耕作地から牧草地への転換と羊の飼料の改善を伴ったからである。その結果、羊 1 頭当たりの羊毛は繊維の長

さが延びて重くなり，さらに新種毛織物につながっていった。それはこの繊維の長い原材料を製造業で生かしたものだったからである。羊毛に対する輸出関税も大きな役割を果たした。袋入りの原毛ではなくて［加工品たる］梳毛毛織物をイギリスから輸出することを確実にしたからである。これらの毛織物がイギリス経済を前進させた。17〜18世紀に大陸間貿易の拡大と安価なエネルギーによって，さらにイギリス経済は強力な後押しを得た。大陸間貿易の拡大は，攻撃的な重商主義と帝国に依存していた。そして安価なエネルギーは，生活水準と産業競争力を高い水準に維持することを可能にした。実際に，アジアやアメリカから輸入された新しい消費者向けの商品は，消費者の需要を刺激し，より一生懸命働くようになる「勤勉革命」や，より活発な企業家精神へとつながっていったといえる。イギリス経済の成功は，したがって，長い毛の羊と，安価な石炭，それに貿易量の不断の増加を約束する帝国外交政策に依拠していたと考えられる。

訳注
* 1　新種毛織物（new draperies）：16世紀にイギリス南東部に移住したフランスや低地地方の毛織物職人らによって薄手の梳毛毛織物（worsted）の生産が拡大された。長く繊維の揃った羊毛を用い，しばしば絹や亜麻との交織など，種類豊富な組み合わせがなされたものを，総じて新種毛織物と呼ぶ。従来，イギリスでは，短く毛羽立った紡毛毛織物（woollens）のなかでも，とくに広幅に織った後に洗って繊維を縮め，厚手に仕上げた広幅毛織物（broadcloth）が輸出品として重要であった。

補遺　近世経済の方程式

【賃金方程式】

$$LNWAGE = 0.23\, LNURB + 0.54\, LNAGTFP + 0.40\, LNTL - 0.03\, PRINCE - 0.66$$

【農業生産性方程式】

$$LNAGTFP = 0.23\, LNURB + 0.50\, LNPROTO + 0.44\, LNWAGE + 0.18\, ENCL + 0.06$$
$$PRINCE + 0.40$$

【都市化方程式】

$LNURB = 0.40\ LNAGTFP + 0.10\ TRADEPOP - 0.14\ LNPENERGY + 0.79$
$LNURBLAG + 0.05\ PRINCE - 0.28$

【プロト工業化方程式】

$LNPROTO = -0.93\ LNAGTFP - 1.00\ LNWAGE + 1.27\ MANPROD - 0.18\ PRINCE$
-0.80

【方程式を解くことで値が決まる被説明変数】

$LNWAGE$	実質賃金の対数
$LNAGTFP$	農業全要素生産性の対数
$LNURB$	都市化率の対数
$LNPROTO$	プロト工業に従事する人口比率の対数

【上記の被説明変数を決め，経済を特徴づける説明変数】

$LNTL$	土地労働力比率の対数
$PRINCE$	絶対王政は 1，そうでない場合は 0 をとるダミー変数
$ENCL$	囲い込まれた私有地の比率
$TRADEPOP$	1 人当たりの実質大陸間貿易額
$LNPENERGY$	エネルギー価格の対数
$LNURBLAG$	100 年前の都市化率の対数
$MANPROD$	繊維生産における生産性

出典：Allen（2003a）で推計した方程式をシミュレーションに使用する。賃金方程式は，Allen（2003a）の表 3 の回帰分析式 2 である。農業生産性方程式は，Allen（2003a）の表 4 の回帰分析式 3 である。プロト工業方程式は，Allen（2003a）の表 6 の回帰分析式 2 である。都市化方程式は，Allen（2003a）の表 5 の回帰分析式 5 である。

第 II 部

産業革命

第6章
なぜ産業革命はイギリスで起きたのか

> 発明は1%のひらめきと99%の汗。
> ——トーマス・エジソン

　産業革命は，世界史のなかの大転換を引き起こした出来事の一つである。第I部では，産業革命が起きた背景にある，高賃金で安価なエネルギー環境について探究した。第II部では，その環境がなぜ，そしていかにして産業革命を引き起こしたのか考えていく。そもそも，産業革命とは何であったのか。その本質的な特徴は，技術革新である。アシュトンの有名な少年の言葉を借りれば，「1760年頃イギリスに機械装置の波が押し寄せた」ということなのである[1]。これらの機械装置のうち，いくつか（蒸気機関，ジェニー紡績機，水力紡績機，コークス溶鉱法）は有名で，その他（時計の歯車の型を適切に配置して切り抜く装置，釘に釘頭を付けるための足踏み式の金属製杵）はそれほど有名ではなかった[2]。本書の後半では，主に技術革新の軌跡を解き放って経済を前進させた，いくつかの有名な発明に集中して検討していく。もしこの技術進歩の流れを開始させた飛躍的な技術革新について説明できれば，産業革命を説明したことになるであろう。基本的な原理は広く応用可能なものであったし，また一方ではさまざまな小さな発明にも通底するものであった。本書の後半ではなぜ18世紀のイギリスで蒸気機関と機械紡績，コークス溶鉱法が発明されたのかという問題に

---

1) Ashton (1955, p. 42).
2) 有名な「産業革命的」な産業分野と，発明がさほど革命的ではなかった産業分野とを比較して，生産性の向上が果たした役割について議論が活発になされてきた。McCloskey (1981), Temin (1997, 2000), Harley (1999), Crafts and Harley (2000, 2002), Berg and Hudson (1992, 1994), Bruland (2004) を参照。

第6章　なぜ産業革命はイギリスで起きたのか　153

取り組んでいく。

　有名な発明には，それらの一生涯とも呼べる歴史がある。私はここでこれらの発明の伝記を書こうと思う。なぜならこれらの伝記を読めば，産業革命が一つの自然なまとまりであることが分かるからである。発明は，着想・受胎によって萌芽し，そして産みの苦しみを経て誕生した。それらの発明は若年期には，その偏向性において明らかにイギリス的なものであった。やがて成熟してからは，この偏りは消滅し，これらの発明はいかなる状況下でも採用されるようになった。この時点で，産業革命は大陸ヨーロッパ，北米，そして世界の他の地域に普及したのである。この発明の一生涯は，1世紀半かかるものであったが，これは同時に産業革命の自然の限界をも規定している。ここで，私は産業革命の歴史を2段階で説明しようと思う。第1段階では偉大な発明の生誕と若年期，すなわち発明がイギリスでは有用であったが他の地域ではそうではなかった時期について説明し，第2段階では成熟期，すなわち世界的に有用な技術になってイギリスから他の国々へと伝播した時期について説明する。

　私の分析は二つの区別に基づいている。一つ目は，マクロレベルの発明とミクロレベルの発明の間の区別である[3]。たとえば，ニューコメンの蒸気機関とハーグリーヴズのジェニー紡績機は，マクロレベルの発明であった。これらの発明は，技術進歩の長い軌跡を導くきっかけとなり，その結果，生産性の大きな上昇に結びついた。私の分析にとって本質的なのは，これらの発明が，労働を資本とエネルギーによって置き換え，生産要素の割合を劇的に変化させたことである。この理由から，産業革命のマクロレベルの発明はイギリスにおいてのみ費用効率的なものであった。一方で，ミクロレベルの発明は，技術進歩の軌跡の途上でなされたあらゆる技術改良のことを指す。これらはマクロレベルの発明を精緻化し，実際に可能にさせるものであった。イギリスに豊富に存在する投入要素（たとえば石炭）の使用量であっても，イギリスでは希少な投入

　3）この区別は Mokyr（1990, p. 13）によるものであるが，ここでの解釈は異なるものである。その後，Mokyr（1991）は，ここでの議論と同様にマクロレベルの発明とミクロレベルの発明の関係について論じてもいる。また，発明の2分類の区別については Rosenberg（1982, pp. 62-70）が先んじて議論していた。

154　第Ⅱ部　産業革命

要素（たとえば労働）の使用量であっても，全般にわたって節約がなされた。その結果，ミクロレベルの発明の流れは，蒸気機関と紡績工場，コークス高炉を，より多くの国々で利用できるくらいに費用効率的なものにし，やがて世界中に産業革命を普及させることになった。

　第2の区別は，発明の特性そのものについてであり，すなわちエジソンの観察に基づいた，「発明は1％のひらめきと99％の汗」のことである。発明には，想像力の飛躍あるいは科学的発見（ひらめき）と研究開発（汗）の両方が必要になる。ふつう「ひらめき」の部分が強調されるが[4]，両方を説明する必要があるし，エジソンの比重のかけ方によれば，われわれは研究開発に集中すべきだということになる。ここではひらめきと汗の両方を検討していくが，エジソンの導きに従って，これまでの慣例よりも後者により集中して検討していきたいと思う。この方法をとることで，なぜ産業革命はこの時期にこの場所で起きたのかという問題に対して，より理解を深めることができるだろう。

　まず，新技術の需要と供給に関連させて，より良い技術を求める探究行動がどのような意味を持っていたかを分析をする。近世グローバル経済におけるイギリスの成功は，この国の賃金水準を引き上げ，エネルギー価格を引き下げた。これらの要素価格は，労働を資本とエネルギーによって代替するような技術を発明する経済的誘因を，イギリス企業に特別に与えることによって，新しい技術への需要に影響を与えた。高賃金は，商品開発も刺激した。なぜなら，高賃金のイギリスでは，東アジアからの輸入品を含む「贅沢な」消費財の大衆市場がより大きいということを意味していたからである。

　イギリスとイギリスの技術に関するこのような見方には，重要な前例がある。すなわち19世紀のアメリカの技術に関するハバカク（Habakkuk 1962）の説明を踏襲するものである。アメリカは1870年以降，世界の経済的なリーダーとして台頭した。そのアメリカの成功の基盤は，技術が労働生産性を高めた度合いが甚だしく大きかったことにある。ハバカクは，アメリカの発明に労働節約型の偏りがあったことを，アメリカ経済の高賃金に由来するものとした。また

4）MacLeod（2007）は，産業革命の発明家らが飛び抜けて素晴らしい天才だとの見方に対して，見直しを行っている。

第6章　なぜ産業革命はイギリスで起きたのか　155

アメリカの高賃金は翻って北米に豊富な土地と自然資源があったことが原因であると考えた[5]。18世紀イギリスは19世紀アメリカの過去を描く前編だったのである[6]。イギリスでは，安価なエネルギー経済が高賃金を支え，それが労働節約型の技術の発明を促した。このことはちょうど19世紀のアメリカにおいて，豊富な土地が高賃金につながり，さらに労働節約的な偏りのある発明を促したことと，対になっているのである。

　高賃金はイギリスの技術への需要増加とともに，供給も増やした。高賃金は，世界のどこよりも教育と訓練をイギリスの大多数の人口が容易に手に入れられることを意味した。その結果である高い識字率と計算能力は，発明や技術革新に寄与したのである。

　技術の供給は他のさまざまな発展の影響も受けている。ジェイコブ，ステュアートとモキアは，ニュートン科学や啓蒙主義，そして技術者が利用できるように科学的知識を供給した天才的な発想や，研究を増進する思考の習慣，発想を広めるためのコミュニケーション・ネットワーク，普通の研究開発では達成できないような飛躍的な技術革新を生み出す創造的なひらめき等の重要性を強調してきた（Jacob 1997, Stewart 1992, Mokyr 1993, 2002）。これらの要素を産業的啓蒙主義として概念化したモキアの解釈は影響力がある。これらの発展はいかなる賃金水準，価格，人的資本の水準であるかに関わりなく，発明のペースを速めたであろう。科学革命と産業的啓蒙主義［第10章を参照］は，ヨーロッパ全体に見られた現象で，大陸ヨーロッパとイギリスの差はなかった。この解釈はいくつかの文脈では妥当である。たとえば，フランスは紙，時計，ガラス，織物などの技術革新では功績があり，これらの新技術を用いた産業でリードしていた（Hilaire-Pérez 2000）。イギリスの成功をイギリス人の発明に対する天賦

---

5) Hahn and Matthews (1964, pp. 852-3) は，ハバカクの見解に対する標準的な反論として，利益最大化を目指す企業は労働節約であれ資本節約であれ無差別的であるとする見方など含め，いくつかの議論を要約している。この点に関しては，Salter (1960) を参照。ここでは，研究開発費用について，また研究開発の結果生み出される，偏りを持った技術に対して発明家が抱く期待について，強調することで，この問題に対処している。

6) Fremdling (2004, pp. 168-9) は安価なエネルギーが高賃金の原因である可能性について検討し，Mokyr (1993, pp. 87-9) はさまざまな反論を展開しつつもまた同様に検討している。

156　第 II 部　産業革命

の才能で説明しようとする理論が疑わしいことは，一目瞭然である。そうではなくて，われわれはなぜイギリスがこのような技術を発明するに至ったのかを，説明しなければならない。［技術の供給側の］解決策が現れたことで，技術への需要が生まれ，イギリス経済の価格構造が機能し始めたと考えるべきであろう。

イギリス──高賃金で安価なエネルギー経済

　第 2 章で，われわれはイギリスの賃金水準が，一定の為替レート［購買力平価］で比較しても，また購買によって得られる生活水準で比較しても，世界基準よりも非常に高かったことを見てきた。第 4 章では，われわれはイギリスのエネルギー価格が，とくにイギリスの北部や西部の炭鉱地帯の近くで，極めて低かったことを見てきた。これら自体はイギリス経済の重要な特徴であるが，新しい技術への需要という面から考えると，それほど決定的な要因でもなかった。技術への需要は，生産に必要な他の投入要素の価格に対して労働の価格が相対的にどのようなレベルにあるのか，すなわち，資本とエネルギーの価格に対して労働の価格が相対的にいくらなのかということに依存しているのである。

　図 6-1 は，資本価格に対する労働価格を示している。ここでは，イギリス中部，ストラスブール，ウィーンにおける，資本レンタル価格指数［広義の利子率］によって除した，建設労働者の日払い賃金が図示されている。資本レンタル価格指数とは，鉄，非鉄金属，木材，煉瓦の価格指数の平均値に，利子率と固定資本減耗率を掛けた数値である。ストラスブールとウィーンは，賃金と価格のデータが長期にわたって残っており，またこれらのデータが北海沿岸の低地地方を除いた他のヨーロッパ諸国のデータとさほど変わりないと見られるため，採用した。これらのデータは「購買力調整済」なので，地理的空間を越えて，また歴史的時間を超えて比較可能である。

　資本価格に対する賃金水準は 17 世紀初頭ほぼ一定で，3 都市間の格差は大きくなかった。イギリスの労働力はまだ比較的安価だった。17 世紀中葉以降，データ系列の動きに開きが出てくる頃に，この状況は逆転する。イギリスの労

第6章 なぜ産業革命はイギリスで起きたのか 157

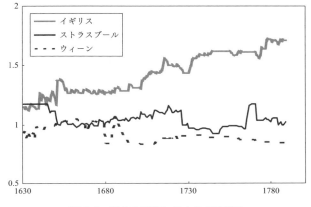

図 6-1 資本の価格に対する相対賃金

働力は資本に比べてどんどん高くなった。それと対照的に，資本価格に対する賃金水準は17世紀から18世紀にかけて，ストラスブールとウィーンでは徐々に下落していった。データ系列のこの格差の拡大傾向は，資本費用よりも，むしろ他の地域よりずっと急速にイギリスで上昇した名目賃金の変化を反映している（第2章図2-1を参照）。名目賃金は資本費用よりもずっと急速に上昇していた。このことは，イギリスの制度的優位が資本を安価にしたと主張する制度学派にとって，都合の悪いもう一つの歴史的証拠を示しているといえよう。結局，フランスやドイツ，オーストリアよりも，イギリスにおいて生産を機械化する経済的誘因はずっと高かったのである。

イギリスと他の国々との違いは，エネルギーの点ではより一層明瞭である。図6-2は18世紀初頭のヨーロッパとアジアの主要都市で，エネルギー価格に対して建設労働者の賃金水準がどの程度であったかを示している。ここで，燃料価格は100万BTU（英国熱量単位）を単位とする燃料が発するエネルギー量として計算する。各都市で一番安価に購入できる燃料について，この割合の計算を行った。ロンドンとニューキャッスルでは石炭，アムステルダムでは泥炭，他の都市では木炭と薪である。

ニューキャッスルでは，エネルギー費に対して労働費用が世界でもっとも高く，

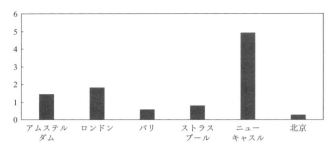

図 6-2 エネルギー価格に対する相対賃金（1700 年代初頭）

際立っている。ある程度は，イギリスの高賃金がこれに反映されているが，石炭が安価であることが決定的な要因である。実際，イギリスのすべての炭鉱地帯とそこに位置する工業都市（シェフィールド，バーミンガム等）でも同様の割合が見られ，これらの地域の状況を特徴づけている。イギリス以外で同様にエネルギー費に対する労働費用が高い割合の場所は，おそらく現在のベルギーにあるリエージュやモンス近辺の炭鉱地帯であったであろう。燃料に対して労働費用が相対的に大きかったことは，イギリスで労働を燃料で代替しようという，とくに強い経済的誘因をつくりだした。この状況は，労働に対して燃料が高かった中国とは正反対であった。

なぜイギリスの独特な賃金・価格構造が問題となるのか──労働を資本で代替する

イギリスの産業革命とは，技術変化のある特定のパターンが次々と花開くように展開していった過程のことである。この展開の軌跡は，経路依存型の軌跡を示しており，一つひとつの発達段階はその前の段階によって（少なくとも部分的には）説明ができる（David 1975, 1985, Dosi 1982, 1988, Arthur 1994）。なぜ綿業や製鉄業の技術が，イギリスで実際に起こったように発達したのかを理解するためには，この発達の軌跡の最初の段階を説明しなければならない。この最初の段階にあったのが，18 世紀の有名なマクロレベルの発明であった。

第6章 なぜ産業革命はイギリスで起きたのか **I59**

　マクロレベルの発明は18世紀イギリスでなされた。なぜなら，イギリスの高賃金は——それは上昇し続けていたが——労働を資本とエネルギーで代替する技術への需要を誘発していたからである。中世の終わり頃には，ヨーロッパでは，資本集約の程度に大きな違いはなかった。イギリスで資本価格に対して賃金が上昇すると，労働を資本で代替することが次第に望ましくなっていき，それは現実に起きた。ジョン・ヒックス卿はこのことの本質を見抜いていた（Hicks 1932, pp. 124-5）。「労働節約型の発明が優勢なことの本当の理由は，確かに生産要素の相対価格における変化それ自体が，ある特定のタイプの技術革新や発明への刺激を生むということにある。ここで，ある特定のタイプとは，つまり相対的に高価な要素の使用を節約しようとする方向のことである」[7]。

　ここで，生産要素価格がいかに発明に影響を与えるかを明らかにしていこう。そのためには，発明にはエジソンのいうところの「ひらめき」と「汗」の2段階がある，ということを認識する必要がある。マクロレベルの発明におけるひらめきを理解するのに重要なことは，この発明によって体現されたアイデアは，当該産業での経験の外からやってきたということである。高炉の燃料にコークスを利用するという発想は，コークスが燃料として開発されていた麦芽醸造業のような産業からの借り物であった。圧延紡績［第8章を参照］は，冶金業や製紙業で使われていた技術（圧延ローラー）の応用であった。大気圧蒸気機関［第7章を参照］は，17世紀の自然哲学者が発見した知識の応用であった。これらの発想はよそからやってきたので，これらの技術はそれまでの慣行に対して劇的な変化をもたらすことができ，また実際にもたらしたのである。それゆえ，これらの発想は生産要素価格の比率の劇的な変化をもたらした——これこそが，マクロレベルの発明の顕著な特徴なのである。ハーグリーヴズのジェニー紡績機は通例を証明する例外的な事例である。彼は紡績機を熟視することでそれを思いついた。その発明は，よそから導入された発想というよりも，「ローカル・ラーニング」の結果と見られる。しかしながら，ローカル・ラー

――――――――――
　7）経済学者らは，ヒックスの提案を定式化しようとして長年議論を重ねてきた。David (1975, pp. 19-91), Temin (1971), Ruttan (2001), Ruttan and Thirtle (2001), Acemoglu (2003) を参照。

160　第 II 部　産業革命

ニングの結果として，普通はミクロレベルの変化が起きることが想定されるが，ジェニー紡績機の場合は，生産要素の比率に将来にわたる大きな変化をもたらした。それゆえ，その起源に関わらず，マクロレベルの発明と見なしても問題ない。

　発明の第 2 段階は研究と開発である。すなわち，発想を新商品や新しい生産工程に活かしていく汗の部分である。レオナルド・ダ・ヴィンチは新しい機械のスケッチを何百も描いたので，「発明家」として有名である。しかし，ダ・ヴィンチは，スケッチを実際に機能する試作品につくりあげるという大変な苦労をほとんどしてこなかったために，その名声はいささか買い被り過ぎだったということにもなる。われわれの関心は産業革命で実際に「使われた」技術にある。そして，使用するにはひらめきだけでなく研究開発も必要である。新しい発想それ自体は，経済的条件がなくても生まれる場合もあるが，研究開発は必ず経済的なものになる。なぜなら技術的な発想を実現するには費用がかかってくるから，研究開発をしようと決断すること自体が経済的な判断を含むからである。マクラップによれば，「努力には経済的誘因が必要だが，天才のひらめきにはそれは必要でない」（Machlup 1962, p. 166）。生産要素価格は，研究開発の利益性に影響を与えることで，技術発展に影響しているのである。

　ここでの基本的な考え方はこうである。すなわち発明家たちは，自分の発明は社会にとって役に立つと確信を持った時，とくに発明にかかる費用よりも社会的な便益のほうが上回る時，アイデアを開発するために資金を投じる，というものである。この条件が満たされる時に初めて，発明家は強制力のある特許を使って，開発にかかるコストを特許料収益として回収することが可能になる。個人的な利益が目的でなかった場合もある。たとえばエイブラハム・ダービー 2 世は，可鍛鋳鉄［第 9 章を参照］に適したコークス銑鉄をいかにしてつくるかを発見した時に，この発見に対して特許を取得することを拒否した。そのような場合でも社会的便益こそがいずれにせよ大事な目的であり，だからわれわれの分析には説得力があるといえる。発明家が特許料収益を得られるかどうかは別にして，次のような当たり前のことを忘れてはならない。すなわち，発明は使われて初めて社会的に有益となりうるということである。発明は使われな

かったら，発明する意味もない。発明はそれゆえ応用に依存している。そして翻って，応用は生産要素価格に依存する。このことは，生産要素価格が研究開発と，したがって発明自体とを左右するということを示している。

　この分析に含意されているのは，研究と開発を行う企業は，少なくとも経済的な意味では，自分たちの事業が何を目指しているのか分かっているという発想である。この前提を正しいと主張することは，たとえば石炭の使用量を増やす［労働の使用量を減らす］ような発明を考えた場合，難しくなってくる。なぜならこのような発明は明らかにより安価な投入要素に偏って，生産要素の比率を変化させていくことを目指していたと考えなければならなくなるからである。この前提は機械の発明を考えた場合，すぐにはそれほど明らかにはなってこない。ハーグリーヴズはジェニー紡績機を発明した時に，そしてアークライトは水力紡績機を発明した時に，労働力の節約を目指していただろうか。マクロードは，多くの特許申請書類には「労働節約」が目標であるとして明記されていなかったとしているが，同時に，そのように明言すればトラブルを引き起こすだけだっただろうとも付言している（MacLeod 1988, pp. 158-81）。しかし，機械の場合，発明が労働力削減を目指したものであったという前提は正しかったに違いない。ジョン・ダイヤー牧師は 1757 年にワイアットとポールの圧延紡績について以下のように記述している。

　丸い形の新しい設計
　尖った形で糸を引いて巻く
　不要な手が飽き飽きする労苦を省いて[8]

　20 年後にアダム・スミスは，機械の導入は資本-労働比率と 1 人当たり労働生産量を上昇させることを「意図した」ものであると，この考えを一般化してみせた（Smith 1776, p. 271）。「固定資本の導入の意図するところは，労働の生産力を上昇させ，言い換えれば，同じ数の労働者によってより大きな量の仕事を行うことを可能にするということである。製造業において，同じ数の労働者は，

---

　8) 'John Wyatt (Inventor)', www.wikipedia.org（2008）からの引用。

162 第 II 部 産業革命

一番良い機械を使う時には，不完全な作業用具で生産する時よりも，ずっと大量の商品をつくることができるのである」。

　この考え方は広く受け入れられるものになった。すなわち，18世紀の機械打ち壊し暴動もまた，機械が雇用を削減するという考えに基づくものだったのである。ベントレーは，暴徒は確かに了見が狭かった（彼らは労働生産性が高まることで長期的にはイギリスを競争的優位に置き，より多くの雇用を生み出しえたということに気づかなかった）が，にもかかわらず産出量1単位当たりの雇用を機械が削減するという認識は共有していた，と信じていた（Bentley 1780）。それゆえ，彼の著作のタイトルは『労働を短縮させるために機械を使用することの効用と方策についての報告書』となっている。もしこれが，多くの人々にとって当たり前の認識だったとすれば，労働節約について，機械の発明家らの念頭には微塵もなかった，と想像することはできるだろうか。

　18世紀のこのようなコメントは，生産要素価格と技術変化の分析を進める上では，議論の方向をそらすような疑わしい解釈と関係してくる。すなわち，高賃金の労働者が低賃金の労働者よりも生産性が高かったら，高賃金は必ずしも労働費用の高さを意味しない，というものである。もしそれが本当なら，機械化を進める経済的誘因は弱まるかもしれない。現代世界において，貧しい国の労働者は，栄養状態が良くて，いい教育を受けている豊かな国の労働者よりも，生産性が低いかもしれない。そうすれば，労働賃金の違いに注目することは，生産コスト全体の違いを誇張し過ぎてしまうのではないかということになる。18世紀においても，もし高賃金のイギリスの労働者が低賃金のフランスの労働者よりも，栄養状態が良かったとすれば，同じことがいえるかもしれない。しかしこの効果には明らかに限界がある。［現代の］豊かな国の高賃金労働者の生産性の高さは，企業に低賃金の途上国へ工場を移転させることを控えさせるほど高くはなかった。言い換えれば途上国において，資本-労働比率を高めることを差し控えさせることはなかった。しかも豊かな国と貧しい国の間の比較は，関係する特定の労働者らの特性と仕事の内容に決定的に依存するものである。そして，人力を機械で置き換えることで，機械化された工場は，仕事の遂行能力に対して栄養摂取量が与える影響力を確実に減らしている。

第6章　なぜ産業革命はイギリスで起きたのか　163

　18世紀の評論家らは，つまりイギリスと競争相手との栄養摂取量の違いや
他の違いは，イギリスの労働者が稼ぐ高賃金を相殺するには十分でなかった，
といっていたのである。ベントレーはまた，イギリス製造業の「上昇し続ける
単純労働者の賃金水準」は，「人間の頭脳が発明できる独創的な改良をすべて
採用」していくことで相殺できるともいっている（Bentley 1780, p. 4）。逆に，
機械化を不要とするようなイギリス労働者に本来備わっている生産性をより高
めることによってでは，相殺できないというのである。フランスのガラス工場
主ドゥルーネ・デランドはとくにこの点で説得力がある。なぜなら彼は，イギ
リスの高賃金がフランスの労働者が手に入れられないような高い水準の食生活
を可能にしている，と認識していたからである。イギリスの労働者は肉を食べ
てビールを飲み，フランスの労働者はスープと野菜を食べ，水しか飲めなかっ
た。この点を省みて，デランドは，どうしたらフランス人はこのように栄養を
たっぷりとった外国人に対抗していけるようになるか，と思い悩むことはしな
かった。その代わりに彼は，そんなに高賃金なのに，イギリス人は，いかにし
てフランス人に対抗して競争しようなどと考えることができたのか，と問うた。
答えは，イギリスの高い労働費用を相殺することができた安価な石炭にあっ
た[9]。イギリスが国際的に競争しようと望むなら，より安価な投入要素（たと
えば，石炭）あるいはより機械化が進んだ技術のいずれかが，イギリスの高賃
金を相殺するために必要であった。

　ここで，私の分析に含意されるもう一つの特徴を指摘しておくことが重要で
ある。マクロレベルの発明が革命的な結果をもたらす可能性のあるものであっ
たとしても，最初の試作品は商業的に見れば極めて非効率なものであったとい
うことである。これらの試作品はもっとも良い条件下であっても利益を生み出
すことはほとんどなく，多くの場合は，費用を回収するほどの収入を得ること
もできなかった。同じ理由で，社会的節約（経済成長への貢献度）も最初は極
めて小さかった。ワイアットとポールは圧延紡績が利益をあげられるように何
十年も費やしたが，ついに成功することはなかった。エイブラハム・ダービー

---

　9) デランドの考察については，第4章でも引用している。またHarris（1975）も参照。

164 　第 II 部　産業革命

1 世は可鍛鋳鉄をつくるための鍛錬に適した銑鉄を生み出せなかったが，金型鋳造法［第 9 章を参照］を用いた特殊な隙間市場を開拓することには成功した。マクロレベルの発明の初期の試作品が非効率であったことは，その技術を採用するかどうかが生産要素価格に大きく左右されやすい，ということの理由でもある。研究開発は，開発費用を回収できるぐらいまでに効率的になるよう試作品を設計し直す過程だということもできよう。その過程を経て，商業的に通用する物になったり，さらに観察や改良を通じて，知識が深まり広がることもある（ローカル・ラーニング）。この時点でミクロレベルの改良の段階に到達する。この段階の素晴らしいところは，普段の事業経営によって研究開発が効果的に賄われるため，特別な資金を必要としないところにある。やがて，マクロレベルの発明は十分に改良されて，どこでも使えるものとなり，世界を大きく転換させた。しかし，発明当初はこのような状況ではなかった。

イギリスと中国にモデルを応用する

　マクロレベルの発明がいかにして改良されたかを見る前に，生産要素価格がいかにして発明を誘導したかについて，二つの例を確認しよう。一つ目の例は，イギリスと中国の陶磁器の窯に関連する。イギリスでは，図 6-3 にあるような円形ドーム型の昇炎窯で，陶磁器が焼成された。これらの窯は建設は安価に行われたが，エネルギー効率が悪かった。熱の多くが窯のなかから上昇気流で上部に空いた穴を抜け出てしまう。アジアでは，反対に，窯はエネルギーを蓄熱するように設計されていた。一般的だったデザインは図 6-4 にある「倒炎式の登り窯」である。これらの窯は山の斜面につくられた。これらの窯は一番底からいくつものドーム（「蜂の巣」）をつなげた形をしていた。壁は分厚くつくられ，熱の拡散を妨げた。蜂の巣には一つひとつに火床がある（図では一番下の火床しか描かれていないが）。一つ目の部屋の熱い空気はすぐに第 2 の部屋に入るのではなく，まず下降気流で地面まで下ろされ，それから部屋を出ることになる。その結果，熱のほとんどは部屋のなかにとどまり，極めて高い温度にま

第 6 章　なぜ産業革命はイギリスで起きたのか　　165

図 6-3　イギリスの製陶窯（ダイアン・フランクによる描画）

図 6-4　中国の製陶窯（ダイアン・フランクによる描画）

で達する。より冷たい（しかしまだ相当熱い！）空気が第 2 の部屋に入る時には，その熱が次の陶磁器の山に伝導する。追加の火床がここでさらにエネルギーを与える。この過程が部屋から部屋へと続いていく。この方法で極めて高温に達することができ，またエネルギーを蓄熱することができた。しかしながら，多くの資本が窯の建設に必要で，またいくつもの火床を見守るための労働

166 第Ⅱ部 産業革命

者も多く必要であった。

　イギリスと中国のデザインのどちらが「より良かった」かは，絶対的な意味では判断はできない。状況によって一番良いデザインの選択は変わったであろうし，それは燃料，資本，労働の要素価格に左右されるものでもあった。中国では，エネルギーが高価だったから，燃料効率の良いデザインが発達し，一方でイギリスでは石炭がとても安価だったので，資本と労働を節約するデザインが発達した。

イギリスとフランスにモデルを応用する──ピン工場の例

　次に，この同じ原理がよりイギリスに近いところで，18世紀のもっとも有名な製造工程──アダム・スミスの『国富論』で描写されたピン工場──において働いていることを確認しよう。スミスは，手工業労働者の間で分業を行うことで高い生産性が達成されると述べた。彼はディドロとダランベールの『百科全書』（1765, vol. V, pp. 804-7, vol. XXI, 'épinglier'）からこの分業の知識を得ている可能性が非常に高い。どちらの文献でも生産工程を18段階に分けているが，このような詳細が偶然一致することはありえないからである[10]。スミスは，いわばモキイアがいうところの「最先端の技術を探す」（Mokyr 2002, pp. 68-72）という目的のためにまさに『百科全書』を使ったようである。

　しかしながら，そこには問題もある。『百科全書』の説明はノルマンディのレーグルでの生産方法に基づいていた。これは，イギリスで実際に行われていた最先端の生産方法とは違っていた。イギリスでは，最初のハイテクのピン工場は，1692年にドックラ銅鉱山会社によって建てられ，18世紀中葉にはブリストル近郊のウォームリー工場がこれに続いた（Hamilton 1926, pp. 103, 255-7）。後者は有名な観光名所になり（Russell 1769），アーサー・ヤングもそこを訪れ

10）Peaucelle（1999, 2005, 2007）はスミスの議論の出典について非常に丁寧に検討をし，スミスが利用したと考えられる，他のフランスの刊行物についても特定している。これらの刊行物はすべてノルマンディの製造業について描写をしている。

ていた。どちらも機械化の程度が進んでいたことで知られていたが，［ブリストルの例と］ノルマンディの例とは，とくに動力の供給の点でもっとも顕著に異なっていた。レーグルでは，機械は糸車のような弾み車を回して人間が動かした。それとは対照的に，ウォームリー工場では水力で機械は動かされた。川の自然な流れは頼りにならないので，ニューコメンの蒸気機関が，水車の流した水を汲み上げて貯水池に戻すために使われた。「すべての機械と歯車は水の力で動いた。その水を汲み上げるのに，巨大な蒸気機関が毎分 3,000 ホグスヘッド［およそ 716 キロリットル］の水を汲み上げているそうだ」（Young 1771a, p. 138）。このような方法で工場を動かすことで，弾み車を回す労働力は一気に削減することができ（この労働賃金は銅の棒からピンを製造するのに必要なコストのおよそ 6 分の 1 であった），またその他の仕事も同時に不用にしたと思われる。たとえば，多くのフランスの労働者は，ピンをぴかぴかに磨くのに雇われていた。この作業は，イギリスの針工場では水力で動く大きな機械が行っていた[11]。アーサー・ヤングはウォームリー工場を観察して「一見の価値がある」と述べている。アダム・スミスがアーサー・ヤングと一緒に旅に出ないで，フランスの『百科全書』に頼って，技術の最先端を学ぼうとしたのは残念なことである。

　なぜイギリスの工場では，フランスの工場よりも資本集約的で燃料集約的な技術が使われたのか。レーグルは川のほとりにあって，水力は町の鍛冶場を動かしていたから，地理が阻害要因ではなかった（実際，ウォームリーの工場の蒸気機関の例が示したのは，蒸気機関の費用を賄うことができれば水力はほとんどどこでも利用できた，ということである）。スウェーデンの技術者 R. R. アンガーステインは 1750 年代にウォームリー工場を訪れ，「この工場は 5,000 ブッシェル［136 トン］の石炭を毎週使用するが，炭鉱を持っているので，1 ブッシェルあたり 3 スウェーデン・スタイファーしかかからない」と述べている（Angerstein 1753-55, p. 138）。これは，ニューキャッスル価格の約半分に相当する[12]。しかも，イギリスの賃金はフランスの賃金よりも相当高かった。ピン工場での技術革新

---

11) 18 世紀初頭の水力で動く研磨機は，現在でも運転を続けており，リディッチのフォージ・ミル針工場博物館にて見学することができる。

12) スウェーデン・スタイファーについては，マーティン・ドリバ氏の助言に感謝する。

168　第II部　産業革命

は，生産要素価格が技術進化の方向を決めた一つの例なのである。

第2段階——ミクロレベルの発明の流れ

　もし技術革新が18世紀のマクロレベルの発明で止まっていたら，その結果は限定的なものであったであろう。たとえば，ニューコメンの蒸気機関は，1712年の時点で驚異的な技術であったが，それは水を汲み上げる以上のことはできなかったし，その後の水準で考えれば甚だしく効率が悪かった。蒸気機関が直接機械を動かすようになるまでにはほぼ1世紀を待たなければならなかったし，中国からイギリスまでの茶の輸送ルートで帆船よりも蒸気船の方が安上がりになるには1世紀半待たなければならなかった。この進歩はミクロレベルの発明が絶え間なく続いた結果であったのである。

　ミクロレベルの発明は，三つの点でマクロレベルの発明とは違っていた。第1に，ミクロレベルの発明は，一般的に，イギリスで豊富にあって安価な投入要素の需要を増やすような，偏りを持った技術変化ではなかった。そうではなく，ミクロレベルの発明は中立的な技術改良であることが多かった。いくつかの例では，マクロレベルの発明で見られた偏りを逆転させるものもあり，イギリスで豊富にある投入要素を節約するものもあった。それゆえ，ニューコメンの蒸気機関が，石炭の需要を増やしたのに，それに続くワットの分離凝縮器のような後の改良は，エネルギー消費を削減する方向でなされたのである。

　マクロレベルの発明の改良が徐々に進んできたことは，18，19世紀を通じて観察されるような状況を含意していた。最初，ミクロレベルの改良が徐々に進んでくると，イギリスは他国に対して技術的優位性を高めた。しかも，低賃金でエネルギーが高価な国々は，新しいイギリスの技術がますます近代的になっていったにもかかわらず，それでも採用しようとはしなかった。それゆえ，1780年代にはコークス高炉は1730年代の炉に比べて効率が良くなったものの，フランスではまだ採用されなかった。このように採用が進まない状況は，フランスの企業家や技術者の資質の問題として，論議を巻き起こしたが，現実には

第6章 なぜ産業革命はイギリスで起きたのか　169

1780年代の高炉でもまだたくさんの石炭が使われていて，石炭が高価なフランスではまだまだ割りに合わなかったのである。その70年後には，イギリスの技術者らはすべての投入要素——石炭，鉱石，労働，資本——の使用量を削減できたので，ようやくフランスでも木炭を使用するより，コークス溶鉱法のほうが利益が出ることになった。この時点で，フランスも極めて迅速に鉱物燃料にシフトした。「転換点」に達したのである。フランスは，イギリスで徐々に進展してきたような中間の段階を一気に飛び越して，もっとも進んだ高炉技術に直接飛びついたのである。イギリスの競争的優位は，イギリスだけに特別に恩恵を与えた技術の発明に基づいたものであった。イギリスの技術者らが技術を完璧にすることに成功したために，この国の競争的優位が崩壊したというのは，皮肉なことである。

　マクロレベルの発明とミクロレベルの発明の違いの2点目は，発明のためのひらめきにある。マクロレベルの発明の発想は，当該産業における直接的な経験の外からやってくるものが多かったが，ミクロレベルの発明ではその産業における経験自体を学ぶことで生まれるものが多かった。このような発想のことをローカル・ラーニングと呼ぶ。たとえば，ワットが分離凝縮器を発明したとき，手始めにニューコメンの蒸気機関の模型でどうやって改良するかを考えた。彼はまた何台かの蒸気機関の設置にも関わり，それが実際にどう動くかを観察し，彼自身による改良を試みることができた。この方法で学ぶことにより，発明家は労働を節約するだけでなく，資本も節約する技術改良を見つけることもあった。コストを削減するどんな方法も改良になるので，どれか一つの投入要素に偏って節約しようとするような，選択メカニズムは働かなかった[13]。もちろん，発明の可能性は，使用する素材そのものの特性からも影響を受けていた（たとえば，1ポンド以下の原綿から1ポンド以上の綿糸を紡績する方法は，誰もまだ考案していない）。また，発明の可能性は，新たな生産要素価格の組み合わせを可能とするような，外部での科学的発見や経済発展にも影響される。しかし，

---

13) David (1975, pp. 1-191) に集約されている諸論文は，経済史における技術革新と技術習得に関して，もっとも洞察力のある分析を展開している。ここでの分析はそれらに依拠している。

170 第II部 産業革命

ローカル・ラーニングに依存することで，技術進歩の第 2 のミクロレベルの改良段階において，中立に向かう傾向が強まった。

マクロレベルの発明とミクロレベルの発明の第 3 の違いは，企業家行動にある。マクロレベルの発明は，これまでの慣行から劇的に逸脱していくことを意味していたから，それに関わる研究開発は高価であった。自動織機の発明家エドモンド・カートライトのように，裕福で自分の財産を投げ打とうとする場合以外は，外部からの資金を探さなければならなかった。18 世紀には「事業主」と呼ばれるベンチャー企業家がおり，発明家とパートナーになって，企業利益の一部を受け取っていた。発明には特許をつけて，この利益を確保しようと努力した。こうして 18 世紀のマクロレベルの発明は，研究開発，ベンチャー資本，特許による保護という現代の三位一体を生じさせたのである（Dutton 1984, MacLeod 1988, Sullivan 1990）。

ミクロレベルの発明をすることは，より集団的な企てであった（Rosenberg 1976, 1982）。ローカル・ラーニングにより，ミクロレベルの発明はマクロレベルの発明よりも安価に行えたので，外部からの資金調達や特許による保護の必要性も引き下げられた。情報を共有することで，発明家はお互いに学び合うことができたし，効率も良くなった。この点で重要な例は，19 世紀のコーンウォールでの蒸気ポンプの精緻化であった。これは，一般に蒸気機関の燃料節約の方向性を示すものだった。これらの改良は，技術的・経済的情報がコーンウォールの鉱山すべてにおいて共有され交換されていたことで生じた（Nuvolari 2004a, 2004b）。発明家が自分のつくりだした改良に特許をとる場合でも，知識の交換や技術進歩に対する協力的なアプローチがしばしば見られたのである。集団的学習が制度化されるにしたがって，技術が中立的に改良されていくという傾向は強まっていった。

3 つのマクロレベルの発明の歴史

次の三つの章で，私はこの章の構想の枠組みを使って，産業革命の 3 大発明

の物語を語りたい。蒸気機関，機械紡績，そしてコークス溶鉱法の物語である。

まず，マクロレベルの発明の物語を語ろう。着想・受胎の時点からこの物語は始まる。発明のひらめきはどのようなものだったか。それは，ローカル・ラーニング，科学的発見，それとも模倣が始まりだったのか。天才的な頭脳はどれだけ関係していたか。それから，産みの苦しみについて語ろう。どれほどの汗が必要だったか。研究開発はどのように組織化されて資金が提供されていたか。そして，この実験が生産性の向上に関連してどれだけ割りに合ったものであったかを考える。これらの発明は必要な投入要素にどのように影響したか。偏向性のある技術変化だったか。イギリスでは割りに合っても，海外ではそうではなかったか。研究開発の経済学から見て，これらの発明を実行するのは理にかなうことだったかどうか。

次に，マクロレベルの発明に対する長い改良の歴史を分析する。目立った技術的改良はどのようなものだったか。それはローカル・ラーニングに基づくものだったか。すべての必要投入要素が節約されるような中立的な技術進歩だったか。実際に，これらの発明はまさにそのようなものであり，あらゆる投入要素を節約した。そして，19世紀中葉までに産業革命のマクロレベルの発明はイギリスに［有利になるような］偏った特性を失って，グローバルに役に立つ技術となったのである。

補　遺

発明と技術の進化は標準的な等産出量曲線モデルで説明することができる[14]。

第1段階：マクロレベルの発明

マクロレベルの発明は要素価格の割合の劇的な変化によって特徴づけられる。この技術変化の偏向性は，生産要素価格と相互作用して，研究開発を実行する

---

14) Harley (1971) と David (1975, p. 89) も同じような図を用いて説明しており，Harley (1973) はとくに「古い技術の継続性」について強調している。

172 第II部 産業革命

ための経済的誘因に影響を与える。ここで，五つのポイントについて述べておこう。

1. 偏向性のある技術変化は，投入要素のうち一つだけを不均等に節約し，その投入要素の価格がもっとも高い地域において，費用をもっとも高い割合で削減する。
2. 技術はそれが使われる地域においてのみ，発明する価値がある。
3. 新しい技術はいかなる地域でも利用する価値があるとは限らない。
4. 高賃金の国では，資本‐労働比率の高い技術を広範囲に発達させることが利益になるが，低賃金の国ではそれは割りに合わない。
5. 市場規模が大きければ研究開発の収益性は高くなり，より多くの発明を誘発する。

これらのポイントは，図6-5のように図示できる。ここでは，高賃金の国と低賃金の国が対置されている。HとLを通る等産出量曲線は，1単位の生産物を生産するのに必要な資本と労働の量［の組み合わせ］をつなげる曲線である。Hとは，高賃金の国で使われる投入要素の組み合わせを表し，それは低賃金の国で使われる投入要素の組み合わせLよりも，高い資本‐労働比率を示している。HとLを通る等産出量曲線に接する直線は，資本（K）と労働（N）の合計した費用が同じになる組み合わせをつなげた直線である。ここで，1単位当たりの生産費用は，資本の利子率と労働賃金の水準を示すrとwを補って，$C=rK+wN$と表すことができる。図6-5にて，二つの直線はいずれも$K=C/r+(w/r)N$の式を図示したものである。直線の傾きは，資本価格に対する賃金の比率を示し（したがって，傾きの大きい線は高賃金の国を表している），この直線はK軸とはC/rの点で交差する。したがって，切片が高いほど，生産費用（C）が高いことを示している。図6-5では，C_H/r_Hは高賃金の国での単位当たりの費用を示し，C_L/r_Lは低賃金の国での費用を示している。

ここで，T点において潜在的な新技術が生まれたと想定しよう。T点では1単位当たり生産に必要な資本と労働の新しい組み合わせが可能になる。Tはすなわち偏りのある技術変化であって，ここでは，以前のHやLの点より多くの資本とより少ない労働で生産が可能になるということである。それでは，こ

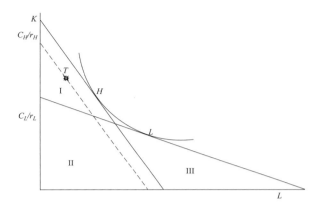

図 6-5　第 1 段階：マクロレベルの発明

の T 技術は実際に使われるだろうか。もしこの技術が費用を削減できるとしたら、また削減するその限りにおいてのみは、つまり高賃金の国ではこの技術は使われるであろう。このことは、T を通る直線が H を通る等費用直線と並行していて（したがって同じ w/r 比率を持っていて）K 軸との切片が低く、したがって単位当たりの費用が小さいことから明らかである。低賃金の国では、T はこれと同じ理屈で費用を高めることになる。T のような技術は高賃金の国でのみ使用することが割りに合うし、またしたがって発明するのも意味があるということになる。

　二つの等費用直線によってつくられる面積は三つの空間に分かれている。I で発明された新技術は高賃金の国でしか採用されず、III で発明された技術は低賃金の国でのみ採用され、II の技術はいずれの国でも採用されうる。新技術のなかにはどの国でも便利に使える技術もあるが、一方で生産要素価格の状況が似通った国でしか有益でない技術もある。I と III の分野での新技術の発明とその採用は要素価格に依存する。それゆえ、要素価格は技術の進化に影響を与えているということができる。

　高賃金の国と低賃金の国では、技術 T を発明することに関して正反対の経済的誘因が働く。低賃金の国では、T のような技術が使われることはないので、発明する意味もないだろう。高賃金の国では、発明する意味があるかもしれな

174 第II部 産業革命

いが，発明するための経済的誘因は研究開発費を差し引いた便益がどれだけあるかに左右される。Iで発明された技術Tは，高賃金の国で操業コストを引き下げ，この節約分が技術への需要を生み出す。つまり，節約によって，その技術を発明した者への報酬がつくられるということである。しかしながら，発明にはアイデアを実用化するために，研究開発が必要である。技術への需要が研究開発を始めるための動機づけとして十分かどうかは，操業コストの節約と研究開発費との間の差額に左右される。ここで，規模が重要な役割を果たしてくる。なぜなら研究開発費は産出量の増加とともに償却され，単位当たりの操業コストの削減と対比されねばならないからである。新技術の導入による（研究開発費を含む）総生産費は，$C^* = C + D/q$ で表す。ここで，D は研究開発費，q は総生産量である。そして，研究開発費を含む総費用直線は，$K = C^* + (w/r)N = C/r + (D/q)/r + (w/r)N$ と表すことができる。すなわち，K 軸との切片は減耗した研究開発費も含むことで上方にシフトし，以前の総費用直線よりも上になる。q が大きいほど，研究開発費を含む等費用直線の上昇分は小さくなる。この時点で，二つの可能性について，区別する必要があることをはっきりさせておこう。一つ目は，等費用直線は上昇するが，前の技術レベルでの等費用直線よりも下にある場合である。この場合，新技術Tは開発する（すなわち発明する）ことが割りに合う。二つ目の場合は，新しい等費用直線が当初の等費用直線よりも上になるまで上昇した場合である。この場合は，市場が小さすぎて，新技術の発明は割りに合わない。もちろん，どこか他の国が研究開発費を払い，技術が無料で手に入るのであれば，操業コストを単純に引き下げるので，この技術は導入される。このように，研究開発費の償却という問題を通じて，市場規模は発明をして利益が上がるかどうかを左右するのである。図6-5を見ると，どのような状況であれば研究開発をして割りに合うか，そしてどのような状況であれば民間の研究開発が盛んになるかが，分かる。また反対に，フランスにおける国家主導の庇護の下で進められた有名な技術開発事業のような，商業ベースでない研究開発がなぜ失敗するのかを明示している。その一つの例が，キュニョーによる3輪トラクター［第7章を参照］，すなわち戦場で大砲を牽引するために軍隊によって開発された蒸気動力で動くトラクターである。キュ

第6章 なぜ産業革命はイギリスで起きたのか **175**

ニューは高圧蒸気機関を開発し，車両に搭載した。技術的には，この3輪トラクターは成功であった。しかしながら，あまりに多くの燃料を必要とし，ぬかるみでは沈んでしまうため，この事業は放棄されてしまった。高圧蒸気機関は，イギリスの炭鉱で見られたように，蒸気機関を鉄のレールの上に載せて，貨車を引かせることで，この両方の問題を解決することができた時に，はじめて牽引動力として成功することができた。二つ目の例は，ヴォーカンソンの完全自動絹織機である。この機械は，技術的にはとてつもなく大成功であったが，あまりにも資本集約的過ぎたために，商業的に使用されることはなかった（Doyon 1966）。これらの例は，図6-5で働いている力，すなわち使用するのに割りに合わないから，発明もされなかったという状況を示している。

第2段階：ミクロレベルの発明

図6-6はイギリスで起きたマクロレベルの発明の後に，中立的ミクロレベルの技術改良が続々と続いた場合の，研究開発の軌跡を示している[15]。中立的というのは，すべての投入要素が同じ割合で節約されることを意味し，技術はT点より原点に向かって直線的に進化していくと考えられる。

図6-6に示されるミクロレベルの改良の軌跡には，過去200年間の工業化の歴史とよく共鳴する重要なポイントがいくつか見られる。

・最初は，高賃金の国で，すなわち世界の技術リーダーの国で，優位性が高まっていく。発明や研究開発はそのような国で起き，生産性も上昇していく。

・反対に，低賃金の国ではとくに何も起きない。これらの国は高賃金の国の近代的な技術を導入しない。これらの国の企業家や技術者の資質についても問題があるという議論が巻き起こる。

・しかしながら，技術改良の軌跡が低賃金の国の等費用直線と交差する点Xにまで技術改良が進んだ時，「転換点」を迎える。この地点を過ぎるといきなりイギリスの技術を導入しても割りに合うようになるのである（低賃金の国の等費用直線は点線で示されており，X点より下でTから原点に伸びる直線と

---

15) Harley（1971）と David（1975, pp. 66, 71, 75）も同じような図を用いて説明している。

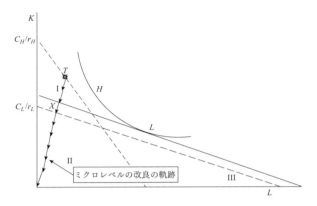

図 6-6 第 2 段階：ミクロレベルの改良の軌跡

交わり，そこでは新しい投入要素の組み合わせが成立する）。低賃金の国では，技術開発のいくつもの段階を飛び越して，一気に L からイギリスの最新技術に飛びつくことは割りに合うことなのである。キャッチアップは，極めて迅速に起きる。ガーシェンクロンの言葉でいえば，「大躍進」(Gerschenkron 1962) なのである。産業革命は一気に世界中に広まる。

- イギリスの競争的優位は特別にイギリスに恩恵を与えてきた技術の発明に基づいたものであった。イギリスの技術者らが，技術の完成度を高めることに成功したことが，この国の競争的優位を崩壊させたというのは，皮肉なことである。

第7章
蒸気機関

過去半世紀のうちに，イギリス人が到達した高度な豊かさと文明は，蒸気機関の力が，人力を補助して，さまざまな有用な技術目的に応用されることにより，大いに推進されてきた。
——ジョン・ファリー『蒸気機関論』（Farey 1827）

　人類の歴史のなかのほとんどの部分で，（ヒトと動物の）筋力が主要な動力の源泉であった。大昔から，風力と水力も仕事に用いられていた。蒸気機関[*1]は次の大きな階段への飛躍であった。蒸気機関が18世紀の経済的成果に与えた影響は緩やかなものであったが（von Tunzeleman 1978），19世紀になると，産業の動力に蒸気力を利用することが劇的な速さで広まった。蒸気力は輸送に利用され，鉄道と蒸気船は世界の経済を緊密に統合することになった。1850年から70年までの間，蒸気力の技術はイギリスの労働生産性の成長の5分の2を説明する（Crafts 2004, p. 348）。風力，水力そして筋力に依存する経済から脱却して，労働者が用いるエネルギー量は劇的に増大し，それによって労働生産性も高まった。

　蒸気機関の歴史は前の章で述べたように，二つの段階を経て発展している[1]。第1の段階はトーマス・ニューコメンによるマクロレベルの発明であった。18世紀には，彼の発明は大気圧蒸気機関あるいは火気蒸気機関と呼ばれていたが，燃料に対する需要を急速に増大させるという，特定の方向に偏った技術変化であった。彼の最初の蒸気機関は炭鉱における排水のために，1712年にダド

---

1) 蒸気機関の歴史に関する標準的研究は Farey (1827), Dickinson (1939, 1958), Forbes (1958), Cardwell (1963), Hills (1970, pp. 134-207, 1989), Nuvolari (2004a) および von Tunzelmann (1978) に含まれている。

178 第 II 部　産業革命

リーで実用に供された。ニューコメンの蒸気機関は炭鉱でのみ費用対効果があった。というのは，燃料は事実上ただであり，蒸気機関の不規則な往復運動はポンプを上下するのに向いており，それが主な用途であった。

　大気圧蒸気機関は，エジソンが識別した「ひらめき」と「汗を流すこと」の良い例である。蒸気機関を生み出した，ひらめきは特異なものであった。なぜなら，それは17世紀の科学上の発見を応用したものであったからである。歴史家は，塩素漂白や海藻からのアルカリ抽出など，産業革命中に生じたいくつかの科学知識の応用について述べてきた（Clow and Clow 1952, pp. 65-90, 186-98）。蒸気機関はそれよりもはるかに重要であった。科学上の発見は蒸気機関の発明にとって必要条件ではあったが，十分条件ではなく，また必然的に蒸気機関を生み出したわけではなかった。それを実現するためには10年に及ぶ研究開発の取り組みが必要であった。基礎的な科学研究の多くはイタリアやドイツで行われていた。もしイギリスの石炭産業が存在していなかったら，蒸気機関の開発は採算のとれる水準にまでは至らなかったであろうし，また科学上の発見が産業革命の技術として開花することもなかったであろう。

　ニューコメンの蒸気機関は矛盾をはらんでいた。それは科学上の驚異ではあったが，大変非効率な装置であった。蒸気機関が製造されるや否や，技術者たちはそれを研究し，改良しようとした。その作業は1世紀半に及んだ。これが蒸気機関の歴史の第2の段階である。ジョン・スミートン，ジェームズ・ワットそしてリチャード・トレヴィシックなどイギリスのもっとも著名な技術者たちが主導的役割を果たした。この発展の軌跡はほぼ技術的に中立的なものであった。すなわち，すべての投入要素が節約された。この技術的中立性は回転蒸気機関の場合には顕著であった。要するにこれらの蒸気機関は，高い燃費節約効果があり，蒸気機関車，船，機械を動かす規則的な動力を生み出すことができたのである。蒸気機関がこのように役立つことが明らかになると，技術はグローバルに広まり，蒸気機関が世界中に普及した。19世紀の中頃には，第2の段階の終盤に向けての転換点に達した。

第 7 章　蒸気機関　179

第 1 段階——ニューコメンのマクロレベルの発明

1712 年にニューコメンが実用化した大気圧蒸気機関は低圧力であった。これらの蒸気機関では，シリンダー内に真空状態を作るために蒸気は液化された。そしてピストンが大気の圧力によってシリンダー内で押し下げられた。この設計は大気圧には重さがあるという，17 世紀の科学上の発見に基づくものであって，当時，実験物理学ではホットな話題となっていた。

科学上の発見から蒸気機関の発明まで一直線に進んだ[2]。科学はガリレイとともに始まり，彼は吸引ポンプが約 28 フィート［約 8.5 メートル］以上に水を吸い上げることはできないことを発見した。たとえ，その高さまで吸い上げられた水柱の上に真空があったとしても，それ以上に水を吸い上げることはできなかったのである。すでにアリストテレスは，自然は真空を嫌うが，それはたった 28 フィートに過ぎないようだ，と述べていた。ガリレイは秘書のエヴァンジェリスタ・トリチェリに，この問題を調べるよう指示した。1644 年に，トリチェリは水銀を満たしたガラス管を逆さにして水銀の入った［椀状の］容器の底に立てた。水銀は 76 センチメートルの高さで停止し，それより上は真空となった。これが世界最初の気圧計であった。トリチェリは，大気には重さがあり，それが水銀柱を押し上げると結論づけた。これは 1648 年に大きな［密封］容器に気圧計を設置し，そこから空気を吸い出すことによって実証された——水銀の柱は崩れたが，大きな容器に再度空気を満たすと，水銀柱が再び出現した。

とくに重要な一連の実験は，オットー・フォン・ゲーリケがマクデブルクで行った。1655 年，彼は二つの半球形容器を合わせて，密着した空間から空気を抜き取った。その二つの容器を引き離すためには 16 頭の馬が必要であった。1672 年には，もう一つの大げさな実験で，フォン・ゲーリケは，もし空気をシリンダー A（図 7-1）から吸い出すと，大気圧がシリンダー内のピストンを

---

2) Dickinson（1958）に役に立つ要約がある。

180　第II部　産業革命

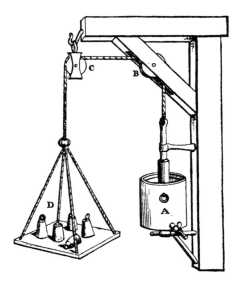

図7-1　フォン・ゲーリケの概念図

押し下げるので，重りDが持ち上がる，ということを発見した。明らかに，空気の重さで仕事をすることができたのである。

　この考えは，1666年にクリスティアン・ホイヘンスが予測していたことでもあった。彼は火薬を爆発させてシリンダー内のピストンを持ち上げた。それが頂点に達すると，爆発から生じたガスを抜き取り，真空状態を作った。空気圧がピストンを押し下げ，もう一方の物体を持ち上げた。いくらか科学的に興味があるにしても，火薬を爆発させるのは実用化に不向きであった。しかし，彼の助手であったドニ・パパンが，蒸気でシリンダーを満たし，それを液化することによって同じような目的を果たせることに気づいた。1675年に，パパンは最初の，極めて粗削りではあるが，蒸気機関を製作した。

　蒸気の技術を初めて実用化したのは，1698年に特許を取得したトーマス・セイヴァリーの蒸気真空ポンプであった。これは水の入った容器のなかの蒸気を液化して真空状態を作り出した。次に真空状態が水を吸い上げた。セイヴァリーがこれを考案した目的は炭鉱における排水であったが，広く利用されることなく，まだ蒸気機関といえる代物ではなかった。

さらなる研究開発の試み

　ニューコメンが初めて蒸気機関の発明に成功した。それは，セイヴァリーが考案したものと同じように，鉱山の排水を目的としていた。ニューコメンの蒸気機関は，大気には重さがあるという発見を応用したものであった（Rolt and

第 7 章　蒸気機関　181

Allen 1977, pp. 37-8, Cohen 2004)。この応用のためには大規模な研究開発の事業が必要であった。そのことは，発明は科学の副産物であるとともに，金銭に関わる問題でもある，ということを意味した。

ニューコメンの図面（図 7-2）はフォン・ゲーリケの装置からヒントを得たものであった。第 1 に，重りに代えてポンプ（I）が取り付けられている。第 2 に，「平衡ビーム」がわずかに平衡状態から傾斜するよう設置され，自然とポンプが下に沈み込むようになっている（H）。そして，もしシリン

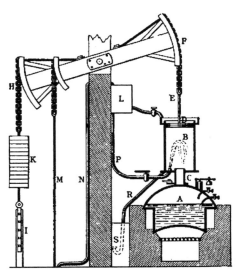

図 7-2　ニューコメンの蒸気機関

ダー内（B）に真空状態ができれば，空気圧はピストン（E）を押し下げ，またポンプを押し上げることになる。次に，もし蒸気が再びシリンダーのなかに注入されれば，真空状態はなくなり，平衡ビームはわずかに右上方に傾斜して，ポンプは下方に動くことになる。最後に，再び真空状態が作られれば，大気圧が再度ピストンを押し下げるので，ポンプは再び上方に引き上げられる。このようにして，真空状態を作り，またそれを消失させることで，ポンプを上げたり，下げたりする。蒸気が沸騰した湯（A）によって作り出されることによって，この装置はまさしく「蒸気機関」になる。蒸気はシリンダーのなかに注入され，ピストンを押し上げる。その蒸気を液化するために，シリンダー内に冷水を注ぎ込む（B）と真空状態が作られる。これは蒸気力が直接ピストンを押し上げるのではないので，低圧力の蒸気機関である。蒸気の役割は単にシリンダーを満たすための空気を供給するだけであり，それは真空状態を作るために液化された。ニューコメンの蒸気機関の中核には 17 世紀の科学が宿っていた。

ニューコメンの蒸気機関は，ほかの 18 世紀の発明とは科学的基盤を異にし

182 第 II 部 産業革命

ていたが，それが提起した技術的挑戦は同じであった。ニューコメンの蒸気機関を製作した 20 世紀の技術者は，それを稼働させるのがいかに難しいかに気づいた（Hills 1989, pp. 20-30）。ニューコメンは技術的諸問題を自力で解決することができたという点で，偉大な功績を残していたのであった。彼は 1700 年頃に実験を始め，1710 年にはコーンウォールで 1 台の蒸気機関を製造したが，それはダドリーでの有名な蒸気機関の登場の 2 年前のことであった。

　研究開発のこの 10 年間で，ニューコメンは多くのことを学んだ。彼は，冷水をシリンダー（B）のなかに注入すれば，蒸気は急激に液化することを偶然発見した。彼は注水のための給水タンク（L）を蒸気機関の置かれた小屋の天井に設置すれば，もっとも効果的に作動させられることに気づいた。それによって，注入用の水がシリンダーのなかに高圧で大量に入ったからである。液化した水をシリンダーから排水するパイプ（R）は十分に離れた下方の熱水槽（S）につながっていた。十分に離すことで，大気圧が液化した水を蒸気機関の中に逆流させることを防いだ。シリンダーの上部は水で密封されていた。ほかの方法ではうまくいかなかったからである。支点を中心とした平衡ビームの長さと蒸気機関のピストンとポンプの重さは，円滑な動きをするために調整されなければならなかった。平衡ビームと弁とを連動させて，一定の周期で正確な時を刻んで，弁は自動的に開閉するよう設計しなければならなかった。蒸気機関を作動させるまでに，ニューコメンが 10 年の歳月を要したのは驚くことではなかった。時間がかかり，かつ多額の費用を要する事業だったのである。

　研究開発に従事する多くの実践者と同様に，ニューコメンもこの発明で特許を取って利益を得ようとした。しかし彼はこの点では失望した。なぜなら，セイヴァリーの特許が 1733 年まで 21 年間延長され，ニューコメンのような全く異質の蒸気機関をも包摂するものとして解釈されたからであった。ニューコメンはいくらかでも収入を得るために，セイヴァリーの特許権所有者と交渉せざるをえなかった。

イギリスに有利に働いた偏りのある技術改良

　研究開発費の意味するところは，ガリレイからニューコメンに至る流れを経

済学が説明できるということである。トリチェリ，ボイル，ホイヘンス，その他の科学者たちは，科学的好奇心と王室の庇護があったから，時間とお金をかけて，空気圧の研究に没頭できた（David 1998）。しかしニューコメンは将来の商業的な利益に動機づけられていた。その利益は何だったのか。蒸気機関の目的は鉱山における排水であり，その技術の必要性は鉱山業の規模によって決まった。1700 年にはイギリスの先進性は他を圧していた。イギリスは生産量でヨーロッパの鉱産物の 80 ％を産出し，その生産額では 59 ％を占めた[3]。中世後期のヨーロッパの鉱山業の中心であったドイツは，1700 年には生産量でわずか 4 ％，生産額では 9 ％を占めるに過ぎなかった。このような変化はすべて石炭業によるものである。イギリス石炭業における排水の必要性に応えることが，イギリスで蒸気機関の研究が進んだ一つの理由である。

　石炭は二つ目の理由からも重要であった。ポンプを動かすためには二つの方法——水車か馬力——があった。したがって，費用対効果が高い場合にだけ，蒸気力に有効需要が生まれた。初期の蒸気機関は燃料をやたら消費したが，燃料が極めて安価である限り，安い動力源となった。早くから蒸気力に強い関心を持っていたデサグリエ（Desaguliers 1734-44, vol. II, pp. 464-5）は，この問題をずばり指摘していた。

　しかし，（動力を作るために）利用できる水がなく，石炭が安いところでは，蒸気機関，その頃火気蒸気機関と呼ばれる，火力で水を汲み上げる機関が，最良で，もっとも効率的である。とくに炭鉱では（いまでは一般的に利用されているように）大変役立っている。炭鉱では，他には売れないような石炭くずを燃やして，火気蒸気機関の動力を生み出している。

　ニューコメン蒸気機関は投入要素需要を，動物の飼料から可燃性の燃料に転

---

3) 石炭，銅，鉛，水銀，銀，錫，亜鉛，鉄の生産高については Nef (1932, vol. I, p. 129, n. 4)，Flinn (1984, p. 26)，Schmitz (1979, pp. 61, 92, 126, 143, 160, 182, 328)，Pounds and Parker (1957, pp. 21-52) を，価格については Schmitz (1979, pp. 268, 275, 282, 289, 293, 290) と Hyde (1973, pp. 402-4) の研究を参照。鉱物の価格は溶鉱された金属の半分として評価されている。ここでの数字は 18 世紀の初期のものが含まれているので，その推計は概括的である。

184　第 II 部　産業革命

換させる方向に偏りを持つ技術改良であった。

　ただ同然の燃料が多量の燃料消費の問題を解決した。だが，それゆえにまた
ニューコメン蒸気機関があまりにも多くの燃料を消費するので，その利用は炭
鉱地帯に限定されてしまった。イギリスには多くの炭鉱があったので，蒸気機
関も多く利用された。1733 年に，セイヴァリー・ニューコメンの特許が終了
した時点で，イングランドではおよそ 100 台の大気圧蒸気機関が稼働していた。
1800 年までに蒸気機関の数は全体で 2,500 台にまで増加していたが，その
60〜70 % がニューコメン蒸気機関であった[4]。それとは対照的に，大陸では最
大の石炭業を誇っていたベルギーが 2 番手であるが，1800 年には多分 100 台
の蒸気機関を使用していた。フランスではおそらく 45 台のニューコメン蒸気
機関（主に炭鉱に設置）が利用され，25 台のワット蒸気機関が導入されてい
た[5]。オランダにおける最初の蒸気機関は 1774 年，ロシアでは 1775〜77 年，
またドイツでもほぼ同じ時期に設置された。ポルトガルやイタリアでは一台も
設置されていなかったようである（Redlich 1944, p. 122, Tann 1978-79, pp. 548,
558）。ニューコメン蒸気機関は「炭鉱地帯でのみ多数採用された。……この機
械［蒸気機関］は，19 世紀に入ってからも長く使用され，石炭燃料を生み出す
母体として象徴的に結びついていた。そのなかで，この蒸気機関は容易には乗
り越えられない成熟段階にまで達していた」（Hollister-Short 1976-77, p. 22）。
ニューコメン蒸気機関の普及形態は炭田の立地によって決まった。イギリスの
先駆性は，合理性に優れていたからではなく，この石炭業の規模を反映するも
のであった。

なぜ蒸気機関は，フランスや中国ではなくイギリスで発明されたのか

　さらに，ニューコメン蒸気機関の普及の形態を見ると，それが 18 世紀のイ

4）Kanefsky and Robey (1980, p. 171). 不確かなのは，蒸気機関の形式が不明なためである。
　　ワット型蒸気機関の生産は合理的に行われていたので，不明の蒸気機関はニューコメ
　　ン型のものと思われ，それを考慮に入れると，比率はより高くなる。
5）総計はあまり根拠がない。最初の重要なフランスの蒸気機関製造業者であるピエール
　　が 1810 年に行った推計で，フランス（ベルギーの分も含まれるが）に設置された 200
　　台という数字に基づいている（Harris 1978-79, p. 178）。

ギリス以外では発明されえなかったことが分かる。それを採用しなかったのは無知によるものではない。ニューコメン蒸気機関は当時驚異的な技術として広く知られていた。その部品を手に入れることも，海外のイギリス人機械工を誘って，それらを取り付けることも難しいことではなかった（Hollister-Short 1976-77）。それにもかかわらず，ほとんど海外では利用されなかった。蒸気機関の市場が小さいために，開発者は，研究開発費用を払って設置しても，ほとんど収入の見込みがなかった。もっとも可能性のある市場は，大陸で最大規模の石炭業を誇るベルギーであった。それでも，ベルギーの1800年頃の石炭生産量はイギリスのわずか13％であり，ベルギーの蒸気機関台数はイギリス全体のわずか4％でしかなかった。便益対費用の比率では，ニューコメン蒸気機関は，大陸の競合するいかなる模倣機械よりも，はるかに高い効用を生み出していた。これは第6章で論じたように，市場の規模が研究開発をしようとする傾向に影響を及ぼすことの一例である。ニューコメンは蒸気機関を考案するために大気圧の大きさについて知らなければならなかったが，同時にその開発が利益を生み出すことを提案するために，発明を受け入れる市場を必要とした。そのような条件はイギリスでのみ充たされており，蒸気機関がフランスでも，ドイツでも，さらにはベルギーでもなく，イギリスで開発された理由である。

第2段階——1世紀半にわたる改良

　ニューコメン蒸気機関は当時最先端の技術であったが，後から考えると，それはまだ原始的な機械であった。燃料消費が膨大になっており——もちろん，それがイギリスで開発する価値があった理由でもあるが——またその往復運動は機械を稼働させるにはあまりにも不規則であった。技術者はそれにどのように対処したか，のちに説明する。またニューコメン蒸気機関は水を汲み上げるのにだけ向いていた。これら二つの限界は次の1世紀半で解決された。この改良によって，これまであまりにも高価であったような国でも，また風力，水力あるいは動物の力よりもはるかに費用がかかるような場合でも，蒸気機関は費

186 　第 II 部 　産業革命

用対効果をもたらすことになった。

　技術変化のプロセスは，ニューコメンの飛躍的な技術革新とは重要な点で異なっていた。第 1 は「ひらめき」に関するものである。ニューコメンの飛躍的な技術革新は 17 世紀の科学上の発見に基づいたものであったが，19 世紀に至るまでの科学は有用な新しい知識を提供してこなかった。カルノーの『火の動力に関する覚書』が出版されたのは 1824 年であり，それは直接的な影響をほとんど与えることはなかった。技術者たちが性能を高めるために，当時のデザインをさまざまに変えていくなかで蒸気機関は発展した。これが「ローカル・ラーニング」であった。

　第 2 の違いは技術の偏りと関係していた。最初の大気圧蒸気機関は資本の支出と石炭の消費を増加させた。次の 1 世紀半に，揚水蒸気機関の進歩は主に石炭の節約に貢献した。回転蒸気機関の技術進歩は資本とエネルギーの双方を節約した——言い換えれば，ほぼ中立的発明であった。揚水蒸気機関の分野における技術の偏りは，新たな石炭価格の動きを反映していた。その動きは石炭が相対的に高価であった，コーンウォールの銅と錫の鉱山地帯という特殊事情の下で生まれた（Burt 1969）。回転蒸気機関の中立性は，ローカル・ラーニングの成果でもあり，前の章で議論したように，投入要素をすべて節約しようとするものであった。最後に，誰でも特許になりそうな技術革新を自ら守ろうとした時代でさえ，発明家は相互に学び，発明はしばしば集団的な性格を帯びていた。

　蒸気機関の試作品の改良は燃料の節約に向けられていた。初期のニューコメンの揚水蒸気機関は 1 馬力 1 時間当たり 45 ポンドほどの石炭を消費した。これは 19 世紀後半に製造された，もっとも効率的な船舶用蒸気機関では 1 ポンド未満にまで下がっていた。図 7-3 がこの時期の揚水蒸気機関の 1 馬力 1 時間当たり石炭消費量の減少傾向を示している。グラフ上の要点は，平均的な実績よりもむしろ新しい設計での工夫の結果を示すものである。18 世紀のニューコメン蒸気機関はもっとも注目すべき重要な改良を成し遂げていた。1760 年以前に，石炭消費は 1 馬力 1 時間当たり，45 ポンドから 30 ポンドに減少していたことはほとんど知られていない[6]。しかし蒸気機関の間でも大きな違いが

第 7 章 蒸気機関　187

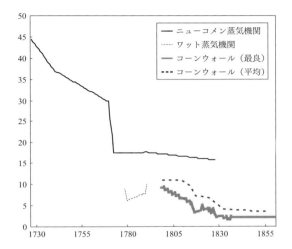

図 7-3　揚水蒸気機関の石炭消費：1 馬力 1 時間当たりの石炭重量ポンド

出典）Hills (1989, pp. 37, 44, 88, 59, 111, 131), von Tunzelmann (1978, pp. 67-70), Lean (1839).

あったことに注目すべきである。たとえば，ジョン・スミートンは 1769 年にニューキャッスル近郊で稼働している 15 台の大気圧蒸気機関を調査した。そこで彼は 1 馬力 1 時間当たりの石炭消費量が，少ない場合の 22 ポンドから大きな場合の 47 ポンドまでさまざまであることを発見した[7]。スミートンがこの

---

6) 18 世紀の蒸気機関の燃費効率は課税によって測定されている。課税は 1 ブッシェルの石炭を燃焼することによってなされる作業量（100 万フィート重量ポンド）を基準としていた。したがって，課税 5 は 1 ブッシェルの石炭で 500 万フィート重量ポンドの作業量を意味した。ニューキャッスルの 1 ブッシェルの重さは 84 ポンド（Hills 1989, p. 36）であり，したがって課税で割ると 1 馬力 1 時間当たりの石炭消費は 166.32 となる（166.32 = 84×33,000×60/1,000,000）。このようにして，課税 5 は，1 馬力 1 時間当たり 33.264 ポンドの石炭を消費していることを意味する。コーンウォール以外の州では，課税から関係づけて，19 世紀の燃費効率を測定基準となっている 1 馬力 1 時間当たりの石炭消費に換算している。コーンウォールでは，1 ブッシェルの石炭は 94 重量ポンドとなっており，それによってコーンウォールの揚水蒸気機関の性能測定を行っている。この点についてはアレサンドロ・ヌボラリ氏に感謝する。

7) これについては von Tunzelmann (1978, p. 18) が，スミートンの測定による平均的課税が，石炭 1 ブッシェル当たり 5500 万フィート重量ポンドであり，最大 7.7 フィート重

188　第 II 部　産業革命

種の情報を集めることに成功したように，それらは厳密に保護されていたわけではなかった。実際，公開性には長い伝統があり，デサグリエやバイトンは初期のニューコメンの蒸気機関に関する詳細な技術情報を集め，出版していた（Dickinson 1958, pp. 176-7）。このような環境で技術者たちは蒸気機関の性能を比較し，相互に学習し，そして改良を加えたのである。ローカル・ラーニングは確かに，のちに詳しく保存された記録でも確認される方法であった。

　それにもかかわらず，個々人の独創性は重要な役割を果たした。1 馬力 1 時間当たりの石炭消費が 1769 年の 30 ポンドから，1772 年には 17.6 ポンドに減少したのはスミートンの努力に負うところが多い。彼は蒸気機関を試作し，各部品のデザインと相互の調整を最良の状態に高めて，できるだけ効率の良い大気圧蒸気機関の性能を試した。彼は，特許の取得を目的としたわけではなく，むしろ科学的探究心からこの研究を行ったのである（もちろん，彼は顧問技師であり，彼の職業上の名声を高めることで，仕事を増やすことはできた）。彼がノーサンバーランドのロング・ベントン炭鉱とコーンウォールのチャスウォーター銅山で建造した改良型の蒸気機関は，最高の成果を残していた好例であった（Hills 1989, p. 37）。

　ニューコメン蒸気機関の効率性という点で，これ以上に大幅に改良された事例はない。次には，ジェームズ・ワットによる分離凝縮器の発明によって，エネルギー消費は大幅に削減された。1760 年代初め，ワットは蒸気機関の文献を読み，蒸気圧の実験を何回か始めていた[8]。1763〜64 年の間，彼はグラスゴー大学で，ニューコメン蒸気機関の修理のために雇われていた。冷水の注入がシリンダーを冷やしてしまい，再度蒸気を吹き込むためにはシリンダーを熱くしなければならないことに注目した。水を水蒸気から液体に変えるまでに必要なエネルギーの実験と計測を繰り返して，彼の考えは次第に固まっていった。当時グラスゴー大学に在職していたジョゼフ・ブラック博士が潜熱理論を1760 年頃に公式化していたことを，彼が知ったのは後のことであった。ワッ

　　量ポンドであるという報告をしているので，そこから類推したものである。
　8）ワットの生涯および仕事の中身の詳細については *Oxford Dictionary of National Biography*, online edition, 2008 を参照。

トは，シリンダーを冷やすことでエネルギーが無駄になっているので，蒸気を2番目の室に引き込み，そこで冷やすようにすれば，その無駄は解消されることに気づいた。分離凝縮器が誕生したのである。1765〜66年にはワットは何台かニューコメン蒸気機関の建設に従事しており，1768年になって模型の蒸気機関で実験を再開し，分離凝縮器のついた試作品を製作した。彼は1769年にこれに関する特許を取得した。それまでに，ワットはこの計画におよそ1,000ポンドを投入していた。商業ベースでの生産開始は，マシュー・ボールトンとパートナーシップを結んだ1776年までずれ込んだ。1769年に取得した彼の特許は，議会で1800年まで延長されることが認められた。1778年，スミートンはワットの蒸気機関のエネルギー消費の測定を行い，1馬力1時間当たり8.8ポンドの石炭を消費することを計測したが，それはスミートンが製作したニューコメン蒸気機関の改良型よりも50％以上も石炭を節約していた(Hills 1989, p. 59)。

　ワットの経歴は技術変化をもたらす民間の研究開発の典型的な事例である。分離凝縮器の発明とその商品化に必要な細かい技術改良に，彼は多くの労力と費用を注いだ。1769年には分離凝縮器の特許を取得して，それまでの投資を回収しようとした。研究開発の資金として，ワットはベンチャー資本を求めた。まずジョゼフ・ブラックから資本の提供を受けた[9]。ジョン・ローバックがワットの負債を引き受け，ワットの所有する特許の3分の2の権利と交換に特許の費用を支払った。ローバックは1768年に硫酸製造で鉛室法を発明し，さらにキャロン製鉄所を設立していた。しかし逆にローバックのほうが破産に陥ってしまったので，マシュー・ボールトンがワットの特許権の持ち分を買い取った。ボールトンとワットのパートナーシップが事業を成功に導く基盤となり，数百の蒸気機関とそれに関連する機械を19世紀に至るまで生産し続けた。

　揚水蒸気機関のさらなる改良にワットは寄与していなかった。彼はこの分野の進歩に対し阻止的な役割を果たすことになった。彼は特許を厳格に適用させ

---

9) Brunt (2006) は18世紀の「地方銀行」のいくつかはベンチャー・キャピタルに資本を提供していた——実際，コーンウォールのボールトン・ワット蒸気機関に——ということを指摘している。

190　第 II 部　産業革命

て 1780 年代，1790 年代の技術進歩を抑制してしまったのである。たとえば，ジョナサン・ホーンブロアーは複式蒸気機関を発明したが，そこでは中心シリンダーから排出された蒸気が，第 2 のシリンダーに注入されていた。この場合，分離凝縮器に冷水を注入して冷やさず（そこでエネルギーの浪費をせず），むしろ効率的に稼働させることにしたのである。ワットはこの第 2 のシリンダーは実質的に「分離凝縮器」であり，特許を侵害するものである，と主張した。ホーンブロアーは，ワット側からの訴訟を起こすという脅しに屈して，この発想をさらに進めることを断念した。このような将来性のある研究方向は 19 世紀に至るまで閉ざされてしまったのである（Hills 1989, pp. 147-8）。

　揚水蒸気機関の設計をさらに発展させる動きはコーンウォールで生まれていた。そこにはニューコメン蒸気機関やワット蒸気機関を含めて，数百の蒸気機関が銅や錫の鉱山で排水のために設置されていた。1800 年にワットは特許が切れた時に，蒸気機関を監督していた技術者たちを解雇してしまい，以後それらワット型蒸気機関の性能は低下する一方であった。この地方は自らの工夫に立ち戻らざるをえなくなり，これまでの個人的な研究開発とは全く性格の異なる動きが起こった。1811 年，仲間の鉱山の経営者たちは自分たちの蒸気機関とその石炭消費に関する詳細なデータを毎月公表し，その結果を独立した検査員が精査した。最終的には，ほとんどの鉱山がこのコンソーシアムに参加し，その性能の詳細なデータは，『リーンの蒸気機関通信員』［コーンウォールのさまざまな蒸気機関の情報を集め，相互に性能を競い合うことを目的に刊行された月刊誌で，1810 年に創刊された］として 1904 年まで刊行された。技術者たちは成功の原因を研究し，他の企業の先駆的な取り組みを参考に蒸気機関を建造した（Lean 1839, Nuvolari 2004a, 2004b, Nuvolari and Verspagen 2007）。

　このように技術の変革を組織的に行う手法は集団的発明と呼ばれる（Allen 1983, Nuvolari 2004a, 2004b）。揚水蒸気機関のような，大規模かつ高価な生産設備を建造して，新しいデザインの効果を確認する必要がある場合には，このような方法はとくに適切であった。それぞれの新しい蒸気機関は一つの実験であった。情報を交換することによって，実験にかかる費用を各鉱山で分け合っていた。新たな企業の参入は限られており，したがってデザインの改良による

便益が実験に参加している企業に限定される状況でも，集団的発明の方法は有効であった。銅や錫の鉱山のように立地場所が限定されている場合に，そのような効果が生まれた。後発企業は，先発企業から学び，古い蒸気機関を改良するか，あるいは最終的に新しい性能の良い機械に取り換えることによって，費用を削減することができた。

　コーンウォールの鉱山間の協力関係は，揚水蒸気機関の燃料消費を低減させる上で効果的であった。1790 年代に，コーンウォールの蒸気機関は他のワットの蒸気機関と同じように，1 馬力 1 時間当たり 10 ポンドをわずかに下回るほどの石炭消費となっていた（図 7-3）。1830 年代の中頃までに，標準的な蒸気機関は 1 馬力 1 時間当たり 3.5 ポンドの石炭を消費しており，最良の蒸気機関は 1 馬力 1 時間当たりの石炭消費が 2 ポンド以下だった。この改善は長い一連の革新のたまものである（Hills 1989, pp. 64-6, 99-113）。最初の高圧蒸気機関はリチャード・トレヴィシックが 1800 年頃に 1 台目を製作した。彼は［高圧蒸気機関の開発に消極的であった］ワットの傍で長い間不満を持っていた。高圧蒸気機関では，1 インチ四方当たり約 25 ポンドの圧力で蒸気がシリンダーに吹き込まれ，その蒸気力がピストンを動かした（対照的に，低圧蒸気機関での蒸気はシリンダー内に充満され，続いて液化されるという機能を果たした。大気圧がピストンを真空状態のなかに押し込んだのである）。高圧蒸気機関は燃料と資本を節約することになった（それらは少量でもあった）。それらは最終的に蒸気機関車と蒸気船を動かす蒸気機関となったのである。高圧蒸気機関の発想は新しいものではなかった——ワットは 1769 年の特許でもそれに言及していたが，彼はいつも高圧蒸気機関を非難していた——しかし，トレヴィシックはそれに取り組んだ最初の人物であった。高圧蒸気機関を使用するには高圧に耐えるボイラーを必要としており，トレヴィシックは最初に成功した試作品の一つを設計した。

　第 2 の技術革新は蒸気を広範囲に利用することであった。高圧蒸気機関ではピストンがシリンダーの端に達するまで蒸気を注入し続け，それによって最大のスピードと力を生むことになった。他の方法として，稼働中に蒸気の注入を早めに停止して，シリンダー内の蒸気圧でピストンを端まで押し込むこともで

192　第 II 部　産業革命

きる。蒸気が少なければ，消費される石炭は少なくて済むが，ピストンが動く
につれて，蒸気圧力が低下し，それが不規則な動作を引き起こした。この問題
は吸引式ポンプを採用することによって解決されたが，これもトレヴィシック
による発明であり，第 3 の重要な技術革新であった。第 4 の決定的な技術革新
は「両座弁」であり，これによって蒸気が膨張する間，蒸気の圧縮を正確に抑
制することができた。その結果，最大のエネルギーを機械の動力に転換するこ
とができたのである。

　アーサー・ウルフが両座弁を開発した。彼はまたコーンウォールの蒸気機関
のデザインに関し，最後の大きな技術革新でも中心的役割を果たした――それ
は複式蒸気機関である。ホーンブロアーはこの特許を 1781 年に取得していた
が，実用化には成功していなかった。ウルフはヘンリー・ハーヴィーとパート
ナーシップを組んで，高圧蒸気機関を複数結合して動かし，1813 年に販売を
開始した。それらは石炭の節約で驚くほどの記録を達成した。ニューコメンの
最初の型から始まった改良の歩みは記念すべきものであった。蒸気機関がイギ
リスの鉱山で排水のために利用されるという 18 世紀初期の限界が，いまや打
ち破られたのである。それらは実際いずれの場所でも費用対効果を実現できる
ものであった。

　初めは揚水が蒸気力の唯一の用途であった。その後製造業（のちには輸送業）
がその他の利用分野となった。ところが，ニューコメン蒸気機関にはこの点で
大きな欠点があった。平衡ビームを左右に傾斜させる動きは，揚水ポンプを上
下するのには理想的であったが，しばしば不規則であった。つまり，ピストン
は高い位置で停止し，シリンダーに蒸気が満たされ，それが液化されるまでと
どまっていた。いずれにせよ，動力は大気圧がピストを押し下げるときにのみ
発生し，押し上げる動きでは発生しないのである。押し上げる動きは，平衡
ビームの重りと機械装置の牽引力によって引き起こされた。ニューコメン蒸気
機関のこのような特徴が，動作の基本であり，それは機械に円滑な動力を伝え
ることができなかった。水車は連続的に回転し，機械を作動させるのに広く利
用されていたが，ニューコメン蒸気機関はそれとは全く対照的であったのであ
る。

ニューコメン蒸気機関の欠点を補う最初の解決策は，水車と連結させることであった。冬には水車を動かす適度の水量のある河川が夏にはしばしば渇水状態となり，生産活動が中断されてしまうことが起こった。その解決のために，1742年に初めてコールブルックデールの製鉄所（Raistrick 1989, p. 113），また10年後にウォームリーの真鍮製造工場で，ニューコメン蒸気機関が水を汲み上げるために利用された。水車を通過した水はニューコメン蒸気機関で揚水されて上流の貯水槽に戻され，その水が再び水車を動かした。このような「還流蒸気機関」は18世紀の後半には広く利用されていた（von Tunzelmann 1978, p. 143）。これらは水車の不備を補う蒸気機関として通常考えられているが，水車のシステムに付属させて，ニューコメン蒸気機関を改良する技法ともなった。その結果，蒸気機関は円滑な回転運動力を生み出したのである。加えて，この方法により，ニューコメン蒸気機関はより多くの資本を使って，1馬力1時間当たりの石炭を節約することになった。

図7-4は18世紀初期から19世紀中頃までの，回転蒸気機関の燃料消費の向上を示している。ニューコメン蒸気機関の石炭消費の軌跡は蒸気力と水車とを結合した結果を描いている。したがって，石炭の消費量は想定される水車の効率性に左右されることになり，そして（さらに重要なことに）蒸気機関によって汲み戻される年間の水量の割合でも変わってくる。再度，ジョン・スミートンに登場してもらおう。1770年代に，彼はシークロフト鉄工所のふいご用機械を稼働させる目的で，還流蒸気機関を取り付けるため雇われた。彼は川に設置された古い水車を研究し，季節ごとに，その出力と川の流速を明らかにした。彼は還流蒸気機関が毎年の流水量の3分の1を汲み上げることを計測し，それは主に夏季の時期である，と考えた。これが大変有効な成果をもたらした（Farey 1827, pp. 279-80）。しかし，より代表的な事例は，一年中，流水量の流れの半分を汲み上げて，上掛け水車——これはスミートンが備え付けた胸掛け水車よりも効率は悪かったが——に用いる蒸気機関の場合であろう。したがって，ここでは彼の計測を修正し，図7-4で示されるように，石炭消費の軌跡はニューコメン還流蒸気機関と表示された線である。18世紀の間，燃料効率では著しい進展があった。それは，これまで議論してきたように，大気圧蒸気機

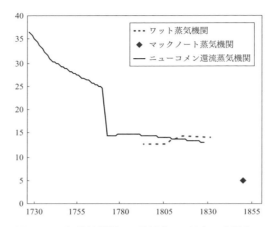

図7-4 回転蒸気機関の石炭消費：1馬力1時間当たりの石炭重量ポンド

出典）Hills (1989, pp. 37, 44, 88, 59, 111, 131), von Tunzelmann (1978, pp. 67-70). 環流蒸気機関としてニューコメン蒸気機関を作動させるために必要な石炭量の計算については本文を参照。

関のデザインの改良があったからである。

　1770年代の後半，ワットの蒸気機関によって機械を直接稼働させる最初の取り組みがなされた。それはニューコメン蒸気機関を作動させる時と同じように不規則な動きに悩まされたことであった。1779年に認可を受けた特許で，マシュー・ワスバラが蒸気機関にはずみ車を取り付けることによってこの問題を解決し，翌年にはジェームズ・ピッカードが，蒸気機関を工場の回転軸に取り付けるクランクに関する特許を取得した（Hills 1989, p. 60）。

　しかしながら，革命的で飛躍的な技術革新は1780年代にワットによってなされた（Hills 1989, pp. 63-9, 85-6）。彼はこの問題に取り組むのに乗り気ではなかったが，ボールトンがそれの推進を強く勧めた。「コーンウォールのようなところは他には見当たらない。われわれの蒸気機関の需要からして，もっとも可能性のある方向は，間違いなく有望な分野である工場にそれらを取り付けることである」（Hills 1989, p. 62から引用）。ワットの発明は，第1にシリンダー内で交互に動くように蒸気が注入され，それから凝縮器に向かうようバルブを

調整するものであった。これによって，作動するたびに力が発生した。蒸気機関は「複式」と呼ばれた。複式蒸気機関は動きが滑らかで，より安定的な力を生み出した。第2にピストンと平衡ビームを結びつける鎖は，「平行運動」と呼ばれる軸棒の動きに取って代わった。これによってピストンは平衡ビームの片方を引き上げるともう片方を同時に押すことができるようになった。第3にピッカードの特許を侵害するのを避けて，「遊星」歯車を採用して，交互に力強く傾く平衡ビームの力で動力シャフトを回転するのに利用した。遊星歯車が工場の動力シャフトの回転速度を倍にするというおまけもついた。第4に風車でそれまで用いられていた遠心力調整機が蒸気機関のバルブに接続され，蒸気機関の速度を安定させた。

　これらの技術革新の結果が回転蒸気機関であり，これが機械の動力として有効な働きをした。しかし単作動の揚水蒸気機関ほどには燃料効率は良くなかった。揚水蒸気機関は1馬力1時間当たり石炭消費が8ポンドに対し，回転蒸気機関は12ポンドから15ポンドであった。水車と一緒に取り付けられたニューコメン蒸気機関は，その性能は蒸気機関が汲み上げる水量の割合に応じて変わったものの，1馬力1時間当たり15ポンドの石炭を消費した。

　ボールトン・ワット商会は蒸気機関の市場を開拓するために，代表的な製造業者の関心を引こうと努力した。1784年にボールトン・ワット商会は，最初の大規模な蒸気動力の工場であるアルビオン製粉工場に投資し，蒸気機関の売り込みをはかった。1785年には，ノッティンガム近くのパップルウィックのジョージ・ロビンソンとジョン・ロビンソンが綿工場に初めてワットの蒸気機関を取り付けた。1800年までにボールトン・ワット商会は機械の動力として308台，他にふいご機械の動力として24台を販売した（Hills 1989, pp. 60-72）。

　19世紀初期に蒸気機関の利用は広まったが，それでも1830年に設置された蒸気機関の台数は水車と風車を合わせた台数よりも少なかった（表7-1）。事実，綿業における蒸気機関の採用がゆっくりとしか進まなかったことは，技術史家にとって説明すべき重要な問題となっている。ワットの回転蒸気機関は大きな進歩を成し遂げたが，その後の改良は続かなかった。低圧が標準として定着してしまったからである。次の発展のステップはコーンウォールで完成していた

196　第 II 部　産業革命

表 7-1　イギリスの動力源別変遷

	1760 年	1800 年	1830 年	1870 年	1907 年
蒸気機関	5,000	35,000	160,000	2,060,000	9,659,000
水車	70,000	120,000	160,000	230,000	178,000
風車	10,000	15,000	20,000	10,000	5,000
合　計	85,000	170,000	340,000	2,300,000	9,842,000

出典）Crafts (2004, p. 342) および最終的には Kanefsky (1979) による。内
燃機関は除外されている。Warde (2007, p. 75) はイングランドと
ウェールズに関して異なった推計を提示している。そこでは 1800
年と 1838 年の水車の推計を省略しているので，初期の段階で蒸気
機関の比重を過大に見積もっている（彼は 1760 年については何の
推計も行っていない）。さらに，ワードは 1870 年の蒸気機関の動力
をここに示されている数字の約半分としている。取り上げている時
期が異なるとはいえ，大きな差異がある。

方式——有名な高圧かつ複式蒸気機関——のどれかを採用することにかかって
いた。この原理に基づいて製作された回転蒸気機関は 1 馬力 1 時間当たりの石
炭消費量を 15 ポンドから，1840 年代の 5 ポンドにまで引き下げた。1845 年に，
ウィリアム・マックノートが高圧シリンダーを平衡ビーム蒸気機関に取り付け，
蒸気を新しいシリンダーから元のシリンダーに放出する方式で特許を取得した。
この方式はマックノート蒸気機関と呼ばれ，既存の蒸気機関を複式でかつ高圧
の蒸気力を利用することによって燃費を節約することができた（Hills 1989, pp.
157-9, von Tunzelmann 1978, pp. 70, 86-8）。こうして蒸気機関は急速に水車に取っ
て代わり，全体的にイギリス産業の機械化が始まったのである。

　これまでわれわれは改良された蒸気機関が燃料の節約にどのような効果をも
たらしてきたかを考察してきた。ほかの投入要素の貢献は何だったろうか。費
用との関連でいえば，もっとも大きいのが石炭と資本である。それぞれが費用
の約 45 ％ を占めており，残りの 10 ％ のほとんどが労賃であった（von Tunzel-
mann 1978, p. 74）。図 7-5 と図 7-6 は技術進歩の度合いと技術の偏りの変化を明
らかにしている[10]。それらは 1 馬力 1 時間当たり動力に必要な石炭，資本，そ
れに全費用を示している。すべての数量は 1795 年価格で換算されており，し

───────────

10) Crafts (2004, p. 343) はこのような主張に沿って推計を行っている。

第7章　蒸気機関　197

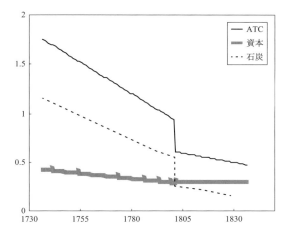

図7-5　揚水蒸気機関：1馬力1時間当たりのコスト

注）投入要素使用量と効率性の変化を示すために，1795年の価格で各年のコストを計算している。

出典）図7-3で示された石炭量。石炭価格は，1795年のマンチェスター価格，すなわちトン当たり7.25シリングと想定している（von Tunzelmann 1978, p. 73）。資本コスト：von Tunzelmann (1978, pp. 47-62, 145) が，1736年（ニューコメン型），1800年（ニューコメン型），1801年（ワット型）そして1836年（コーニッシュ型）において，およそ20馬力の揚水蒸気機関用の蒸気機関とボイラーのコストを報告している。これらに加えて，普通は個別には経費として報告されていない，蒸気機関格納庫，枠組み，塔，パイプの費用として控除が認められるコストとして45％を上乗せしている。設置された蒸気機関の全体のコストは，1795年の価格水準で換算されている。銅価（10％），可鍛鋳鉄（20％），コークス精製銑鉄（20％）そして熟練建設業労賃（50％）。蒸気機関の馬力数によって，1馬力当たりのコストを算出している。コストは，利子率（5％）に減価償却率（7.1％，これはvon Tunzelmann 1978, p. 72によると，設置された蒸気機関のさまざまな部品の加重平均された率）を加えて，年率で計算されている。平均的総費用（Average Total Cost：ATC）：資本コストと石炭コストが全体のコストの90％に相当すると想定して，この金額を0.9で除している（von Tunzelmann 1978, p. 74）。

たがって単位コストのそれぞれの下落は，投入全要素生産性（TFP）の増加と対応している。1840年代中頃の回転蒸気機関の実質コストは18世紀初期のそれの約3分の1になっている。他方，揚水蒸気機関の実質コストは約半分に下落した。揚水蒸気機関の効率は2倍になっており，回転蒸気機関ではそれは3倍になっていた。

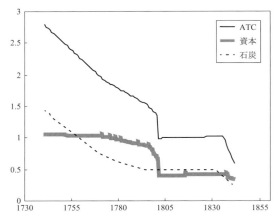

図 7-6 回転蒸気機関：1 馬力 1 時間当たりのコスト

注）投入要素使用量と効率性の変化を示すために，1795 年の価格で各年のコストを計算している。

出典）以下の例外を除けば，図 7-5 と類似の資料と方法を使用している。図は，1722 年，1772 年および 1800 年のニューコメン還流蒸気機関のコストを示している（そこでは水流の半分が蒸気機関によって汲み上げられている）。1795 年と 1801 年のワット型回転蒸気機関，1835 年のヒック型低圧蒸気機関および 1841 年のヒック型高圧蒸気機関を示している［ヒック蒸気機関：高圧複動式蒸気機関の一種で，ベンジャミン・ヒックのデザイン，作製によるもの］。ニューコメン型蒸気機関は 30 馬力の蒸気機関のコストに加え 20 馬力の性能の水車のコストを想定している（von Tunzelmann 1978, p. 146 によれば，1 馬力当たり 15 ポンド）。これがシステム全体の生み出す動力である。ヒック蒸気機関のコストについては Hills (1989, pp. 115, 119) による。

　揚水蒸気機関と回転蒸気機関の双方において，技術発展はニューコメンの方式にもともとあった石炭への偏りを逆転させるものだった。その逆転は揚水蒸気機関でとりわけ顕著であった。1720 年代から 1840 年代までに，揚水蒸気機関は 1 馬力 1 時間当たりの実質石炭費が 90 ％下落したが，実質資本費用はほんのわずかしか低下しなかった。他方，回転蒸気機関の場合，1 馬力 1 時間当たりの実質石炭費と資本費用は同じような割合で低下した。それゆえ回転蒸気機関の発展過程は中立的な技術変化の事例として考えられる。

　経済的次元で見ると，揚水蒸気機関と回転蒸気機関の異なる歴史が経済的誘因と制度の重要性を浮き彫りにする。18 世紀を通して，炭鉱は揚水蒸気機関

の販路であったが，1760年代以降，コーンウォールの［銅・錫］鉱山業がデザイン改良の立役者となった。たとえば1775年と1800年の間に，ボールトン・ワット商会は164台の揚水蒸気機関を販売したが，そのうちの49台はコーンウォール向けであった（Hills 1989, p. 70,『イギリス人名辞典』*Dictionary of National Biography*［以下 *DNB*］のワットの項目）。それは特別の性格を持っていた。鉱山が地下深く掘られ，また鉱石が高騰したことで，排水の需要は高まった。まさにこのような理由で，セイヴァリーとニューコメンは，コーンウォールが自分たちの蒸気機関の販路となる可能性を探っていた。しかし，その期待は決して実現することはなかった。一般的にイギリスは石炭の安い国ではあるが，コーンウォールでは，石炭を南ウェールズから船で運んでこなければならなかったので，エネルギー価格は高かった。ニューコメンは早くからコーンウォールより炭鉱地帯に関心を移していた。実際，1730年頃，イギリスにある約100台のニューコメン蒸気機関のうち，わずか5台がコーンウォールに設置されていた（Barton 1966, p. 16）。ワットがグラスゴー大学で行っていたニューコメン蒸気機関のモデルに関する初期の実験は知的好奇心からのものだったかもしれない。だが分離凝縮器の開発には何年もの月日と，多額の資金を要した。蒸気機関にとって明確な市場はコーンウォールであった。そこでは分離凝縮器が高価な石炭投入を節約し，蒸気機関の揚水作業に費用対効果をもたらすことであった。分離凝縮器は要素価格が研究開発を方向づけるもう一つの事例になる。19世紀の，集団的発明の時代に石炭の高価格が技術変化の流れを牽引し続けた，という話は，さまざまな制度の発展の文脈のなかでも繰り返されている。『リーンの蒸気機関通信員』では石炭が高かったので，燃料消費の動向が記録され，蒸気機関の性能はどれだけ石炭が節約されたかで判断された（Lean 1839）。蒸気機関は初め炭鉱で取り付けられ，エネルギーが他の［馬などの］要素と代替したが，その後はコーンウォールの経済学が蒸気機関の発達を支配していたのである。その結果は，逆にエネルギーが節約されるという技術発展の軌跡であった。どちらの局面でも技術は投入価格に反応したものであった。

　この状況は回転蒸気機関と比べるといくらか異なっている。ここでは要素費

用はあまり重要ではない。なぜなら主要な問題は滑らかな回転動力を生み出すかどうかということであったからである。この問題は 18 世紀の技術発展を支配していた。ローカル・ラーニングが進歩にとっての鍵となり，手元にあるものを変えることによって発見が生まれたのである。ニューコメン蒸気機関と水車を結びつけたことはその良い例であろう。回転蒸気機関を生み出したワットの技術革新は別の事例となる。複式動は単式動のあまりにも単純な改善であるが，それによってより連続的な動力を生み出した。ピストンを平衡ビームに接続する鎖を棒に代えることによって，ピストンが引く力と同時に押す力も伝えるようになったが，それは大きな飛躍とはいえなかった。ワットが行ったそのほかの改良も既存の慣行に対して若干の修正を施しただけであり，それらは蒸気機関の動力を制御する問題と比べれば，巧みなものではあったが，抜本的な修正ではなかった。複式シリンダーも，日常，蒸気機関で作業している者にとっては大した洞察とはいえなかった。

　蒸気機関を製造している技術者の多くはその改良に対して特許を取得した。これが彼らの努力にいくらか報いることにはなったが，それらの特許を侵害するのではないかとの恐れがほかの発明家の活動を鈍らせてしまった。ワットはこの点で有害な影響をもたらした。しかしながら，特許があるにもかかわらず，蒸気機関の技術の発明はコーンウォールの鉱山業で見たような集団的性格を持っていた。ある技術者によって成功した技術革新が，ほかの技術者たちによって採用され，さらに手直しが加えられた。重要な事例としては，回転蒸気機関に複式を採用したことである。ベンジャミン・ヒックは，［マンチェスターに近い］ボルトンに鋳造所を所有していたが，この分野の開発では先導者であった。チャールズ・ベイヤーは繊維機械を製造する企業の設計者であり，ヒックと共同して工場に機械を取り付けていた。彼は次のように書いている。「蒸気機関は名目上 40 馬力であったが，ヒック氏はそれを 90 馬力まで拡張しても大丈夫だと保証している。それはウルフの原理に基づくものである」(Hills 1989, p. 118 から引用)。ウルフの原理とは複式蒸気機関のことである。ある技術者はほかの技術者の製品を作り変えた。前の章で議論したように，この発展のあり方は中立的な技術進歩を生み出す傾向があり，それがまさに回転蒸

気機関の歴史が示すものである。

蒸気機関の普及

技術変化の偏りを逆転させることは蒸気機関の利用に重要な影響を及ぼした。動力のコストを下げることは，その利用をより多くの産業およびより多くの国に広めることになった。表7-1はイギリスにおける水車，風車および固定蒸気機関の能力を示すものである。これらの機械は鉱山の地下水の排水を行い，工場に動力を提供していた。蒸気機関の能力は全体を通して拡大しているものの，1830年頃までは水車と風車が支配的動力であった。蒸気機関がトップに躍り出るのは1830年から70年の間であったが，しかしその間にも水車の能力は拡大し続けていた。蒸気機関への決定的なシフトは，これまで見てきたように高圧複式蒸気機関が要素費用を削減して以降の，19世紀中頃の数十年間であった。より安い蒸気機関の普及がどのような影響をもたらしたかは，有名な技術進歩の普及のなかに見ることができよう。たとえばフォン・タンゼルマンが指摘しているように，動力コストが19世紀の中葉に低下したので，力織機[11]と自動ミュールによる高番手糸の紡績が費用対効果を生み出したのである（von Tunzelmann 1978, pp. 193, 200）。

動力コストの低下は蒸気機関がますます多くの用途で用いられるようになる究極的な理由であるが，その拡大は単純な経済的説明が行うようにはスムーズには進まなかった。技術の改良はローカル・ラーニングによるものであり，改良の知識は最初その学習が始まった地域に限定されていたことを意味する。ほかの地方や産業の技術者がその改良に気づき，その有効性に確信を持つまでには時間がかかった。その間に，明らかに儲かりそうな発明が無視されるという時間差が生じていた。重要な事例をランカシャーの綿業に見ることができる。そこでは1840年代の後半になっても低圧蒸気機関を使用していた。コーン

11）しかしLyons（1987）も参照。

202　第 II 部　産業革命

ウォールでは高圧蒸気機関が燃料消費を削減してからすでに数十年もたっていたのである（Nuvolari and Verspagen 2008）。1847 年の十時間労働法のような「非経済的な」社会改良が，起業家たちに慣行を破る行動に駆り立てることになったのである（von Tunzelmann 1978, pp. 209-25）。

　蒸気機関の利用は燃料費用が安くなるにつれて，輸送分野にも広まった。当然のことながら，鉄道には蒸気機関車がなくてはならないが，そこでは最初から高圧蒸気機関を使用した。これらの蒸気機関だけが，軽量であり，列車を牽引するのに十分な性能を持っていた。円形ボイラーのような蒸気機関設計の改良が燃料費用をさらに削減した。

　また蒸気機関は 19 世紀の間，世界の商船の帆に取って代わった。その移行は長引き，蒸気機関の燃料の削減と密接に関連していた（Harley 1971）。イギリスの商船で使用される石炭量は，世界のなかで最大であり，抜きん出ていたが，それはイギリス産の石炭が安価で良質であったからである。イギリスからの距離が遠くなると，結果として燃費は増大した。なぜなら，船は石炭を運ぶための積載能力をさらに増やさなければならなかったからである。たとえ石炭が海外で購入されたとしても，同じような結果となった。なぜなら，石炭はウェールズ産であり，船による輸送コストがウェールズ価格に加算されるからである。もちろん，蒸気船は速度が速く，帆船よりも信頼のおけるサービスを提供することが可能であり，ある種の輸送では早くから帆船から蒸気船に転換していた。容積の大きい荷物を運ぶ貨物船に関する限り，トン・マイル当たりのコストは決定的な要素であり，帆船から蒸気船への転換は燃料をあまり考慮しなくても良い，もっとも短い航路から始まった。1855 年までにはイギリスとフランスおよび低地地方の港との交易に蒸気船が使われていたが，1865 年には東地中海までの貨物船の航海約 3,000 マイルが帆船から蒸気船に代わった。1870 年代初めには蒸気船は 3,000 マイルの大西洋横断航路に就航し，1870 年代の後半にはイギリスとニューオーリンズ間の 5,000 マイルに及ぶ航海も蒸気船に移行していた。1880 年代にはイギリスとアジアの間の交易で蒸気船が帆船に取って代わった。蒸気船による貨物輸送のコストが帆船によるコストを下回る時にこのような転換が生じた。蒸気船のコスト低下は多くが蒸気機関の熱効率の改良

によってもたらされた。より多くの複合シリンダーを加え，高圧機を使用して，回転力のコストを削減するという1840年代の原理を発展させて効率を高めた。もっとも効率的な機関としては1馬力1時間当たりの石炭消費を1ポンド以下にした三段階膨張機関があった（Forbes 1958, p. 164）。

　経済全体に利用が広まった蒸気機関の性能は高まり，その利用は国際的にも広がっていった。鉄道と蒸気船は初めからグローバルな技術となっていた。それらはイギリスで利益をあげるようになったのとほぼ同時期に，世界の多くでも採用され，利益を生み出していた。イギリスの企業で費用対効果が明らかになったのと同じ頃に，多くの国では（非常に小型の）商船が蒸気船を河川交通の手段として用いるようになっていた。鉄道はイギリスとほとんど同様に，西ヨーロッパとアメリカでも急速に建設が始まった。ロシアやインドの低賃金経済でさえ，19世紀後半には広範囲な鉄道システムを築き上げたのである。

　蒸気機関はその性能の向上によって，19世紀中葉のイギリス鉱山とその他の製造業で動力の主役に躍り出たが，それはまた西ヨーロッパと北米においても広範囲に普及することになった。表7-2によると，1800年頃のフランスやドイツの蒸気機関の動力は極めて小さかった。事実，ようやく1870年代になって初めて，蒸気機関の性能が急激に向上し，蒸気機関が産業の動力源として重要な役割を演じるようになる。イギリス以外の国の製造業で蒸気機関が急速に採用されたのは，回転蒸気機関に複式が採用されるようになったからであり，それが動力のコストを大幅に削減する契機となった。

　固定蒸気機関がフランスやドイツと同じように，アメリカの製造業でも広く利用されるようになるには19世紀の中頃まで待たなければならなかった。しかしアメリカは早くから蒸気力の開発では驚くほどの技術能力を発揮していた。蒸気機関は革命的な技術であるので，多くの国でそれに関する実験が行われていた。たとえば，1760年代に，フランスの砲兵隊軍人，キュニョーは戦場で大砲を牽引するため蒸気動力によるトラクターの開発を任せられた。彼は高圧蒸気機関を開発し，それを三輪のトラクターに備え付けたが，試走の時点で建物を壊してしまったことで有名である。しかもそのトラクターがあまりにも多くの燃料を消費し，また雨天時に戦場を走り回るとなれば，ぬかるみにはまり

204　第II部　産業革命

表7-2　固定蒸気機関の能力
（千馬力）

	1760 年	1800 年	1840 年	1870 年
イギリス	5	35	200	2,060
フランス		3	33	336
プロイセン			7	391
ベルギー			25	176
アメリカ		0	40	1,491

注1）プロイセンの 1840 年の数字は実際には 1837 年の数字であり，ベルギーの 1840 年の数字も 1838 年のものである。
　2）プロイセンの 1870 年の数字は 1861 年から 78 年までの継続的な増加を想定して推計した数字である。
　3）フランスの 1800 年の数字は Fohlen（1973, pp. 47-8）から推計したものである。フォーレンは 1810 年にフランスには 200 台の蒸気機関が存在しており，その多くは時代遅れのものであった，と報告している。私は 1800 年には 200 台と推計している。1830 年には 625 台の蒸気機関が存在しており，その能力は 1 万馬力（1 台当たり 16 馬力），1839 年には 2,450 台の蒸気機関が存在して，その能力は 3 万 3000 馬力（1 台当たり 13.5 馬力）であった。1 台当たり 16 馬力，あるいは 13.5 馬力の数字を用いると，1800 年には全体で約 3,000 馬力であった，ということになる。
　4）アメリカの 1840 年と 1870 年の数字は Hunter（1985, p. 415）による。Hunter（1985, p. 69）によると，ラトローブが 1800 年頃に半ダースの大きめの固定蒸気機関があった，と報告していた。これらが数百馬力以上の能力があったとは思われないので，表ではゼロとしている。
出典）イギリスについては，表7-1 の 1840 年の蒸気機関能力が 1830 年から 70 年まで継続的に増大していると想定して計算されている。フランス，プロイセン，ベルギーについては Landes（1969, p. 221, Table 7.1）を参照。

込んでしまうことが予想され，この計画は放棄された[12]。イギリスでこれらの問題を解決したのはレールを敷き，その上に蒸気機関を載せることであり，それは炭鉱で実施されたが，その経験が直接鉄道に結びついた。路床の問題に対するもう一つの解決策は蒸気機関を船に取り付けることであり，多くの国々で施行された。商業ベースで大規模に導入する試みは，まずアメリカで行われた。それは，以下の二つの発展を結びつけるものであった。第 1 に，オリヴァー・エヴァンが，1789 年に高圧蒸気機関を独自に発明した。彼はそれを路上の車両の動力にも利用できることを期待したが，彼の計画はほかの人の試みと同じように成功しなかった。その代わり，水上で成功した。18 世紀末のフランスで蒸気船の実験が行われ，アメリカ人の発明家ロバート・フルトンがそれを観察していたようである。1803 年に，彼はハドソン川で，ボールトン・ワット商会の蒸気機関を船に取り付け，ニューヨークとオールバニ間で世界初の蒸気船による商業運航を始めた。1811 年には，初めて蒸気船がニューオーリンズに向けてピッツバーグを出港した。オハイオ川とミシシッピー川で蒸気船による旅客輸送が始まった。輸送の需要は大きく，河川の利用は無料であり，

12）キュニョーに関するもっとも利用しやすい情報は次を参照。www.wikipedia.org および www.wikipedia.fr の‘Joseph Cugnot’の記事。

第7章　蒸気機関　205

豊富な森林が安価な燃料を供給した。蒸気船のデザインは急激に進化し，アメリカ人の優れた技術発明の才能を示す最初の事例の一つであった（Hunter 1949）。固定蒸気機関が大規模に採用されたのは，アメリカの産業用発電所においてであり，19世紀中葉になってからのことであった。そこで採用されたのは高圧蒸気機関のアメリカ型改良機種であるコーリス蒸気機関が基本であった。しかし高圧蒸気機関の独自の発明とその河川交通への利用の点では，アメリカは他のどの国よりも，イギリスの発明に対して技術的にも商業的にも成功裡に反応していたのである。

　ニューコメンの発明はイギリスに強力な競争優位を与えた。イングランドとスコットランドに安価で豊富に存在していた資源を大いに利用して，イギリスの製造コストを引き下げたからである。今日のベルギーに相当する地域は比較優位の便益を享受できた唯一のもう一つの国である。しかし，この技術進歩の偏りが逆転し，また技術者が蒸気機関の燃料消費を削減した時，イギリスの競争優位は消滅した。蒸気機関はより多くの応用分野で，さらにもっと重要なことだが，エネルギーがより高価な国々で，費用効果が発生することとなった。さらにイギリスの優位が消滅すると，ヨーロッパやアメリカに産業革命が広がり，利益を生み出すようになったのである。

訳注
＊1　蒸気機関：本章で使用する steam engine の用語について概略説明する。すでに第6章で説明されているが，一番初期の蒸気機関は大気圧蒸気機関（atmospheric engine）あるいは火気蒸気機関（fire engine）と呼ばれていたが，実用に供されはじめたのはニューコメンの蒸気機関（Newcomen engine）である。これらは主に鉱山などで地下水を揚水するか，あるいは水道や庭園への給水を目的にしたものである。また過渡期には水車用の貯水場に補給する目的で利用された還流蒸気機関（reverse）あるいは循環蒸気機関（returning engine）があった。これらはいずれも平衡ビーム蒸気機関（beam engine）でもあり，支柱の上に横に置かれた梁の両端に出力軸と揚水軸が置かれた。工場などの動力として利用するためには回転運動が必要となるが，それはワットが中心になって開発した回転蒸気機関（rotary engine）である。蒸気鉄道や蒸気船に使用するためには高圧かつコンパクトな蒸気機関が不可欠であるが，それに先鞭をつけたのがトレヴィシックの高圧蒸気機関（high pressure engine）であった。さらにその性能を高めるためにピストンを複数備えた複式蒸気機関（compound engine）が登場

206 第 II 部 産業革命

することになり，ヒックの蒸気機関もその一つである。なお，マックノートは平衡ビーム蒸気機関の高圧化をはかった。アメリカでは高圧で高性能の固定蒸気機関（fixed engine），コーリス蒸気機関が導入されていた。固定蒸気機関という表現は，蒸気鉄道や蒸気船など移動用の蒸気機関と区別した呼称である。

第8章
綿　　業

> 紡績工場は，自然の力に対する人間の科学による支配をもっとも顕著に表した例であり，近代の誇りでもある。この極めて重要な発見と発明の集積がほぼ例外なくイギリスの才能に由来したに違いないと省察することは，あらゆるイギリス人にとって大変申し分のない満足感をもたらす。
>
> ──エドワード・ベインズ『綿業の歴史』（Baines 1835, p. 244）

　綿業は産業革命の驚嘆すべき産業であった。初めは小さな産業分野であったが，1830 年代には 42 万 5000 人もの労働者を雇用して，イギリスの工業労働者の 16 ％ を占め，国内総生産（GDP）の 8 ％ を生み出していた（Deane and Cole 1969, pp. 143, 166, 187, Wood 1910, pp. 596-9）。工場労働者が生活し，働く巨大な都市が形成された。なぜ，どのように綿業がこれほど巨大な産業になったかを説明することは，産業革命を説明する上でもっとも根本的な問いである。

　技術革新はこの説明の中核をなしている。18 世紀の中頃まで，イギリスには世界標準から見て比較的小さな産業しかなかった。その頃，イギリスでは年間 300 万ポンド［136 万キログラム，1 ポンド = 0.453 キログラム］の綿糸が生産されていた（Wadsworth and Mann 1931, p. 521）。ヨーロッパでは，他にフランスで綿業が盛んで，イギリスとほぼ同程度の産出量であった[1]。どちらもインド・

---

1) Chaudhury (1999, pp. 143, 175, 188, 198, 211) によれば，18 世紀中頃ベンガルにおいて，綿布の現地消費額は約 6000 万ルピー，アジア商人による海外輸出額は 1000 万ルピー，ヨーロッパ商人による輸出額は 600 万ルピーであった。1750 年 1 月から 54 年 5 月までの間に，ヨーロッパには 74 万 4652 枚が輸出された。これらの綿布の平均価格を見れば，綿布は奢侈品ではなく，安価な商品であったことが分かる。ヨーロッパへの輸出量を 76/6 倍すると，総生産量が 943 万 2259 枚程度であっただろうと推計できる。典型的な綿布一反は，40×2.25 コービッドで，コービッドは約 18 インチだから，2 億 1222 万 5827.5 平方ヤードの布が生産されたといえよう。Pomeranz (2000, p. 318) の図

208　第 II 部　産業革命

ベンガル地方における年間 8500 万ポンドの産出量に比べれば微々たるもので
あった。ベンガルの綿業は，綿布を奴隷と交換していたアフリカのような市場
でヨーロッパ綿業と競合していた。

　すべての綿糸綿布は，手作業で製造された。生産工程に入る前に，まず綿花
は洗浄され，種子や茎などの破片は手で除去された。次の工程は，梳綿であっ
た。梳綿工程では，ピンが板上に整列した梳綿櫛を両手で一つずつ持ち，綿を
間にはさんで何度も櫛けずることで，ピンの整列順に綿の繊維を平行に揃えて
いく作業を行う。この長く平行に揃えられた綿の繊維［篠綿］は「粗紡」と呼
ばれ，次の紡績工程における素材となるものである。紡績技術の選択は，糸の
細さによって決まる。糸の細さの尺度は「番手」と呼ばれる[2]。現代のジーン
ズに使用されるような粗糸が 16〜20 番手，シャツで使用されているような細
糸が約 40 番手，最高級のモスリンは数百番手である。ヨーロッパでもインド
でも 50 番手以下の綿糸は手紡ぎ車で紡がれた。最高級のモスリンはインドだ
けで生産されており，紡錘と渦巻車を使って紡がれた。どの番手の綿糸でも，
手織り機で布に織られた。

　綿業の技術革新の歴史は，これらの生産工程の機械化の歴史である[3]。紡績
工程は織布工程よりも先に機械化された。この章では主に紡績工程について述
べていく。紡績工程を機械化できるかどうかという問題について，18 世紀前
半にさまざまな取り組みが行われた。確かにケリッジは 1700 年代初めのノ
リッジにすでに紡績機械が存在していたと主張している（Kerridge 1985, p. 269）。
発明家のルイス・ポールとジェームズ・ワイアットも，実用的な紡績機の発明

　　では，中国製の綿布が 1 平方ヤード当たり 0.4 ポンドの重さであったとしているが，
　　それはかなり信憑性がある。この布密度から考えると，年間綿布生産量は 8500 万ポン
　　ドだったということになる。
　2）番手とは，1 ポンド当たりの糸の長さが何綛（かせ）分かという数え方である。1 ポン
　　ド当たり長さが 1 綛分，840 ヤードある時，1 番手と呼ぶ。
　3）綿業についての標準的な歴史研究には，Baines (1835), Aspin and Chapman (1964), Fit-
　　ton (1989), Fitton and Wadsworth (1958), Wadsworth and Mann (1931), Hills (1970, 1979)
　　および Rose (1986, 1996, 2000) がある。有名な発明家については，*Oxford Dictionary of
　　National Biography*, online edition, 2008 に最新の人物評が掲載されており，有用な情報
　　が要約されている。

にほぼ成功していた。1730年代後半から50年代後半の間に，彼らは圧延ローラーを使った紡績機を作り出そうと試行錯誤していた。特許も二つ獲得して，バーミンガムで工場を経営したが，利益を生み出すことはできなかった（Wadsworth and Mann 1931, pp. 419-48, Hills 1970, pp. 32-53）。初めて商業的に成功したのは，1760年代中頃にジェニー紡績機を発明したジェームズ・ハーグリーヴズであった。そのすぐ後に，圧延紡績を完成させたリチャード・アークライトが続いた。手紡ぎはかつて家内工業として組織されてきたが，ジェニー紡績機が発明されると，そのような家内工業の場において手紡ぎに取って代わった。アークライトの水力紡績機は当初から，工場生産に適するものであった。ジェニー紡績機は緯糸を紡ぐのにもっとも向いており，水力紡績機は経糸を製造するのにより適していた[4]。ジェニー紡績機も水力紡績機も，番手の高い細糸を紡ぐのには適していなかった。1770年代にサミュエル・クロンプトンはジェニー紡績機と水力紡績機の利点を組み合わせて，ミュール紡績機と呼ばれる新しい機械を発明した。この機械はインド産の最高級の綿糸に匹敵する細糸を紡ぐことができたため，19世紀に綿製品市場においてイギリスが世界の覇者になっていく基礎を形作ることになった。

　ジェニー紡績機，水力紡績機，ミュール紡績機は，綿紡績の機械化を推進した主要な発明であった。しかしながら，これらの発明自体は機械化の歴史物語のほんの一部分を語っているに過ぎない。これらの機械の改良が進んだだけでなく，綿の洗浄，梳綿，繰糸などのその他の工程もまた機械化された。さらに，これらの機械が工場空間内に整然と配置され，原材料の流れが調整され，動力をつくり伝達する方法も考え出されねばならなかった。これらの工程に対応する分業体制も生み出された。言い換えれば，綿紡績機だけでなく綿紡績工場自体が発明されなければならなかったのである。

　表8-1は生産工程の機械化がもたらした費用面での変化を示している。1760年代の手紡ぎの工程から1830年代の工場生産までの綿紡績にかかる費用を復

---

4) 布一反の面積は，布の種類や仕様によって，長さ12〜30ヤード，幅1〜2ヤードの範囲でさまざまであった。布の長辺に通っているのが経糸で，短辺に渡されているのが緯糸である。

210　第 II 部　産業革命

表 8-1　綿糸（16 番手）1 ポンド当たりの実質生産費用

（単位：ペンス，1784 年価格）

	手紡ぎ 1760 年	24 紡錘ジェニー紡績機 1775 年	アークライト型工場 1784 年	グラスゴー一貫工場 1836 年
原綿	16.88	16.88	16.88	16.70
準備	1.40	1.40	0.82	0.02
梳綿	5.60	5.60	1.87	0.14
紡績	7.00	2.33	2.57	0.34
繰糸・結束	0.47	0.47	1.07	0
機械調整等			1.12	
事務・管理	2.72	2.72	0.41	0.02
建築資材	0	0	1.20	0.53
資本	0.93	1.88	2.00	0.47
平均費用合計	35.00	31.28	27.94	18.22

注）表中の数値の信頼度はまちまちである。

〈1760 年，手紡ぎ〉

　Ellison (1886, p. 61) によれば，1 ポンドの綿糸を生産するのに 18 オンスの原綿が必要だという。

　Guest (1823, p. 10) は綿糸を紡ぐ作業を下請けに出した織布工の収入と支出について記述している。ゲストによれば，紡績作業にかかる費用と，梳綿・粗紡・選別作業にかかる費用は，[1820 年頃に]共に綿糸 1 ポンド当たり 9 ペンスであったという。これにより，ここでは，両方の作業にほぼ同程度の時間がかかったと推測する。紡績工は低い番手の綿糸であれば 1 日に 1 ポンド紡げた，という推定（Muldrew 2007）には十分根拠がある。表中では，綿糸 1 ポンド分の紡績作業に 1 日と，梳綿・粗紡・選別作業に 1 日かかったと考え，1784 年当時の女性の日給 7 ペンスをそれぞれの工程における生産費用として用いた。選別作業は綿糸 1 ポンド当たり 1.4 ペンス，梳綿作業は 7 ペンス引く 1.4 ペンス［= 5.6 ペンス］と推計した。ピンチベックの引用した 1790 年代初頭の史料によれば（Pinchbeck 1930, pp. 152-3），選別作業は工場の下請けで家内作業で行われた場合に綿糸 1 ポンド当たり 1.5 ペンスであったという。女性の日給は 7 ペンスであったから，選別作業にかかった時間は 1.5/7 = 0.21 日（綿糸 1 ポンド当たり）となる。表中では，選別作業にかかった時間を綿糸 1 ポンド当たり 0.2 日と四捨五入したため，費用は 1 ポンド当たり 1.4 ペンスとした。繰糸・結束作業については，パプルウィック工場の収支簿から推計した。パプルウィック工場ではこれらの作業の機械化が進んでいなかったからである。[1760 年頃には]これらの作業工程は，紡績工程のなかに含まれていたり，あるいは問屋商人が行っていたりしたかもしれない。しかしながら，ここでは金額も小さいということもあるので，別項目として記載した。

　問屋制の運営費用を，労働費用の 25 ％ と推計した。ワイアットによれば，「マンチェスターで極めて注目に値する問屋商人」であったジェームズ・リヴゼイが 1743 年に「1 綛（かせ）の糸を紡ぐのに 1 ペニーしか紡績工には支払っていないが」（紡績工は自分で紡ぐか下請けに出していたので，この 1 ペニーで直接労働費用はすべて賄った）「田舎周りをする取次人や丁稚の数を考えると，1 綛 5 ファージング［= 1.25 ペンス］に跳ね上がる」と告げている（Baines 1835, pp. 131-2 の引用より）。この 25 ％ を直接労働費用にかけると，問屋制の運営費用は綿糸 1 ポンド当たり 3.62 ペンスとなる。表中では，その 3 分の 2（綿糸 1 ポンド当たり 2.72 ペンス）を事務・管理費用とし，3 分の 1（綿糸 1 ポンド当たり 0.90 ペンス）を資本費用とした。問屋制を運営するには，倉庫や馬車が必要であり，そのことはリヴゼイの発言のなかに含められているといえるからである。資本費用の残り（綿糸 1 ポンド当たり 0.03 ペンス）は手紡ぎ車の年間使用にかかる費用である。

〈1775 年，24 紡錘ジェニー紡績機〉

　1760 年の手紡ぎにかかる全費用，ただし紡績にかかる費用は 3 分の 1 に落として記載している。文中で説明したように，このことは労働生産性が 3 倍になったことを意味している。

〈1784 年，アークライト型工場〉

　ここで使用しているのは，ロビンソン 3 兄弟（ジョージ，ジョン，ジェームズ）が所有していたパプルウィック紡績工場の実例である。ワットの蒸気機関がその翌年 [1785 年]に導入されている。1784 年には，この工場は 2,000 紡錘のアークライト型水力紡績工場であった。チャップマンが詳述しているが（Chapman 1971），生産費用の詳細はノッティンガム文書館のポートランド文書 DD 4P 79/63 に記載されている。

第 8 章　綿　　業　　**211**

この文書内容は詳しいが不完全なものである。

　生産費用の詳細には，単位当たり費用と，また労働費用との関係も，ほぼすべての部門について明示されている。しかしながら，工場内のいくつかの部門（たとえば梳綿工程）では不完全な記述しかなく，運営に関わる労働費用（職長や機械技術者など）は省かれている。これらの欠陥は，Hills (1970, p. 237) による。クオリーバンク工場の雇用関係記録を用いて補足する。職長の給与については，Pollard (1965, pp. 171-2) を参考にした。

　この収支簿史料は不完全であるばかりでなく，解釈の問題も 2 点浮かび上がる。第 1 点目の問題は，何交替制で働いていたかということである。1 日 2 交替制で 24 時間稼働だったと仮定しなければ，この収支簿は理解しがたいところがある。2 交替制は 1780 年代には普通のことであった（Fitton 1989, p. 152）。この前提で考えると，文書のなかで示された費用の概要と，本書で復元した労働時間と労働費用の水準とつじつまが合う。第 2 点目は，この工場で生産されていた綿糸は平均 25.6 番手だったのに対して，表中では 16 番手を想定して推計していることである。16 番手はもっともよく生産された綿糸であるが，この生産費用を推算するには二つの方法がある。一つには，文書のなかでは番手ごとの綿糸価格表があるため，すべての番手の綿糸平均価格に対して 16 番手の綿糸価格が何割だったかを計算して，それを綿糸 1 ポンド当たりの単価費用にかけて換算するという方法がある。この計算は，価格と費用の比率がすべての番手について同じであると想定している。

　もう一つの方法としては，工場内の番手ごとの生産量から割り出す方法がある。低い番手の方が生産速度が速いということを考慮すると，工場がフル稼働していたと前提して，低い番手の綿糸生産費単価を計算することができる。この方法で計算しても，価格から割り出した数値とほぼ変わらないため，こちらを表中の費用構成の推計に用いた。

〈1836 年，グラスゴー一貫工場〉

　Montgomery (1836, pp. 248-56) による。この工場は紡績織布一貫工場であった。生産される綿糸はすべて 16 番手か 18 番手であった［2,100 紡錘（スロッスル紡績機）が 16 番手，2,400 紡錘（ミュール紡績機）が 18 番手を生産］。織布工程の労働費用は，完全に削除して計算しているが，この工場では部門ごとに労働者数や労働費用が記載されているため，紡績・紡績工程のみにかかる直接労働費用を推計するのは簡単であった。資本費用についても，ほぼすべての部門ごとに分けられて記載されている。建物および動力源の建設費用，建築資材費用，経営にかかる労働費用に関しては，工場全体での費用が記載されている。これらの費用に関しては，梳綿・紡績工程にかかる資本（62 ％）と織布工程にかかる資本（38 ％）に対応させて，その割合で梳綿・紡績工程および織布工程に 2 分割して用いている。

元したものである。表中の費用はすべて 1784 年価格で示されているので，生産費用とその構成要素の変化は，必要投入要素量と生産性の変化を表しているといえる。表 8-1 では，16 番手の綿糸を生産するのにかかる費用を示しているが，そこにはより高い番手の糸を紡ぐことができることによる効率改善益は含まれていない。それでも，生産性の伸びは印象的である。1836 年の工場生産は 1760 年の手紡ぎ生産に比べて，綿糸生産費用を半減させた。つまり生産性は 2 倍に上昇した。綿糸 1 ポンド当たりの原綿投入量をわずかに減らすような改善もなされたが，効率改善益の大部分は資本，原料，労働力の節約によるものである。綿糸 1 ポンド当たりの実質付加価値は，手紡ぎ生産による 18.12 ペンス［1.51 シリング＝ 0.0755 ポンド，1 ポンド＝ 20 シリング＝ 240 ペンス］以上から，1836 年には機械生産による 1.52 ペンスにまで下落している。17.19 ペンスからわずか 0.52 ペンスにまで下落した労働力に対する対価の節約がとくに顕著である。資本に対する対価も下落したが，その程度は緩やかで，綿糸 1 ポ

212 第 II 部 産業革命

ンド当たり 1 ペンスから 0.5 ペンスにまで下がったに過ぎない。イギリス綿業における技術革新は，希少で高価な生産要素である労働力を容赦なく削減したのである。

　表 8-1 を見ると粗糸の生産費の下落についてよく分かるが，それは機械化の歴史のほんの一部分しか表していない。より細い糸についていえば，まず細い糸を生産するにはそもそも綿糸 1 ポンド当たりより多くの労働が必要で，イギリスの賃金はあまりにも高かったため，20 番手よりも上の細糸を生産しても競争に勝つことはできなかった。ここでも機械化が問題を解決することになる。機械は粗糸よりも番手の高い細糸の方がより一層生産費を削減したからである。イギリスで生産された綿糸の平均番手は 1780 年代後半には 27 番手だったといわれるが，1830 年代までに約 40 番手にまで上昇した（von Tunzelmann 1978, p. 182)。図 8-1 は 18 番手の緯糸と 40 番手の経糸の価格下落傾向を比較している。これらの価格は，綿製品生産のための投入要素の価格指数によって調整された価格になっている。この指数は，技術革新のない世界でどのように綿糸価格が変化しえたかを示すものである。つまり，投入要素の物価指数で調整された製品価格が下落しているということは，投入要素費用に対して製品価格が相対的に下落していることを意味し，技術革新が進んでいるということを示しているのである。18 番手緯糸の実質価格の下落傾向は，表 8-1 で示された 16 番手の綿糸の実質価格下落傾向と似通っている。図 8-1 では，40 番手の綿糸の生産性の向上はそれらよりもさらに速かったことが分かる。次に見るように，さらに高い番手では，効率改善益の上昇は一層急激であった。

　1836 年の綿紡績工場は極めて効率的であったため，世界のいかなる地域の手紡ぎと競争しても勝てる状態に達していた。19 世紀中頃までにインドのような非常に低い賃金の経済でも綿紡績工場は建設されるようになっていた（Morris 1983, pp. 572-83)。しかしながら，どこでもそううまくいったわけではない。機械紡績がまだ若年期にあった 18 世紀中頃に，機械紡績は労働費用が高いところでのみ利益を生み出すことができた。18 世紀のイギリスで起きた綿製品生産における技術革新がなければ，表 8-1 で示されたような発展の軌跡は見られなかったであろう。そして，ワーテルローの戦い以降［すなわちナポ

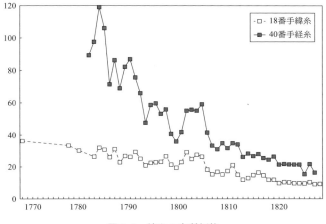

図 8-1 綿糸の実質価格

出典）Harley (1998, p. 74) の価格データによる。物価調整のための指数は4種類の投入要素価格を用い，1784年パップルウィック工場の諸費用によってウェイトをかけた。投入要素は，原綿，労働，資本，そして建築資材である。原綿価格は Shapiro (1967, p. 261)，および Mitchell and Deane (1971, p. 491) から引用した。労働価格はイングランド北部の熟練建設作業員の賃金から取っている。資本は利子率（5％）と減価償却率（5％）に，熟練建設作業賃金，銅，鉄，木材の物価指数を掛けたものである。第7章にある蒸気機関の建設費物価指数を建設資材の物価調整に用いた。

レオン戦争終結以降］世界中に広がったような綿織物の工業化は起こりえなかったであろう。この発展の軌跡を説明するには，まず第1段階を説明することから始めなければならない。あまり他にありえないことであるが，綿紡績機械の発展の第1段階は二つあった。なぜなら，ジェニー紡績機と水力紡績機の二つは，同じ問題に対してそれぞれ独立の解決策だったからである。これらの発明はどんなひらめきに触発されたものであったか，どのような研究開発が必要であったか，そしてなぜ18世紀イギリスで発明が起きたのかを分析しなければならない。

マクロレベルの技術革新，第 1 段階——ジェニー紡績機[5]

紡績機械の発明に関わる創造力と努力の投入量を測るために，ジェニー紡績機や水力紡績機が，手紡ぎ車とどのような点で違うのかを検討しなければならない。図 8-2 は手紡ぎ車が稼働している様子を描いている。原綿はまず梳られて，粗紡（綿繊維がゆるく平行に揃った状態）になる。手紡ぎは，粗紡を引っ張って細くし，さらにそれを撚って強くする，という二つの動きから成り立っている。中世後期には，この一連の動きを「手紡ぎ車」が行っていた。手紡ぎ車には，三つの部分がある。車自体，紡錘，そして車と紡錘をつなぐベルトの役割をする紐である。足踏みが付けられていることもあり，その場合は紡績工は足で踏んで車を動かし，ない場合は，図 8-2 にあるように右手で動かしていた。紡績工は左手で粗紡を持ち，粗紡のもう一端は水平に取り付けられた紡錘に巻き取らせていく。車が回ると紡錘が回転する。紡績工は粗紡を引っ張って細くさせ，同時に手を左方向に動かす。この動きをすることで，糸は紡錘が回転するたびに紡錘の端から滑り落ちる。そうすると糸が撚れるというわけである。十分な撚りが与えられたら，紡績工は左手を右方向に動かし，再び手が自分自身と紡錘の間に来るようにする。この位置では，今度は，糸は紡錘に巻き取られていく。この一連の動きが，数インチの粗紡を引っ張るたびに繰り返され，糸が細く巻き取られていく。

偉大な発明をするには，天才的な才能，一瞬のひらめき，新たな科学的知識が必要だといわれている。しかしながら，ジェニー紡績機の発明はその類いのものではなかった。繊維を紡ぐ装置を考案することは，多くの人が考えていた。ハーグリーヴズ自身も左手でいくつもの糸を持つことで，同時に複数の車を動かす方法を試していた。しかしながら，このアイデアは水平に取り付けられた紡錘では実行不可能であった。ハーグリーヴズは 1764 年に解決策を思いついた。かなり眉唾物の物語ではあるが，横倒しになった手紡ぎ車がいつまでも

---

5) ジェニー紡績機については Baines (1835), Aspin and Chapman (1964), Hills (1970, pp. 54-60), Wadsworth and Mann (1931, pp. 476-82) を参照。

第 8 章　綿　　業　　215

図 8-2　手紡ぎをする女性（ジョージ・ウォーカー『ヨークシャーの衣服』1814 年，ブリッジマン美術図書館・私有コレクション）

回って，自動的に糸を巻き取り続けているのを見て，着想したといわれている。手紡ぎ車が横倒しになると，紡錘は垂直になる。それによって同時に複数の紡錘について糸を引っ張ったり撚ったりすることが可能になる。こうして，垂直の紡錘がジェニー紡績機の基本的な特徴となった（Baines 1835, p. 157）。この物語が本当なら，ローカル・ラーニングがマクロレベルの技術革新につながった一つの好例であるといえよう。しかし，このようなことはまれであった。なぜなら，ほとんどのマクロレベルの技術革新は，その産業の外から持ち込まれた新たな知識や方法がきっかけとなって起きてくるものだからである。そのため，生産要素の構成に大きな変化をもたらしたのである。

　ジェニー紡績機では，片側 1 列に紡錘が並び，もう一方の端にピンが紡錘と平行に 1 列に並んでいる（図 8-3）。ピンに巻き付けられた粗紡は，それぞれジェニー紡績機の反対側に並ぶ紡錘の方へと引き出される。すべての紡錘は一つの車からベルトによって動力が伝えられて回転する。紡錘とピンの間には，粗紡を摑んで引き出す鍵手がついた緯木が取り付けられている。この［糸の上方を前後に滑る］緯木は「締め木」と呼ばれる。糸の撚りは紡錘を傾けることで付与され，紡錘が回転しつつ，糸が端から滑り落ちることで，撚りがかかる

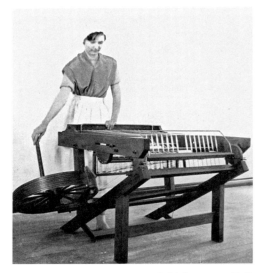

図 8-3　ハーグリーヴズ 1770 年版「ジェニー紡績機」の復元模型（ブリッジマン美術図書館・私有コレクション）

仕掛けになっている。そして最後に，締め木を紡錘のほうに押し戻すことで，糸が紡錘に巻き取られる。それと同時に，締め木が次の粗紡を摑んで引き出し，一連の動きが繰り返される。

　ジェニー紡績機は高度な知識を要する発明ではなかった。ハーグリーヴズの最初のジェニー紡績機は切り出し小刀でつくられ，満足のいくデザインにたどり着くまで，1764 年から 67 年までかかった（Aspin and Chapman 1964, p. 13）。ジェニー紡績機は紡績工と手紡ぎ車の動きを真似て，その規模を大きくしたものである。この発明の難しさは，他の 18 世紀の発明と同様に，いかにして各部分をつなげて，その順序を完璧にするか，ということにあった。一つの特徴として，偏向ワイヤーがある。偏向ワイヤーは，糸を垂直紡錘に巻き取る際に下のほうに固まらず，紡錘全体に均一に巻き取られていくように糸を誘導する仕掛けである。ジェニー紡績機を発明することは，技術的な挑戦であり，研究開発の実行例であった。

第 8 章 綿 業 **217**

　他の発明に比べて，ジェニー紡績機の研究開発費用は微々たるものであった。
ハーグリーヴズは手織り織布工であったため，年間の収入は 50 ポンド以上と
いうことはありえなかったであろう。実験的に制作した機械のための資材を買
うのに，いくらか支払いが発生していたであろう。ハーグリーヴズは助手を
雇っていた可能性もある。しかし，どう見てもジェニー紡績機を開発するのに
500 ポンド以上かかったとは考えられない。

　とはいえ，誰かが資金提供をしなければならなかったはずである。当初，
ハーグリーヴズはラムズクロー村という，ランカシャーの僻地の村に下宿を与
えられ，「ベンチャー資本家」の役回りを演じたロバート・ピール［ピール首
相の祖父］によって支援を受けた。このピールは，首相も輩出したロバート・
ピール准男爵家の血筋をひいていたが，本人自身は称号を持っておらず，教養
のある人間でもなかった。ピールは小規模借地農で「パーズリー・ピール」の
名前で，パセリの葉を描いたトレードマークを用いて問屋商人としても活躍し
ていた。ハーグリーヴズがジェニー紡績機の発明に成功したと聞くと，近隣の
人々はハーグリーヴズの家に押しかけ，ジェニー紡績機とその他の家具をたた
き壊してしまった。1768 年にはハーグリーヴズはピールが工場の場所を提供
してくれた［リヴァプールの郊外の］ブルックサイドに引っ越したが，再び暴
徒に襲われ，ジェニー紡績機は破壊されてしまった。ハーグリーヴズはその後
ノッティンガムに移り，シップリーという名の男性の下で働いた後，トーマ
ス・ジェームズという建具屋から資金提供を受けるようになって工場を建てる
ことができた。

　ハーグリーヴズは，ジェニー紡績機の発明によって儲けられると信じていた。
一つの方法としては，ジェニー紡績機を製造販売することであった。彼はラン
カシャーにいる間からジェニー紡績機を何台か販売した。ハーグリーヴズは
ジェニー紡績機の技術特許を得ることで儲けたいとも思い，1770 年には特許
を得ている。しかしながら，ハーグリーヴズが特許の権利を行使しようとする
と，彼の法廷代理人はハーグリーヴズがすでにジェニー紡績機を販売してし
まっているため，法廷で勝つ見込みはないと忠告している。ハーグリーヴズに
3,000 ポンドの対価を支払ってジェニー紡績機の使用権を獲得しようとした工

218　第 II 部　産業革命

場主もいたが，ハーグリーヴズが最低でも 4,000 ポンドと主張したため，交渉は決裂した。18 世紀後半にはジェニー紡績機は広く普及して使われるようになったが，ハーグリーヴズは自分の発明でほとんど儲けることはなかった（Aspin and Chapman 1964, pp. 13-24, 34-5, Baines 1835, p. 158）。

　ジェニー紡績機は当初小規模農家に設置されたため，資本集約的な生産手段だと見なされない傾向がある。たとえば，アスピンとチャップマンは「比較的安価なジェニー紡績機」と「高価な機械」であったミュール紡績機とを対比している（Aspin and Chapman, 1964, p. 46）。「手動で動かすことができ，ミュール紡績機や水力紡績機に比べて安価に製作することも，またずっと安価に購入することもできたため，資金の限られたなかで事業を興そうと考えた男たちはこぞってジェニー紡績機を選んだ」という。アークライト型工場を建てるよりも，ジェニー紡績機を購入する方が安価であったことは確かであったが，ジェニー紡績機がもたらした綿紡績に必要な投入要素の構成比の変化は大きかった。ジェニー紡績機に比べて手紡ぎ車は極めて安価であった。たとえばマルドリューによれば，遺産目録を調べて見て分かったことであるが「手紡ぎ車が 1シリング以上の価値があるものとして記録されていることはまれで，ずっと安価なものとして査定されていることの方が多かった」（Muldrew 2007, p. 8）という。それに比べて，24 紡錘のジェニー紡績機は 70 シリングもするものであった。手紡ぎ車もジェニー紡績機も 1 人の女性が動かすことのできるものであったから，ハーグリーヴズの発明は資本労働比率を 70 倍に上昇させることになった[6]。これが偏った技術革新［第 6 章を参照］と呼ぶべきものであったことは確かである。

　ジェニー紡績機はイギリスで急速に普及していった。アスピンとチャップマンによれば，1770 年代から 80 年代までにイングランド北西部の町の多くでジェニー紡績機が使われていた（Aspin and Chapman, 1964）という。1783 年に，あるマンチェスターの歴史家は，いかに 12 紡錘のジェニー紡績機が当初「極

6）マルドリューが用いた遺産目録はジェニー紡績機の発明よりも以前に書かれたものだったが，これら 2 種類の資料によって裏付けられた，手紡ぎ車とジェニー紡績機の間の価格差は，非常に大きなものであったため，結論の方向性を変えるには及ばない。

めて大きな事件」と見なされていたかについて報告している。

ジェニー紡績機の普及は，とくに工場に設置された大規模なものについてであるが，しばしばその使用に反対する紡績工らによる暴動や放火の被害にあって，一時的に頓挫することもあった。しかしながら，1788年までには2万70台のジェニー紡績機がイギリス国内で稼働していたといわれている（Aspin and Chapman 1964, pp. 48-9）。

インドやフランスでは状況は全く違っていた。フランスではジェニー紡績機は敬遠されていたが，それはフランス人の知識不足のためではなかった。実際，フランス政府は積極的にジェニー紡績機の導入を進めようとしていた。イギリス人でジャコバイトのジョン・ホーカーは，1750年にフランスに亡命し，綿業者として活躍するようになっていた。彼は1754年に外国製品総括監察官に任命され，海外から新しい技術を輸入することを命じられていた。1771年にホーカーは息子をランカシャーに送り込み，新しい機械について報告をするようにと命じたところ，息子はジェニー紡績機をフランスに持ち帰ってきた。この機械は忠実に模倣されて，フランスの製造業者に利用された。フランス政府はジェニー紡績機の利用に補助金すら出していた。ジェニー紡績機はいくつかの大規模工場に設置されたが，その他では全く無視された。1790年代にフランスでは900機のジェニー紡績機しか導入されなかった。これは当時のイギリスに比べれば5％未満にしかならない普及率であった（Aspin and Chapman 1964, p. 49, Wadsworth and Mann 1931, pp. 195-9, 503-4）。

インドでもジェニー紡績機の普及は進まなかった。ジェニー紡績機について無知であったというのも一つの理由かもしれないが，もっと根本的な問題があったと信ずべき根拠もある。この関連で，中国の例を見てみると良いであろう。中国では13世紀に麻の紡績機が発明されたが，一般的に広く普及することはなく，いつの間にか全く使われなくなっていた（Elvin 1973, 1972, p. 137）。これは文化的あるいは制度的失敗によるものであろうか。それとも，手紡ぎ車を続けることには何らかの経済的合理性があったのであろうか。インドでジェニー紡績機について広く知られるようになっていたとしても，18世紀の段階でジェニー紡績機を利用して割りに合うことはなかったであろう，と私は考え

ている。この考えが正しかったとしても，ニーダム問題（Needham 1954）（すなわち，なぜ中世まで世界をリードしていた中国の科学技術がその後停滞してしまったのかという問題）の明確な解答にはなっていない。だが，少なくともアジアで機械技術が発展しなかったのは，「失敗」なのではなくて経済的な環境への合理的な反応であった，という見方を弁護するものではある。

なぜインドやフランスで，ジェニー紡績機は積極的に受け入れられなかったのか。このことは，起業家が無能だったとか，文化的に遅れているとか，そういう理由によるものなのであろうか。このような見方を肯定する際には，フランスやインドでジェニー紡績機を導入すればイギリスで導入した場合と同様に高い利益率が見込めた，ということを前提としなければならない。しかしながら，生産要素価格の違いと技術革新の偏向性を考慮に入れると，この前提は非常に疑わしい。ラムズクローやブルックサイドの紡績工らは，雇用主［問屋商人］らがジェニー紡績機を買い，したがって紡績工の仕事を削るほうが割りに合う，と考えるのではないかと恐れたのである。彼らの見方は正しかったであろうか。もしそうだとしたら，賃金水準が高いイギリスでのほうが，賃金水準の低いフランスやインドでよりも，雇用主が機械を導入する経済的誘因は高かったのではないだろうか。

これらの疑問点に答えるには，これら 3 カ国の問屋商人がジェニー紡績機を購入することで得られる収益率を計算してみるのがよいであろう。会計用語では，資本利益率とは，ジェニー紡績機の経済的寿命の間に労働費用が年間いくら節約できるかを割引現在価値で表したもの（ジェニー紡績機の維持費は除く）が，ジェニー紡績機の購入価格と同等かそれ以上になることによって得られる利子率のことである。ジェニー紡績機の寿命はおよそ 10 年であった。手紡ぎ車の代わりにジェニー紡績機を導入することで節約される労働量は，紡績工が週何日働くか，また労働生産性がどれだけ向上するかによって決まってくる。これらの要素には時と場合によってある程度の違いがあるが，たとえば初期の 24 紡錘ジェニー紡績機は，労働生産性を典型的な場合には 3 倍に高めた。家内紡績工は，収穫期の農作業や子どもの世話，料理や夫の仕事の手伝い等をしなければならなかったので，しばしばフル稼働の 40 ％しか働いていなかった。

第 8 章 綿 業 **221**

このような状況を考慮に入れると，ジェニー紡績機を購入することの収益率は，イギリスで 38 ％，フランスでは 2.5 ％であり，インドではマイナス 5.2 ％で丸損であった。（本章補遺 1 を参照）これらの違いは資本価格に対する賃金水準の違いによるものだった。24 紡錘のジェニー紡績機の導入費用は，高賃金経済のイギリスでは 134 日分の収入に匹敵したが，フランスでは 311 日分の収入と同等であり，インドではそれよりもずっと大きかったのである（Young 1792, p. 311, Chapman and Butt 1988, p. 107, Chassagne 1991, p. 191）。これらの数値を見れば，イギリスの問屋商人にとってジェニー紡績機が抑えがたいほど魅力的だったのに対して，フランスやインドではそうではなかったということが分かる。

　技術採用の歴史的経緯からも，なぜジェニー紡績機がイギリスで発明されたのかという問題を説明できる。すでに見てきたように，ハーグリーヴズは 4 年間を費やしてジェニー紡績機を完成させ，この事業に何百ポンドもの費用をかけた。フランスやインドでも，もし発明家が一つの車で複数の紡錘を動かす仕組みを作ろうとしたなら，同様のことが起こったであろう。イギリス以外の地でこのような事業は試す価値のあることだったであろうか。答えは否である。ジェニー紡績機はフランスやインドでは使用されなかった。これらの国では低賃金であったがために，機械の導入は経済的利得を生み出さなかった。したがって，ジェニー紡績機を開発するために時間や金を費やすことは意味のあることではなかった。フランスやインドではなくて，なぜイギリスでジェニー紡績機が発明されたのか，その理由を理解するにはこれで十分である。

　ジェニー紡績機は最初の成功した紡績機械として有名であるが，表 8-1 に明らかなように，費用や価格に対して与えた影響は限定的なものであった。まず表中の最初の列を見ると，16 番手の綿糸 1 ポンドを紡ぐのに，1760 年代に手紡ぎでいくら費用がかかったかが分かる。1784 年の 1 日の労働賃金が 7 ペンス，紡績工 1 人 1 日綿糸 1 ポンド紡ぐとの前提の上で，紡績作業それ自体は，7 ペンスであったと想定できる。それに原綿を仕入れる費用，洗浄と梳綿，繰糸，それから問屋制の経営に関わる費用が加わる。これらのうち，いくつかは資本費用であったが，ほとんどが労働費用であったと考えてよいであろう。費用全体としては，16 番手の糸を 1 ポンド生産するのに，35 ペンスかかったと

222　第 II 部　産業革命

考えられ，これは綿糸の市場価格とほぼ同じであった。紡績工程自体は費用全体の 5 分の 1 しか占めていない。それは費用全体のごく一部であり，ジェニー紡績機が 1 日の生産量を 3 倍に増やすと仮定すれば，ジェニー紡績機を利用することで手紡ぎに比べて［紡績工程の］労働費用を 3 分の 1 に減らすことができるだけであった。紡績にかかる費用は全体のうちのほんの一部にしか過ぎないため，ジェニー紡績機の導入は平均総費用の 11 ％削減にしかつながっていない。ジェニー紡績機の導入による効果は，図 8-1 にも表れているが，18 番手綿糸の実質価格は，ジェニー紡績機が手紡ぎ車に置き換わった 1770 年代に 10 ％下落したことが見て取れる。

リチャード・アークライトの発明[7]

圧延紡績

　リチャード・アークライトは産業革命期のもっとも有名な発明家であるといえよう。彼はおそらくもっとも金持ちになった発明家でもあった。アークライトは水力紡績機——圧延紡績を実用化した機械——を発明したことで有名である。表 8-1 では，水力紡績機の導入による労働生産性への影響は，ジェニー紡績機の導入とほぼ同様で，紡績労働費用を 3 分の 2 程度削減した。しかし，アークライトの貢献は水力紡績機の発明を超えていた。彼は梳綿機械を考案して特許を得て，水力紡績機の導入以上に労働費用を節約することに成功している。さらに彼は綿紡績工場自体も「発明」した。綿紡績工場は，数階建ての建造物で，その内部に，もっとも効率的に原材料を運搬し，動力を伝導できるよう，何種類もの機械が整然と並べられている。このため［女性紡績工のパートタイム労働による］時間限定労働と，それに伴う資本利用の時間制限は，完全になくなった（Marglin 1976）。問屋制にかかる事務作業費用もなくなったが，これは追加的に必要になった建築資材費用やその他の間接費用が増えたので，

　7）アークライトと彼の発明については，Baines (1835, pp. 147–96), Hills (1970, pp. 61–72), Wadsworth and Mann (1931, pp. 482–503) を参照。

図 8-4 アークライトの水力紡績機，1775 年頃（科学博物館蔵）

ほぼ相殺された。全体でいえば，アークライトの工場制度は粗糸生産の実質費用を手紡ぎに比べて，20％削減することに成功している。

　水力紡績機は，1769 年に特許を得たが，アークライトの主要な発明の第 1 弾であった。図 8-4 は水力紡績機の，図 8-5 はその「時計仕掛け」の精密な図である。粗紡は機械の上部に巻き付けられた。その後，3 組の圧延ローラーの間を通される。このローラーは，綿をその間で引き延ばし，しわ伸ばし機のような作用をする。2 組目のローラーは，1 組目のローラーの 2 倍の速度で回転し，3 組目のローラーはさらにその倍の速さで回る。1 組目のローラーは粗紡を機械のなかに引き込み，2 組目との関係でいえば引き延ばされ過ぎないように引き留めておく役割もする。2 組目のローラーは一方でより速く回転して，さらに先に引っ張っていくので，綿糸はこのようにして 2 組のローラーの間を通るだけで，ますます延ばされ細くなっていく。この糸延ばしの作用は，2 組目よりも 3 組目のほうが速く回転するため，2 組目と 3 組目のローラーの間でも同じように繰り返されていく。このようにして水力紡績機は，紡績の第 1 段

224　第 II 部　産業革命

図 8-5　アークライトの水力紡績機の詳細，1775年頃（科学博物館蔵）

階の動作，すなわち繊維を引き延ばすという動作を成し遂げるのである。

　第 2 段階の動作，すなわち糸を撚る動作は，水力紡績機の下部に位置する，はずみ車の動きによって成し遂げられる。はずみ車は繊維を撚るのと同時に糸巻きに巻き付けていく動作をする。これはアークライトの独創によるものではない。たとえば，はずみ車は手紡ぎ車の付属部品として，すでに 15 世紀に考案されていた。水力紡績機の新しさは綿を引き出す圧延ローラーの一連の動きにあるといえる。

しかしながら，この発想もアークライトのものではなかった。ワイアットとポールは 1730 年代にすでに綿の引き出し方法として考案しており，1759 年にポールが死去するまで試行錯誤を続けていた。

　ジェニー紡績機はローカル・ラーニングにより（倒れた手紡ぎ車の観察により）生み出されたが，圧延紡績は他の産業から模倣された技術によって生み出された。そして，この着想の源が，生産要素の構成比にも大きな影響を与えることになる。圧延ローラーを使って綿を引き出すという発想は，すでにこの頃までに広く普及していた技術を巧みに応用した結果，生まれたものである。圧延ローラーの利用方法は，金属棒や鋳塊，金属板や釘をつくるための冶金技術としてすでに長い歴史があった（図 8-6）。金属圧延機と圧延紡績の共通点はあまりにも大きかったので，リースは，アークライトが圧延機を観察して圧延紡績の着想を得た，とまで述べている（Rees 1819-20, vol. II, p. 173）。16 世紀や 17 世紀には，圧延ローラーを使った粉ひき小屋の設計図もあったほどである。17

世紀後半には，［フランスの］サン・ゴバン工場ではガラスを圧延機で伸ばし，さらに磨く作業もローラーで行うような機械が導入されていた。織布のツヤ出し工程でも高圧をかけたローラーの間に布を通して加工することがあった。1696 年にパリでは貨幣の鋳造に圧延機を用いていた。17 世紀の後半には，鉛板をつくるのに成型ではなく圧延を用いて，「圧延」鉛板が製造されるようになっていた。オランダでは製紙業で，1670 年に材料となる布ぼろ麻を切り

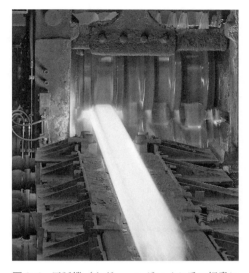

図 8-6　圧延機（ウヴェ・ニゲマイヤ氏の好意による）

裂くための釘が並んだローラーが開発され，1720 年には圧力をかけて紙を伸ばすためのローラーが使われるようになっていた。砕石作業にも圧延ローラーは使われていた[8]。

　圧延紡績の最大の問題は，どのようにしてこのアイデアをうまく実用化するか，ということであった。図 8-7 はワイアットとポールによる二つ目の技術特許の設計図であるが，これとアークライトの水力紡績機を比較することで，どのような技術的な問題があったのかが見えてくるであろう。どちらの機械もはずみ車を用いて，仕上がった糸を撚って巻き取るという動作をしていた。ワイアットとポールの設計図には，1 組のローラーしか描かれていないが，アークライトの水力紡績機には 3 組のローラーが設置されていた。ローラーがお互いに引き合うように，複数組の圧延ローラーを設置することが必要不可欠である。

---

8) Singer, Holmyard, Hall *et al.* (1957, vol. III, pp. 16-7, 32, 45, 47, 177, 238-9, 340-4, 414-5), Raistrick (1972, p. 91), Rowe (1983, pp. 8-10), Beveridge (1939, pp. 191-2, 287-9, 485-9, 652-6), Mokyr (1990, p. 60), Hunter (1930, pp. 170-1) を参照。

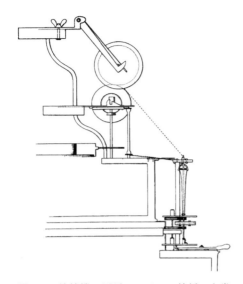

図 8-7　紡績機の圧延ローラー，紡錘，糸巻（ワイアットとポールによる設計図）

ワイアットとポールは最初の特許の際に，機械の説明のなかで 2 組のローラーについて言及していた。圧延ローラーが何組必要であるか決めるのは，技術開発上の難問であったが，ワイアットとポールは 1 組しかローラーを用いない機械を開発しようとして，間違った方向に研究開発計画を進めることとなってしまった。そのため，ワイアットとポールは，その後 1760 年代にアークライトが克服していったような技術開発の難問に直面することはなかった。これらの難問とは以下の通りである。

1. 1 組目から 2 組目のローラーに向かう間ではどれだけ速度を上げたらよいか。ジュデダイヤ・ストラットの（ダービシャーにある）ベルパー北工場には 1 組目から次に向かう際に倍速になる初期の水力紡績機が展示されている。
2. 主動力シャフトを圧延ローラーにつなぎ，どのように歯車を組み合わせればよいか，そしてそれらの動きをどう調整すればよいか。ローラーと歯車は，その着想の源となった道具にちなんで「時計仕掛け」と呼ばれる一つの一体化した構成単位として作られた。
3. ローラーとローラーの間隔はどうしたらよいか。綿繊維の長さよりもローラーとローラーの間隔は若干短くなければならない。これによって糸を延ばして捕捉することが可能になるのである。なぜなら 1 組目のローラーを通り過ぎて 2 組目のローラーにつかみ取られた繊維は，まだ 1 組目のローラーにつかまったままだが 2 組目のローラーにはたどり着いていない周りの繊維から滑り出して引っ張られていくからである。もしローラーの間隔が近すぎれば，繊維が両方のローラーにつかまれたま

まの状態になり，延ばされることがない。反対に，もしローラーの間隔が広すぎれば，糸は両端が引っ張られて切れてしまうだろう。この動作がうまく機能するには，いくらかの繊維は両方のローラーにつかまれて切れることがないような状態をつくり，残りの繊維は前後どちらかのローラーにつかまれて細くなっていくという仕掛けが必要なのである。これを機能させるためには，思考と実験が必要であった。

4. ローラーをつくるための材質をどうするか。1 組目は溝付きの金属軸で，2 組目は革張りした木の軸を用いた。2 組目は糸を引っ張りつつ，糸が絡まないようにしなければならなかったからである。

5. 上のローラーから下のローラーにかける圧延の力はどの程度にしたらよいか。図 8-5 にあるように圧力の程度は上のローラーに重りを下げることで制御することができた。重りの最適な重さは試行錯誤する以外には決定のしようがなかった。

　以上の問題について考えることの意図は，紡績機の「発明」に関わる実際的な諸問題がどのようなものであったかを強調するということにある。水力紡績機の独創性は，圧延ローラーを思いついたところにあるのではなくて，課題はローラーを実際どうやって機械装置のなかで機能させるかということにあったのである。ワイアットとポールは，何十年もこの難問に取り組んだが，とうとう成功には至らなかった。アークライトは時計職人を 5 年間雇ってこの仕組みを完璧に仕上げた。彼らが実際に何を行っていたのか，正確な資料は残っていないが，ワイアットとポールの設計図とアークライトの水力紡績機を比較することで，彼らが直面していた問題について知ることができる。このような技術的挑戦を克服するには，いくつもの模型や実験用の試作品を製作してみるしかない。水力紡績機の「発明」には，重要な研究開発計画が関係しているのである。

梳綿機

　アークライトの発明のうち 2 番目に重要なのは梳綿機である。圧延紡績が成功するかどうかは，機械に送り込まれる粗紡の質と均一性にかかっていた。多

228　第 II 部　産業革命

分その理由から，圧延紡績に取り組んだ発明家はいずれも梳綿機も完璧にしようと挑戦した。リースの『百科事典』（1808 年）に記述されているように，それ以前にはハーグリーヴズも梳綿の仕掛けを考えていた。

> 毛羽立てワイヤーで覆われた木の板が垂直に設置され，そこに綿をくっつけ……床の足踏みの力で上下に手持ちの梳綿櫛を移動させて綿をこすりつけるようになっていた。……手持ちの梳綿櫛は，天井からつり下げられバネの役割をする木の板に結びつけられていた。（Aspin and Chapman 1964, p. 11 から引用）

ワイアットとポールは手持ち梳綿櫛をわずかに改良しただけの機械を二つほど特許申請している。1748 年に，ダニエル・ボーンは水力で動かすことを想定した機械を発明したが，どのようにして材料を送り込み，連続的な粗紡としてどのようにして取り出すかという難問を解決できなかった。ジョン・リースは 1772 年に材料の送り込みの問題を解消し，アークライトはリースの供給装置を自分の梳綿機に取り入れている。アークライトは「ハンドルを回して櫛でとかす」仕掛けによって，連続的な粗紡を取り出すという問題も解決した。これらの発明はアークライトの 1775 年特許に含まれていた。アークライトの特許の独創性については特許裁判の際に疑われたが，梳綿機の有効性については問題にならなかった（Hills 1970, pp. 73-88）。梳綿機の導入は，ジェニー紡績機や水力紡績機の導入が紡績費用を削減した以上に，梳綿費用を大幅に削減することとなった（表 8-1）。

クロムフォード第 2 工場

ハーグリーヴズに退去をよぎなくさせたランカシャーでの暴動から逃れて，アークライトは 1767 年にノッティンガムに移住した。そこでまず馬力牽引車によって動く小さな工場を建てたが，1772 年の末まで稼働することはなかった。同じ年に，アークライトは共同経営者らとともにクロムフォードに水力で動く工場の建設を始めた。工場生産に見合うように，水力紡績機の規模を拡大するのは，困難なことであった。何種類もの機械を空間的にどのように配置するか，一つの機械から次の機械へ材料の流れをどうつくるか，そして複数階層

の建物全体に動力をどう配給するか，新たな設計上の難問がまた次々生まれた。最初の工場は良い学習の機会となり，そこで学んだことが第2工場を1776年に開設した際に活かされた。このクロムフォード第2工場こそが，イギリス国内および世界中に広く普及した綿紡績工場の原型であった。サミュエル・スレイターによってアメリカで最初に建てられた工場は，クロムフォード第2工場を模倣したジュデダイヤ・ストラットの工場に基づいて設計されものであったし，ドイツで建てられた最初の工場も同様の模倣であった。工場のために新たにつくられたデュッセルドルフ近郊の村はドイツ語でクロムフォード村と呼ばれるようになった。

発明の資金面がはらむ問題

アークライトの研究開発事業は極めて現代的な資金問題をはらんだものであった。第1に，事業の目的は金儲けであった。だから，発明の特許を得ることがまず必要不可欠なことであった。水力紡績機は1769年に，梳綿機は1775年に特許を獲得している。しかしながら，多くの工場主は，特許実施権を取らずにアークライトの機械を使っていた。1781年にアークライトは1775年の特許権を行使しようとしたが，裁判で敗れてしまった。1782年には，1769年特許に関して裁判では勝ったものの，損害賠償を回収することはうまくいかなかった。特許が翌年に切れるということで，1769年の特許を1789年まで延長する議会法を提案しようとしたが，それも失敗に終わった。1783年に，再度1775年の特許権を行使しようとし，当初は有利な判決を受けたが，最終的には覆されてしまった。このような法的措置の失敗にもかかわらず，つまり期待していたほど特許収益を得ることができなかったにもかかわらず，アークライトは自分の工場の収益だけで大変な金持ちになり，死去した時に，50万ポンドの資産を残した（*DNB*）［第10章を参照］。

第2に，研究開発事業は，そのための資金をどうするかという大変厄介な問題をはらんでいた。アークライトは現代の発明家がするのと同じ手法であるが，「事業主」（すなわち現代用語でいえばベンチャー資本家）を見つけたのである[9]。1768年に，アークライトは2人の親戚，パブ経営者のジョン・スモーリーと

230　第 II 部　産業革命

商人のデイヴィッド・ソーンリーから資金を得て，対等の共同経営者となって
もらっている。しかし，2 人ともすぐに資金切れになってしまった。1769 年に
は，アークライトは 2 人の銀行家から資金を借りようと思っていたが，「発明
が実用化される見込みはほとんどない」として拒否されてしまった（Fitton
1989, p. 27）。裕福な靴下製造業者のサミュエル・ニードとジュデダイヤ・スト
ラットは 500 ポンドでアークライトとの共同経営の約束を交わした。ストラッ
トは世間に認められた「事業主」で，すでに靴下編み機の改良のために資金を
工面して財をなしていた。アークライトの研究開発はこうして続けられた。ス
トラット自身，ローラーに綿が付着しないようにチョークの粉を付けるという
提案をしている。いくつかのカム軸［卵形の円盤が取り付けられた回転する軸。
連続動作を伝える歯車とは違い，周期的にスイッチを入れたり，出し入れしたりす
る動作を行うのに適している］を組み入れた仕掛けも追加され，糸巻き動作をす
る時に糸巻を上下に動かしたり，糸をローラーの間で前後に滑らせながら通す
ことで，ローラー表面の溝が削り取られてしまうのを防いだりするのに使われ
た。1774 年にストラットは，アークライトの機械を開発するのに 1 万 3000 ポ
ンドかかった，と主張した。この金額にはノッティンガムとクロムフォードの
工場建設費も含まれるが，これを見ると圧延紡績のアイデアを工場として稼働
できるものにするまでにどれほどの資金が必要であったか，よく分かる（Hills
1970, pp. 60-71）。

なぜフランスではないのか

　水力紡績機はフランスや他のどこにもましてイギリスで急速に普及していっ
た。1780 年代後半にはイギリス国内で 150 もの大規模紡績工場が稼働してい
た。フランスでは，当時四つの工場しか稼働していなかった。そのうちいく
つかは規模の小さいもので，イギリスの工場制を真似たものではなかった

　9）毛織物工業における同様の展開については，Hudson（1986）を参照。

（Wadsworth and Mann 1931, pp. 193-208, 503-6, Chapman and Butt 1988, pp. 106-11）。

　ジェニー紡績機と同様に，普及の速度の違いは利益率の違いを反映している。アークライト型工場の資本利益率は，次のように計算できる。手紡ぎに対して，稼働費用が年間いくら節約できるかを割引現在価値で表したものと，アークライト型工場の建設費用とを等式にかけて計算する（本章補遺2を参照）。イギリスでは，利益率は年間40％であったが，フランスでは9％にしかならなかった。イギリスの利益率は驚くべき高さである。一方，フランスの利益率は，事業に投資される固定資本の利益率が少なくとも15％は可能であろうと想定されていたとすると，満足のいかないものであった[10]。

　実際は，フランスでの利益率はこれらの数値よりもさらに低かった可能性もある。上記の計算では，資本を構成するのは金属，木材，そして建設労働費であるとの前提で行った。しかしながら追加的に，水力紡績機にはとくに「時計仕掛け」を整備するための専門的な技術者も必要であった。こうした技師はノッティンガムには多くいたが，フランスにはあまりいなかった。

　時計職人が繊維産業の発展に果たした貢献は，いくら強調してもし過ぎることはない。時計産業は歯車，とくに真鍮製の歯車を使っていたが，これらは水力紡績機の精密機器としての部分を担うこととなった。動力は歯車を使ってローラーに送られ，歯車はローラーが回る速さも制御した。ワイアットとポールの特許設計図を見るとはずみ車の下部にいくつか歯車があることが見て取れる（図8-7）。アークライトが水力紡績機の開発を始めた頃，ジョン・ケイという名の時計職人を雇い，またその後ウォーリントンの機械職人ピーター・アサートンにも鍛冶工と時計工具職人を手配してくれるように交渉をしている。時計職人がいなければ，水力紡績機は設計できなかったであろう。

　時計産業は科学革命の申し子であった。17～18世紀の有名な科学者らの注目を集めたのは，どうやって経度を測るかという問題であった。理論的には，自分のいる現在地とグリニッジの間の時差を知っていれば計算できたが，時差を知るためにはグリニッジ時間に合わせた時計を持っていなければならない。

　10）Symons（1839, pp. 203-4, 216）によれば，フランスの綿業製造業者は固定資本に対する総利益率を16～18％と見込んでいた。

232 第 II 部 産業革命

問題は何年も狂わずに正確な時間を刻む時計を設計することであった。ガリレイは振り子が規則的に振れることに注目した最初の人物で，精度を上げるにはそれを時計に組み込めば良い，と考えた。クリスティアン・ホイヘンスは蒸気機関を開発しようとしたことでも知られるが，ガリレイとは別に独立して振り子の原理を発見し，サイクロイド振り子が描く曲線の数学的な理論も定式化した。アムステルダムの時計職人サロモン・コスターと共同で，ホイヘンスは自分の理論を応用して世界初の振り子時計を製作している。そのおかげで，時計の正確さは，1 日に誤差 15 分という状態から 1 日に 10〜15 秒というレベルにまで高まったのである（Landes 2000, pp. 118-35）。

　残念ながら，振り子時計は海上ではうまく働かなかったため，ホイヘンスはさらに工夫を重ねた。1675 年頃，ホイヘンスは正確な懐中時計を可能にするゼンマイバネを発明し，それを実際に時計に組み入れた。もう一人の科学上の著名人で王立協会の実験用具管理者であったロバート・フックは，すでに1660 年代にはそれとは独立してゼンマイバネを考案していたが，ホイヘンスの時計について知るまでは，そのアイデアの応用に取り組むことはなかった（Weiss 1982, pp. 111-2）。

　壁掛け時計や懐中時計自体は，産業革命にとっては周縁的なものでしかなかったが，大規模に生産されるようになると重要な派生効果を生んだ。デザインの改良により，壁掛け時計や懐中時計は魅力がまして，生産は一気に拡大することとなった。動作部分には，歯車のシステムが使われ，一つひとつ真鍮板上に図面を写して手で刻まなければならなかった。フックはこの作業を行う機械を最初に発明した（Weiss 1982, pp. 153-6）。時計産業の成長は，これらの機械の改良も順調に進めることとなった。ヘンリー・ヒンドリーは真鍮板から歯車を切り出す機械をつくり，それは広く普及するようになった。安価で正確な歯車はこうして大量生産されるようになっていった。

　安価な歯車はあらゆる機械のデザインを革命的に変化させた。歯車は，動力を制御し，方向を決め，伝えるための（手紡ぎ車に見られたような）梃子とベルトに置き換わった。中世にも粉引き小屋では歯車が動力を伝えていたが，当時の歯車は木製で大きくて粗雑にできていた。産業革命で使われた歯車は真鍮製

か鉄製で，小さく精巧につくられていた。「時計仕掛け」は19世紀には機械の動力を制御するのにかなり一般的に使われるようになった。そのため歯車を，産業の機械化をもたらす汎用技術（General Purpose Technology : GPT）と呼ぶこともできるであろう（Lipsey, Carlaw and Bekar 2005）。

　時計産業はアークライトの成功とランカシャーの綿業の成功を語る上で重要な意味を持つ。アークライトがクロムフォードで工場を建てた時，時計職人もまた雇い入れた。1771年の『ダービー・マーキュリー』紙には「歯車の歯と小口径歯車をよく理解した職人，あるいは時計職人2名急募」とのアークライトによる広告が掲載されていた（Fitton 1989, p. 30）。アークライトは水力紡績機自体を販売することはなかった。それゆえ，企業家は機械を組み立てるために，独自に技術者を調達しなければならなかった。1780年代後半から90年代前半にクオリーバンク工場では水力紡績機の「時計仕掛け」をつくるために，何年にもわたって時計職人を常時6名雇っていた（Hills 1970, p. 237）。当時，全国に150ものアークライト型工場があったということは，単純計算で800名の技術者が雇われていたということになる。どこからこれらの技術者はやってきたのか。偶然にも，時計の歯車の大部分を生産していたのは，世界でたった1カ所，南ランカシャーであった[11]。ランデスは，時計産業はイギリスでもっとも盛んであったとの確信を持っていて，それはイギリスが高賃金経済であったがために，柱時計や懐中時計の大きな国内市場が形成されていたからだという（Landes 2000, pp. 238-9）。（たとえばオランダではなく）イギリスのランカシャーで綿業が機械化された理由の一つは，安価で質の高い歯車が世界のどこよりもここでもっとも多く調達可能であったということ，そしてこれらの歯車を組み立てる技術者もまたここでもっとも多かったということなのである。さらに，時計の歯車を切り出すための機械は，水力紡績機の歯車を切り出すための機械として設計し直され，最初は真鍮板で，後には鉄板で生産されるようになっていった。規格化された歯車は，専門会社によって生産され，工場に販売

11）なぜランカシャーに時計製造業が集中したかを説明するのは難しい。Foster (2004, pp. 304-5）は時計製造業について記述しており，同書全体を通じて，いかに南ランカシャーが重要な工業地帯として発生したかを説明している。

234　第 II 部　産業革命

されるようになった（Hills 1970, pp. 230-49）。水力紡績機の「時計仕掛け」は時計産業の申し子だったわけである。18 世紀フランスには時計産業がなかったため，（歯車を含む）資本費用は労働費用に比較して，先ほどの計算で仮定した以上に大きいものだったに違いない。

なぜフランスではなくてイギリスで紡績機械が発明されたのか

　すでに見てきたように，ジェニー紡績機も水力紡績機も，実際に動かせるようになるまでには研究開発のための資金を大量に必要としていた。フランスでもそれは同じだったに違いない。このような投資はフランスでは行う価値があったであろうか。答えは否である。紡績機械は，低賃金で時計産業がないフランスに対して何ら経済的利益をもたらすことができなかった。利益率について考慮に入れることで，なぜジェニー紡績機や水力紡績機が，フランスでも世界のどこでもなく，イギリスで発明されたのかという問いに対する十分な答えが出てくる。

第 2 段階——紡績機械の改良[12]

　1780 年代までに，上述の二つの紡績機械が稼働するようになっていた。アークライト型工場は経糸の生産に特化し，ジェニー紡績機は緯糸を生産した。しかしながら，技術は停滞したわけではなかった。ハーグリーヴズとアークライトが成し遂げたことは，長い改良の道のりの始まりに過ぎなかった。ジェニー紡績機は拡大して 80 紡錘にまでなり，工場内に設置されて連続して稼働するようになった。次の半世紀に，さらに二つの方向で技術開発が進められた。一つ目は，一つひとつの生産工程で使われる機械の改良が進んだことである。

---

12) クロンプトン，ミュール紡績機，そしてその後の改良については，Baines (1835, pp. 197-244) と Hills (1970, pp. 116-33) を参照。

二つ目は，サミュエル・クロンプトンによるミュール紡績機の発明である。後者のほうがより革命的な変化をもたらした。

　クロンプトンは貧しいランカシャーの家庭で育ち，子どもの頃から糸紡ぎと機織りを習っていた。まだ 16 歳だった 1769 年頃，8 紡錘のジェニー紡績機を使い始めた。1772 年にその改良を始め，1779 年にはミュール紡績機を完成させていた。クロンプトンはそれを秘密にしていたが，噂はすぐに広まった。クロンプトンは貧しくて特許申請ができなかったので，1780 年に公に募金された基金と引き換えにそれを公開することにした。結果は金銭的には散々であったが，ミュール紡績機の製作方法が一般に広く手に入れられるようになったことで，すぐに既存の工場制度に組み入れられ，他の多くの発明家らによって改良が続けられることになった。

　ミュール紡績機はジェニー紡績機と水力紡績機のもっとも良い特徴を組み合わせた機械だった。もっとも，クロンプトン自身はアークライトの機械について何も知らず，自分自身で圧延ローラーを開発したと主張していた。ジェニー紡績機も水力紡績機も，1780 年代には粗紡作業自体がまた不均等であったため，不均等な糸しか生産できなかった。さらに，ジェニー紡績機の締め木や水力紡績機のはずみ車によって引っ張られても切れないだけの強度が必要だったため，糸の細さは限られたものであった。クロンプトンはこの問題に挑戦し，ジェニー紡績機に何組かの圧延ローラーを取り付けてみることにした。水力紡績機と同様にこれらのローラーが粗紡を細くした。さらに，締め木が引き戻されるのと同じ速さでローラーが粗紡を送り出す。こうすることによって，クロンプトンは糸の張りを強くし過ぎるのを回避した。その結果，極めて細い糸を引き出すことができたのである。締め木が完全にもとの位置に戻されると，ピンが前に傾き糸が滑り落ちて撚りがかかるという仕掛けであった。糸は優しく引っ張られたため，不均等なダマができることもなくなった。結果的に極めて細く均質な糸ができるようになった。

　ミュール紡績機によって紡績工程は革命的に変化した。高い番手の綿糸を生産するための費用は大幅に削減された。このことは図 8-1 に 100 番手の糸の実質生産費用を追加した，図 8-8 から明らかである。実質生産費用の下落はあま

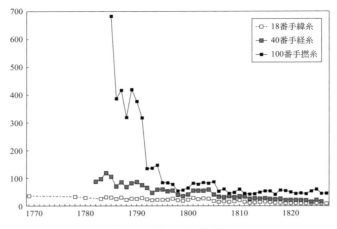

図 8-8　綿糸の実質価格

注）図 8-1 の注を参照。

りにも大きかったので，図 8-1 では際立って見えた 18 番手や 40 番手の糸の実質生産費用の下落分がかすんでしまうほどである。ミュール紡績機は低い番手の生産でもジェニー紡績機に置き換わってしまった。表 8-1 に示した 1836 年の工場で生産された 18 番手の緯糸はミュール紡績機で紡がれたものであった。

　イギリスは高賃金経済であったがために，労働を節約することで競争上の位置は不釣り合いなほど改善された。ミュール紡績機の発明でイギリスは初めてモスリン［高番手の綿糸で織られた極薄手の綿布。イラクのモスルで最初に生産されたといわれ，17〜18 世紀のインド貿易ではベンガル産が輸入された］の生産でもインドと競い合うことが可能になった。最初，ミュール紡績機は家内生産で使われていたが，すぐに工場での生産に応用されるようになった。1783 年にクロンプトンが使用した木製の圧延ローラーは，アークライトが使ったような金属製のローラーに据え替えられた。1790 年代にミュール紡績機は，初めは水力を動力源とし，その後蒸気力を動力源とするようになった。1791 年には機械を止めずに切れた糸をつなぐ方法が開発された。さらに 1790 年代には歯車の配置が再検討され，より多くの紡錘が回せるようになった。その到達点が 1820 年代にリチャード・ロバーツによって開発された自動ミュール紡績機で

第 8 章　綿　　業　　237

ある（クロンプトンとロバーツについては，*DNB* を参照）。ロバーツの意図していたことは，ミュール紡績機を動かしていた高賃金の労働者の職を完全に奪うことであり，そしてロバーツはそれに成功した。これは生産要素価格が発明の方向を決めるということの恰好の事例ともいえる。ミュール紡績機は 19 世紀綿業生産におけるイギリスの圧倒的な優位性の基礎を作った機械だった[13]。

　ミュール紡績機はアークライトの発明以降，一番重要な発明であったが，発明はそれだけではなかった。改良の流れはやむことなく続き，生産工程のすべての段階で費用削減につなげることができた。歯車を切り出す機械も大型になり，真鍮板歯車だけでなく鉄板歯車も切り出せるようになった（Hills 1970, pp. 243-6）。より強度の強い歯車が使えることで，水力紡績機の設計自体も手直しされ，48 紡錘を 1 組の鉄板歯車で動かすことが可能となった。1 組の真鍮板歯車では，それまで 4 紡錘しか動かせなかった。このような方向での発展により，長期的には圧延ローラーへの動力の伝導が非常に単純化されていく結果につながった。この修正の結果，水力紡績機はスロッスル紡績機［アークライト水力紡績機の後継機で，継続的な 1 方向への動きで糸を延ばし撚ることができる。この改良はリング紡績機の発明につながった］という新たな名前がつけられた（Baines 1835, pp. 208-9）。

　機械はもっとも単調でつまらない仕事も引き受けてくれるようになった。工場に圧縮梱包された原綿の梱が到着すると，まず梱を開いて原綿を洗わなければならない。1780 年代にはこの作業は，機械を使わないで綿を叩いて種やごみを取り出す女性や子どもが担っていた。この仕事は 1793 年のイーライ・ホイットニーの綿繰り機の発明によって，きれいな綿がイギリスの工場に届くようになり，ずっと楽になった。1801 年に綿打ち機械が発明された。1810 年までに，この作業は同様に綿を叩くウィロー機械［綿を開いてごみを除くための釘が回転する機械］に置き換えられた。女性たちはまだ種や粒子を取り除く仕事をしていた。しかしこの作業も脱穀機を模した混打綿機という 1801 年頃に発明された機械［原綿を解きほぐし不純物を除く機械］が使われるようになって，

13）その後も続いた労使関係の問題については，Huberman（1996）を参照。

238　第II部　産業革命

機械化された（Hills 1970, pp. 73-4, 85-7）。

　改良の絶え間ない流れには二つの経済的な側面があった。第1に，1780年代から1830年代までに粗糸の実質生産費用はさらに3分の1削減された。原綿の費用自体にはほとんど節約はなかったので，この費用削減分はすべて付加価値分からの削減であった。第2に，マクロレベルの技術革新を特徴づけていた労働節約的な偏向性は，ミクロレベルの改良でも引き続き見られる特徴であった。すべての生産投入要素は節約されたが，いくつかの投入要素は他の投入要素よりも一層節約された。1ポンドの綿糸生産にかかる資本は4分の3削減された（綿紡績工場を建設するための費用は，1紡錘に対して1780年代の3ポンドから1830年代の16シリングへと下落した）。これに対し，1ポンドの綿糸を紡ぐのに必要な労働費用は90％もの下落を見せた。

　生産工程の改良が進むにつれ，ヨーロッパや北アメリカでも綿紡績工場が建てられるようになっていった。ヨーロッパではアークライトの特許契約のおかげで，新たに綿紡績工場を建てる予定の会社が水力紡績機を導入することは難しく，1780年代には産業の拡大は抑制されていた。この特許契約は，時計産業が近くにあるランカシャーの製造業者には有利に働いた。この問題は繊維機械を専門的に製作する会社が生まれて解決されることとなる。ミュール紡績機の発明が直接の引き金となって，機械製作専門会社が次々と設立された。なぜなら，この機械は自家製造するにはあまりにも複雑だったからである。1790年には，マッコネル・ケネディ商会，A・Gマレー商会，ドッジソン・バロー商会が，紡績機の製造と販売を始めた（Hills 1970, pp. 240-1）。

　イギリスの機械を輸出することは非合法であったが，輸出を試みるものは絶えることがなかった。1790年にシャルル・アルベールは，トゥールーズに綿紡績工場を造ろうとしていた企業家らよってにイギリスへ送り込まれた。アルベールはイギリスで逮捕され，産業スパイとして何年も監獄に入れられていたが，ようやくフランスに帰ると，繊維機械の発明家として成功した。ベルギーの貴族のリーヴェン・ボーウェンは1797年にイギリスに到着して，ミュール紡績機を購入している。イギリスから持ち出す際に逮捕されたが，その後ベルギーとフランスで繊維業界の有力者となった。彼はミュール紡績機を売ってく

第8章　綿　　業　　239

れたマンチェスターの実業家の娘と結婚もしている（*DNB*）。イギリスの技術者たちが大陸でも機械製造所を設立するようになって，フランスにおける繊維機械の供給は少し楽になった。1799 年にウィリアム・コックリルはベルギーのベルビエールで繊維機械をつくり始めた。1807 年にコックリルはリエージュに大きな作業場をつくり，フランスにも多くを輸出した。1802 年にはコックリルの娘婿のジェームズ・ホッジソンも機械製造業をベルギーで始めた。ウィリアム・ダグラスはフランス繊維機械市場におけるコックリルのもう一人のてごわい競争相手であった（Henderson 1954, pp. 107-15）。これらの会社が設立されることで，大陸の企業家たちの間でも，機械を自家製造できなければ繊維業界から締め出されてしまう，という問題はなくなった。

　19 世紀の初めまでに，綿製品の工場生産はフランスでも急速に拡大していた[14]。これは，生産要素価格の変化によって引き起こされたわけではなかった。1830 年代の初めにマンチェスターの綿紡績工場の女工は 1 日 1.1〜2 シリング稼いでいたが，工場を建てるには 1 紡錘当たり 17.5 シリングかかっていた。フランスで同じ頃，女工は 1 日 1 フランを稼いでいたが，工場建設には 1 紡錘当たり 30 フランかかっていた。これらの数字から，資本価格に対する賃金の割合が，フランスではイギリスの割合の 39 ％ 程度であったことが分かるが，それは 1780 年代の構成比とほぼ変わらないものであった（Baines 1835, pp. 519, 524, Symons 1839, p. 203, Chapman and Butt 1988, pp. 116-7）。

　機械による綿糸生産の利益率はフランスで上昇した。それは，イギリスの技術の生産性が高まったため，1770 年代に比べて，手紡ぎとの比較で工場の費用が下がったからである。図 8-1 より 1770 年代から 1820 年代までの間に生産

---

14) Thomson（2003）は綿紡績業のカタロニアへの導入について，興味深い研究を行っている。1780 年代に，ジェニー紡績機の導入を試みた時には，不成功に終わった——つまり割りに合わなかった。ジェニー紡績機を用いた生産は，1790 年代になってようやく利益の出るものになった。改良型の工場制ジェニー紡績機が使用され，梳毛機の導入が重要な役割を果たした。ここで成功した技術は，1770 年代にイングランドで成功した技術ではなく，言い換えれば，もっと先進的な技術だったのである。もう一つの成功の秘訣は，生産ノルマの設定などを含む，工場での規律の改善であった。カタロニアの紡績工の生産ノルマは 1 日 1.5 ポンドに設定されたが，これはイギリスの標準より低いものだった。

240　第 II 部　産業革命

表 8-2　原綿消費量（1781〜1874 年）

（千トン）

年	イギリス	フランス	ドイツ	ベルギー	合衆国
1781〜90	8.1	4.0			2.2
1791〜1800	13.9				3.6
1801〜14	31.8	8.0			7.1
1815〜24	54.8	18.9		1.6	14.1
1825〜34	105.6	33.5	3.9	2.7	25.0
1835〜44	191.6	54.3	11.1	6.6	46.8
1845〜54	290.0	65.0	21.1	10.0	111.0
1855〜64	369.4	74.1	42.0	12.8	126.0
1865〜74	475.8	85.9	85.6	16.3	193.7

出典）イギリス，フランス，ドイツは，Mitchell (1973, p. 780)。ベル
ギー は 1815〜50 年 が Landes (1969, p. 165)，1845〜54 年 は
Landes (1969, p. 194) における 1850 年の数値，1865〜74 年は同
様に 1869 年の数値を用いる。1855〜64 年の数値は，推計式にて
求めた平均値である。アメリカは，1790〜1860 年 が Bruchey
(1967, Table 3A)，1860〜74 年は *Historical Statistics of the United
States, Millennium Edition Online*, series Dd843 より。圧縮梱包した
原綿の梱当たりの重さは 500 ポンドとして計算した。

性が一様に上昇し続けていたことが分かる。その含意するところは，1810 年
には 18 番手の綿糸 1 ポンドの変動費用の平均が 21.85 ペンスで[15]，手紡ぎに
比べて 12.22 ペンス分安価だったということになる。同様に 1 紡錘当たりの固
定費用は［1810 年には］2 ポンドにまで削減されたともいえよう。機械化によ
る利益は（資本費用も削減しつつ）1784 年に建てられた工場で得られた利益よ
りもずっと大きくなり，資本収益率は 34 ％にまで上昇した。これは［投資家
を］満足させるのに十分な結果であり，この上昇によって，なぜ 1815 年以降
にフランスやベルギーで機械生産への方向転換が起こったかを説明できる（表
8-2 を参照）。蒸気機関や製鉄よりも，綿業が一番早くこのような転換点に到達
していたのである。

　合衆国はヨーロッパ大陸とは対照的な例を提示している。なぜなら合衆国は
高賃金経済だったからである。18 世紀後半のマサチューセッツの賃金水準は，
消費財の購入の容易さという点で，ロンドンとほぼ同じ高さであった。1830

---

15) 1810 年は，ちょうど 1784 年から 1836 年までの中間の年だが，生産費用平均の 50 年
間の平均は 21.85 ペンスであった。

年代までに，綿業資本価格に対する綿業賃金の水準は，マサチューセッツでもグラスゴーとほぼ同じ高さになっていた（Montgomery 1840, pp. 112-24）。このような状況を考えれば，合衆国でのイギリス技術の導入に大きな時差があったとしたら，それこそ驚きである。事実，時差はほとんどなかった。最初のジェニー紡績機はフィラデルフィアで，労働費用が高いとの理由から 1775 年に製造された。1780 年代には梳綿機やジェニー紡績機を設置した作業所がつくられ，アークライト型工場をつくる試みも多く見られた。アメリカの技術者は機械を模倣することには何ら困難を感じなかったが，採用に成功するにはその技術に慣れた経営者や労働者が必要であった。初めて商業的に成功した綿紡績工場は，1793 年にサミュエル・スレイターによって設立され経営された。スレイターはジュデダイヤ・ストラットの工場で働いていたことがあった。次の飛躍的技術革新は，1813 年，マサチューセッツ州ウォルサムのボストン製造会社による，紡績機と力織機が一貫して稼働する工場の建設であった。フランシス・カボット・ロウェルは，イギリスを訪れて力織機を目にしたあとに，記憶をもとに設計図を描き，会社を設立した。生産機械の模型はロウェルの技術者のポール・ムーディーが製作した。ロウェル・ムーディー型のもっとも注目に値する特徴は，かなりの程度でイギリスの技術がアメリカの状況に合うように設計し直された，ということである。この技術力の高さは，その後，19 世紀のさまざまな発展を予告するものであった[16]。

結　果

　何世紀にもわたって，綿業はグローバル産業であった。産業革命以前は，中国やインドが最大の製造業者であった。17 世紀の後半に，各国の東インド会

---

16) Jeremy (1981) を参照。イギリスとアメリカの相対的な生産性に関して多くの研究や議論がなされてきたが，とくに 1830 年代から 40 年代にかけての生産性の比較が盛んである。たとえば，David (1975, pp. 95-190), Bils (1984), Temin (1988), Harley (1992), Irwin and Temin (2001), Harley (2001) を参照。

242　第II部　産業革命

社が綿布をヨーロッパに輸出するようになった。綿布貿易はヨーロッパ各地で大成功を収め，ヨーロッパには巨大な市場があるということを明らかにした。オランダでは綿布は規制なく受け入れられたが，他の国々では伝統的な繊維業者が輸入を減らすよう政府に圧力をかけていた。毛織物や亜麻織物製造業者は1701年に捺染綿布をイギリスから排除することに成功した。その後も白い晒しの輸入は許可され続け，捺染作業はイギリスで行うこととなった。その結果，イギリス国内でも小規模の綿布製造が始められた。1721年に輸入禁止令は［晒しも含む］すべての綿織物に広げられ，国内での綿だけを使った製品の製造も消費も違法となった。「ランカシャー綿業は……1736年に麻の経糸と綿の緯糸を使ったもの（ファスティアンと呼ばれた）に関して規制緩和を獲得した。この緩和は，慣行的に（あるいはごまかしによって）繊維産業の製品の多くに及ぶものとなり，経糸にも手紡ぎのよじれ綿糸を使うものまで，つまりはすべての綿製品にまで，緩和を進めてしまった」（Fitton and Wadsworth 1958, p. 68）。それゆえ，イギリスの綿業者は，インドからの輸入に対してある意味では保護を受けられるようになったのである。他のヨーロッパの国でも同様の規制がかけられた。たとえばフランスは，1686年にインド産綿布の輸入を禁止した。イギリスの法律は国内産業を保護しつつ，再輸出を意図した綿布に限って輸入を許可した。18世紀中頃には，この再輸出（綿製品）市場は，奴隷貿易の成長とも相まって大いに繁栄した。なぜなら綿布がアフリカの部族長との物々交換取引で奴隷と交換されたためである。ここアフリカで，ヨーロッパの製造業者とインドの製造業者は抜きつ抜かれつの競争を繰り広げた（Inikori 2002）。労働集約的な極薄の綿布の市場では，ヨーロッパはインドでよりも賃金が高かったため，競争相手にはなれなかった。

　ブロードベリーとグプタは，この競争に不利な状態を克服するための挑戦こそがイギリスの綿業らを生産の機械化へと駆り立てた，と主張した（Broadberry and Gupta 2007）。この主張に対して私がここで強調したのは，資本価格に対する賃金の割合こそがイギリスにおける紡績機の機械化を誘発した，ということである。ただし，国際的な文脈はそれでも非常に大事である。なぜなら，それこそが，イギリスの産業をその後あれほど大きく速く発展させた理由であ

るからである。いったん機械化によってイギリス製品の価格が下落すると，イギリスの製造業者は第3の市場［たとえばアフリカやアメリカ］やインド自体において，インドの製造業者よりも安く売ることができるようになった（Ellison 1886, pp. 61-3）。その結果，イギリスの製造業者は世界の取引の大部分を独占することができた。この場合［すなわち海外市場向け］の生産量の拡大は，国内市場のみに限定された産業での生産費低下による生産量の拡大に比べ，はるかに大きなものであった。機械化に続く綿製品の生産拡大のおかげで，マンチェスターや他の綿業中心地は成長した。多くの人々が産業革命と綿業を同じものと見なす理由はそこにある。

補遺1　ジェニー紡績機の収益率

　ジェニー紡績機を購入した際の収益率は以下の方程式を解くことで求められる。

$$J = \Sigma\,(w\Delta L - m)/(1+r)^t$$
$$t = 1, 2...n \quad \text{とした場合の総和} \tag{1}$$

　ここで，J はジェニー紡績機の購入価格，w は紡績工の1日の賃金，ΔL は［ジェニー紡績機導入による］紡績工の年間労働節約日数，m は追加的なジェニー紡績機の維持費，t は時間（年），n はジェニー紡績機の寿命（年），そして r は内部収益率で，この変数を計算して求めていく。年間の労働節約は以下の式で表せる。

$$\Delta L = YD(1 - 1/P) \tag{2}$$

　ここで，Y は年間労働日数，D は「時間限定労働の割合」（ジェニー紡績機がフル稼働した場合に対しての稼働率），そして P は手紡ぎ車に比べてジェニー紡績機を使った場合に1時間当たり生産量が相対的にどれだけ増えるかを表す。Y と D については一般的に女性の紡績工らは［家事や農業労働との関わりで］時

244　第II部　産業革命

間限定労働をしていたため，そのことも式に加える必要がある。もし紡績工が年間 250 日のうち毎日半日ずつ働いたとしたら，$YD=125$ であり，フル稼働した場合の年間労働日数［125 日］が求められる。1 日当たり w の賃金率で支払われたと見なす。ここで，もしジェニー紡績機が手紡ぎに対して 1 時間に 3 倍の生産量があったとしたら，$P=3$ で，紡績工は 3 分の 1（$1/P$）だけ働くことで以前生産していたのと同じ量だけ生産できることとなる。つまり，3 分の 2 の時間（$1-1/P$）は節約されたということになる。

　上述の方程式を解くには，媒介変数になる数値を選ばなければならない（Allen 2007d）。ここで，ジェニー紡績機の経年劣化や技術陳腐化による耐用年数は 10 年であるとし，年間稼働日数を 250 日，24 紡錘ジェニー紡績機がイギリスで 70 シリング，フランスで 140 リーヴル・トゥルノワ［1794 年まで使われたフランスの通貨単位。1 エキュ銀貨＝6 リーヴル＝120 スー］（すなわち，Chapman and Butt 1988, p. 107 や Chassagne 1991, p. 191 のいう工場制ジェニー紡績機の半額），そしてフル稼働の紡績工はイギリスで 1 日 6.25 ペンス，フランスで 9 スー・トゥルノワ稼ぐ（Young 1792, p. 311 の報告による）と仮定する。インドで 1950 年代まで広く普及していたアンバル・チャルカ糸車というジェニー紡績機に匹敵する機械の例（Sen 1968, p. 107）に見られるように，年間維持費はジェニー紡績機の価格の 10 ％ として考える。

　ここで，女性の紡績工はフル稼働の労働時間の 40 ％ 程度働いていたと仮定する。フレデリック・イーデン卿は，次のように考察している（Eden 1797, p. 796）。「女工は健康で家庭の負担がない場合，1 日に 1 ポンドの紡糸を紡ぐことができる。それが最大限である。家族がいる場合は，それはできず，1 週間に 2 ポンド半紡ぐのがやっとである」。これは，ちょうどフル稼働労働の 40 ％ の生産量に当たる。20 世紀のインドでも同様の要因が働いて，農村の女性たちは 1 日 4〜6 時間しか糸を紡がなかった（Bhalla 1964, p. 613）。

　ここで，ジェニー紡績機は労働生産性を 3 倍増させたと仮定する。紡績工は綛単位で支払われていたため，労働生産性に対するジェニー紡績機導入の効果は，紡績工の収入の変化から洞察することができる。当時の評論では，さまざまな金額が述べられていた。1780 年頃には，ジェニー紡績機を使う女工は週

第 8 章 綿　業　245

8〜10 シリング［96〜120 ペンス］，手紡ぎ車を使う女工は 3〜5 シリング［36〜
60 ペンス］稼いでいたという（Pinchbeck 1930, pp. 150-1, Wadsworth and Mann 1931,
p. 403, Bentley 1780, p. 31）。これらの数値から，労働生産性は 2〜3 倍になった
ことが分かる。

補遺 2　アークライト工場の収益率

　ここで，ジェニー紡績機の計算で用いたものに類似した方程式を使って，イ
ギリスとフランスにおける収益率の比較を行うことができる。

$$P_B \Delta K = \sum w_B \Delta L / (1 + i_B)^t$$
$$t = 1, 2...n \quad \text{とした場合の総和} \tag{3}$$

　ここで，ΔK は年間 ΔL の労働を節約する圧延紡績機を導入するために支払
われた追加的資本を表す。資本はイギリスにおける資本価格 P，労働はイギリ
スにおける労働賃金 w の価値があるものとする。この方程式を解いて得られ
る収益率は，i である。1780 年代末のイギリスでは，綿紡績工場は 1 紡錘当た
り 3 ポンドの費用で建設された。パップルウィック工場の水力紡績機は，12
時間稼働シフトごとに 1 紡錘当たり 0.125 ポンド，年間では週 6 時間年 50 週
稼働したとして 37.5 ポンド生産できる能力を持っていた。表 8-1 によれば，
稼働費用の節約，主に労働費用に関わるが建築資材費にも関わる節約は，綿糸
1 ポンド当たり 8 ペンス（0.0333 ポンド）であった。綿紡績工場の耐用年数が
10 年だったと仮定すると，収益率は以下の方程式で求めることができる。

$$3 = \sum 37.5 \times 0.0333 / (1 + i)^t$$
$$t = 1, 2...10 \quad \text{とした場合の総和} \tag{4}$$

　収益率は年間 40 ％ と，かなり満足のいくものだったことが分かる。イギリ
スではアークライト工場の建設ラッシュがあったこともこれで頷ける。
　では，フランスはどうであっただろうか。ここで，フランスの賃金率と資本

246　第 II 部　産業革命

価格が分かれば，方程式（3）のフランス版を使って，すぐに収益率を計算することができる。

$$P_F \Delta K = \Sigma w_F \Delta L / (1 + i_F)^t$$
$$t = 1, 2...n \quad \text{とした場合の総和} \tag{5}$$

　残念なことに，革命前のフランスではほとんどこのような工場建設がなされていなかったため，1780 年代の会計記録からパラメーターを拾い出すことができない。そこで，別の角度から計算することにする。フランスでは，労働賃金が資本価格よりもずっと小さかったため，収益率は低いものにならざるをえなかった。この比率は以下の式で求められる。

$$(w_F / P_F) / (w_B / P_B) = R \tag{6}$$

　R を鉄，銅，木材の価格に対する労働者の 1 日の賃金の比率として測ることで，フランスの賃金水準は，イギリスの賃金水準の 38 ％ にしか達していなかったことが分かる。この数値は，フランスにおけるジェニー紡績機の価格に対する紡績工賃の割合を，イギリスのそれで割ったものに匹敵する。ここで，この割合を使って，イギリスの収益率方程式を，フランスの条件に当てはめて利用することにする。方程式（5）に方程式（6）を掛けると以下の式が求められる。

$$P_B \Delta K = R \Sigma w_B \Delta L / (1 + i_F)^t$$
$$t = 1, 2...10 \quad \text{とした場合の総和} \tag{7}$$

　ここで，方程式（3）の右側に 0.38 を掛けて，イギリスの価格と賃金から，フランスの価格と賃金に転換する。0.38 というのは，すなわち資本に比べて節約が進んだ労働の相対価値のことであるが，フランスではイギリスに比べて 38 ％ にしか及ばなかった。この数値を使うと，1780 年代にフランスでアークライト工場を建設した場合の収益率は 9 ％ にまで下落する。一般的に事業における固定資本投資の収益率は 15 ％ 程度であるから，この水準では資本家を満足させることはできなかったであろうといえる。

第9章
コークス溶鉱法

> 26年ほど前，私の夫は石炭溶鉱銑鉄から棒鉄を製造することは可能であるというすばらしい考えを思いついた。……有力な製鉄所経営者のエドワード・ナイト氏は，このすばらしい発見によって，数年間利益を刈り取ることができる特許を取得するよう夫に熱心に説いた。しかし，夫はそれによって利益がもたらされることに満足していたが，そうした利益を一般の人々から奪うつもりはないことを伝えた。そして，夫のいう通りとなった。間もなく，この方法は広がり，こうした目的で多数の炉が近隣といくつかの他の場所で建設された。
> ──エイブラハム・ダービー2世未亡人エイビア・ダービー（1775年）[1]

コークス溶鉱法[*1]は産業革命のよく知られた発明の一つであり，長期にわたって大きな影響を与えた。安価な鉄の生産にとって本質的に重要であったからであり，またそれが鉄道・蒸気船，そして産業の機械化には必要であったからである。1709年におけるエイブラハム・ダービーの成功は，溶鉱炉においてコークスが木炭に代わったことにより，要素比率を根本的に変化させたマクロレベルの発明の一つであった。このマクロレベルの発明のあと，生産性が大幅に上昇する改良が1世紀半続いた。技術変化は最初の発明よりもずっと中立的であった。1709年と1850年の間，投入要素のすべてが節約されたが，石炭と労働力においてもっとも節約が見られた。こうした前進の多くは，ローカル・ラーニングの結果であった。鉱物燃料で溶解される鉄［すなわちコークス溶鉱鉄］に必要な石炭の量を少なくすることによって，こうした一連の改良は，外国の製鉄業者が19世紀中葉に木炭を鉱物燃料に代えても利益が得られるという結果を生んだ。導入転換点に達すると，フランス・ドイツ，そしてアメリ

---

1) Raistrick（1989, pp. 68-9）から引用。

248　第 II 部　産業革命

カの製鉄業者が最先端の技術に一直線に向かい，イギリスの製鉄業者が経験し
たジグザグな発展経路を繰り返すことはなかった。

　コークス溶鉱法は，ニューコメン，ハーグリーヴズ，アークライトの発明と
は明らかに異なっている。まず，発明家が実際にそれを発明したわけではない。
エイブラハム・ダービーは，副次的な［鋳造］工程を発明し，コークス溶鉱そ
のものではなく，コークス溶鉱が経済的に成り立つ隙間市場を見いだしたので
ある。第 2 に，ダービーが完成させた製法は応用が限定されていた。1709 年
の時点では，コークス溶鉱鉄は高価で，質が悪く，鍛鉄［＝錬鉄。可鍛鋳鉄と
もいう。鉄鉱石を溶解して生産された銑鉄を鍛造するか（鍛鉄），あるいは攪錬鉄炉
（1784 年にヘンリー・コートが特許取得）で攪拌・製錬し（錬鉄），もろさを少なく
するために炭素含有量を減らし，加工しやすくした鉄材。レール・山型鉄・鉄板・
棒鉄等に加工される］（あるいは，当時の製鉄工業では棒鉄と呼ばれていた）を製造
する場合，木炭で熔解した銑鉄にはかなわなかった。木炭で熔解した銑鉄が当
時の製鉄業では主要な生産物であった。18 世紀中葉になって初めてコークス
溶鉱法が完成し，イギリスの安価な石炭が製鉄業において比較優位を発揮した
のである。この例は，本来のマクロレベルの発明とは何かという問題を提起し
ている。マクロレベルの発明とは，エイブラハム・ダービー 1 世がもたらした
一連の変化が，鋳造用のコークス溶鉱銑鉄の市場向け生産をもたらしたことを
指すのであろうか。そして，それが極めて小さな規模であったとしても，そう
であろうか。それとも，1709 年から 55 年の期間の技術革新の全体によって，
コークスで生産された銑鉄が鍛造用銑鉄［当初，木炭に代わりコークスで溶解し
た銑鉄はもろく鍛造に向いていなかったが，燃焼反応を上げることで鍛造用に大量
生産できるようになった］を鍛造・製錬する技術の費用をもっとも低いものに
したことなのであろうか。可鍛鋳鉄はずっと重要な生産物であったから，次の
段階では経済的費用がより重要な意味を持つこととなる。

　1709 年から 55 年までのイギリスにおけるコークスによる製鉄の歴史は，
コールブルックデール製鉄所の歴史であった。他の会社によるコークス製鉄は
ほとんど行われていなかったからである。この会社は 3 世代にわたってダー
ビー家によって率いられていたが，彼らはすべて短命（39 歳，52 歳，39 歳）で

あり，ダービー家以外の者も経営に重要な貢献をしている。ダービー家以外の者が重要であったもう一つの理由は，初代のエイブラハム・ダービーが資本調達のために会社のほとんどを売却し，他の所有者が会社経営に熱心に取り組んだからである（Raistrick 1989, pp. 6, 40, 45, 50-1）。1760 年以降，棒鉄生産においてコークス製鉄が木炭製鉄と競争できるようになると，この製法を利用してイギリス中に新しい企業が設立された。1758 年には，ジョン・ウィルキンソンがスタッフォードシャーにコークス溶鉱炉を建設し，1760 年にはスコットランドにキャロン製鉄所が設立され，1766 年にはロザラムにウォーカー家がコークス炉を建設した。そして，1758 年から 69 年の間に，イギリスの南ウェールズ地方に四つの大規模な製鉄所が設立された。主要な生産地域で生産が始まり，これらの地域が 19 世紀中葉までイギリスの製鉄業を支配したのである。

　技術史を経済学的に分析するために，1709 年から 1850 年までの基準年について，1 トンの銑鉄を生産する場合の必要投入要素を求めてみた。時価［名目価格］および不変価格［価格騰貴の影響を除いた実質価格］で表した生産費も計算した。その結果の一部は表 9-1 に示してある。これは 1800 年までのコールブルックデールの数字に基づいている。18 世紀末期には，他の企業も重要になってくるが，コールブルックデールのホースヘイ炉の費用は，イギリスのその他の地域のそれとほぼ同じであった[2]。1850 年代の情報は，イギリスの主要生産地域のすべての情報に基づいている。

　図 9-1 は，銑鉄の総費用の平均を示したものである。1709 年から 1850 年までに総費用は 63 ％下落した。この下落は，生産性の上昇あるいは投入要素価格の低下によるものであったかもしれない。投入要素価格の変化の影響を除くため，1755 年価格表示で毎年の投入要素価格を算出し，総費用平均を再計算してみた。銑鉄 1 トン当たりの「実質費用」は，4 分の 3 ほど低下し，ナポレオン戦争期の価格騰貴の影響がなくなっている。19 世紀前半を除くと，全期

　2）南ウェールズ地方は例外であったと考えられる。南ウェールズの諸費用はおそらく投入要素価格が低かったせいでいくぶんか低かったからかもしれない。Hyde (1977, p. 139) 参照。

250 第II部 産業革命

表 9-1 銑鉄トン当たり必要投入要素費用（1709～1850年）

年	実質費用（トン当たりポンド）					週産出量（トン）
	鉄鉱石	石炭	資本	労働	平均総費用	
1709	5	17.5	3.76	1.5	9.97	1.55
1719	5	12.3	1.74	1.5	7.06	4.4
1729	4.9	15.4	1.70	1.5	7.45	4.5
1737	3.3	9.1	1.26	1.5	5.44	7.5
1755	4.08	8.52	1.09	0.5	4.40	15.4
1770	3.6	7.68	0.93	0.5	3.71	25.3
1803	3.0	6.72	1.18	0.29	3.95	44.6
1850	2.6	3.56	1.01	0.10	2.62	92.6

注）石炭・鉄鉱石・労働・資本費用の総計は平均総費用よりもいくぶんか低い。
　　その差は石灰の費用である。
出典）1709～1803年の数値はコールブルックデール製鉄所のそれである。典拠は
　　Mott（1957, 1957-59a, pp. 68-74, 1957-59b, pp. 280-5, 1959-60, pp. 45-7）,
　　Hyde（1977）および Raistrick（1989, pp. 33, 35-6, 112, 114, 305）である。
　　Raistrick（1989, p. 33）の算出した賃金と連結した Mott（1957, p. 12）による
　　1709年の高炉労働者グループの詳細を見ると，ダービーの最初の高炉に関
　　して Hyde（1977, p. 35）が想定した労働費用よりもかなり低めに出ている。
　　1850年の数値は，19世紀中期の地域における費用の加重平均値である。地
　　域には，クリーヴランド，スコットランド，スタッフォードシャー（冷風
　　炉），ダービーおよび南ウェールズが含まれる。最初の二つの費用に関する
　　数値は，Gruner and Lan（1862, pp. 251, 314, 318, 390），残りの費用に関する
　　数値は Wilkie（1857）からのものである。1848年産出量によって加重された
　　週産出量は，Porter（1912, p. 240）によって算出されたものである。資本費
　　用は，Davies and Pollard（1988, pp. 95-101）の推計値を用いた。

間を通じて，生産性の上昇が銑鉄費用を動かしていた。

　実質費用が下がれば，全要素生産性（TFP）は上昇する。図9-2はその結果
を示したものである。生産性は三つの局面を通じて上昇した。1709年から
1755年までの最初の局面では，生産性は大幅に上昇し，コークス溶鉱鉄は競
争力を持つ製品となった。18世紀の残りの時期には，生産性の上昇はそれほ
ど大きくはなかった。19世紀の前半に生産性上昇は再び加速した。

　表9-1は銑鉄生産における必要投入要素の動きを示したものである。図9-3
は1755年価格で表示した投入要素価格を計算することによって，実質費用の
節約分を示したものである。費用が全体として低減し，生産性上昇のパターン
は明らかに中立的である。イギリスには豊富にあった石炭の費用は，希少で
あった労働力のそれと同じくらい削減された。鉄鉱石ですら節約された。19
世紀半ばには，鉄鉱石の投入必要量は含まれる鉄分に依存するようになってい

第9章　コークス溶鉱法　251

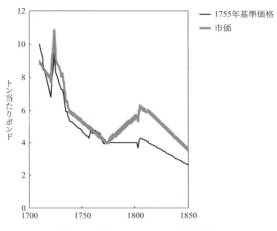

図 9-1　銑鉄トン当たり平均総費用

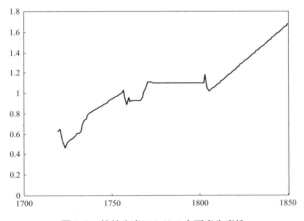

図 9-2　銑鉄生産における全要素生産性

た。鉄鉱石中の鉄分のすべてが銑鉄に移るからである。18世紀前半には，このことは当てはまらなかった。なぜなら鉄分が鉱滓に残ってしまったからである（Mott 1957-59a, p. 70）。ダービーのマクロレベルの発明後の1世紀半の間，製鉄工業における生産性の歴史は第6章で明らかにしたような中立的な過程をたどったように見える。

252　第 II 部　産業革命

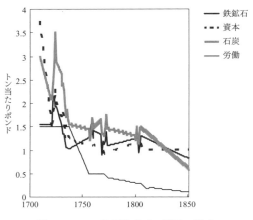

図 9-3　1755 年価格表示の費用の構成

マクロレベルの発明，第 1 段階——エイブラハム・ダービー 1 世の業績

　コークス溶鉱法は，科学的発見によったものではなかったし，非凡な才能の成果を必要とするものでもなかった。実際，それはほとんど全く思いつきを必要としなかった。石炭は木材よりもずっと安価なエネルギー源であったし，17世紀中にほぼすべての応用技術において，より安価な燃料に代える試みがなされた。家屋の暖房用に石炭が燃やされていたとすれば，高価な木炭の代わりにそれを溶鉱炉に投げ入れないわけがなかったであろう。そして，本当にこれを行った人々の実例が多数あった。ダッド・ダドリーは，石炭で鉄を溶解するのに成功したとその著 *Metallum Martis*（Dudley 1665）において主張した初期の開拓者であり，それを証明するために家の周りに鉄製品を置いていた[3]。他の者がこれに追随したが，彼らが失敗したと信じる理由はない。問題は，この工法が経済的に引き合わなかったことである。17 世紀にはほとんどの鉄は可鍛鋳

　3）ダドリーの業績については議論があるが，おそらく燃料として石炭（コークスと見なす者もいる）を用いて銑鉄と鋳造品を生産したことについては，異論はない。この点に関する議論も含めて，Mott（1934-35）を参照。

鉄に精錬されたが，石炭で溶鉱された銑鉄は硫黄分を多く含み，加工すること
に失敗した。これは木材を石炭に代える際に生じる典型的な問題であった。石
炭は不純物を持ち込み，したがって，それを除去するためには新しい技術が開
発されなければならなかった。一つの解決策は，コークスに煆焼することに
よって，石炭の不純物を取り除くことであった。この技術の最初の商業的な応
用はダービシャーで行われ，麦芽製造用の炉を燃焼させるためにコークスが燃
やされた。

　エイブラハム・ダービー1世は，一般的にはコークス溶鉱法を発明したとさ
れている。しかし，すでに指摘したように，彼がこのアイデアを思いついたわ
けではない。多分，ダービーは，1690年代に軍需品委員会に鋳鉄製砲弾を供
給する契約を結んでいたシャドラック・フォックスからコークス溶鉱法につい
て学んだのであろう。この鋳鉄はおそらくコークスで溶鉱されたものであろう
し，フォックスの溶鉱炉はダービーが後年賃借したコールブルックデール製鉄
所の一つであった。この炉は1701年に火入れされ，フォックスはウォンブ
リッジ溶鉱炉でも石炭とコークスによって溶解した銑鉄をさらに生産している。
ダービーは1708年にフォックスからコールブルックデールの溶鉱炉を借り，
それを再建し，コークス溶鉱製鉄業者としての経歴を歩み始めたのである
(King 2003, p. 52)。

　フォックスとダービーとの関係がいくつかの謎を解く鍵となる。すなわち，
ダービーは（鋳造工程については特許を取得したのに），なぜコークス溶鉱法の特
許を取らなかったのか，そして彼が事業を始めた当初から，どのようにして
コークスを用いることに自信を持っていたのか，という疑問である。彼の行動
を見ると，コークス溶鉱法が技術的にうまくいくことを知っていたようである。
コークスを用いた実験もしていないし，この溶鉱法が失敗した場合に備えて木
炭を使う計画を持っていたようにも思われないからである。また，フォックス
の経験が示すように，コークス溶鉱鉄は鋳造に適していたのであり，ダービー
が考えていたのはこれを応用することであった。

　コークス溶鉱法の「発明」におけるダービーの貢献は，実はコークス溶鉱法
によって製造された原料鉄を経済的に引き合うように応用する方法を見いだし

254　第II部　産業革命

た点にあった。1702 年頃にダービーと他のクエーカー教徒たちは，ブリスト
ル近郊にバプティスト・ミルズ真鍮工場を設立した。製造された真鍮のほとん
どは引き延ばされて針金に加工されるか，薄板をたたいて深鍋，やかん，その
他に加工されるかした。鋳造品は伝統的に教会の鐘や大砲に限られていた。し
かし，17 世紀後半にはオランダ人は，砂型や再利用可能な鋳型を用いてその
他多くの製品を製造していた（Hamilton 1926, pp. 344-6）。1703 年にダービーは
自身の鋳造所を設立し，砂型を用いて鉄製の深鍋を鋳造しようとしたが，成功
しなかった。1704 年に砂型鋳造を研究するために彼はオランダに赴いた。彼
は数人のオランダ人を連れ帰り，鉄製品の鋳造を試作させたが，彼らもまた成
功しなかった。しかし，イギリス人の徒弟であったジョン・トーマスは成功を
確信していたので，1707 年に成功するまでダービーは彼を援助した。これは
ダービーの主な研究開発計画であり，その結果，1707 年に砂型で鉄を鋳造す
る方法で特許を取得した。ダービーの技術革新の大きな価値は，鋳造品が薄く，
軽量であったことである。たとえば，ダービーの 1 ガロン料理用鍋は重さが
6.5 ポンドであり，通常の鉄鍋の重さの半分で，プレミア付きで売れたのであ
る（Mott 1957-59a, p. 78, Hyde 1977, p. 40, Raistrick 1989, pp. 18-23）。

　ダービーはまた鋳造に関する第 2 の発明をしたとされている。薄手の鋳物は
高炉から流れ出た溶解した銑鉄を直接に鋳型に流し込んで生産することはでき
なかった。その代わり，でき上がった銑鉄は再び溶解された。ダービーはこの
工法を完成させるために反射炉［熱を発生させる燃焼室から製錬を行うために分
離した炉床へと，壁や天井による反射を利用して熱を送り，製錬に熱を集中させる
構造を持つ。のちのヘンリー・コートによる攪錬鉄炉も反射炉の一種］を初めて利
用した。反射炉は鐘鋳造用の真鍮を溶解するのに中世以来用いられており，
ダッド・ダドリーはそのような反射炉を鉄の鋳造に用いたのかもしれない。反
射炉は 1670 年代と 1680 年代にクレメント・クラーク卿と関わりがあった二つ
の特許会社によって，鉛と銅を精錬するのに用いられた。クレメント・クラー
ク卿はまた鉄を精錬する方法を実験していたらしい。しかしながら，鉄鋳造所
において商業的に採算の合う反射炉利用に成功したのはダービーが最初であっ
た（Mott 1957-59a, p. 76, King 2003, p. 51）。この反射炉は，ジョン・ウィルキン

第9章　コークス溶鉱法　255

ソンが溶銑炉を発明するまで銑鉄の再溶解の標準的な装置であり続けた。

　コークスの製造にはもう一つ，ちょっとした技術的な借用が必要であった。商業的に引き合う最初のコークスは，17世紀にイングランド中部のダービーにあった麦芽製造工場で発芽中の大麦を暖める目的で利用された。エイブラハム・ダービーは，その地で麦芽製造機械製作の徒弟となり，技術を学んだ。実のところ，コークスはダービーで製造されていたのと同じやり方でコールブルックデールにおいて生産されたのである（Mott 1957, p. 9, Raistrick 1989, pp. 23, 25）。エイブラハム・ダービーの業績は，鉄，銅，そして醸造産業におけるいくつかの最近の成果を模倣し，組み合わせたところにあった。

　エイブラハム・ダービーの高炉は，木炭による旧来型の溶鉱炉であった。コークスを用いることを除けば，標準的な方法との主な相違点は，炉の稼働率にあった。木炭炉は年に約300トンの鉄を生産した。コークスを用いて製鉄を始めた最初の9カ月の間に，ダービーはわずか年44トンの割合で稼働させただけであった。その年の最後の3カ月間に，年生産率は150トンに上昇した。コークス燃料は木炭に比べて燃焼反応が弱く，1735年に還流蒸気機関［リチャード・フォードが導入した水車で回るふいご機械に水を供給する馬力装置。のちに還流蒸気機関が用いられた］が導入されるまで，ダービーやその後継者たちは誰も年300トンの生産率を達成できなかった。しかし，コークスを使用することによって，炉内の温度を木炭よりも高くすることが可能となり，その結果，鉱石の二酸化珪素を珪素に還元することができた。コークス溶鉱銑鉄に含まれる珪素含有量が増加し，木炭溶鉱鉄よりも銑鉄を柔軟なものにし，この柔軟性が薄手の鋳鉄を製造することに役立ったのである。他方，珪素は可鍛鋳鉄を精錬する費用を高くした。さらに，低い稼働率は燃料として木炭を使った場合以上にまで資本費用を押し上げた。

　1709年と1732年の間に，銑鉄1トン当たりの平均総費用は7.66ポンドと10.81ポンドの間を上下し，平均は8.75ポンドであった。1718年7月に作成された製鉄所の財産目録において，銑鉄が8.50ポンドと評価されているのはおそらく偶然ではないであろう（Raistrick 1989, pp. 304-5）。概して1720年代には，稼働率は1709年よりも高く，資本費用を低下させた。鉄鉱石と石炭消費量の

256　第 II 部　産業革命

変動幅は大きかったが，表 9-1 が示すように，ダービーとその後継者たちは溶鉱工程を制御することを学び，しばしば 1709 年の成果を上回る結果を実現している。トン当たり銑鉄価格が 8.75 ポンドだとするとダービーは鋳造製品をトン当たり 14 ポンドで売れば利益をあげえたであろう[4]。1719 年と 1737 年の間に，コールブルックデールで生産された銑鉄の 70 ％ は同じ敷地で鋳造された（Hyde 1977, p. 41）。

　ダービーは富裕ではなく，彼の事業活動には，研究開発だけでなく，事業拡大のための資金を外部から調達する必要があった。バプティスト・ミルズ工場のダービーの出資者たちは，彼の鋳造に関する研究に資金を使うことを望まなかったが，ダービーはトーマス・フォードニーという新しい金主を見つけた。コールブルックデール製鉄所を賃借した際に，彼は持ち分の 16 分の 3 をジェームズ・ピーターズとグリフィン・プランカードに売却した。1712 年にはそれを買い戻したが，彼は 1711 年までにさらに持ち分の 16 分の 1 をリチャード・チャンピオンに売却していた。その後の数年間にトーマス・ゴルドニーにそれよりも多い持ち分を売却し，所有地を抵当に入れて義理の兄弟のトーマス・ベイリーズから資金を借り入れた。これらの資金は，ヴェイル・ロイアル溶鉱炉とドルジン溶鉱炉の権利を購入し，1715 年にコールブルックデールの新しい高炉を建設するために使われた。1717 年にダービーは遺言書を残さないで 39 歳で死去した。その時点で，会社の純資産額はすべてゴルドニーとベイリーズ，そしてダービーの妻の娘婿であるリチャード・フォードのものとなった。ダービーの子息たちは，管財人，ジョシュア・サージェントが彼らのためにゴルドニーから持ち分 3 株を買い取っていなければ，事業に対して何の権利も持たなかったであろう（Raistrick 1989, pp. 6, 40, 50-1）。

4）トン当たり 14 ポンドというのは，倉庫と 1718 年 7 月の会社の新しい高炉の倉庫に保管されている「深鍋・やかん」の評価額である。他の製品も別の価格で評価されているが，深鍋とやかんの評価額が圧倒的な割合を占めていた（Raistrick 1989, pp. 301, 305）。

マクロレベルの発明，第 2 段階――コークス溶鉱鉄の競争力を高める発明，1720～55 年

　鋳造事業で利益が出る材料費としての銑鉄の費用が，コークス溶鉱鉄の進歩を評価する一つの基準となった。もう一つの基準は，木炭溶鉱銑鉄の価格であった。1720 年から 50 年にかけて，木炭溶鉱銑鉄はトン当たり 5～6 ポンドで売られていた（Hyde 1977, p. 44）。コークス溶鉱銑鉄はこの価格を下回らなければ，市場を拡大することは不可能であった。実際のところ，コークス溶鉱銑鉄の珪素含有量の高さが溶鉱費用を上昇させ，コークス溶鉱銑鉄から加工された棒鉄の質は木炭溶鉱銑鉄から作られた棒鉄のそれよりも悪かったから，もう少し価格が下がらなければならなかった。1720 年代にコークス溶鉱銑鉄の費用はトン当たり 8.75 ポンドであったから，この道のりは長かった。その結果，18 世紀の前半においては，コークス溶鉱は銑鉄を鋳造するほんのわずかな高炉に限られていた。しかし，この時期を通じて，ローカル・ラーニング，すなわち既存の方法を実験で変化させることによって，費用は下がり，品質は向上した。ある時には実験が問題解決を目的として行われ，それが最終的に成功する場合もあった。他の目標の達成は目的であったが，全く偶然に技術的な洞察が生まれる場合もあった。

　1720 年代と 1755 年の間，コークス溶鉱の改善には三つの主要な段階があった。最初の段階は 1730 年代に起こった。変化を促す要因は，産出量を増加させることであった。エイブラハム・ダービー 1 世は，深鍋のような製品を生産する事業を展開していた。1717 年に彼が死去した後，リチャード・フォードが会社を経営することになった。1730 年代前半に，彼は蒸気機関の鋳造部品の生産を拡大することを提案した。セイヴァリー・ニューコメンの特許が 1733 年に切れた後，蒸気機関の鋳造部品の生産が成長の見込みのある事業になると彼が予想したからである（Raistrick 1989, p. 148）。拡大策は 1733 年と 1734 年の干魃によって動きが取れなくなっていた。水車が高炉に空気を送る動力であったが，干魃で貯水槽の水位が低くなると，生産が遅れたのである。この問題の解決には，流水路から高炉より上方の貯水槽へ水を戻し，再利用す

258　第II部　産業革命

る揚水機を動かすため馬車が使われた。1742年にこの装置は，ニューコメン
蒸気機関に代わった。最初の環流蒸気機関が設置されたのである。

　水を再利用させることの影響は大きかった。高炉を最速で継続的に稼働させ
ることができるようになったのである。季節的な変動は除去された。生産量は
週4.5トンから週7.5トンに増加した。それよりも劇的で，予想すらできな
かったことは，必要投入量が減少したことである。鉱石消費量は5トンから
3.3トンに低下した。これは鉄含有量が3分の1の鉄鉱石では最高の効率で
あった。溶鉱される鉄鉱石が減少した結果，石炭と石灰の使用量も節減された。
単位当たり実質費用は1720年代の水準から4分の1ほど低下した。コークス
溶鉱の平均総費用は，今や木炭溶鉱鉄の価格と同じになった。コークス溶鉱法
は競争力を持ち始めたのである。

　第2の大きな改良は，これらの原理の拡大版であった。ホースヘイ溶鉱炉は
1750年代前半に建設され，1755年に最初の高炉が稼働した。これらの高炉は
コールブルックデールの高炉よりも高くはなかったが，幅が広かった。炉の容
積は，約350立方フィートから500立方フィートに拡大した。これらの高炉は，
コールブルックデールで開発された「木製のふいご」で送風され，ふいごの動
力は水を直接水車に供給する蒸気機関であった。生産はさらに2倍，週15.4
トンに増え，高炉は以前よりも長く「火入れ」された。1720年には，高炉は
毎年6週間あるいは8週間，炉内を再内貼りするために火を落とされた。ホー
スヘイ炉は，内貼りまで3年，あるいは4年間稼働した。投入要素の使用量も
減少した。石炭と労働の投入量減少がもっとも際立っていた。単位当たり実質
平均総費用は，さらに1ポンド低下し，トン当たり4.40ポンドとなった。こ
の点で，コークス溶鉱鉄の平均総費用は木炭溶鉱銑鉄の変動費用と価格を下
回った。既存の木炭溶鉱炉で銑鉄を生産するよりもコークス溶鉱炉を建設する
方が安くなった。この時期から新しい木炭炉はイギリスでは建設されなくなり，
コークス炉だけとなった。

　コークス溶鉱銑鉄の第3の大きな改良は，品質の改良であった。問題は，
コークス溶鉱銑鉄から生産された棒鉄が「もろい」という性質を持っているこ
と，すなわち使用中に予想外に破砕し，裂けることであった。モットは次のよ

うに指摘している（Mott 1957-59a, pp. 80-1）。「もろさ」は，棒鉄に含まれる過剰な燐のせいであり，溶鉱技術とは本来関係がなかった。燐は，（木炭でもコークスでもなく）鉄鉱石に含まれていたものであり，銑鉄に入り込むのである。18世紀にはもちろん誰もこのことを理解していなかった。ディーンの森で生産される木炭溶鉱の棒鉄の品質が優れているとの評判はあったが，それは偶々，そこで生産される木炭溶鉱鉄に使われた鉄鉱石には極めて少量の燐しか含まれていなかったということで説明できる。コールブルックデール地域で得られる鉄鉱石の燐含有量は大小さまざまであった。初期のコークス溶鉱銑鉄の多くは，燐含有量が大きかった。1730年代と1740年代との間の時期に，エイブラハム・ダービー2世は色々な鉄鉱石を混ぜて実験し，遂に燐分の少ない銑鉄を生産する鉄鉱石（Ball・Black・Penny）の組み合わせに行き当たった。これは汚名返上を伴ったローカル・ラーニングの成果であった。ホースヘイ高炉はこの鉱石の組み合わせを使用し，製品は主に棒鉄を製造する鋳造所に販売された（Mott 1957-59a, p. 84, 1957-59b, p. 281）。1755年に至るまでに，最終的に一つの工法が開発され，石炭価格が安価なイギリスのような国が製鉄業において競争力を持つことに成功したのである。

1755〜1850年までのマクロレベルの発明への一層の改良

　表9-1と図9-2は，1755年以降の1世紀が二つの部分に分けられるということを示している。最初の時期は，19世紀前半まで続いている。この時期には全要素生産性の伸びは緩やかである。資本費用の増加によってかなり差し引かれたが，石炭消費量が一層節減され，相対的に大きな労働の節約があった。実際，この時期の技術史は機械化を強調する。1774年には，水車に代わってボールトン・ワット商会の蒸気機関がコールブルックデールに設置され，円筒ふいご機械が木製のふいごに代わって設置された。1805年にこのふいご機械は，さらに新しいデザインのそれと代わった。産出率は1日当たり15トンから45トンへ3倍となった。こうした生産量の増加は，大量の原料輸送を必要

260　第 II 部　産業革命

とした。早くも 1740 年代に，コールブルックデール製鉄所敷地周辺に原料を運ぶために木製のレールが敷設されつつあった。1757 年にコールブルックデールには 16 マイルのレール網が張り巡らされていた（Hyde 1977, p. 120）。1767 年に最初の鋳鉄製のレールが製造され，その後の 10 年間で木製のレールは鉄製レールに代わった。世界で最初の鉄道である（Raistrick 1989, pp. 177-81）。原料鉱石を高炉に装入する巻き上げ装置も導入された。資本集約度は高まり，それに伴って労働生産性も向上したが，資本費用の高騰と労賃の節約が同時に起こり，その結果，相殺されて効率性の伸びはわずかであった。

　19 世紀前半に技術進歩の速度は加速した。石炭と鉄鉱石価格が安価な地域に投資が引き寄せられたため，コールブルックデールはもはや進歩の最先端に位置してはいなかった。こうした新しい生産の中心地が新しい技術を率先して導入し，確かに資源を有効に活用する技術革新が求められたのである。

　もっとも劇的な展開は，ジェームズ・ボーモント・ニールソンによる熱風送風の発明であり，これは 1828 年に特許を取得した。この発見は，製鉄作業におけるもう一つの問題——すなわち，半マイル離れたところにある送風機関から高炉に送り込まれる空気の量をいかに増やすかという問題——を解決するための科学的研究の成果であった。ニールソンは，空気圧と流速を高めるために空気を暖めることを考えついた。彼は鍛造工場の火を使って実験し，熱風送風は燃焼の強さも高めることを発見した。製鉄業者たちが冷風を送風する方が良質の銑鉄ができると信じていたため，ニールソンは彼の考えを実行に移してみることに困難を感じていたが，ついにクライド製鉄所において熱風送風を試し，大成功を収めた。ニールソンは彼の努力の成果を実現する資金を獲得するために，防水織物の発明家であるチャールズ・マッキントッシュを含む数名の投資家に事業の権利の 40％ を売却し，特許を取得した。送風温度をさらに高める実験が続いた。燃料の節約は，とくにスコットランドで著しかった。熱風炉によって極めて安価な炭鉄鉱を溶鉱することができるようになったため，スコットランドにおいては生産費が一層低下した。その結果，スコットランドはイギリス中でもっとも安価な鉄を製造する地域となった。他の地域では節約はそれほど大幅ではなかったが，最終的には熱風送風はあらゆる場所で採用されるよ

うになった（*DNB*, Hyde 1973）。表 9-1 に示すように，19 世紀の前半に大幅な燃料の節約が行われたが，この節約の多くは熱風送風の導入によるものであった。

　しかしながら，熱風送風だけがこの時期の改良であるというわけではなかった。稼働率と高炉の規模が拡大した。これは 1803 年の週生産量 44.6 トンが 1850 年に 92.6 トンに倍増したことにはっきりと現れている。1709 年にコールブルックデールの高炉は 81 トンを産出していたが，1850 年には平均的な高炉は年 4,632 トンを溶鉱するようになっていた。こうした増産に伴って労働生産性も一層上昇し，この時期には資本費用の増加によって差し引かれることはなくなっていた。背の高い，強い風力で通風される高炉と一緒に熱風送風が使用されると二つの革新技術が別々に利用される場合よりも効率向上はより一層大幅に進んだ。炉頂から排出された熱せられたガスは，炉へ送る風の温度を予め高めるために再度用いられた。この加熱のリサイクルが燃料消費量をさらに減少させたのである。

　こうした改良の結果，1755 年から 1850 年までの間に実質費用は 40 ％ 低下した。変化のうちのいくつかは，蒸気機関の改良のように製鉄工業の外部で行われた発展に対する反応であった。しかし，多くは既存の方法の修正であった。このローカル・ラーニングの結果，希少な投入要素（労働力）と潤沢な投入要素（石炭）のどちらも節約されたのである。

ヨーロッパ大陸におけるコークス溶鉱法の導入

　イギリスにおいては，18 世紀の後半にコークス溶鉱は木炭溶鉱に代わった。1750 年にイングランドではわずか 3 基の高炉がコークスで溶鉱していたが，鍛造用銑鉄を安価に製造するという問題が解決されると生産量は急速に増加した。もはや新たに木炭溶鉱高炉を建設することはなくなり，生産能力の増加はすべてコークス炉で行われた。木炭炉は絶えず競争圧力にさらされていた。古くなれば溶鉱費用は上昇し，平均変動費用が価格を上回れば，木炭溶鉱炉の火は落とされた。1800 年にはイギリスで溶鉱される鉄のほとんどは，コークス

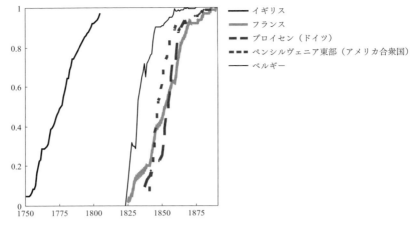

図 9-4 石炭・コークス溶鉱銑鉄比率

出典：イギリス：Davies and Pollard (1988, pp. 80-1). ベルギー・フランス・プロイセン：Landes (1969, p. 217), 1845年以前のベルギーの数値は Fremdling (1986, pp. 75, 78). ペンシルヴェニア東部：Convention of Ironmasters (1849), Johnson (1841, pp. 28-31), American Iron Association, *Bulletin*, 1854-56, Daddow and Bannan (1866, pp. 681-2), ペンシルヴェニアについては, 1860年および1870年センサス手書き個票（製造業）. 比率は, 産出量および高炉容量を基準としている.

で溶鉱されていた。このことは、コークスで溶鉱された銑鉄の割合を表示した図 9-4 の示す通りである。

　ヨーロッパ大陸と北アメリカでは、導入はずっと遅かった。ベルギーは先頭を切っていたが、諸条件がイギリスとほとんど同じであったここでも、明らかにコークス溶鉱炉として建設された最初の高炉は、ようやく 1824 年に建設された。ジョン・コックリルとチャールズ・コックリルによって 7 年前に設立されたセレン工場のものである（Landes 1969, p. 176）。フランスとドイツではコークス溶鉱への転換はさらに遅れた。1850 年においても木炭溶鉱がなお支配的であった。

　ヨーロッパ大陸ではなぜコークス溶鉱法の導入が遅れたのであろうか。イギリスと比較した場合、もっとも興味深いのはフランスである。18 世紀において両国はともに製鉄業が大規模で、急速に拡大していた西ヨーロッパの国であるからである。イギリスの生産量は 18 世紀初頭の約 1 万 7000 トンから 1790

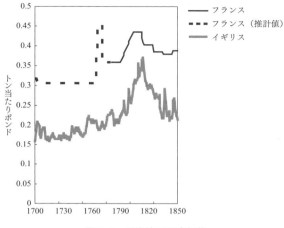

図 9-5　平均坑口石炭価格

年代初期の 12 万 5000 トンに増加した。フランスの生産量は，18 世紀前半の 2 万 5000 トンから 18 世紀末期の 14 万トンに増加した（Pounds and Parker 1957, p. 27）。対照的に，ベルギー，ドイツでは生産量はほとんど増加せず，18 世紀末期においてもそれぞれわずか 2 万 2000 トン，ほぼ 5 万トンに達しただけであった。

イギリスはコークスを用いることによって，フランスは木炭を用いることによって生産量を増加させたが，違いは自然資源であった。イギリスには豊富な石炭があったが，木材は不足していた。フランスでは，状況は逆であった。資源賦存率は価格に現れていた。図 9-5 はイギリスとフランスにおける平均坑口石炭価格を図示したものである[5]。この時期を通じて，フランスの坑口石炭価格はイギリスのそれよりも 4 分の 3 ほど高かった。

少なくとも 18 世紀の前半に関する限り，木炭は逆であった。図 9-6 はスト

---

[5] 1780 年以前においては，フランスでは石炭採掘は非常に限られており，石炭価格に関する情報は少ない。当時，石炭は地表から浅いところで採掘され，採掘費用は一定であったから，1780 年以前の石炭供給価格は賃金率を用いて推計した（Clark and Jacks 2007）。

264　第II部　産業革命

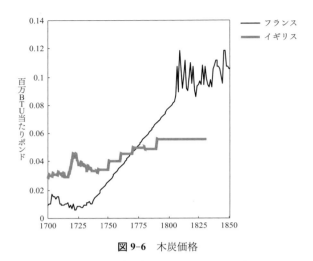

図 9-6　木炭価格

出典）フランス：Hanauer (1878)．イギリス：1710〜1800 年については Hyde (1977, pp. 44, 79)，1800〜20 年までは Beveridge (1939, pp. 143 以降）。

ラスブールにおける木炭価格を示したものであり，1750 年以前はイギリスの高炉と鋳造所における木炭価格の半分以下であった[6]。この時期には，イギリスではコークス溶鉱銑鉄生産は競争力を持たず，木炭が安価で，石炭は高価である英仏海峡の大陸側では見通しは一層暗かった。

　コークス溶鉱鉄の競争的地位は，18 世紀中期以後改善された。木炭価格が上昇しつつあったからである。事実，図 9-6 に示したように，フランス各地で木炭価格は上昇している。1783 年と 1811 年の全国調査はどちらもそれぞれ調査に先立つ数十年間に価格が急増していることを示している。1773 年から 1811 年の間の「経営者の 1 世代の間に，木炭価格は 4 倍に上昇した」(Woronoff 1984, p. 245)。おそらく木炭溶鉱鉄生産の拡大が木材不足の限界を直撃していたのであろう。いずれにせよ，フランスの木炭価格がイギリスの水準に近い

---

6) 19 世紀のフランスの鉱産物統計は溶鉱炉に装入される木炭の量と価格を記録している。したがって，ストラスブールにおける価格をこの時期の高炉における平均価格と比較することができる。両者の一致度は高い。

ところまで上昇し，石炭価格はまだずっと高価であったから，フランス革命以前のフランスでは鉱物燃料によって溶鉱する製鉄工業について楽観的な見通しを持つ根拠はほとんどなかった。

こうした事情にもかかわらず，フランス政府はコークス溶鉱法をフランスに導入する極めて真剣な試みを敢行した。1764 年に銅山所有者の息子であったガブリエル・ジャールが産業スパイの密命を帯びてイギリスに派遣され，イギリスの鉱産物採掘・溶鉱技術と一般的な産業工程を学んだ。彼は，国外追放されたイギリス人のジョン・ホルカーと接触し，助言を得た。ホルカーはフランスの綿工業を機械化しようとして，その後間もなくイギリスからジェニー紡績機を持ち出している。ジャールは多くの炭鉱，製鋼所を見学することに成功した。また，キャロン製鉄所を訪れ，そこでコークス溶鉱法を実地に観察した（*DNB*）。帰国後，彼はイギリスの方法を奨励し，ブルゴーニュにコークス溶鉱高炉を建設する用地を獲得することを提案した。良質の原料鉄鉱石入手を考慮して，建設用地は注意深く選ばれ，実際，19 世紀にはコークス溶鉱鉄の生産は成功を収めた。しかし，それはまだ遠い先の話であった。1776 年に一群の投資家が土地獲得に着手し，そこにル・クルーゾ製鉄所が設立された。(Pounds and Parker 1957, p. 43)。1775 年には，砲兵隊将校で，冶金学者のドゥ・ラ・ウリエールがイギリスに派遣され，ジョン・ウィルキンソンとウィリアム・ウィルキンソンを訪れ，ウィリアムをフランスに招聘し，大砲製造のためのコークス溶鉱法を導入する約束を取り付けた（Harris 1988b, p. 35）。ウィルキンソン兄弟は，技術指導者として申し分なかったであろう。ジョン・ウィルキンソンはスタッフォードシャーに最初のコークス溶鉱高炉を建設し，ワット蒸気機関のシリンダーや大砲の製造に使用する中ぐり機械をすでに発明していたからである。2 人はともに功成り名を遂げた技術者であった。ウィリアムは兄ジョンの助言を受け，その技術指導の仕事に対して 7,000 ポンド以上の報酬を得た。フランス国家が大株主であった。工場は 1781 年から 84 年の間に建設され，工場には蒸気機関で稼働する送風機を装備した 4 基の高炉，コークス製造機械，反射炉，数マイルに及ぶ軌道，大砲製造用の中ぐり機械があった。1785 年に，初めてコークス溶鉱法によって鉄が生産された。

266　第 II 部　産業革命

　ル・クルーゾ製鉄所は最先端の工場であったが，この事業は失敗に終わった。
ウォロノフによれば，鉄の燐含有量が多すぎ，したがって，もろかった（Wor-onoff 1984, p. 338）[7]。大砲として使うことは一度も認められなかった。価格も高
すぎた。一つには，工場が生産限度まで稼働することが一度もなく，溶鉱され
た鉄のトン当たりの固定費用が極めて高かったからである。加えて，ハリスが
強調するように，冶金技術は簡単に移転することはできない（Harris 1992）と
いうこともある。なぜなら原材料がさまざまで，生産方法がそれに適応しなけ
ればならないためである。ダービー家がコールブルックデールの高炉の稼働を
微調整し，適切な鉱石の組み合わせを見つけ出して，妥当な価格で鍛造用銑鉄
を生産するまでに数十年かかったことを思い出せばよく分かるであろう。ル・
クルーゾ製鉄所でも同じような学習過程が必要とされたのであり，シュネデー
ル家が 1836 年に工場を建設した際に初めて成功したのである。1780 年代には，
ウィルキンソンがル・クルーゾに導入した高い技術水準でも，コークス溶鉱は
イギリスの要素価格で生産される木炭溶鉱鉄よりもほんの少し費用が低かった
だけであった。フランスの価格では，たとえすべてがうまくいったとしても，
コークス溶鉱鉄の価格はおそらく木炭溶鉱鉄のそれよりも高かったであろう。
そして，最初は何もうまくいかなかったのである。さらに不名誉なことに，フ
ランス革命暦 8 年（1799〜1800 年）には木炭溶鉱炉が建設された。［ル・クルー
ゾ製鉄所が失敗に終わる前の］1787 年の楽観主義を振り返って，ある鉱山監督
者は次のように自問している。「幸運と成功の強い希望が幻想に過ぎなかった
などということが一体ありうるのであろうか」（Harris 1988b, p. 36）。

　フランスでコークス溶鉱が収益をあげることができるようになるまで，さら
に半世紀が経過した。フランス革命以後，燃料価格の動きはコークスに有利に

───────────

　7）イギリス鉄鋼機関発行の「クルーゾへの旅」（1878 年, pp. 512-3）の報告によれば，地
　　元の鉄鉱石が溶鉱されていた（外国製の鉄鉱石が用いられていたベッセマー式酸性銑
　　鉄を製造する場合を除く）。「地元の鉄鉱石は魚卵状岩であり，ルクセンブルクとク
　　リーヴランドのそれに近かった。30 ％の金属鉄分と 0.5 ％もの燐分を含んでいたが，
　　硫黄分は含まれていなかった」。クリーヴランド鉄鉱石からは，優れた鋳造用銑鉄が生
　　産されたから，地元の鉄鉱石は本来目的に適ったものであった。問題は，溶解する方
　　法をいかに計算するかであった。1878 年には，ル・クルーゾにおいて地元の鉄鉱石か
　　ら生産された極めて大量の銑鉄の可鍛鋳鉄への加工が成功している。

第 9 章　コークス溶鉱法　　267

展開した。1830 年代と 1840 年代には，石炭価格はイギリスに比べてフランスではまだ 75％高かったが，木炭価格はコークスと比べて大幅に上昇し，18 世紀におけるイギリスの価格よりも高くなっていた。木炭価格の上昇は一部は労働市場の進展を反映した賃金の上昇のせいであり，一部は木材供給の減少によるものであった。1820 年以後に数十基の高炉が建設されたが，コークス溶鉱部門は緩慢にしか増加せず，木炭溶鉱部門は引き続き拡大した。コークス溶鉱への投資は 1850 年代にようやく加速し始めた。（もっぱら）鉱物燃料だけで溶鉱する高炉の数は 1841 年の 28 基から 1870 年の 143 基に増加した。何が変化したのであろうか。答えは，年産 2,231 トンから 6,922 トンに急上昇した 1 高炉当たりの生産量の増加が示している。コークス溶鉱部門の拡大は，指導的なイギリスの高炉と同じ生産能力を持つ高炉を建設することによって可能となった。すでに見たように，1803 年から 50 年まで高炉のデザインの改良は，トン当たり実質費用を 30％低下させた。経営者も労働者もフランスの石炭と鉄鉱石に技術を合わせる方法を学んでいたが，コークス炉が商業的に成功することを可能にするゆとりをもたらしたのは，この費用の低下であった。1780 年の最先端の技術は，木炭溶鉱を駆逐するには充分ではなかった。フランスの製鉄工業は，イギリスの技術が 19 世紀中葉の効率水準に達して初めて木炭溶鉱からコークス溶鉱へ移行したのである。それからフランスは，イギリスがローカル・ラーニングの過程を経て溶鉱炉を改良するために歩んだ中間段階のすべてを飛び越してしまった。導入転換点に達したのである。

　われわれはこうした事態をル・クルーゾ社ののちの歴史に見ることができる。この製鉄所は，衰退を続け，ついに 1826 年にアーロン・マンビーとダニエル・ウィルソンに買収された。これら 2 人のイギリス人技術者は，パリ近郊のシャラントンに先進的な機械工場をすでに建設しており，溶鉱と精錬を後方統合して事業を拡大しようとしていた。ル・クルーゾには新しい攪錬鉄炉と圧延工場が建設された。マンビー・ウィルソン社は財政的な危機に陥り，1830 年の商業恐慌の際に国から融資を断られ，その後倒産した（Henderson 1954, pp. 49–58）。しかし，1836 年に製鉄所はアドルフ・シュネデールとユージン・シュネデールに買収された。ユージン・シュネデールは，新たに高炉と攪錬鉄

炉を建設している。銑鉄生産は飛躍的に伸びた。1835年に，ソーヌ・エ・ロアール県には4基のコークス溶鉱炉があった。これらの高炉は，ウィリアム・ウィルキンソンが建設していたものである。このうち3基は稼働し，5,500トン近くの銑鉄を生産していた。年産1,828トンの生産（週約37トン）は，1780年代の高炉の代表的な生産率であった。製鉄所の設備はシュネデール兄弟によって買収された後，近代化され，拡大した。1838年に高炉は熱風送風式となり，さらに1846年には蒸気機関で稼働する機械式鉱石装入機が加わった。「イギリスの優位を現実的に受け入れる態度と，イギリスの地位を奪えるようになるまでイギリス人教師の下でおとなしく授業を受けようとする生徒が持つ初めの頃の謙虚さがあった（のちに日本人に非常に強く受け継がれた同じ精神である）」（Beaud 1995, p. 206）。1870年には同じ県で11基のコークス溶鉱炉が稼働し，10万9000トン——年産ほぼ1万トン，週200トン——を生産していた[8]。これは当時のイギリスの優良産出額と同じであった。炉の高さは66フィートであった。熱風炉は，最新式（クーパー・ウィットウェル社製）であり，送風機関は最新式のデザインで設計され，高炉に鉄鉱石を装入する巻き上げ機は「超一流の装置」であった[9]。ウィルキンソン社が失敗し，シュネデール社が成功したのは，石炭価格と木炭価格の釣り合いがより有利であったからであり，19世紀中葉にシュネデール社が建設した高炉の効率が優れていたからであった。

　コークス溶鉱法の導入は，第6章で議論したように，「導入転換点」の好例である。コークス溶鉱法は，木炭からコークスへ投入要素需要を変化させる偏りのある技術変化であった。この技術のもっとも初期の形式では，イギリスでだけ実行可能であったのである。石炭が極めて安価であったからである（そして，その当時でさえ，最初の数十年間，うまくいくかどうかは隙間産業の発展いか

---

8) ル・クルーゾには12基の高炉があったから，おそらくル・クルーゾの産出量は県内産出量のすべてに等しかったであろう（Beaud 1995, pp. 212-3）。Pounds and Parker（1957, p. 169）は，ル・クルーゾにおける銑鉄生産は，「1837年の5,000トンから10年後の1万8000トン，1855年の3万5000トン，1867年の13万3000トンへ増加した」と述べている。Villain（1901, pp. 256-87）も参照。

9) イギリス鉄鋼機関の「クルーゾへの旅」（1878年）に関する報告書による。

んにかかっていたのである！）。次いで，イギリスは技術を改良し，とくに競争優位の要である石炭を含むすべての投入要素の消費量を減らした。19世紀中葉まで続くこの時期に，フランスは試験的に技術改良に取り組んだが，成功することはなかった。最新の技術に乗り遅れたことは，経営者と技術者の資質に関する問題を提起することになる（Landes 1969, p. 216）。彼らの能力は，企業行動の詳しい分析によって評価することができるであろうし，フレムドリングはフランス人が技術について洞察力を持っていた確かな事例を提供している（Fremdling 2000）。実際，彼らはイギリスの方法を収益性を考慮して選択的に採用していた。19世紀半ばになって初めてイギリス人技術者たちは，フランスにとって「最適な技術」を開発したのである。

アメリカにおけるコークス溶鉱法の導入

　アメリカにおける製鉄工業もまた19世紀中葉に木炭から鉱物燃料への転換を経験した。この転換はまた19世紀的な技術に依存していたが，詳しく見ると内容は違ったものであった。アメリカの経済活動の大部分はまだ東海岸に拠点を置くものであり，そこには大規模な木炭溶鉱製鉄業があった。アパラチア山脈の東に埋蔵されている石炭の大部分は無煙炭であった。無煙炭は，ヨーロッパやアメリカ合衆国のもっと西に多い瀝青炭よりも炭素含有量が多かった。無煙炭は，揮発性の有機物をほとんど含まず，コークスにされずに高炉に直接装入された。1820年代にリー石炭水運会社が，所有する炭鉱の近くのモウンチ・クリークに実験高炉を建設した。しかし，無煙炭溶鉱の試みは成功しなかった。同じ時期に，フランス政府もヴィジーユで同様の実験を行ったが，これもまた不成功に終わった。両者とも研究開発計画は冷風炉を用い，ともに失敗した。無煙炭はコークスよりも水分が多い燃料であり，熱風送風でなければ点火しないからである。したがって，アメリカの鉱物燃料への転換はニールソンの発見を待たなければならなかった。

　アメリカの反応は素早く，エヴァンズの高圧蒸気機関とロウェル・ムーディ

270　第 II 部　産業革命

の改良力織機の発明を思い起こさせる驚異的な技術的反応を示した。製鉄工業における類似した例は，無煙炭を用いて熱風炉で溶鉱する 1833 年のフレデリック・ガイセンハイマー博士のアメリカにおける特許であった。しかし，この発見は直ちに実際に応用されたわけではなかった。実際の応用は，少量の無煙炭が発見されたイギリスの南ウェールズにおける事態の展開にかかっていた。デイヴィッド・トーマスは，無煙炭が埋蔵されている場所にあったアニスクドウィン製鉄所の経営者であった。1820 年代にも彼は無煙炭で鉄を溶鉱しようとしたが，うまくいく工法を発見できず，燃料をコークスに代えなければならなかった。ニールソンの発明について聞いたトーマスは，直ちにスコットランドに駆けつけ，特許使用料を支払い，次いでウェールズに熱風炉を設置した。彼は 1837 年にこの工法に成功し，アニスクドウィン製鉄所の有力株主であったジョージ・クレーンがその特許を買い取った。1838 年，トーマスの成功はペンシルヴェニアにも読者がいた『ロンドン鉱業雑誌』に掲載された。リー石炭水運会社の重役の一人は直ちにアニスクドウィンに赴き，デイヴィッド・トーマスをペンシルヴェニアに呼び，無煙炭による鉄の溶鉱作業を監督する 5 年契約の条件を彼に提示した。クレーンはまたアメリカの特許を取得し，ガイセンハイマーの特許を買い取った。デイヴィッド・トーマスは再び成功し，リー・クレーン製鉄会社はペンシルヴェニアの多くの無煙炭を使用する製鉄所のなかで最初の会社となった[10]。熱風炉がアメリカの鉱物燃料への移行を強く後押したのである（Temin 1964, pp. 51-80）。

コークス溶鉱法はなぜイギリスで発明されたのか

　フランス，ドイツ，そしてアメリカ合衆国で最終的に木炭溶鉱に代わったコークス溶鉱技術は，19 世紀中期においては極めて効率的な技術であった。しかし，18 世紀のコークス溶鉱技術はイギリス以外では経済的に引き合わな

---

10) Johnson (1841, pp. 1-38) および 'David Thomas : The Father of the Anthracite Iron Trade', *New York Times*, 3 June 1874.

かった。ル・クルーゾの悲しむべき物語は，1780年頃のイギリスの製鉄工場の最新技術をもってしても外国で利益をあげることができなかったという事実を鮮やかに証明している。この技術を発展させるためには長期にわたる作業と莫大な費用が必要であった。実際，最初はこの技術では収支はとんとんであった。高い費用をかけて，ル・クルーゾのような大失敗を繰り返すことは意味のあることではなかったであろう。コークス溶鉱法に対する関心の欠如を説明するのは，フランスの機械技術文化が持っている非現実性ではなかった。この工法の発明は割りに合わなかったからであろう。そして，イギリスにおいて最初の段階で割りに合わなかったならば，この技術は開発されていなかったであろうし，われわれは今でも木炭で溶鉱し続けているであろう。

訳注

* 1 溶鉱・製錬技術：ヘンリー・ベッセマーが1856年に転炉によって，炭素含有率が低く，弾性が強く，加工しやすい鋼を製造することに成功し，鋼が大量に生産されるまで，鉄製品の製造は概ね次のような方法で行われていた。磁鉄鉱・赤鉄鉱等の鉄鉱石を木材・木炭・石炭・コークスを熱源として高炉で還元し，銑鉄を生産する。銑鉄をそのまま加工して製品にしたものを鋳物と呼ぶ。しかし，鋳物はもろく，強度・粘性を必要とする製品には不向きであった。その後，炭素含有率の高さがもたらすもろさと加工上の問題点を改良するため，銑鉄を攪錬鉄炉で攪拌・製錬した後，鍛造・圧延して粘性と強度を高めた錬鉄・可鍛鋳鉄（wrought iron, malleable iron）を生産するという方法が主流となった。イギリスでは，19世紀後半以降にドイツやアメリカで輸入代替が進むまで，スコットランド，ウェールズ，スタッフォードシャー，ヨークシャーのクリーヴランド地方を中心に銑鉄そのものはもとより，可鍛鋳鉄を加工して生産されたレール，棒鉄，山型鉄，鉄板等の製品が世界各地に大量に輸出された。

第10章
発明家，啓蒙主義そして人的資本

> 畑が広がり，勤勉に農作業に励む人には誰でも，十分な収穫を約束する豊かな土壌が
> あることを私は知った。
> ——ジョサイア・ウェッジウッド

　発明の度合いは，新しい製品とその生産工程に関わる需要量と発明家側の供給量によって決まる。イギリスに特徴的な賃金と価格の構造が18世紀の技術の需要を生み出した。その技術によって人の労働はエネルギーと資本に置き代わり，産業革命の飛躍的技術革新をもたらす重要な原因となった。しかし，なぜ供給側の反応が生まれたのか。なぜ発明家はその挑戦に応えようとしたのか。これらの疑問に注意する必要がある。なぜなら，18世紀のイギリスが高賃金の面で珍しかったわけではないからである。黒死病以降のヨーロッパで賃金が極端に高かったので，この点では重要な前例となる（図2-2，図2-3と図2-5）。しかし高賃金にもかかわらず，産業革命は起こらなかったのである。石炭産業の欠如が大きな違いであるが，他の要因としてより重要なのは潜在的な発明家がいなかったことである。第1章で論じたように，サー・ジェームズ・ステュアートの「渇望」理論では，中世後期の消費財への欲求の欠如が労働への努力を減退させた，と述べている。そのような状況は17世紀になると逆転し，ますます多様なイギリス製品や輸入消費財が「勤勉革命」の引き金となり，それがより積極的な発明行為となって現れた。それに加え，この章では18世紀のイギリスが豊かな人的資本に恵まれ，それがこの時期の飛躍的な技術革新をもたらす重要な要因となったことを論証するものである。

　発明家の供給は二つの観点から考察することができる。一つは文化的観点からである。すなわちイギリスの文化は発明を促し，産業革命を導くはっきりと

第 10 章　発明家，啓蒙主義そして人的資本　　**273**

した傾向をもって発展した。二つには人的資本の蓄積を強調する観点である。つまりイギリスでは，国民の識字率が高く，計算能力があり，そして熟練度が高かったので発明家が多かった。これらの二つの観点は矛盾するものではなく，それぞれ異なる理由を指摘している。まず第 1 の観点は広く受け入れられており，これから始めよう。

産業的啓蒙主義

　科学革命が産業革命への道を切り開くためには二つの方法があった。もっとも直接的な方法は新しい技術をもたらす科学進歩によるものである。大気圧と時間計測に関する自然哲学の発見がまさにその役割を演じていたが，それについては第 7 章と 8 章で説明した。科学革命が産業革命をもたらしたもう一つの方法は文化を全体として変えることである。モキイアが，産業革命期の継続した発明の活力は科学革命と啓蒙主義に起因する（Mokyr 1993, 1999, 2002, 2009），という有力な説を展開している。これらを結びつけるものが産業的啓蒙主義（Industrial Enlightenment）である。すなわち，それは「自然現象に関する人類の知識を増大させ，またその知識を生産現場で容易に使えるようになって，物質的進歩と経済成長は達成されると信じる啓蒙主義の一部である」[1]。新しい知識は技術進歩にとっての鍵であり，知識は科学と科学的手法による技術研究から生まれた。「産業的啓蒙主義はどう見ても科学革命の論理的な連続性の帰結であった」。

　産業的啓蒙主義の理論は四つの重要な側面を持っている。まず発明と発明家に関するものである。モキイアはマクロレベルの発明をミクロレベルの発明と区別している。マクロレベルの発明を生み出す人物は経済成長を解き放つ上で決定的に重要な人々である。産業革命の期間中，もっとも有名な 10 名は以下

1）ここで出典が明記されていないものは，Joel Mokyr, *The Enlightened Economy : An Economic History of Britain, 1700–1850*（2009）の出版前の原稿からのものである。彼が 2008 年に寛大にも私に利用できるようにしてくれた。

274　第 II 部　産業革命

の通りである。ニューコメン，ワット，アークライト，ハーグリーヴズ，クロンプトン，カートライト，ダービー，コート，ウェッジウッド，およびスミートン[2]。彼らはイギリスの進歩の基礎となった，蒸気機関，木綿，鉄鋼，陶器そして土木の分野で，重要な飛躍的技術革新をもたらした。モキイアはこれらの「決定的に重要な少数の人々」が重要な役割を果たした，と主張している。「非典型的な人たちが技術変化の進展の中心を占めており，……平均的な人々は……それほど重要ではない。少数の中心人物が発展を推進しているのである」（Mokyr 2002, pp. 52-3）。しかしマクロレベルの発明家は孤立していたわけではなかった。もし決定的に重要な少数の発明家が第 2，第 3 の階層の発明家たちによって支援を受けなかったら，産業革命は無に帰していたであろう。このような第 2，第 3 の階層の発明家たちがミクロレベルの発明を行い，マクロレベルの発明の性能を向上させ，利用の範囲を広げたのであった。

　産業的啓蒙主義の第 2 の側面は，発明家が活躍する社会的ネットワークに関するものである。「産業的啓蒙主義は……知識人と生産者，および大科学者と製造業者の間の一連の橋渡しの役割を果たした」。その橋渡しは公式，非公式の会合によってなされた。その頂点には，王立協会［1660 年にチャールズ 2 世の勅許によって設立されたイギリスの権威ある科学者の組織］における情報の交換があった。より多くの人たちは地方の「科学協会」──バーミンガムのルナー・ソサイエティ［1765 年にエラズマス・ダーウィンがバーミンガムに設立した学識者，科学者，企業家などを集めたクラブ。月に 1 度の満月の夜に集まり，当時の知識者たちが夕食をとりながら交流を深めた］は有名な例であるが──「アカデミー，フリーメーソン集会，コーヒーハウスでの講演会」や類似の集まりに参加した（Mokyr 2002, p. 66）。個々人のつながりは重要であった。「しかしとくに重要であったのは非公式な関係であり，文通であり，それによって製造業者は当時利用しうる最高の知識を手に入れることができた」。ジェームズ・ワットとジョゼフ・ブラックとの関係は典型的な例である[3]。若い時から，ブラッ

─────────────

　2) このリストは，発明が経済成長にとって決定的に重要である，という私の見解を反映するものである。モキイアはマクロ発明に関し，これとは異なるリストを作成している。
　3) この章では，引用や伝記に関する詳細な事実は，とくに言及がない場合，*Oxford Dic-*

クは基礎科学に重要な貢献をした。彼はまたワットの知人として，ビジネス・パートナーを組んだ。38歳の時に，ブラックはエディンバラ大学の医学と化学の教授に任命された。この時以来，彼は教育に集中し産業に助言をし，スコットランドの経済発展に尽くした。彼の果たした多くの指導的な役割のなかには，アーチボルド・コックランに対するコールタール回収方法のアドバイス，また海藻灰からアルカリを抽出する方法の発見，さらに石灰を食塩に反応させてソーダを製造する方法の考案があった。ソーダ製造については，ジェームズ・ワットとジョン・ローバックが実行に移してみたが，不成功に終わった。このレベルでの産業的啓蒙主義は，科学者が主導的な産業資本家に役に立つ知識を提供することであった。コミュニケーション・ネットワークを強調することを別にすれば，技術開発にとってはこの種の提案と，これまでの章で検討したような，科学者が発見した知識の重要性に関わる議論との間には大きな違いがあるわけではない。

しかし産業的啓蒙主義はエリートの世界を越えて広まった。「偉大な発明家の背後に，はるかに多くの科学評論家，巡回職人，技師，講演者そして実験哲学者たちの働きがあったからこそ，産業的啓蒙主義は成功した。彼らはジョゼフ・プリーストリー，ジョン・ダルトンあるいはマイケル・ファラデーのような階層に含まれないかもしれないが，それらの巨人の肩に支えられて立つことができた」。18世紀のイギリスでは，ニュートンやその他の自然哲学者の発見に関する著作物と同様，科学的講演は人気があった。大衆は科学の発見や科学的世界観に親しむようになった。こうした世界観の下で知識が経験的現象を体系的に学習することを通じて修得され，数学的表現で整理されていった。このような世界観が技術の向上に役立ったのである。

産業的啓蒙主義の第3の側面は，実験を通して，科学的方法を技術の研究に応用することである。「体系的実験を科学的方法として正当化することが，技

---

tionary of National Biography, online edition, 2008 に依拠している。その他の伝記に関する詳細な記述は以下を参照。Beeson (1989), Halfpenny (2000), Roden (1977, pp. 1-6), Setchell (1970), Shorter (1971, pp. 40-91), Watts (1990), Weedon (1990) および White (1989, pp. 2-5) を参照。

術の分野にも波及していた」。たとえば，ジョサイア・ウェッジウッドは，粘土の混合や釉薬の改良のために，数千の制御実験を行った。機械組立工の場合，実験はあまり形式にこだわらないで，効果的な部品の調整に成功するまで試作品を作り続けた。「イギリスの鉱山，工場そして鉄工所では，スミートンやトレヴィシックのような技術者から，数百の無名の職人までが無数の実験を行い，何がうまくいき，何がそうではないのか，を確認し，その結果を世間に伝えたのであった」。

　産業的啓蒙主義の第4の側面は階級の範囲である。モキイアは産業革命が下から，つまり農夫や職人から起こった，とは考えていない。「産業的啓蒙主義は……労働者階級を含む大衆現象ではなかった。それは高度の熟練を持ち，教養のある一握りの人たちに限定された少数者の出来事であった」。啓蒙主義の社会的な排他性は，その原型が農業に適用される時に明らかになる。モキイアのいう英雄とは，第3章で見たように，小区画の実験的土地を管理して，イガマメ，クローバー，ターニップの生育を査定するスペルズベリーの謄本保有農のような人たちではなかった。モキイアの英雄とは，むしろ伝統的な歴史で主役として描かれてきたような，開明的な地主である。モキイアはこのような地主が重要であったと考えている。なぜなら，彼らは農村社会の構成員として，啓蒙主義の文化に積極的に参画し，それゆえ，提供された技術的知識を利用することができたからである。

　産業的啓蒙主義の階級的側面は，モキイアが選んだ事例からはっきりしている。ジョン・スミートンは「おそらく18世紀のいかなる人物よりもはるかに，産業的啓蒙主義が何たるかをすべて体現していた」。彼は王立委員会のメンバーであり，土木学会の創立者でもあった。スミートンは制御実験で技術研究を行った最初の人物の一人でもあった。彼は小規模の模型水車を作り，その性能を高めるテストを行った。「彼は，技術システムの改良を他の部品は一定に保ち，一つの部品だけを変えてテストを繰り返す，という方法［すなわち制御実験］を実行した最初の人物の一人であった」。労働者階級の出身者がこのような技術者になるには，水車大工のもとで徒弟修業をしたであろうが，彼はそのような道を通って技術を学び，見通しを得たわけではなかった。彼の父は弁

護士であり，スミートンは16歳までリーズのグラマー・スクール［主にラテン語を習うための私立の中等教育学校。現在では公立中高等教育学校になったものもある］で教育を受け，それから父の事務所に入り，法律を学んだ。彼は18歳の時にロンドンに移り，法律の勉強をしたが，20歳の時に法律の勉強を断念した。彼は実家のあるオースソープ・ロッジに帰り，機械作業場を建設して科学機器の製造を独学で学んだ。4年後に彼は再びロンドンに出て，3人の職人を雇って機械製造の事業を始めた。彼はまもなく王立委員会と関係を持つようになった。スミートンは労働者あがりの機械工ではなく，彼の特権的な経歴から産業的啓蒙主義の世界に容易に入っていくことができた。

重要な発明家に関する統計分析

　モキイアが示すマクロレベルの発明家の事例は理念型を定義する場合に役に立つが，それがどれほど代表的なタイプであったかを明らかにすることはできない。われわれはそのために統計標本を必要とする。標本を使って，スミートンがすべてのマクロレベルの発明家，さらに，発明家一般のなかで典型であったか，どうかを考えることができる。彼らは啓蒙主義の特徴を備えていたのであろうか。彼らは産業的啓蒙主義を信奉する指導的な科学者やその他メンバーと連絡を取り合っていたのであろうか。彼らは実験に情熱を持っていたのであろうか。彼らの社会的背景はどのようなものであったのであろうか。

　これらの問題を解明するために，私は17世紀と18世紀の79名の重要な発明家のデータベースをまとめた[4]。この時期に焦点を絞ったのは──たとえば

---

4) Khan and Sokoloff (1993) による「偉大な発明家」プロジェクトに触発を受けたものである。彼らはアメリカの特許の研究にも同じようなデータベースを作成している。私は，自分の集めたサンプルを，「偉大な発明家」データベースとしてではなく，むしろ「重要な発明家」データベースと呼んでいる。「偉大な発明家」を，79名の全リストではなく，10名のマクロレベルの発明家として理解されてしまう混乱を避けるためである。Crouzet (1985b) が作成した産業家のリストとはかなり重複がある。クルーゼによる産業家の社会的出自に関する研究はここでの諸問題と関係がないわけではない。また Honeyman (1982) も参照せよ。私のデータベースのなかの発明家は章末の付表に掲

278 第 II 部　産業革命

19世紀の前半よりもむしろ——経路依存のプロセスとして技術発展を考える私の観点を反映しているからである。そこでは，最初の発明が決定的に重要となる。この観点から，産業的啓蒙主義モデルの鍵となる検証は，18世紀のマクロレベルの発明を説明できるかどうか，ということである。なぜなら，18世紀の発明を精緻化したことが，19世紀のほとんどの時期のイギリス経済発展を推し進めたからである。

　データベースには，シンガーの大作『技術の歴史』（1954〜84年）に登場する発明家のすべてを含んでいる。彼らは1660年の王立協会の創立から1800年までの間に活躍した人たちであった。このリストでは，モキイアの *Lever of Riches*（Mokyr 1990）やマントゥの『産業革命』（1929年）が取り上げた人々について検討した。新版の *DNB* その他の情報からの伝記的情報も付け加えられている。この分析に含まれる79名の発明家に関しては十分な情報が得られている。標本は重要な技術革新に貢献したマクロレベルの発明家をすべて含んでいる。もちろん，このグループの名簿については議論の余地はあるが，私はそれを［モキイアと同じ］10名と考える。すなわち，ジョサイア・ウェッジウッド，ジョン・スミートン，トーマス・ニューコメン，ジェームズ・ワット，エイブラハム・ダービー1世，ヘンリー・コート，ジェームズ・ハーグリーヴズ，リチャード・アークライト，サミュエル・クロンプトンそしてエドモンド・カートライトである。それに加えて，それほど大きな影響を及ぼしていたわけではない67名の第2層および第3層の発明家がいる。データベースには決定的に重要な人物はすべて網羅されているが，下位層の発明家については一部の標本が含まれるだけである。

　表10-1は彼らが活躍した産業ごとに重要な発明家の分布を要約したものである。もっとも有名な大変革をもたらした産業——蒸気機関，繊維（絹，木綿，亜麻，そして羊毛の紡績，織布および編物），金属（鉄，非鉄金属，ブリキの溶鉱，精製）——はよく知られた事例であるが，そこには陶磁器（陶器や磁器），機械（水車装置，機械工具，工場設備），それに化学製品（硫酸，染料，アルカリ，塩素

———————————
　　　載されている。

表 10-1　発明家の産業分類

	マクロ発明家	下層グループ	小　計
窯業	1	11	12
化学	0	10	10
計時器具	0	8	8
実験器具	0	3	3
機械	1	12	13
金属	2	8	10
航海器具	0	2	2
蒸気機関	2	6	8
繊維	4	9	13
合　計	10	69	79

系漂白，ガラス）など一般の歴史ではそれほど目立たない産業も含まれている。また，計時器具，実験器具，航海器具などの「ハイテク」産業の多くも含まれている。

　標本のなかに登場する発明家は長期間にわたって活躍している。9 名が 1650年以前，18 名が 17 世紀の後半，38 名が 18 世紀前半，そして 14 名が 1750 年以降にそれぞれ誕生していた。発明行為は 17 世紀後半と 18 世紀にわたって均等に分布している。時間的軌跡を見ると，1750 年以降の発明行為は急拡大していないが，それは特許の統計からも明らかである――おそらく発明家たちが活躍していたのは相対的に早い時期であったからであろう。

　重要な発明家たちは産業的啓蒙主義のモデルを示す良い事例であったであろうか。最初の検証は，社交的接触，学校あるいは個人的な助言を通して，啓蒙主義科学との関係を示す証拠を探すことである。もし何らかの関係があるとすれば，科学者が有用な知識を発明家に伝授していたかどうかを知ることができるであろう。第 2 の検証は，発明家たちが自ら実験者であったかどうかを考察することである。最後の検証は，彼らは上流階級の出身であるかどうかということである。

　啓蒙主義との関係から始めよう。この点に関して，マクロレベルの発明家は混在した記録を示している。確かに，ワット，スミートン，ウェッジウッドは指導的な科学者と緊密に連携して仕事をしていた。スミートンとウェッジウッ

280　第 II 部　産業革命

ドは王立協会の会員であり，ワットとウェッジウッドはルナー・ソサイエティのメンバーであった。ワットは生涯を通してジョゼフ・ブラックと緊密な関係を持ち，事業のパートナーでもあり，お互いに技術上の問題を議論した。ウェッジウッドとスミートンは王立協会で論文を発表したし，おそらくは科学者たちから有益な助言を受けていたに違いない。

　エドモンド・カートライトもまた啓蒙主義のいくつかの組織と関係していたが，それらはいずれも一流とはいえなかった。カートライトはのちに王立技芸協会や王立農業委員会のメンバーとなった。彼は教区牧師であるが，ニュートンの神学を受け入れていた。その解釈によれば，神はニュートンの法則に従って世界が動くように仕掛けたのだから，もはやそれを管理することには関わらない，引退した技術者のようなものだ，と考えていた。この神学に促されて，カートライトは技術的問題を機械的な解決方法で探究することになったのかもしれない。彼はいかなる自然哲学者からも支援を受けた形跡はない。

　トーマス・ニューコメンは啓蒙主義科学とはほとんどつながりを持っていなかった。事実，接点があったことを示すいかなる直接的な証拠も見当たらない。しかし彼が大気圧についても，また蒸気を液化することで真空が生まれるという事実も知らずに，蒸気機関を設計したとは考え難い。これらは 17 世紀の自然科学の重要な発見であった。さらにセイヴァリーは 1705 年から 12 年の間，ニューコメンが蒸気機関を開発していたダートマスを定期的に訪問しており，彼らには少なくとも一人の共通の知人（市長のカレブ・ロケット）がいた。セイヴァリーは錫鉱山に蒸気ポンプを販売しようとしており，ニューコメンもまた錫鉱山に鉄製品を提供していたので，彼らが会っていたことは容易に想像がつく。そのような出会いが伝播経路となり，それによってこの発明家は科学者から影響を受け，おそらくパパンの蒸気機関の原型についての知識も得ることができた，と推測されるのである[5]。

　その他のマクロレベルの発明家には，科学的啓蒙主義と何らかの重要な意義

---

5) この問題については議論がある。私は Rolt and Allen (1977, pp. 37-8) の見解に従っている。この説明は Rolt (1963, pp. 49-57) の考えを修正しており，ニューコメンが何ら物理学の知識なしに蒸気機関を考え出した，と主張するものである。

のある接点はなかったようである。ダービーの友人や仕事仲間はブリストルのクエーカーたちであり，クロンプトンの活動は，1787 年に創立されたスヴェーデンボリ神学［エマヌエル・スヴェーデンボリが提唱した神秘主義的な神学］集会の信者の集まりであるニューエルサレム教会を中心にしていた。ハーグリーヴズはランカシャーとノッティンガムに住んでいて，職人たちと連携していた。コートとニューコメンはより広範囲に旅をしていたようである。アークライトはおそらくこの原則を証明する人物としては例外かもしれない。もし単純に「接点」の数を数えるならば，彼は啓蒙主義者の一人と見なされる。というのは，アークライトはジェームズ・ワット，ジョゼフ・バンクスそしてエラズマス・ダーウィンと面識があったからである。しかし彼は成功し，金持ちになってから，このような人たちと出会った。発明家として活躍し，事業を立ち上げる頃には，彼には何の啓蒙主義の大物との接点はなかったのである。

　実際には，これらマクロレベルの発明家と科学者の世界の間には，協力的な社会関係よりもむしろ冷たい一定の距離があった。ヘンリー・コートがこの点における事例となろう。モキイアは，コートがジョゼフ・ブラックに相談をしていたことをもって，製造業者が指導的な科学者と連絡をとっていた事例として取り上げている。しかし，二人の交流は，コートが攪錬鉄法と圧延法の特許を取得したのちに始まったものである。おそらくコートが初めてブラックに会ったのは，彼がスコットランドの特許を申請するためにエディンバラを訪問した 1784 年のことであった。旅行の途中，彼は何回か公開実験を行っており，そこにブラックも同席した。ブラックはその化学反応に感動した。モキイアが引用しているように，3 年後，コートはブラックに手紙を送った。コートは，ボールトン・ワット商会から蒸気機関の購入を考えており，その協力者の一人でもあるブラックに——攪錬鉄法についてではなく——，蒸気機関に関する情報をたずねている。コートについてのブラックの評価は「彼は科学知識のない普通のイギリス人であるが，生まれつき発明の才能を持ち，また実験へのこだわりによって，疑いもなく，この島国が製鉄業を独占するような発見をした」（Robinson and McKie 1970, p. 140 からの引用）。これは皮肉とも受け取れる賛辞であり，D. C. コールマンが述べたように，「『生まれつきの発明の才能と実験へ

のこだわり』という言葉は，ブラックのような科学者の世界では合言葉として十分認識されていたわけではない」(Coleman 1971, p. 300)。ワットはコートに対して「単純で性格の良い人であるが，あまり知識があるとはいえない」ともっと率直に評価している[6]。

このような態度は決して新しいものではなかった。ニューコメンも同じように，当時科学界からは見下されていた。デサグリエはニューコメンと彼の助手のジョン・カリーについて次のようなコメントをしていた。「多くの労苦に満ちた挑戦ののちに，彼らは確かに蒸気機関を稼働させた。しかしどちらも，その論理を理解する哲学者でもなく，また動力を測定し，部品を計測するような数学者でもなく，ただ極めて幸運にも偶然に自分たちが探し求めていたものに遭遇したのである」。科学者と発明家との関係がいつも良好であったというわけではなかった。

マクロレベルの発明家の多くと科学界との連携の欠如は，おそらく両者の社会的な背景の違いを表すものであろう。科学者と重要な接点を持っていた4人のマクロレベルの発明家のうちの3名——ワット，スミートン，そしてカートライト——はともにグラマー・スクールで学び，カートライトはオックスフォードのモードリン・カレッジでも勉強した。彼らの父は成功した商人であったり，法律家であったり，また地主であった。それとは対照的に，アークライト，ハーグリーヴズ，クロンプトン，ダービー，コート，そしてニューコメンはあまり学校教育を受けていなかった。彼らのすべてが熟練職人あるいは職工として訓練を受けており，彼らの両親は身分の低い出身であった。ウェッジウッドは職工家族出身のマクロレベルの発明家のなかで，唯一代表的な科学者との接触を持つことのできた職人であった。彼は実際，注目すべき人物であった。24歳の時にすでに実験ノートをつけていたが，彼自身が打ち立てた業績が評価されて，科学界で受け入れられるのは，人生後半のことであった（彼は52歳の時に初めて王立協会で報告し，53歳になってその会員に選ばれた）。モキイアが，多くのマクロレベルの発明家は豊かな家庭の出身であった，と述べる

---

6) 1782年12月14日，マシュー・ボールトンに宛てた手紙のなかで，引用されている。www.henry-cort.net. 参照

のは正しい。それは王立協会のような組織にたやすく近づくためには重要であった。しかし多くの発明家は労働者階級からの出身者であった。もっとも，このような階層出身の熟練職人は啓蒙主義の世界に容易には溶け込まなかった。

全体的に考察すると，マクロレベルの発明家は，産業的啓蒙主義モデルに部分的にしか当てはまらない。発明家全体についてはどうか。私が調べたところ，多くの場合，啓蒙主義とのつながりの証拠があるか，それともそのようなつながりが全くないと十分自信を持っていえるような詳細な伝記があるか，のいずれかである。一見したところ，産業的啓蒙主義モデルは，発明家の半分が何らかの関連を持っているのでかなりうまく当てはまる。イギリス産の材料を使って塩釉炻器の製造方法を発見したジョン・ドワイト（1633-1703）はその優れた事例となる。彼の父はヨーマンであったが，学問的な才能を示したので，1650年代にオックスフォード大学に籍を置いて，法律と化学を学んだ。彼はボイルの研究室で働いた。大学を卒業してから，何人かの主教の法律顧問となった。「ドワイトはまじめな素人化学者であり，彼の友人仲間には最前線の科学的思想家が多数いた。ウェッジウッドとは対照的に，彼は製陶業ではほとんど訓練を受けることなく，むしろ投機的なベンチャー企業として製陶業を立ち上げた。そこでの実験は成功し，実用的でありかつ利益をもたらすことに役立った」。1698年に，彼はジョン・ローザー卿に次のような手紙を書いた。「多くの実験を行って，陶磁器を作る秘密を修得した。そこで自分の法律事務所を売却して，ロンドンに移り，そこでボイル氏やフック博士の励ましを受けることになった」。

ウィリアム・クックワージー（1705-1780）はイギリス産の金属で，硬質磁器の製造方法を発見したが，それがもう一つの良い例である。彼はサージ［梳毛毛織物の一種］製造業者の息子であり，キングスブリッジの学校に通い，そのあと13歳までエクセターの寄宿学校で過ごした。それから彼は，ロンドンのクエーカー教徒の薬屋ティモシー・アンド・シルヴァナス・ベヴァンの徒弟となった。クックワージーは商売をよく学び，事業を任せられるようになった。プリマスに支店ができたので，クックワージーはそこに移住して，支店の経営を引き受けた。1745年に妻が亡くなったあと，彼は経営から身を引き，宗教

の仕事と陶磁器の実験に専念した。彼はコーンウォールに良質の陶土のカオリナイトと硬質陶土の大きな埋蔵地帯を発見し，陶磁器の製造に成功した。「クックワージーは語学の才能があり，ラテン語とフランス語を流暢に話したので，知人の範囲は広く，ジョン・フォザギルなどクエーカー仲間の知識人の枠をはるかに超えて，以下のような人物と交際していた。たとえば，ジョン・スミートンがエディストーン灯台（1756〜59年）を建設中，クックワージーも一緒に寝泊りをしていたし，キャプテン・ジェームズ・クックが1768年にプリマス港から出帆する前に，ジョゼフ・バンクスやダニエル・ソランダーと一緒に食事をしたが，そこにクックワージーも同席していた」。このような訪問は，彼が磁器の製法を開発していた時であり，おそらくはいくらか役に立つアドバイスを得ていたであろう。クックワージーは化学に熟達していたにもかかわらず，ダウジング〔占い棒，17世紀以来地下水や貴金属の鉱脈を探す用具〕にも夢中であった。

　しかしながら，発明家と科学的啓蒙主義との間の接点のすべてがこのように実体のあるものとは限らなかった。ジョン・ウィルキンソンは一つの接点を持っていたと思われる。なぜなら，彼は，妹が結婚していたジョゼフ・プリーストリーとは友人であった——しかし，それがどれほど重要であったのか。ジョン・ハリソンは，経度委員会と関係していたがゆえに，また若い頃に，牧師が彼に自然哲学とニュートン主義に関するニコラス・サンダーソンの講義録を貸してくれたことがあったので，産業的啓蒙主義とつながりがある。ハリソンはその講義録を学ぶために全部を筆写した。これが果たして彼の経度測定器の発明に影響を与えたといえるであろうか。

　明らかに，取るに足らない「接点」を歴史的に重要な影響と混同する危険がある。ジョン・スミートンが，時計製造に必要なギア切削機やその他の道具を発明したヘンリー・ヒンドリーに関し，情熱的な回想録を書いており，これをもってヒンドリーを産業的啓蒙主義と結びつけている。しかし，彼らが出会ったのはヒンドリーが41歳の時であり，すでに完成した発明家であったが，他方スミートンはわずか17歳で，仕事に就いたばかりの若輩であった。したがって，彼らの出会いは，産業的啓蒙主義の将来の大人物に対して，技術的熟

練に到達していた職人という関係であり，その逆ではなかった。それゆえ，私はヒンドリーを啓蒙主義によって影響を受けた人物としては加えていない。

啓蒙主義と発明家との接点の多くは，あまり実体がなかったようである——事実，モキイアが強調するように，有用な知識が大科学者から製造業者へ流れた，ということを証明するものはない——それにしてもその数の多さは印象的である。しかしその意義はデータを産業ごとに分類することで，論点が浮かび上がる。接点の数が産業によって大きく変わってくるからである。

表10-2 発明家と産業的啓蒙主義との関係

	関係あり	関係なし	不明
計時器具	6	2	0
実験器具	2	1	0
機械	9	3	1
航海器具	2	0	0
蒸気機関	7	1	0
窯業	4	5	3
化学	4	4	2
金属	0	9	1
繊維	3	10	0
合　計	37	35	7

表10-2では，発明と啓蒙主義との接点の度合いに応じて，産業を三つのグループに分類している。もっとも接点が多いグループは，自然哲学が産業技術に直接的な貢献をした分野である。すでに見たように，蒸気力は17世紀の物理学の応用であり，表のなかの発明家の多く——たとえば，ドニ・パパン，トーマス・セイヴァリーそしてヘンリー・バイトン——は，このような関係を示している。ワット，ボールトンそしてトレヴィシックのように，のちに蒸気機関に関わった技術者たちは，王立協会や権威ある科学者との接点があった。機械は蒸気力と簡単には切り離せない。9名の機械の発明家のうち，6名が産業的啓蒙主義と接点があり，王立協会の会員であった。計時学は代表的な科学者が活発に活躍したもう一つの分野であり，フック自身，表のなかの発明家の一人として含まれている。経度問題に対する継続的な関心は権威ある科学界と時計職人との関係を維持し，また航海器具の発明家たちとの接点を説明するものである。実験器具職人は天文学者が使用する望遠鏡を製造していたので，王立協会のメンバーとの間にはつながりがあった。啓蒙主義とこれらの産業とのつながりは，全般的な技術革新に関与するというよりも，権威ある科学界からの熱意と重視を反映するものであった。

表のなかで，化学と窯業とは，接点が「不明」な発明家の多くを含み，中間

的な位置を占めている。「不明」な発明家には，啓蒙主義の人物とは何のつながりもないような，身分の低い出身者が多い。化学の場合には，すべてがスコットランド人——ジョン・ローバック，チャールズ・マッキントッシュ，アーチボルド・コックランそしてフランシス・ホーム——と接点があり，エディンバラ大学の医学と化学の教授であるジョゼフ・ブラックがその中心にいた。硫酸を製造する方法として鉛室法を発明したジョン・ローバックはイングランド人であるが，エディンバラ大学で（ブラックが教授になる前だが）勉学し，スコットランドで多くの事業化を行った。彼はジェームズ・ワットとジョゼフ・ブラックと親密であった。フランシス・ホームは有名な内科医であり，スコットランド啓蒙主義の中心的存在であり，ブラックと大学で同僚であった。ホームはまた硫酸を亜麻布の漂白に使用することについて著書を出版し，ジョン・ローバックの製品の販路を広げていた。チャールズ・マッキントッシュは，グラスゴー大学でウィリアム・アーヴィン，そしてエディンバラ大学ではジョゼフ・ブラックから化学の講義を聴講していた。アーチボルド・コックランは第9代ダンドナルド伯であるが，重要なスコットランドの化学者であり，起業家であり，またジョゼフ・ブラックの親密な友人でもあった。スコットランドの発明の多くはこのような科学者から影響を受けていた。その他の発明家たちはイングランド人であり，スコットランド啓蒙主義者グループと比肩できるようなつながりによる恩恵を受けることはなかった

　窯業は複雑な構図を示している。もっとも重要な発明家の何人か——ドワイト，ウエッジウッドそしてクックワージー——は啓蒙主義と関係があった。しかしながら，同じように重要な貢献を果たしたその他の人物は，純粋に商業的な経歴を持っていた。1740年代にクリーム陶器の製法と1750年代には陶器を二重に加熱する方法を発明したイノック・ブースは製陶の里［ストーク・オン・トレントに含まれるスタッフォードシャーの六つの町を指す］で成長し，そこで徒弟になった。ジョン・サドラーとジョン・ブルックスは独自に転写印刷を発明し，ジョン・ウォールとジョサイア・スポードは釉のなかに転写する技術を完成させた。ジョサイア・スポードの息子は，同じジョサイアであるが，ボーン・チャイナ（骨灰磁器）の製法を完成した。このような人たちは啓蒙主

義の人物とは何の関連もなかった。

　繊維産業と金属産業は啓蒙主義とあまり関係がないことでは際立っていた。イングランド西部のクエーカー教徒は金属精錬に関する多くの発明を行った——製鉄業におけるダービーの業績は有名であり，チャンピオン家の人々は真鍮を溶鉱し，亜鉛を抽出する技術を開発した。17世紀の終わりには，クレメント・クラーク卿とさまざまなクエーカー教徒の企業は銅，錫，鉛を溶鉱するために反射炉を改造した。ポンティプールの地主で製鉄所の所有者であるジョン・ハンブリーは，19世紀初期に錫板製造の標準的な方法を発明した。またベンジャミン・ハンツマンは1740年代に坩堝鋼製法を発明した。これらの人たちのいずれも啓蒙主義との関係はなかった。

　繊維産業でも同じようなストーリーを描くことになる。3人の発明家——マクロレベルの発明家のエドモンド・カートライト，ミュールの速度を2倍にして，高番手の糸をつぐむことを可能にしたジョン・ケネディ，そしてマシュー・マレーは紡績機に多くの改良を加え，それで亜麻布を織った——は啓蒙主義と関係があった。カートライトはすでに見たように，農業委員会と王立技芸協会のメンバーであった。マレーは王立技芸協会から金賞をもらっており，またケネディはマンチェスター文芸哲学協会の積極的なメンバーであった。しかしこれらの関係は発明の多くがすでになされた以降に築かれたものであり，科学者から役に立つ情報を提供してもらったわけではなかった。残りの人たちには啓蒙主義との関係は全くなかった。最初に絹工場を設立したロウム兄弟は，科学者とも，またジョン・ケイやジェームズ・ハーグリーヴズのような職人とも連携していなかった。ジュデダイア・ストラットはうね模様の靴下編み機を改良し，ローラー紡績でいくらか貢献すると同時に，アークライトに資金を提供しており，ミッドランド地方の企業家たちと交流していた。彼は自分の子どもたちの教育に多額の資金を投じ，息子のウィリアムは王立協会のメンバーに選ばれた。ウィリアムはエラズマス・ダーウィンやジェレミー・ベンサムのような啓蒙主義の人物と交流していたが，このようなライフスタイルを評価しなかった父と仲たがいを起こしてしまった。

　このような否定的な事例を発見しても，少なくとも，同時代人のバーナー

288 　第 II 部　産業革命

ド・マンデヴィルを驚かせることにはならないであろう。『蜂の寓話』（Mande-
ville 1724）のなかで，彼は次のように書いている。

　　工芸を発明し，それらを改良する人たちと，物事の本質を究明しようとする
　　人たちとは，同類の人間であることはまずない。後者の人たちの間でもっと
　　もよく見かけるのは，暇であり，怠惰であり，隠退生活を好み，商売を憎み，
　　空想に興じる人たちである。それに対して，前者の人たちのなかで，自ら鍬
　　で耕し，実験を試み，いつも何をすべきかに最大の注意を払っているような，
　　活動的で，多忙でかつ勤勉な人こそが，より多く成功の機会に恵まれる。

　金属や繊維の場合には，マンデヴィルのいうことは当てはまりそうである。
科学と技術は相互にほとんど影響し合うことなく，別々の領域を形成していた。
　産業的啓蒙主義は，生産とはほとんど関係を持たない，主に上流階級の文化
現象だったのでないか，という疑問は，これと対をなす農業的啓蒙主義を研究
すると一層強くなる。農業的啓蒙主義は――製造業よりもむしろ農業に応用さ
れるということを除けば――産業的啓蒙主義と同じような多くのテーマを抱え
ており，そして事実，同じ推進者たちの多くが関わっていた。彼らはロンドン
での社交シーズンが終わると地方の館に戻ったのである。これらの人たちがイ
ングランドの高名な開明的地主であった。彼らは所領を囲い込み，自家用農地
を実験用拠点に変え，アーサー・ヤング（膨大な農業データの収集者）［第 2 章
を参照］を庇護し，新種の作物や耕作法に関する報告書を出版し，借地農たち
の農業改良を奨励した。これは農業に応用した啓蒙主義計画であったが，しか
し文化理論にとって不幸なことは，それが農業の生産性にほとんど効果をもた
らすことはなかった（Beckett 1986, pp. 158-64, Wilmot 1990）。農業的啓蒙主義の
影響はそれ自体の性格から限定されたものであった。なぜなら，それがジェン
トリや貴族の間における改良運動であり，土地を実際に耕作していた農業経営
者の間の運動ではなかったからである。農書は地主によって，地主のために書
かれた。国王はファーマー・ジョージを演じることもあったが，実際の生産と
の結びつきはほとんどなかった。それでは産業的啓蒙主義では同じように影響
がなかったのであろうか。

第 10 章　発明家，啓蒙主義そして人的資本　289

　79 名の重要な発明家の伝記は次のような事実を教えてくれる。啓蒙主義と発明家の間には接点はあったが，しかしその関係は時には非常に希薄なこともあった。さらに，その関係は特定の産業に限定されていた。科学者が所属し，あるいはかつて中心的に活躍した産業では，その関係はもっとも強力であった——たとえば，スコットランドにおける計測器械，柱時計，懐中時計，蒸気機関，化学である。しかしその他の産業では，そのような関係はまれであった。それゆえ，啓蒙主義との関係の重要性は，どの産業が産業革命にとって中核的であるかによって変わってくる。もちろん，蒸気機関は最終的には重要であり，その文脈のなかで啓蒙主義との関係が問題となった。しかし 18 世紀後半と 19 世紀初期には，繊維産業と金属産業がはるかに大きな経済的影響を及ぼした。このような尺度で考えれば，産業的啓蒙主義はあまり重要ではなかった。

産業的啓蒙主義と実験

　産業的啓蒙主義モデルの第 2 の特徴となる項目は実験である。これに関して，モデルは歴史的な記録と極めて合致している。*DNB* とその他資料で，いかにして発明がなされ，それが実験を経ていたかどうか，の記述を検討した。その結果は表 10-3 に示されている。79 の事例のうち，49 で，実験についての言及があった（いくつかの事例では，実験の過程については記述されているが，実験という言葉は使用されていない）。「不明」の事例の多くでは，表現があまりにもあいまいであるため，はっきりとした結論を下すことはできないが，発明家が実験を行ったという推定は可能である。なぜなら，発明が実験なしに行われうるということを想定するのは不可能であるからである。

　マクロレベルの発明家は誰でも，「とにかく実験をしてみる……という勤勉な人」であった。ニューコメン，ダービー父子，ハーグリーヴズ，そしてアークライトの実験計画については，本書のなかの研究開発という項目のところで述べてきた。ウェッジウッドは粘土の混合と釉に関し 5,000 回の実験をしたことで有名である。ワットはニューコメン蒸気機関の小型模型で実験している時

290　第 II 部　産業革命

表 10-3　発明家と実験

	実験あり	実験なし	不明
計時器具	2	0	6
実験器具	2	0	1
機械	9	0	4
航海器具	1	1	0
蒸気機関	7	1	0
窯業	5	0	7
化学	7	0	3
金属	6	0	4
繊維	10	1	2
合　計	49	3	27

に，分離凝縮器を思いついた。スミートンも同じように，効率を高めるために，水車の模型で実験をした。カートライトは何度も計画を練り直し，新しい力織機を作り，徐々に発展させて，ついに完成品に至った。コートはフォントリーの圧延工場で，実験によって攪錬鉄法と圧延工程を開発した。産業革命のマクロレベルの発明は実験の結果生まれたのである。

　第 2，第 3 層の発明家もまた実験を行った。鉛のクリスタル・ガラスでは先陣を切っていたジョージ・レイヴェンスクロフトは，ガラス専門技術者たちにお金を提供した。彼らはガラスの混合物に鉛を混ぜる方法を考え出し，「クリッズリング」（細かい裂け目で生じる不透明）を防止するために，その成分を微調整した。「実験の工程とそれに付随する微細な調整を過小評価すべきではない。新しい機械が稼働するかどうかよりも，新しい化学の技法が安定的に製品を生産できるかどうかを知ることのほうが，はるかに難しかった」（MacLeod 1987, p. 803）。トーマス・フライの墓碑には，彼について「イギリスで磁器を発明し，最初に製造した人。完成させるために，身体を壊すまでの 15 年間を窯のそばで過ごした」（Young 1999, p. 42）と彫り込まれている。ウィリアム・チャンピオンは 1730 年から 38 年まで菱亜鉛鉱から亜鉛を抽出する実験を行い，地元で使われているガラス製造設備を改良してこの問題に対応した。「金属生産に必要な高温から発生する亜鉛ガスによる酸化を防止するために，彼はブリストルにおけるガラス工場の巨大な円錐溶解炉を利用して大規模な蒸溜溶鉱炉を建設し，石炭で熱した」。ジョン・サドラーは転写法を開発し，規格化された陶器装飾の大量生産を可能にした。彼の「宣誓供述書」に次のような記載があった。彼と「彼の助手のガイ・グリーンは……1756 年 7 月 27 日……異なる図案の陶器製タイル 1,200 枚を 6 時間で転写したが，その工法を完成させるために 7 年以上かかった」。ウィリアム・マードックがボールトン・ワット商会で働いて

いた時，ジェームズ・ワットは彼の実験のやり方に苦言を呈した。「私は，ウィリアムがわれわれと同じように，いつもビジネスを念頭に置いて実験してほしい。サイミントンやサドラーが時間と資金を浪費したように，実現性のない幻を追いかけるようなことはしないでほしい」。

「実験」は必ずしも同じ内容を意味しない。材料を加工する場合，実験はおそらく制御された科学実験のようなものであった。しかし機械工業の場合には，実験するということは試行錯誤による設計の改良を意味する。たとえば，ルイス・ポールとジョン・ワイアットの間の書簡は，梳綿機を完成させる過程で連続して遭遇した諸問題を記録している。初めに紡績工は粗紡の短い糸を束ね，それから連続的に粗紡する試みがなされ，最後に粗紡の厚みに変化をつけることに努力が注がれた。無定形の綿を紡績機で紡ぐためには，連続的かつ統一した長さにする必要があった（Hills 1970, p. 41）。アンドリュー・ミークルの最初の脱穀機は水力によって動く5連の殻棹を基本にしていた。しかし彼はその方式を放棄して，たたいて脱穀するために回転式ドラムを利用するデザインに代えた。サー・トーマス・ロウムの絹工場では，彼の兄弟がこっそりとイタリアから機械の設計図を持ち帰り，それをイギリスの諸条件に合わせて稼働するように改良した。彼の特許の申請書はその経緯を次のように説明している。「私はこう言明する。過去数年，たゆまぬ応用の試みと努力によって，またこの国と外国の双方に多くの代理人と従業員を雇い入れて，多額の経費を支払い，危険を賭して，3台の主力機械を作る技術をこの国に持ち込んだ」。

この章の付表には実験をしなかった3名の発明家が載っているが，彼らの存在は示唆的である。ジョン・ロウムは産業スパイであり，イタリアの絹織物の機械の設計を盗み取り，イギリスに持ち帰った。ヘンリー・バイトンはニューコメン蒸気機関の安全弁を発明した。彼がそのために実験を行ったかどうかは分からない。しかし彼の名誉となる最大の功績は，のちに出版された気象学上の記録と日食月食の計測とともに，彼とデサグリエが行ったニューコメン蒸気機関の測定値に関するものであった。同じように，エドモンド・ハリーがリストに含まれているのは，彼が貿易風，潮流，磁気変動の海図を考案したからであり，それは1世紀もの間使用された。これらの人々は実験者ではなかったと

292　第 II 部　産業革命

しても，観察者ではあった。

長期的視点で見た産業的啓蒙主義

　重要な発明家の半分は，科学者あるいは啓蒙主義の組織と関係がなかった。しかし実際には，彼らのほぼすべては発明を完成させるために実験を行った。それゆえ，実験こそが 18 世紀の発明家を性格づける共通の特徴である。ここに，一つ，啓蒙主義とは何も関係ない，基本的な理由がある。すなわち，発明は実験なしには行うことはできなかった，ということである。たとえ科学は知られていたとしても，その技術的応用は知られていなかった。たとえばジョシュア・ウォードは硫酸の生産規模を実験段階から工場規模に拡大していた。

　彼は熟達した 2 人の助手，ジョン・ホワイトと F. J. ドスターマンを雇い入れ，彼らの助けで，1736 年にツイッケナムで硫酸の生産を始めた。その地方では「大硫酸工場」として知られていた。この硫酸は，砂地に設置された球形底フラスコのなかで硝酸（または硝石）と硫黄を燃焼させて作られた。この製法の化学的反応は当時よく知られていたが，初めて製造が大規模に行われ，一人の作業員が工場内の多数のフラスコを監視して，連続的に生産を行うことを可能とした。その結果，硫酸の価格は以前の 16 分の 1 に下がった。

　設備と工程の改善が製法の変更と改良を必要とした——これこそが実験である。ほかにどんな方法がありえたであろうか。

　実験は発明の一部であり，実験が科学革命と産業的啓蒙主義に先行した。農業がその事例を提供してくれる。15 世紀に多くのミッドランドの村では春の作物として大麦あるいはオート麦に代わって，豆類を収穫するようになった。多くの新しい穀物や葉菜類が海外から持ち込まれた。たとえば，アブラ菜，ホップ，大青，タバコ，サフラン，クローバー，イガマメである。これらを，どこで，いかにしてうまく生育させるか，を決める必要があった。それらは実験によってはじめて実用に供されたのである。サー・リチャード・ウェストンは農地が革命派によって差し押さえられた後，1644 年に低地地方を訪れ，『ブ

ラバントとフランダース地方で行われている農業の講話』を著した。そこでは，クローバー，ターニップ，さらに工業用作物を奨励し，のちには自らそれらの生産を試み，栽培に成功した，と述べている。アダム・スピードは『エデンの園から追放されたアダム──農業の発展に影響を与えるさまざまな素晴らしい実験の要約』（Speed 1658, pp. 34-6）のなかで，次のように述べている。ウェストンはまず 8 エーカーに自ら所有するクローバーの種，もう 8 エーカーにはフランドル産の種をまき，どちらがより多くの収穫をもたらすかを実験した。彼はまたどのようにして播種するか，についても実験した。「種をまく方法として，さまざま実験したのちに，最良の豆は他の穀物と混栽をせずに，4 月中旬の初め頃にまくのが最善であることを発見した」（Speed 1658, p. 36）。彼はクローバーが，その後の小麦の収穫を増加させることも発見した。「彼は牧草が土壌を改良することに気づいた。というのは，以前は，エーカーあたり 1 シリングも産出しなかった土地に，3 年間クローバーを生育させた結果，その年には地味豊かな土壌となり，大量の小麦の収穫をもたらした」。彼はまた次のような事実を発見した。「亜麻は……乾燥した土壌が向いている」，そして「イガマメは……大変な利益を生み出し，年に 7 回あるいは 8 回も収穫できる。しかし……そのためには大変肥えた土壌が必要であり，飼料として用いてはならない」。この最後の結論はイガマメ実験農場で，スペルズベリーの謄本保有農によって修正された──これこそ実験の賜物である。

　ジョアン・サースクは，ウェストンの実験は氷山の一角に過ぎない，と思っていた（Thirsk 1985）。彼女は，サムエル・ハートリブを中心とした文通仲間が，それぞれ新しいやり方でさまざまな試みに関する詳しい情報を交換していた，と記している。誰もがハートリブの熱意あふれるやり方に納得したわけではなかった。たとえば，モーゼス・ウォールは次のように書いている。「私はミツバチに関してあなた方のさまざまな実験を試みたが，何の成果もなかった」（Thirsk 1985, pp. 556-7）。しかしながら，農業改良の集団的な取り組みは，個々人の経験と実験の相互の交流に基づいて進展していった。サースクは，ハートリブの「農業改良に関する読書仲間たちは実験に強い興味を抱く，活発で，熱心な改良者たちの無数の輪のなかでも，もっとも小規模なものに過ぎなかっ

294 第II部 産業革命

た」と信じている（Thirsk 1985, p. 557）。

　王立協会が設立される前の実験主義は農業に限定されたものではなかった。第4章でわれわれは石炭を消費する家屋が16世紀後半に集団的発明の結果として，どのようにして普及したかを考察した。ルネサンスの大発明の一つである全装帆船が類似の小規模な試行錯誤の結果，開発されたのであった（Unger 1980, 1997）。

　それゆえ，18世紀の実験は新しいものではない。それは数世紀前にさかのぼることもできる。18世紀とそれより以前の実験との違いは，質的というよりも量的な違い──実験の量が増えた──にあったのである。実験の増加は科学者や啓蒙主義の組織との個人的な接触からでは説明できない。というのは，これまで見てきたように，金属産業や繊維産業の発明の多くはそのような個人的接触とは無関係であった。もし科学革命あるいは産業的啓蒙主義が発明の発生率を押し上げたとすれば，それは文化を大きく変えることによって実現したものである。もしこれが生じていたら，ウェーバーのいう「現世の呪術からの解放」の事例となるであろう。啓蒙主義時代にイギリスの上流階級の文化はこのような方向に進化した。問題は，この進化が下層の人たちにまで「滴下した」のか，どうかということである。多くの歴史家はそれがあったと信じている。たとえば，バーク（Burke 2006, pp. 244-70）は民衆文化には二つの新しい方向への動きがあった，と主張している。一つには宗教によらず，むしろ現世での人生の目的を再定義するものである。これと関連して，魔法を信じる風潮が低下し，逆に自然科学的な説明に大きな信頼が置かれるようになっていた。二つには政治により大きな関心が向けられたことである。これは新聞の読者層の広範囲な広がりと密接に関係している。科学史家は，職人たちが年鑑，科学的講話そして自由主義的な説教を聞いて，ニュートン主義的な考えに出会った，と説明してきた。（Jacob 1997, pp. 99-115, Stewart 1992, Sharpe 2007, p. 329）。機械論的な世界観の興隆に呼応する事実としては，魔法や呪術への信仰が減退していった。しかしながら，民衆文化の歴史家の間ではそのような減退が生じていたとか，何がそれを引き起こす原因になったとかに関して一致した見解はない（Thomas 1971, pp. 767-800, Briggs 2002, pp. 327-30, Burke 2006, pp. 274-5, Sharpe 2007,

p. 330)。したがってニュートン主義的世界観が広く取り入れられたことの真相は推定の域にとどまらざるをえない。われわれは実験主義の興隆についてほかの理由を考えなければならない。

経済的，社会的発展の水準

　この問題をほかの角度から考察することが有効であろう。18 世紀のイギリスで大量の発明家が供給された別の理由として，それまでに達成された，より高い水準の社会的かつ経済的な発展があったから，というものがある。これは非農業経済の成長や識字率，計算能力その他の一般的な熟練が向上していることで明らかである。教育を受けた商業的な人口が農業経済（どんなに進取の精神にあふれたものであろうとも）では対抗できない工業的な技術革新をもたらす基盤を提供した。同じような見解をモキイア（Mokyr 2009）も共有する。「イギリスの技術的成功の鍵は，有能な熟達した職人が豊富に存在し，それがミクロレベルの発明で競争優位をもたらしたことであった」。

　イギリス経済の発展自体が重要な問題となるのは，発明家が人口の各層のなかから無作為に出現したわけではなかったからである。彼らは限られた範囲の社会階層から誕生し，特徴的な性格を持っていた。まず彼らは商工業経済の落とし子であった。工業発明家自身が農業以外の分野で働いていたことはいうまでもない。より驚くことに，彼らの父親もまた主に農業以外の出身者であった。データベースの 79 名の主要な発明家のうち，67 名の父親の職業が判明しているが，ここからもそのことは明らかである。これについては，表 10-4 において，1688 年のグレゴリー・キングの社会表［第 2 章の訳注を参照］をわれわれが修正したイギリスの人口分類で示されている。

　二つの項目の数字を比較すると，次のようなことが分かる。発明家になる可能性は父親の収入と地位に応じて増加している。もっとも少ないグループは労働者および小屋住み農民の出身であった。キングによれば，彼らが人口の 52.9 ％ を占めるが，重要な発明家の父親のわずか 3 ％ がこのグループの出身で

296　第 II 部　産業革命

表 10-4　重要な発明家：父親の職業

	数	イングランド内の比率（%）	イングランド人口全体のなかの階層比率（%）
貴族，ジェントリ，聖職者	8	11.9	3.5
商人，法律家，資本家	22	32.8	4.6
商店主，製造業，熟練工	24	35.8	20.9
農工兼業，専門職	5	7.5	
農業，ヨーマン	6	9.0	18.0
労働者，小屋住み農民，農夫	2	3.0	54.9
合　計	67		

注）イングランド内の比率は，1688 年にグレゴリー・キングが作成した社会表に依拠するが，これはのちにリンダートとウィリアムソンによって 1982 年に改定されている。さらに，裕福な家族から，家事労働の推計を移動して，「労働者，小屋住み農民，農夫」の範疇に加えている。
訳注）第 2 章表 2-5 を参照。

　あった。労働者および小屋住み農民の 72 % は農業従事者であるが，このグループから発明家が生まれないのは，階級の問題であると同時に，業種の問題でもある。

　階級はおそらく業種よりも重要であったが，問題は多くの人が二つの業種にまたがっていたので複雑である。借地農やヨーマンは人口の 18 % を占めていたが，重要な発明家のわずか 9 % だけ，父親が同じ背景を持っていた。しかし重要な発明家の 7.5 % は兼業の出身であった。たとえばエイブラハム・ダービー 1 世の父は借地農かつ釘工であり，ジュデダイア・ストラットは小規模な農民であり，麦芽醸造家でもあった。もし農業に加えて兼業の職業を持った人たちの半分を農業部門にとりあえず加えると，借地農とヨーマンは発明家の 13 % を占めることになる——しかしそれでも人口比からすればはるかに少ない。

　所得が高いほど，非農業グループはより多くの重要な発明家を輩出する傾向があった。小売業者，プロト工業家，職人はもっとも多くを輩出する職業である[7]。重要な発明家の 5 分の 2 は父親がこのような職業の人たちであるが，他

---

　7) Khan (2008) は産業革命の大発明家について，彼女自身の標本を持っている。同時代のアメリカの標本と比較することによって，イギリスの発明家のはるかに多くの部分がアメリカと比べて上流階級から輩出していることを示している。ここでも同じ現象

第 10 章　発明家，啓蒙主義そして人的資本　　**297**

方，彼らはイギリスの人口の 5 分の 1 を占めるに過ぎない。人口の 3.5 ％ を占める地主階級と聖職者たちは，発明家の 12 ％ を輩出している。もっとも多くの発明家を生み出すグループは，商人，法律家そして資本家たちであった。彼らは人口の 4.6 ％ を占めているが，発明家の 32.8 ％ を生み出している。モキイアの産業的啓蒙主義モデルでは，多くの発明家が上流階級の出身者であることを強調しているのは正しい。しかしながら，父親が職人である発明家の重要性は社会経済的な説明がもっと複雑であることを示している。

　発明家を経済の業種と関連づけてみると，イギリス経済の構造変化に応じて発明家の供給が増える，という一つの方向が明らかになる。1500 年から 1800 年の間に，非農業の労働人口の比率は約 26 ％ から 65 ％ に増加した。この変化それ自体が，イングランドでは発明家を生み出す平均的な傾向を強めたのである。

　しかしこれは物語のわずか一部でしかない。発明家のもう一つのはっきりとした側面は人的資本の豊かな存在であった。彼らはよく教育され，よく訓練も受けていた——国民全体の水準をはるかに超えていた[8]。識字率は重要であり，発明家には高い読み書き能力があった。われわれはマクロレベルの発明家に関

　が強調されている。

8) Allen (2003a) は 5 章のベースになるものであるが，識字率は 1350 年と 1800 年の間の経済的成功を説明する変数として用いられている。推測される識字率の影響は小さく，統計的にも重要ではないので，第 5 章のシミュレーションではそれは無視されている。その文脈で識字率が関係ないということは，のちにあげる二つの理由からその重要性において何ら矛盾するものではない。第 1 に，産業革命は大きな発明の重要さゆえに，初期の経済拡大とは質的に異なるものであった。第 2 に，識字率の統計的なテストは，その平均的価値よりも，限界的価値を測定するものである。したがって，国全体の成人の識字率は，労働者が読むことを学び始めた時に 50 ％ に到達した。彼らの能力はおそらく何の経済的な報酬も伴わなかった。Reis (2005) は，労働者が獲得した識字能力は投資に活用するというより，宗教的冊子を読んだり，パルプ・フィクション［安価な大衆紙］を楽しむことに役立っていた，と主張する。限界的部分にはほとんど無視するほどの経済的利益しかなかったことは，識字能力が商人，商店主，大農，発明家に対しては高い価値をもたらし，それ以外の人に対してはほとんど何ももたらさなかったことと矛盾するものではない。この見解は，学校に通うことは産業革命の間，ほとんど報酬と結びつかなかったという Mitch (1993) の議論と一致する。また識字能力はスウェーデンのような北ヨーロッパに広まったという Sandberg (1979) の観察とも一致する。

298　第 II 部　産業革命

してほとんど完全な情報を入手している。10 人中 9 人は間違いなく読み書き
ができた。ハーグリーヴズはおそらく例外であろう。ベインズによると，彼は
文字が読めなかったというが（Baines 1835, p. 156），この判断は彼の死後何年も
経てから（残された文書によるのでなく）回想によってのみ支持されており，疑
問の余地がある。第 2 層と第 3 層の発明家の多くもたぶん読み書きはできた，
と推測される。79 名のうち，残された手紙やその他の記録から，学校に通っ
ていた人は 69 名であると判断される。経歴や活動を見ると，残りの 10 名のほ
とんども読み書きができたと推測できる。

　発明家たちが，彼らの仕事の性格からして，読み書きができたことは驚くに
あたらない。彼らの多くは事業を行っていた。そのため，彼らは資材の供給業
者や顧客と文通をしなければならかった。彼らはまた不動産を賃貸し，契約を
結び，資産の目録を作成し，徒弟を雇い，そして多くの場合，特許の申請も行
わなければならなかった。産業的啓蒙主義の活動に参加することも読み書き能
力を要する活動であった。

　読み書きのできない人は発明には不向きであり，読み書き能力の高い人こそ
が発明を推進したのである。発明が 18 世紀に起こった理由の一つは，近世の
イギリスで識字率が劇的に高まったからであり，それは第 2 章で論証した通り
である。識字率の急速な普及の特徴は，それが社会全体に不均衡に広まったこ
とである。表 10-5 は，1560 年と 1700 年に，イギリスの各社会階層で自分の
名前が書ける男女の割合を示している。地主階級，聖職者，富裕な商人，法律
家そして政府の役人はどちらの時期でも完全に読み書きができた。反対に，労
働者，小屋住み農民，零細農民（農夫）そして農事奉公人は両時期を通して，
ほとんど読み書きができなかった。これが，彼らが発明家にはなりえなかった
一つの理由である。識字率の拡大は社会の中間層——小売業者，流通業者，職
人そしてプロト工業の労働者——に起こり，多くの発明家がこのグループから
誕生した。

　識字率は三つの理由から 16 世紀と 17 世紀に向上した。第 1 に，読み書きの
能力は商人，貿易商，小売業者にとってはいつも欠かせないものであり，彼ら
は手紙で連絡したり，記録や帳簿をつけなければならなかった。したがって都

市と製造業の成長それ自体がイギリスの識字能力を高めたのである。

第2の理由は技術的なものである。すなわち，印刷機と活版印刷が最終的に本の実質価格を90％引き下げた。多くの礼拝用の配布物は印刷される一方，大衆的な廉価本，口汚い政治的論評，教育上の手引書，年鑑，そして最後に新聞が販売された。読書の広がりは雪だるま効果をもたらした。現代のインターネットや電子メールと同じように，最初はそれを無視できたが，ますます多くの人が読み書きできるようになると，交流の輪が広がり，読み書きの技能の価値は高まった。

表 10-5 イギリスの職業別の識字率推移（1560〜1700年）

	1560年	1700年
男性		
貴族，ジェントリ，聖職者	100	100
商人，法律家，役人	100	100
商店主，製造業者（ロンドン）	60	90
商店主，製造業者（地方）	30	60
借地農（ヨーマン）	50	75
労働者，召使（農事奉公人）	15	15
小屋住み農民（農夫）	20	20
男性平均	20	45
女性		
女性平均	5	25

(%)

出典）Cressy (1980, pp. 118-74, 177) は，自分で署名できない人の割合を報告している。表の識字率は100から署名のできない人の割合を引いたものである〔第2章表2-5を参照〕。

第3に，商業の拡大が引き起こした高賃金経済によって，多くのイギリス人は教育を受ける余裕を持つことができた。最上位の階層の人にとって，それは家庭教師であったが，次第に大学にとって代わられた。ほかの人たちにとって，教育とは通学を意味し，16世紀と17世紀には新しい学校が増えた。もっとも基本的な教育は村の学校であった。しばしば，生徒の授業料で一人の先生を支えるに過ぎないような学校もあった。人々の賃金と所得が高い地域社会は，それらが低い地域社会よりも，このようなやり方で学校経営の資金を確保することが容易だった。またグラマー・スクールも数が増えた。それらは基金で運営された恒久的な機関であった。授業料と同様に，経済が悪い時よりも経済が好転した時のほうが，寄付金を容易に集めることができた。16世紀と17世紀に明らかに拡大した第3の教育制度は，徒弟制度であった。これは熟練技術を伝える標準的な方法であった。典型的な事例では，子どもを引き受けてもらう時に，両親が親方に一括で現金を支払わなくてはならなかったが，両親の所得が

300 第II部 産業革命

高い時にそのような額を貯蓄しておくことは容易であった。普通の教育の道筋は，まず村の学校やグラマー・スクールで始まり，そこで生徒は読み書きを勉強し，そのあと徒弟となり，特別の職業上の熟練技術を身につける，というものであった。イギリスの高賃金経済のために，イギリス人はより貧しい国の人たちよりも，このような軌跡をたどることがより容易であった。

　実態を正確に把握するのは難しいが，発明家たちは計算能力のある人たちであった。多くは技術の仕事と実験に従事していたが，それらは本質的に定量的な作業である。多くの発明家はまた会社経営しており，帳簿をつけ，収入，コスト，利子費用，資産査定の計算などをしなければならなかった。

　発明をするには最低限の計算能力が必要であるので，人口全体の計算能力が高まるにつれて，潜在的な発明家のプールは大きくなっていった。改良には，質的なものと量的なものがあった。質的な改良には，ローマ数字からアラビア数字への転換も含まれる。アラビア数字は計算を簡便に，かつ迅速にした。また計算をアバカス［中世ルネサンス頃まで使用されていた計算器具。中国や日本のそろばんとは異なる］で行うよりもペンと紙で行うようになると，問題解決を容易にする代替手段となった。ローマ数字からアラビア数字への移行は16世紀中頃から17世紀中頃に生じた。量的には計算能力に秀でた人たちの割合はかなりの早さで増大した。商業と製造業の成長がその牽引力となった。商業的目的以外の理由で読み書き能力をつけようとした人は沢山いたが，他方，楽しみのために数学を勉強する人はほとんどいなかった——彼らは仕事に役に立つから勉強したのである。これはよく売れた数学のテキストにはっきりとあらわれており，そこでは事例として，売買，利子の計算，外国為替取引，そして利益を株主に配分する方法などが取り上げられていた。数学者のジョン・ウォリスは次のように述べている。17世紀初めに，数学は「アカデミックな学問と見なされることはまれで，むしろ機械的道具として，すなわち，貿易商，商人，船員，大工，土地の測量士あるいはそれらに類似の人たち，そしておそらくはロンドンで年鑑を製作する人たちの間で使われるもの，と見なされていた」。算数はこの時代のグラマー・スクールのカリキュラムのなかには含まれていなかったが，商業的に重要であるとの観点から，18世紀までにはより広く教え

第 10 章　発明家，啓蒙主義そして人的資本　　301

られるようになった。科学と技術はビジネスのための数学教育に便乗したかたちであった。たとえばジョン・グラントは，彼の人口統計に関する調査が『（私の）商店会計に使える数学』という本に依拠している，と説明している[9]。

　近世のイギリスで商業分野が拡大するにつれて，数学的能力の水準が向上した。一つの指標は人々が自分の年齢を記載する方法である。もし正確な年齢はあまり重要でなければ（たとえば，成人の場合），その時数字の記載能力があまりない人は 0 あるいは 6（ダースの半分）で終わる年齢をしばしば報告した。より数字に強い人は自分の年齢を正確に報告した。中世の終わり頃には，人々とその年齢のリストにはかなりの年齢集積［年齢が切りのいい年に人口が集中する現象］がある。「計算技術は，200 年前と比べると，1700 年にはより広範に普及していた。その変化は……会計帳簿の作成がかなり下の社会層にまで広まっており，年齢の報告の精度も，わずかではあるが，明瞭に認識できる程度にまで改善されていた」（Thomas 1987, p. 128）。18 世紀に生じた改善は急激であった。ベイトンとクレヤンは多くの国の 19 世紀初期の年齢集積について研究した（Baten and Crayen, 発表年不明）。彼らはイングランドと，識字率の高い，その他の北西ヨーロッパでは，年齢集積はわずかである，と報告している。おそらく計算能力の革命は識字率革命よりも後で起こったのであろうが，しかしその影響の深さの点では類似していた。

　重要な発明家たちは，現代的な用語を使うならば，非常に高い「職業的熟練」を積み重ねていた。このような定義では，標本のなかに誰も「未熟練」というべき人はいないし，また誰も農業分野の出身者はいなかった。しかし発明家が何を学び，どのようにして訓練を積んだのかは，彼らの社会的背景と関係していた。彼らの教育と訓練との関係で重要な発明家，60 名をクロス表に分類して示すことが可能であり，それらのデータによって熟練修得の主要なチャネルを描くことができる。

　父親が地主貴族である発明家は家庭で教育されるか，エリートの教育機関で学んだ。ジョン・ハドレーは，八分儀と呼ばれる，四分儀［扇形をした航海測

---

9) ここと次のパラグラフは Thomas (1987) の研究に基づいており，すべての引用の出典となっている。

量機器。天体を観測しながら緯度を測る道具］の改良版を発明したが，彼はハーフォードシャーの地主の家柄の出身であった。おそらく彼は家庭教師から教育を受けた，と思われる。なぜなら，「ハドレーの教育に関しては何も記録がないからである。しかし彼は明らかに数学，力学，そして光学に堪能であった」。他方，エドモンド・カートライトはウェイクフィールド・グラマー・スクールに籍を置き，それからオックスフォードのモードリン・カレッジに進んだ。

　発明家のうち 9 名は父親が大規模な製造業の会社を所有している「資本家」として分類されている。何人かは学校に在籍していたが，多くは地主エリートのように，家庭教師が教育を担当していた。エイブラハム・ダービー 2 世とマシュー・ボールトンはアカデミーに通い，標準的な錫板製造工法を開発したジョン・ハンベリーは，家は地主であり，オックスフォードのペンブルック・カレッジで学び，その後，ミドル・テンプル法曹院に進んだ。「私は教科書，*Coke upon Littleton*［裁判官エドワード・コーク（1552-1634）が 1628 年に著した財産権に関する基本的文献で，全 4 巻のうちの第 1 巻にあたる。裁判官トーマス・ド・リトルトン（c. 1407-1481）の教科書を解説する形をとっている］の寡婦産付保有者［寡婦が相続する夫の資産を持つ保有者］のところまで学んだ。しかし弁護士で儲けるよりも，ポンティプールの製鉄所の方がはるかに利益を得るに違いない，という友人の助言で，寡婦産や保有権に関する勉強を放棄して，鉱山と製鉄場に関心を切り替えた」。その他の発明家は家庭教師によって教育を受けたに違いない。というのは，彼らが勉強した学校についての言及が一様に欠如しているからである。多くは，勉強を続ける傍ら，10 歳代には家族の経営する仕事に就いていた。エイブラハム・ダービー 2 世は 17 歳の時に，コールブルックデール製鉄所で働き始めた。またジョサイア・スポード 2 世もやはり同じ頃に家業に従事し始めた。チャンピオン家のウィリアムとジョン兄弟は，父親と同じ産業（真鍮業）ではあったものの，独自に会社を起こしたが，それは異例のことであった。

　裕福な商人の息子たちや法律家の息子たちは，地主や資本家の息子たちよりも，より正式な学校で勉強する傾向が強かったようである。父親が商人であった息子のなかに，チャールズ・マッキントッシュがいた。彼は最初にグラス

ゴーのグラマー・スクールに籍を置き，その後ヨークシャーの学校に進んだ。「彼はグラスゴーの会計事務所で訓練を受けたが，空き時間を利用して科学の勉強を始めた。最初，植物学に興味を持ったが，その後化学に関心を移し，グラスゴー大学でウィリアム・アーヴィンの講義，のちにエディンバラ大学でブラックの講義を聴講した」。20歳になるまでに，彼は化学製造の事業を立ち上げ，1820年頃に防水布地の発明を続けた。ジョン・ローバックは最初シェフィールド・グラマー・スクールに通い，それからノーサンプトンにある非国教徒のアカデミーで勉強した。次に，彼はエディンバラ大学とオランダのライデン大学で医学を学んだ。ジョージ・レイヴェンスクロフトはローマ・カトリック教徒であったので，フランスのドゥエにあるイングリッシュ・カレッジ，さらにイタリアのパトヴァ大学で学んだ。

　法律家の子どもたちもまた学校で学んだ。ジョン・スミートンはリーズのグラマー・スクールに籍を置き，それから父の事務所で法律の教育を受けた。しかし彼は家に仕事場を設け，好きな機械いじりをしていた。彼は時計職人のヘンリー・ヒンドリーと友達になり，17歳の時に彼の影響を受けて方向を変えた。20歳の時に，法律の勉強をあきらめ，実験器具職人となった。ドニ・パパンはフランスのソミュールのプロテスタントのアカデミーに通い，その後アンジェ大学で医学を学んだ。フランシス・ホームは古典を教わったが，その後外科医の徒弟になり，エディンバラ大学で医学を学んだ。

　発明家たちの最大の集団を輩出したのは父親が職人のグループであった。彼らは誰も大学には行かなかった。彼らのほとんどは村の学校か，グラマー・スクールに通い，それから仕事を学んだ。もし彼らが父親か，近い親戚と同じ仕事を続けるのであれば，家族から仕事を教わった。リチャード・トレヴィシックは，父親がコーンウォールの鉱夫であり，また鉱山監督でもあった。彼はカンボーンにある地元の学校で学び，その後，父から鉱山業について教わった。ジョサイア・ウェッジウッドは陶工の息子であった。彼はニューキャッスル・アンダー・ライムの学校に通い，製陶業を学ぶために，5年間兄のところで徒弟となった。ウィリアム・マードックは製粉業者兼水車大工の息子であった。彼は自分の学校教育を「少ないが，質は良い」と回想しており，父の仕事のなか

で育てられた。

　他方，子どもが父親の仕事とは別の職業に就く場合は，その子どもは正規の徒弟教育を受けた。リチャード・アークライトは仕立屋の息子であったが，夜間学校で基礎教育を受け，その後，理髪師の徒弟となった。ウィリアム・クックワージーは，サージ製造業者の息子であるが，キングスブリッジの学校に通い，その後父が亡くなる13歳までエクセターで勉強した。それから，彼はロンドンの薬剤商のもとで徒弟の教育を受けた。伝えられるところによると，お金の節約のためにデヴォンからロンドンまで［約270キロメートル］歩いて行ったという。ジェームズ・ショートの父は大工であったが，両親は彼が幼い時に亡くなった。10歳の時にジョージ・ヘリオット病院で学び，「12歳の時に，エディンバラのロイヤル・ハイスクールに転校し，そこで古典の勉強でかなりの才能を発揮した。1726年にエディンバラ大学への入学が許可され，芸術のコースに入ったが，卒業はしていない。信心深い彼の祖母の勧めで入信し，神学を勉強し，1731年には牧師の資格を得た，という。しかしながら，彼はエディンバラ大学の数学の教授コリン・マックローリンの講義に感銘を受けて，数学と天文学のために神学を放棄した」。マックローリンの援助を得て，彼は望遠鏡の製作法を学んだ。彼は放物面鏡を研いで制作する方法を発見し，それによって科学的好奇心から生まれた反射望遠鏡を商品化したのである。

　他の地位の低い職業でも，同じような経歴の人を輩出した。それほど裕福ではない商人の息子たちは，教育に関しては，職人の息子たちと類似の経歴を持っていた。たとえば，アイザック・ウィルキンソンは羊毛商人の兄に育てられた。「彼の教育については不明であるが，彼はだいたい読み書きはでき，帳簿を付けており，時には独創性を発揮していた。彼は鋳鉄所の徒弟となった」。トーマス・ニューコメンはおそらく，時おりダートマスで学校を運営していた非国教徒の学者ジョン・フラヴェルのもとで教育を受け，その後技師としての徒弟に入った。

　借地農の息子たちの経歴も類似の内容であった。というのは，彼らは新しい職業に乗り出していったからである。その一人，チャールズ・テナントはオチルトリーの教区学校に通い，それから手織職工の徒弟に出された。ジョン・ケ

ネディは，学校もないような辺鄙なところで成長し，巡回教師から個人指導を受けた。それから織物の機械を製作していたウィリアム・キャナンの徒弟になった。ジョゼフ・ブラマーはシルクストンの町の学校に通い，大工の徒弟となり，またベンジャミン・ハンツマンは時計製造業者の徒弟となった。この種の経歴は，父親が借地農か，商人であった発明家のすべてが経験したものであった。サミュエル・クロンプトンの父親は農業と織布業を兼業しており，彼は地元の学校に通い，算数，代数，幾何に優れていた。家で紡績と織布について教わり，そのような経験によってミュール紡績機を発明した。労働者や農夫の出身から重要な発明家になった人は極めて少なかったが，彼らもまた類似の経歴をたどった。息子が農業を離れるためには，何らかの職業の徒弟になることが手っ取り早い方法であった。

　親が職人や商店主である子どもたちは，典型的な事例でいえば，地元の学校に通い，職業の徒弟に入った。たまにそのなかに大変賢い少年がいて，一流の学問の世界を経験することもあった。釉の下に青色の転写技術を発明したジョン・ウォールは食料雑貨商の息子であった。彼はウースターのキングス校に通い，それからクックス奨学金をもらって，オックスフォードのウースター・カレッジで学んだ。ジョン・レニーの父は借地農であり，醸造業を営んでいたが，彼はプレストンカークの教区学校に通い，それからダンバー高等学校に進学し，最後はエディンバラ大学に入学してジョゼフ・ブラックのもとで学んだ。レニーのこのような学歴は，発明家のアンドリュー・ミークルと一緒に働いた数年間中断したが，実践的手法として機械製造を学んだ。のちにレニーはアルビオン製粉工場［最初にボールトン・ワット商会の蒸気機関を粉挽きに応用した製粉工場］を建設したことで有名である。

産業革命の原因としての文化

　イギリスの文化は中世後期と産業革命の間にいくつかの重要な変化を経験した。中世のカトリック主義にプロテスタンティズムが取って代わったが，プロ

テスタンティズム自身が分裂し，また何回か教義の再定義がなされた。王政復古ののち，上流階級はニュートンと科学革命によって鼓舞された機械論的な世界観を受け入れることになった。下層階級も同じような方向をたどったのかもしれないが，それに関して結論を下すのは難しい。農村の小屋住み農民や農場労働者よりも上のすべての社会階層の文化は，識字率と計算能力の普及によって，また学校教育と公式あるいは非公式の徒弟制度による職業訓練によって，大きく変わった。識字率の拡大と計算能力の普及によって，ニュートン主義は社会の下の層にまで広まった可能性がある。事実，その因果関係はほかの方向にも波及したかもしれない。自分の運命を変えるには祈るしかなかった世界から，計測できる世界へと移行することによって，知的な人たちは，個々人の信じる神の力に頼るのではなく，むしろ数学的法則で支配される世界を思い描くことが容易になったのである。

　産業革命期の諸発明を説明する場合に，このような変化はどれだけ重要であっただろうか。これに答えるのは難しい。というのは，舞台には他の要因，すなわち高賃金と安価なエネルギーの経済が登場してきたからである。科学と識字率の拡散が発明の供給を増加させたのと同時に，高賃金と安価なエネルギーの登場が発明に対する需要を高めたのである。

　発明の増加は，新しい技術への需要の増加によるものなのか，それとも発明家の供給の増大によるものか，これを決定するために，われわれは潜在的な原因の一つを一定として制御し，他の要因が作用した時にどのような影響が出るか，観察する方法を見つけなければならない。しかしこれは不完全にしか行えない。国際的な比較が一つの方法である。たとえば，モキイアは産業的啓蒙主義がヨーロッパに広く普及した現象であることに注目する。その場合，彼の説明は産業革命がなぜアジアではなく，ヨーロッパで起こったのか，を説明することには役立つかもしれないが，しかしそれでは，産業革命がなぜオランダではなく，イギリスで起こったのかを説明することはできない。事実，署名や年齢集積が示しているように，識字率や計算能力の点で，イギリスとほかの北部ヨーロッパとの間にそれほど大きな差はなかった。北西ヨーロッパ全体に広く同じように，潜在的な発明家の供給源があったとすれば，イギリスでより多く

の発明が起きたことは，需要の側からしか説明できないのである。この結論は関係した産業を見る限り，妥当なものといえる。イギリスの発明の多くは石炭と関連していた——鉄，非鉄金属，製陶窯，蒸気機関などである。これまで見てきたように，安価な石炭の豊富な供給を前提にすれば，イギリスにはこれらの分野で発明を行う強力な経済的誘因があった。その他のイギリスの発明の多くは綿業に関連するものであり，そこでもまたイギリス人が発明しようとする産業固有の理由があった。それには手工業の綿業と大規模な時計産業が含まれており，それらは水力紡績機とその他機械を製造するために不可欠の，機械部品と熟練労働者を提供した。オランダはこれらの優位性のどれも持たず，したがって産業革命に必要な発明をしようとする経済的誘因を一つも持っていなかった。これらの国際比較は技術に対する需要の重要性に注目するものであり，産業革命を文化的，人的資本の視点から説明することの限界を強調するものである。

　しかし，需要がすべてを物語るものではないことも確かである。この章は，中世イギリスが高賃金経済ではあるが，産業革命ほどの規模で労働節約的機械を発明しなかった，ということを考えさせた。われわれがオランダに関する議論で示したように，15世紀に18世紀との類似性を求めても，それは不完全でしかない。なぜなら，中世のイングランドには大規模な石炭産業は存在せず，したがって石炭資源を利用しようとする経済的誘因に欠けていたからである。綿工業もそもそも存在しなかった。しかしながら，高賃金それ自体は重要な類似性を持っており，それゆえに発明家の供給に関わる諸要因が，なぜ産業革命が1400年ではなくむしろ1800年に起こったのか，を説明するともいえるのである。近世の文化革命が一つの役割を果たしていた——新奇な消費財を追い求めるのに必要な勤勉さ，識字率，計算能力，そして時計製造に見られたような熟練技能の蓄積，迷信の衰退と科学的世界観の勃興などの文化革命であった。これらの展開が，部分的には経済発展の結果であり，また間違いなく経済発展に寄与していた。1400年から1800年までの文化的変化は巨大であり，発明を促進する方向に向かったのである。

308　第 II 部　産業革命

補遺　重要な発明家リスト

姓	名	産業	姓	名	産業
〈マクロ発明家〉			Halley	Edmund	航海
Arkwright	Richard	繊維	Hanbury	John	金属
Cartwright	Edmund	〃	Harrison	John	計時器具
Cort	Henry	金属	Hindley	Henry	機械
Crompton	Samuel	繊維	Home	Francis	化学
Darby	Abraham I	金属	Hooke	Robert	機械
Hargreaves	James	繊維	Hornblower	Jonathan	蒸気機関
Newcomen	Thomas	蒸気機関	Huntsman	Benjamin	金属
Smeaton	John	機械	Kay	John	繊維
Watt	James	蒸気機関	Kennedy	John	〃
Wedgwood	Josiah	窯業	Knibb	Joseph	計時器具
〈その他発明家〉			Littler	William	窯業
Astbury	John	窯業	Lombe	John	繊維
Barlow	Edward	計時器具	Lombe	Sir Thomas	〃
Beighton	Henry	蒸気機関	Macintosh	Charles	化学
Bell	Thomas	繊維	Maudslay	Henry	機械
Bentham	Sir Samuel	機械	Meikle	Andrew	〃
Booth	Enoch	窯業	Mudge	Thomas	計時器具
Boulton	Matthew	蒸気機関	Murdoch	William	機械
Bramah	Joseph	機械	Murray	Matthew	繊維
Brooks	John	窯業	Oppenheim	Mayer	化学
Champion	John	金属	Papin	Denis	蒸気機関
Champion	Nehemiah	〃	Paul	Lewis	繊維
Champion	William	〃	Quare	Daniel	計時器具
Clerke	Sir Clement	〃	Ramsden	Jesse	機械
Cochrane	Archibald	化学	Ravenscroft	George	化学
Cookworthy	William	窯業	Rennie	John	機械
Darby	Abraham II	金属	Roebuck	John	化学
Desaguliers	John Theophilus	機械	Sadler	John	窯業
Dollond	John	実験器具	Savery	Thomas	蒸気機関
Dwight	John	窯業	Short	James	実験器具
Faccio de Duillier	Nicholas	計時器具	Spode	Josiah I	窯業
Fry	Thomas	窯業	Spode	Josiah II	〃
Gordon	Cuthbert	化学	Strutt	Jedediah	繊維
Graham	George	計時器具	Strutt	William	機械
Hadley	John	航海器具	Taylor	Clement	化学
Hall	Chester Moor	実験器具	Tennant	Charles	〃

第 10 章　発明家，啓蒙主義そして人的資本　309

姓	名	産業	姓	名	産業
Tompion	Thomas	計時器具	Wilkinson	Isaac	金属
Trevithick	Richard	蒸気機関	Wilkinson	John	機械
Wall	John	窯業	Wyatt	John	繊維
Ward	Joshua	化学			

第 11 章
産業革命から近代経済成長へ

産業的に発展した国は発展の遅れた国に一つの未来図を提供する。
——カール・マルクス『資本論』第 1 巻，序文

　イギリス産業革命の有名な発明はイギリスの独特な経済環境への対応から生まれたものであり，他のどんな場所でも起こらなかっただろう，と本書は論じてきた。これが産業革命はイギリス固有なものだったとする理由の一つである。しかしなぜこれらの発明は重要なのだろうか。確かにフランス人は熱心な発明家であったし，科学革命は汎ヨーロッパ的な現象だった。フランス人，ドイツ人，あるいはイタリア人は違ったルートをたどって産業革命を生み出すことはなかったのだろうか。20 世紀へ至る別の経路はなかったのだろうか。

　これらの疑問はモキイアが投じたもう一つの重要な疑問，産業革命はなぜ 1815 年以後も勢いを失わなかったのか，という問いと密接に関連している。重要な発明がなされた時期は以前にもあった，との彼の主張は正しい。しかし結果として，それは生産性を一度は上昇させたが，持続的経済成長へと移行していくことはなかった。19 世紀は違っていた。最初の産業革命は近代経済成長へと転換していったのである。なぜだろうか。モキイアの答えは，科学的知識が継続的な発明を可能にするほど広がっていったからだ，というものである。技術的改良は確かに問題の核心にあった。しかしそれは，少なくとも 1900 年以前は，科学上の発見によるものではなかった。［ナポレオン戦争の勝敗を決めた 1815 年の］ウォータールーの戦い以後の 100 年間，所得が持続的に増加したのは，イギリスの 1815 年以前の発明が大陸の発明よりもずっと強い特別の変革力を持っていたからであった。

これが，産業革命はイギリス特有のものであったとする第2の理由であり，また経済成長が19世紀を通じて持続した理由でもある。綿は産業革命期の驚異的産業だった。だからたとえばガーシェンクロンは，先進国の経済成長は消費財の拡大を基盤とするのに対し後進国の成長は生産財を基盤にする，とまで主張した（Gerschenkron 1962）。だがこれは残念な結論である。イギリス産業革命の偉大な業績は，現実には，生産性を上昇させる機械類を大量生産する，最初の大規模な機械産業を生み出したことにあったからである[1]。機械の生産は，第一次世界大戦まで続く経済成長を直接説明する三つの発展の基盤であった。その発展とは，①産業の全般的機械化，②鉄道，③蒸気を動力とする鉄船である。第1はイギリス経済そのものの生産性を上昇させた，第2，第3はグローバル経済と国際分業を生み出し，それによってヨーロッパの生活水準はかなり上昇することになった（O'Rourke and Williamson 1999）。19世紀後半のイギリスの労働生産性上昇の半分近くは，蒸気を用いる技術の利用によるものだった（Crafts 2004）。

19世紀の機械産業は石炭産業から派生したものだった。19世紀に生産性を上昇させた三つの発展はいずれも2つのもの，蒸気機関と安価な鉄に依存していた。先に見たように，どちらも石炭と密接に関連している。蒸気機関は炭鉱の湧水を排水するために発明されたし，石炭を消費した。安い鉄を作るには木炭をコークスに代替する必要があり，安い石炭がこの過程を促進した。（もう一つの石炭との結びつきは地理的なもので，イギリスの鉄鉱石の鉱床はしばしば炭鉱近くで見つかった）。つながりは別にもあった。とくに鉄道は石炭産業から派生した。軌道は17世紀に鉱山内で，また鉱山から運河や河川まで石炭を運ぶために発明された。有用だと分かると，軌道には路盤や軌道そのものを改良する実験が次々に導入された。その結果，18世紀には鉄製の軌道が開発され，別の可能性や形態が探索された。さらに牽引力の必要性が機関車に対する最初の市場を生み出した。蒸気を動力とする陸上の乗り物には市場はなかった。（キュニョーやトレヴィシックが発見したように）道路は舗装されておらず，でこ

---

1) Hoffman（1955, pp. 72-4）は工業化の進むイギリスで，生産財産業は全体として消費財産業よりも急速に成長したと推定している。

312　第 II 部　産業革命

ぼこで蒸気の乗り物を支えることができなかったからである。しかし軌道は蒸気動力の乗り物が動ける平らな表面を提供した。だから炭鉱の軌道は蒸気機関車の最初の買い手となった。ジョージ・スティーブンソンがレインヒル・トライアル［1829 年 10 月にランカシャーのレインヒルで開催された，蒸気機関車のための公開競争］のためにロケット号を開発したとき，彼は炭鉱の軌道のために製造していた蒸気機関車に自分のアイデアを組み入れて，設計案を試した。こうして初歩的な技術が商業化され，研究開発費が事業の経常的費用に吸収されるにつれて，さらなる発展が促されることになった。

　綿工業は二つの理由から機械産業の成長を支える役割を果たした。第 1 に，それが巨大な規模に成長したことである。これはグローバルな競争の結果だった。18 世紀初めには，イギリスは世界の綿製品のごく一部を生産するだけであった。主要な生産国はアジアにあった。その結果，イギリス綿製品に対する需要の価格弾力性は極めて大きかった。イギリスの競争力が高まれば，インドや中国の生産者に取って代わって生産を大幅に伸ばすことができた。機械化がこの成果につながった（Broadberry and Gupta 2006）。結果として生じたのは巨大な産業，都市化（およびそれに伴う外部利益）の拡大，そして高賃金経済へのさらなる後押しだった。他の分野での機械化には同じような潜在力はなかった。ジャカード織機はこの時期のフランス人の有名な発明で，レースや編み物の生産費を切り下げ，それによってある程度の生産増加ももたらした。しかし編み物はグローバル産業ではなかった。需要の価格弾力性もそれほど大きくなかったから，生産の拡大には限界があった。イギリスの綿工業技術に強い変革力があったのは，綿業が他の繊維産業よりも価格弾力性の高い需要を持つグローバル産業だったからである。

　機械に依存するところの大きい綿工業の成長と規模拡大は，機械装置に対する巨大な成長市場を提供することによって，機械産業を支えた。綿工業の歴史は，最初は梳毛と紡績，その後は織布と，機械設計のやむことのない改良の歴史だった。改良された機械は高い投資と設備への需要を生み出した。綿製造業者は最初は水力に頼っていたが，1840 年代までに蒸気を動力とする工場がそれに取って代わった（von Tunzelmann 1978, pp. 175-225）。19 世紀中頃まで，イ

ギリスは不均衡な産業構造を持っていた。綿製品が高度に機械化された工場で生産される一方で，その他の製造業の多くはあまり変わらないままだった。だが19世紀中葉には，機械はイギリス製造業全体に広がっていった（これが所得が継続して上昇した原因の一つである）。

　産業革命期の技術史には一つのパラドクスがあった。強調してきたように，18世紀のマクロレベルの発明は，労働よりも資本やエネルギーに対する需要を増加させるような改良に偏っていた。資本とエネルギーはイギリスでは相対的に安価であり，この国でマクロレベルの発明を進めること，またそれらの発明を初歩的で素朴な形態で利用することには意義があった。そうした形態の技術は，労働力が安くエネルギーが高価な別の場所では，費用の面で効率的ではなかった。しかしイギリスの技術者はこの技術に改良を加えた。彼らはこの技術を研究し，修正し，もっと効率的なものにした。発明は初期の段階では［イギリスには十分存在する］生産要素が過剰に投入され，イギリスでしか使えないものだったが，ローカル・ラーニングがしばしばこの過剰に使うことのできた投入要素を節約する方法を編み出した。回転蒸気機関の石炭消費量が1馬力1時間当たり35ポンドから5ポンドに下落すると，蒸気機関を用いても採算がとれるようになり，その利用はだんだん広がっていった。これが，なぜ19世紀中頃から機械化が綿織物工業を超えて広がったのかの理由である。しかし石炭消費量の減少は，工業の分野の拡大だけでなく，地理的拡大とも関係があった。旧式の熱効率の悪い蒸気機関は，石炭が高価な国々の技術としては「適切」ではなかった。だがこれらの国々自身は自国の条件にかなう「適切」な技術を発明することはなかった。皮肉なことに，イギリス人が彼らのためにこれを行うことになった。蒸気機関の燃料効率が高まるにつれ，より多くの国々で，石炭が高価である国でさえも，新式の蒸気機関は採用されるようになった。こうして産業革命はグローバルに広がっていった。イギリスの技術者の才能がイギリスの比較優位を奪うことになったのである。

　18世紀イギリスの発明——安価な鉄，とりわけ蒸気機関——が強い変革力を持っていたことは重要である。なぜならフランスで発明された技術——製紙，ガラス，編み物——はそうでなかったからである。フランスの技術は全般的な

314　第 II 部　産業革命

機械化にもグローバル化にもつながらなかった。発明の社会的利益の一つは，それが将来の技術改良に向けて開かれた扉であることにある。18 世紀のイギリスの技術はこの点で，フランスの発明，あるいは他のいかなるところでなされた発明よりもずっと大きな可能性を持っていた。石炭を基盤とする技術の開発にあたって，イギリス人はフランス人よりも合理的で先見の明があったというわけではなかった。イギリス人はただ地質学的に幸運だった。しかしその波及効果は大きかった。フランスの技術が機械産業，産業工程の全般的な機械化，鉄道，蒸気船，あるいはグローバル経済につながった，と信ずべき理由はない。換言すれば，20 世紀への道はただ一つだった。そしてその道はイギリス北部をまたがって伸びていたのである。

参考文献

Abel, Wilhelm (1980). *Agricultural Fluctuations in Europe from the Thirteenth to the Twentieth Centuries*, trans. by Olive Ordish, London, Methuen. (W. アーベル『農業恐慌と景気循環──中世中期以来の中欧農業及び人口扶養経済の歴史』寺尾誠訳, 未来社, 1985 年)

Acemoglu, Daron (2002). 'Directed Technical Change', *Review of Economic Studies*, vol. 69, pp. 781–809.

(2003). 'Factor Prices and Technical Change : From Induced Innovations to Recent Debates', in Philippe Aghion *et al.* (eds.), *Knowledge, Information and Expectations in Modern Macroeconomics : In Honor of Edmund Phelps*, Princeton, NJ, Princeton University Press.

(2007). 'Equilibrium Bias of Technology', *Econometrica*, vol. 75, pp. 1371–409.

Acemoglu, Daron, Johnson, Simon, and Robinson, James (2005). 'The Rise of Europe : Atlantic Trade, Institutional Change and Economic Growth', *American Economic Review*, vol. 95, pp. 546–79.

A'Hearn, Brian (2003). 'Anthropometric Evidence on Living Standards in Northern Italy, 1730–1860', *Journal of Economic History*, vol. 63, pp. 351–81.

Allen, Robert C. (1983). 'Collective Invention', *Journal of Economic Behavior and Organization*, vol. 4, pp. 1–24.

(1988). 'The Growth of Labor Productivity in Early Modern English Agriculture', *Explorations in Economic History*, vol. 25, pp. 117–46.

(1992). *Enclosure and the Yeoman*, Oxford, Clarendon Press.

(1994). 'Agriculture During the Industrial Revolution', in Roderick Floud and D. N. McCloskey (eds.), *The Economic History of Britain Since 1700*, vol. I, *1700–1860*, Cambridge, Cambridge University Press, second edition, pp. 96–122.

(1999). 'Tracking the Agricultural Revolution', *Economic History Review*, 2nd series, vol. 52, pp. 209–35.

(2000). 'Economic Structure and Agricultural Productivity in Europe, 1300–1800', *European Review of Economic History*, vol. 3, pp. 1–25.

(2001). 'The Great Divergence in European Wages and Prices from the Middle Ages to the First World War', *Explorations in Economic History*, vol. 38, October 2001, pp. 411–47.

(2003a). 'Poverty and Progress in Early Modern Europe', *Economic History Review*, vol. 56, pp. 403–43.

(2003b). 'Was There a Timber Crisis in Early Modern Europe?', *Economia e energia secc. XIII–XVIII*, Serie 'II-Atti delle 'Settimane di Studi' e altri Convegni, 34, Instituto Internazionale di Storia Economica 'F. Datini', Prato, pp. 469–82.

(2005). 'English and Welsh Agriculture, 1300–1850 : Output, Inputs, and Income' (unpublished).

(2007a). 'India in the Great Divergence', in Timothy J. Hatton, Kevin H. O'Rourke and Alan M. Taylor (eds.), *The New Comparative Economic History : Essays in Honor of Jeffrey G. Williamson*, Cambridge, MA, MIT Press, pp. 9–32.

(2007b). 'Pessimism Preserved : Real Wages in the British Industrial Revolution', Oxford University, Department of Economics, Working Paper 314.

(2007c). 'Engel's Pause : A Pessimist's Guide to the British Industrial Revolution', Oxford University, Department of Economics, Working Paper 315.

(2007d). 'The Industrial Revolution in Miniature : The Spinning Jenny in Britain, France, and India', Oxford University, Department of Economics, Working Paper 375.

(2008). 'The Nitrogen Hypothesis and the English Agriculture Revolution : A Biological Analysis', *Journal of Economic History*, vol. 68, pp. 182–210.

Allen, Robert C., and O'Grada, Cormac (1988). 'On the Road Again with Arthur Young : English, Irish, and French Agriculture During the Industrial Revolution', *Journal of Economic History*, vol. 38, pp. 93–116.

Allen, Robert C., Bassino, Jean-Paul, Ma, Debin, Moll-Murata, Christine, and van Zanden, Jan Luiten (2007). 'Wages, Prices, and Living Standards in China, 1738-1925 : In Comparison with Europe, Japan, and India', Oxford University, Department of Economics, Working Paper 316.

Allen, Robert C., Bengtsson, Tommy, and Dribe, Martin (2005). *Living Standards in the Past : New Perspectives on Well-Being in Asia and Europe*, Oxford, Oxford University Press.

American Iron Association (1854-6), *Bulletin*.

Angerstein, R. R. (1753-55). *R. R. Angerstein's Illustrated Travel Diary, 1753-1755*, trans. by Torsten Berg and Peter Berg, London, Science Museum, 2001.

Arrighi, Giovanni (1994). *The Long Twentieth Century : Money, Power, and the Origins of Our Time*, London, Verso. (ジョヴァンニ・アリギ『長い 20 世紀──資本，権力，そして現代の系譜』柄谷利恵子・境井孝行・永田尚見訳，作品社，2009 年)

Arthur, W. Brian (1994). *Increasing Returns and Path Dependence in the Economy*, Ann Arbor, MI, University of Michigan Press. (W. ブライアン・アーサー『収益逓増と経路依存──複雑系の経済学』有賀裕二訳，多賀出版，2003 年)

Ashton, T. S. (1955). *The Industrial Revolution, 1760-1830*, London, Oxford University Press. (T. S. アシュトン『産業革命』中川敬一郎訳，岩波書店，1973 年)

Aspin, C., and Chapman, S. D. (1964). *James Hargreaves and the Spinning Jenny*, Preston, Helmshore Local History Society.

Aston, T. H., and Philpin, C. H. E. (eds.) (1985). *The Brenner Debate*, Cambridge, Cambridge University Press. (ロバート・ブレナー『所有と進歩──ブレナー論争』長原豊訳，日本経済評論社，2013 年（抄訳))

Baines, Edward (1835). *History of the Cotton Manufacture in Great Britain*, London, H. Fisher, R. Fisher and P. Jackson.

Bairoch, Paul (1988). *La Population des villes européennes, 800 à 1850 : banque de données et analyse sommaire des résultats*, Geneva, Droz.

Ballot, Charles (1923). *L'introduction du machanisme dans l'industrie française*, Geneva, Slatkine, 1978.

Barro, Robert J. (1997). *Determinants of Economic Growth : A Cross-Country Empirical Study*, Cambridge, MA, MIT Press. (R. J. バロー『経済成長の決定要因——クロス・カントリー 実証研究』大住圭介・大坂仁訳, 九州大学出版会, 2001 年)

Barton, D. B. (1966). *The Cornish Beam Engine*, Truro, D. Bradford Barton Ltd, new edition.

Bateman, Victoria (2007). 'The Evolution of Markets in Early Modern Europe : 1350-1800 : A Study of Grain Prices' (unpublished).

Baten, Joerg, and Crayen, Dorothee (n. d.). 'Global Trendsin Numeracy, 1820-1949, and Its Implications for Long Run Growth' (unpublished).

Beaud, Claud (1995). 'L'innovation dans les établissements Schneider (1837- 1960)', in *Les Schneiders, Le Creusot*, Paris, Libraire Athème Fayard, pp. 204-33.

Beckett, J. V. (1986). *The Aristocracy in England, 1660-1914*, Oxford, Basil Blackwell Ltd.

Beeson, C. F. C. (1989). *Clockmaking in Oxfordshire*, Oxford, Museum of the History of Science, third edition.

Bengtsson, T. (1989). 'Real Wage Variation and Adult Mortality : Life Events in Västanfors, 1750- 1859', paper presented at the IUSSP General Conference, New Delhi.

  (1993). 'Combined Time-Series and Life Event Analysis : The Impact of Economic Fluctuations and Air Temperature on Adult Mortality by Sex and Occupation in a Swedish Mining Parish, 1757-1850', in David Reher and Roger Schofield (eds.), *Old and New Methods in Historical Demography*. Oxford, Clarendon Press.

  (2004). 'Living Standards and Economic Stress', in T. Bengtsson, C. Campbell, J. Z. Lee, *et al.*, *Life under Pressure : Mortality and Living Standards in Europe and Asia, 1700- 1900*, Cambridge, MA, MIT Press, chapter 2.

Bengtsson, T., Campbell, C., Lee, J., *et al.* (2004). *Life under Pressure : Mortality and Living Standards in Europe and Asia, 1700-1900*, Cambridge, MA, MIT Press.

Bengtsson, T., and Reher, D. (1998). 'Short and Medium Term Relations Between Population and Economy', in C. -E. Nuñez (ed.), *Debates and Controversies in Economic History : Proceedings of the Twelfth International Economic History Congress*, Madrid, Fundación Ramón Areces.

Bentley, Thomas (1780). *Letters on the Utility and Policy of Employing Machines to Shorten Labour*, London, T. Becket.

Berg, Maxine (1998). 'Product Innovation in Core Consumer Industries in Eighteenth-Century Britain', in Maxine Berg and Kristina Bruland (eds.), *Technological Revolutions in Europe : Historical Perspectives*, Cheltenham, Edward Elgar, pp. 138-60.

  (2002). 'From Imitation to Invention : Creating Commodities in Eighteenth-Century Britain', *Economic History Review*, vol. 45, pp. 1-30.

  (2004). 'In Pursuit of Luxury : Global History and British Consumer Goods in the Eighteenth Century', *Past and Present*, No. 182, pp. 84-142.

  (2005). *Luxury and Pleasure in Eighteenth Century Britain*, Oxford, Oxford University Press.

Berg, Maxine, and Clifford, Helen (1999). *Consumers and Luxury : Consumer Culture in Europe, 1650-1850*, Manchester, Manchester University Press.

Berg, Maxine, and Hudson, Pat (1992). 'Rehabilitating the Industrial Revolution', *Economic History*

Review, vol. 45, pp. 24-50.

(1994). 'Growth and Change : A Comment on the Crafts-Harley View of the Industrial Revolution', *Economic History Review*, vol. 47, pp. 147-9.

Berry, R. A., and Cline, W. R. (1979). *Agrarian Structure and Productivity in Developing Countries*, Baltimore, MD, Johns Hopkins University Press.

Beveridge, Lord (1939). *Prices and Wages in England from the Twelfth to the Nineteenth Century*, vol. I, *Price Tables : Mercantile Era*, London, Longmans Green & Co. Ltd.

Bhalla, A. S. (1964). 'Investment Allocation and Technological Choice – A Case of Cotton Spinning Techniques', *Economic Journal*, vol. 74, No. 295, pp. 611-22.

Bils, Mark (1984). 'Tariff Protection and Production in the Early US Cotton Textile Industry', *Journal of Economic History*, vol. 44, pp. 1033-45.

Birch, Alan (1967). *The Economic History of the British Iron and Steel Industry, 1784-1879*, London, Frank Cass & Co. Ltd.

Blaut, J. M. (1993). *The Colonizer's Model of the World*, New York, Guildford Press.

Bogart, Dan (2005a). 'Did Turnpike Trusts Increase Transportation Investment in Eighteenth Century England?', *Journal of Economic History*, vol. 65, pp. 439-68.

(2005b). 'Turnpike Trusts and the Transportation Revolution in Eighteenth Century England', *Explorations in Economic History*, vol. 42, pp. 479-508.

Bonney, Richard (1999). *The Rise of the Fiscal State in Europe, c. 1200- 1815*, Oxford, Oxford University Press.

Booth, A., and Sundrum, R. M. (1985). *Labour Absorption in Agriculture*, Oxford, Oxford University Press.

Boulton, Jeremy (2000). 'London, 1540-1700', in Peter Clark (ed.), *The Cambridge Urban History of Britain*, vol. II, *1540-1840*, Cambridge, Cambridge University Press, pp. 315-46.

Bourne, John (1846). *A Treatise on the Steam Engine : In Its Application to Mines, Mills, Steam Navigation, and Railways*, by the Artizan Club, London, Longman, Brown, Green and Longmans.

Bowden, Peter (1962). *The Wool Trade in Tudor and Stuart England*, London, Macmillan.

Boyden, S. (1987). *Western Civilization in Biological Perspective*, Oxford, Oxford University Press.

Boyle, Robert (1671). *Some Considerations Touching the Usefulnesse of Experimental Naturall Philosophy*, vol. II, Oxford, Hendry Hall, printer to the University.

Braudel, Fernand (1981- 84). *Civilization and Capitalism : 15th-18th Century*, London, Collins. (フェルナン・ブローデル『物質文明・経済・資本主義 15-18 世紀』第 1〜6 巻，村上光彦・山本淳一訳，みすず書房，1985-99 年)

Brenner, Robert (1976). 'Agrarian Class Structure and Economic Development in Pre-Industrial Europe', reprinted in T. H. Aston and C. H. E. Philpin (eds.), *The Brenner Debate*, Cambridge, Cambrdige University Press, 1985, pp. 10-63. (ロバート・ブレナー「産業化以前のヨーロッパにおける農村の階級構造と経済発展」同『所有と進歩――ブレナー論争』長原豊訳，日本経済評論社，2013 年，1-66 頁)

(1993). *Merchantsand Revolution : Commercial Change, Political Conflict, and London's Overseas Traders, 1550-1653*, Cambridge, Cambridge University Press.

Brewer, John, and Porter, Roy (1993). *Consumption and the World of Goods*, London, Routledge.

Briggs, Robin (2002). *Witches and Neighbours*, Oxford, Blackwell Publishing, second edition.

Britnell, Richard H. (1993). *The Commercialisation of English Society, 1000-1500*, Cambridge, Cambridge University Press.

Broadberry, Stephen, and Gupta, Bishnupriya (2006). 'Wages, Induced Innovation and the Great Divergence : Lancashire, India and Shifting Competitive Advantage in Cotton Textiles, 1700-1850', revised version CEPR Discussion Paper 5183.

Bruchey, Stuart (1967). *Cotton and the Growth of the American Economy : 1790-1860*, New York, Harcourt, Brace & World Inc.

Bruland, Kristine (2004). 'Industrialisation and Technological Change', in Roderick Floud and Paul Johnson (eds.), *The Cambridge Economic History of Modern Britain*, vol. I, *1700-1860*, Cambridge, Cambridge University Press, pp. 117-46.

Brunt, Liam (1999). 'Estimating English Wheat Yields in the Industrial Revolution', University of Oxford, Discussion Papers in Economic and Social History, No. 29.

——— (2004). 'Nature or Nurture? Explaining English Wheat Yields in the Industrial Revolution, c.1770', *Journal of Economic History*, vol. 64, pp. 193-225.

——— (2006). 'Rediscovering Risk : Country Banks as Venture Capital Firms in the First Industrial Revolution', *Journal of Economic History*, vol. 66, pp. 74-102.

Burke, Peter (2006). *Popular Culture in Early Modern Europe*, Aldershot, Ashgate Publishing Ltd, revised reprint. (ピーター・バーク『ヨーロッパの民衆文化』中村賢二郎・谷泰訳, 人文書院, 1988年)

Burt, R. (1969). *Cornish Mining : Essays on the Organization of Cornish Mines and the Cornish Mining Economy*, Newton Abbot, David & Charles.

Campbell, Bruce M. S. (1983). 'Arable Productivity in Medieval England : Some Evidence from Norfolk', *Journal of Economic History*, vol. 43, pp. 379-404.

——— (2000). *English Seigneurial Agriculture, 1350-1450*, Cambridge, Cambridge University Press.

Campbell, Bruce M. S., Galloway, J., and Murphy, M. (1993). 'A Medieval City and Its Grain Supply : Agrarian Production and Distribution in the London Region, c. 1300', Historical Geography Research Series, No. 30.

Cardwell, D. S. L. (1963). *Steam Power in the Eighteenth Century : A Case Study in the Application of Science*, New York, Sheed and Ward.

Carlos, Ann M., and Neal, Larry (2006). 'The Micro-Foundations of the Early London Capital Market : Bank of England Shareholders During and After the South Sea Bubble, 1720-25', *Economic History Review*, vol. 59, pp. 498-538.

Carus-Wilson, Eleanora (1952). 'The Woollen Industry', in M. M. Postan and E. E. Rich (eds.), *Cambridge Economic History of Europe*, vol. II, *Trade and Industry in the Middle Ages*, Cambridge, Cambridge University Press, pp. 355-428.

Chalklin, Christopher (2001). *The Rise of the English Town, 1650-1850*, Cambridge, Cambridge University Press.

Chandler, Alfred D. (1972). 'Anthracite Coal and the Beginnings of the Industrial Revolution in the United States', *Business History Review*, vol. 46, pp. 141-81.

Chapman, S. D. (1970). 'Fixed Capital Formation in the British Cotton Industry 1770-1815',

Economic History Review, vol. 23, pp. 235-66.

(1971). 'The Cost of Power in the Industrial Revolution in Britain : The Case of the Textile Industry', *Midland History*, vol. I, No. 2, pp. 1-23.

Chapman, S. D., and Butt, John (1988). 'The Cotton Industry, 1775-1856', in Charles H. Feinstein and Sidney Pollard (eds.), *Studies in Capital Formation in the United Kingdom, 1750-1920*, Oxford, Clarendon Press, pp. 105-25.

Chartier, Roger (1987). *Lectures et lecteurs dans la France de l'ancien régime*, Paris, Seuil. (ロジェ・シャルチエ『読書と読者——アンシャン・レジーム期フランスにおける』長谷川輝夫・宮下志朗訳, みすず書房, 1994 年)

Chassagne, Serge (1991). *Le coton et ses patrons : France, 1780-1840*, Paris, Éditions de d' École des hautes études en sciences sociales.

Chaudhury, Sushil (1999). *From Prosperity to Decline : Eighteenth Century Bengal*, New Delhi, Manohar Publishers & Distributors.

Cinnirella, Francesco (2007). 'Optimists or Pessimists? A Reconsideration of Nutritional Status in Britain, 1740-1865', www.econhist.vwl.lmu.de/cinnirella/.

Cipolla, Carlo M. (1969). *Literacy and Development in the West*, Harmondsworth, Penguin. (カルロ・M. チポラ『読み書きの社会史——文盲から文明へ』佐田玄治訳, 御茶の水書房, 1983 年)

Clark, Gregory (1993). 'Agriculture and the Industrial Revolution, 1700-1850', in J. Mokyr (ed.), *The British Industrial Revolution : An Economic Perspective*, Boulder, CO, Westview Press, pp. 227-66.

(1996). 'The Political Foundations of Modern Economic Growth : England, 1540-1800', *Journal of Interdisciplinary History*, vol. 26, pp. 563-87.

(1998). 'Commons Sense : Common Property Rights, Efficiency, and Institutional Change', *Journal of Economic History*, vol. 48, pp. 73-102.

(2005). ' The Condition of the Working Class in England, 1209-2004', *Journal of Political Economy*, vol. 113, pp. 1307-40.

(2007). *A Farewell to Alms : A Brief Economic History of the World*, Princeton, NJ, Princeton University Press. (グレゴリー・クラーク『10 万年の世界経済史』上・下, 久保恵美子訳, 日経 BP 社, 2009 年)

Clark, G., Huberman, M., and Lindert, P. H. (1995). 'A British Food Puzzle, 1770-1850', *Economic History Review*, 2nd series, vol. 48, pp. 215-37.

Clark, Greg, and Jacks, David (2007). 'Coal and the Industrial Revolution, 1700-1860', *European Review of Economic History*, vol. 11, pp. 39-72.

Clow, Archibald, and Clow, Nan (1952). *The Chemical Revolution : A Contribution to Social Technology*, London, Batchworth Press.

Cohen, H. Floris (2004). 'Inside Newcomen's Fire Engine, or the Scientific Revolution and the Rise of the Modern World', *History of Technology*, vol. 25, pp. 111-32.

Cohen, Jon S., and Weitzman, Martin L. (1975). 'A Marxian Model of Enclosures', *Journal of Development Economics*, vol. 1, pp. 287-336.

Coleman, D. C. (1969). 'An Innovation and Its Diffusion : The "New Draperies"', *Economic*

History Review, vol. 22, pp. 417-29.

(1971). 'Review of *Partners in Science. Letters of James Watt and Joseph Black*', *Economic History Review*, vol. 24, pp. 299-300.

(1983). 'Protoindustrialization : A Concept Too Many', *Economic History Review*, 2nd series, vol. 36, pp. 435-448.

Convention of Ironmasters (1849). *Documents Relating to the Manufacture of Iron in Pennsylvania*, Philadelphia.

Court, W. (1953). *The Rise of the Midland Industries, 1600-1838*, Oxford, *Oxford* University Press.

Crafts, N. F. R. (1976). 'English Economic Growth in the Eighteenth Century : A Re-examination of Deane and Cole's Estimates', *Economic History Review*, 2nd series, vol. 29, pp. 226-35.

(1977). 'Industrial Revolution in England and France : Some Thoughts on the Question : "Why Was England First?"', *Economic History Review*, vol. 30, pp. 429-41.

(1985). *British Economic Growth During the Industrial Revolution*, Oxford, Clarendon Press.

(1996). 'The Human Development Index : Some Historical Comparisons', Working Papers in Economic History, No. 33/96, London, London School of Economics.

(2004). 'Steam as a General Purpose Technology : A Growth Accounting Perspective', *Economic Journal*, vol. 114 (495), pp. 338-51.

Crafts, N. F. R., and Harley, C. K. (1992). 'Output Growth and the British Industrial Revolution : A Restatement of the Crafts-Harley View', *Economic History Review*, 2nd series, vol. 45, pp. 703-30.

(2000). 'Simulating the Two Views of the Industrial Revolution', *Journal of Economic History*, vol. 60, pp. 819-41.

(2002). 'Precocious British Industrialization : A General Equilibrium Perspective', London School of Economics, Working Papers in Economic History, No. 67/02.

Crafts, N. F. R., and Venables, A. J. (2003). 'Globalization in History : A Geographical Perspective', in Michael Bordo, Alan M. Taylor and Jeffrey G. Williamson (eds.), *Globalization in Historical Perspective*, Chicago, University of Chicago Press, pp. 323-64.

Cressy, David (1980). *Literacy and the Social Order : Reading and Writing in Tudor and Stuart England*, Cambridge, Cambridge University Press.

(1981). 'Levels of Illiteracy in England, 1530-1730', in Harvey J. Graff (ed.), *Literacy and Social Development in the West : A Reader*, Cambridge, Cambridge University Press.

Crouzet, F. (1972). 'Editor's Introduction', in F. Crouzet (ed.), *Capital Formation in the Industrial Revolution*, London, Methuen, pp. 1-69.

(1985a). *Britain Ascendant : Comparative Studies in Franco-British Economic History*, trans. by Martin Thom, Cambridge, Cambridge University Press.

(1985b). *The First Industrialists : The Problem of Origins*, Cambridge, Cambridge University Press.

Curtin, Philip D. (1966). *The Atlantic Slave Trade : A Census*, Madison, WI, University of Wisconsin Press.

Daddow, Samuel Harries, and Bannan, Benjamin (1866). *Coal, Iron, and Oil*, Pottsville, PA, Benjamin Bannan.

Darity, William (1992). 'A Model of "Original Sin" : Rise of the West and Lag of the Rest', *American Economic Review*, vol. 82, No. 2, pp. 162–7.

Dasgupta, P., and Weale, M. (1992). 'On Measuring the Quality of Life', *World Development*, vol. 20, pp. 119–31.

David, Paul (1975). *Technical Choice, Innovation, and Economic Growth : Essay on American and British Experience in the Nineteenth Century*, Cambridge, Cambridge University Press.

(1985). 'Clio and the Economics of QWERTY', *American Economic Review*, vol. 75, pp. 332–7.

(1998). 'Common Agency Contracting and the Emergence of "Open Science" Institutions', *American Economic Review*, vol. 88, pp. 15–21.

David, Paul, and Solar, Peter (1977). 'A Bicentenary Contribution to the History of the Cost of Living in America', *Research in Economic History*, vol. 2, pp. 1–80.

Davies, R. S. W., and Pollard, Sidney (1988). 'The Iron Industry, 1750–1850', in Charles H. Feinstein and Sidney Pollard (eds.), *Studies in Capital Formation in the United Kingdom, 1750–1920*, Oxford, Clarendon Press, pp. 73–104.

Davis, Ralph (1954). 'English Foreign Trade, 1660–1700', *Economic History Review*, 2nd series, vol. 7, pp. 150–66.

(1973). *The Rise of the Atlantic Economies*, Ithaca, NY, Cornell University Press.

(1978). *The Rise of the English Shipping Industry in the Seventeenth and Eighteenth Centuries*, London, Macmillan.

(1979). *The Industrial Revolution and British Overseas Trade*, Leicester, Leicester University Press.

Day, Joan, and Tylecote, R. F. (1991). *The Industrial Revolution in Metals*, London, Institute of Metals.

Deane, Phyllis (1957). 'The Output of the British Woollen Industry in the Eighteenth Century', *Journal of Economic History*, vol. 17, pp. 207–23.

Deane, Phyllis, and Cole, W. A. (1969). *British Economic Growth, 1688–1959*, Cambridge, Cambridge University Press, second edition.

Defoe, Daniel (1726). *The Complete English Tradesman*, The Project Gutenberg E-book, 1839 edition, www.gutenberg.org/files/14444/14444-8.txt.

De Long, J. Bradford, and Schleifer, Andrei (1993). 'Princes and Merchants : European City Growth Before the Industrial Revolution', *Journal of Law and Economics*, vol. 36, pp. 671–702.

De Moor, Tina, and van Zanden, Jan Luiten (2005). 'Girl Power : The European Marriage Pattern (EMP) and Labour Markets in the North Sea Region in the Late Medieval and Early Modern Period', www.iisg. nl/hpw/factormarkets.php.

de Tocqueville, Alexis (1833). *Journeys to England and Ireland*, trans. by George Lawrence and K. P. Mayer, ed. by J. P. Mayer, London, Faber and Faber, n.d.

de Vries, Jan (1974). *The Dutch Rural Economy in the Golden Age, 1500–1700*, New Haven, CT, Yale University Press.

(1975). 'Peasant Demand Patterns and Economic Development : Friesland, 1550–1750', in William N. Parker and Eric L. Jones (eds.), *European Peasants and Their Markets : Essay in Agrarian Economic History*, Princeton, NJ, Princeton University Press, pp. 205–65.

(1984). *European Urbanization, 1500–1800*, Cambridge, MA, Harvard University Press ; London, Methuen.

(1993). 'Between Purchasing Powerandthe Worldof Goods : Understanding the Household Economy in Early Modern Europe', in John Brewer and Roy Porter (eds.), *Consumption and the World of Goods*, London, Routledge, pp. 85–132.

(1994). 'The Industrial Revolution and the Industrious Revolution', *Journal of Economic History*, vol. 54, pp. 249–70.

(2003). 'Luxury in the Dutch Golden Age in Theory and Practice', in Maxine Berg and Elizabeth Eger (eds.), *Luxury in the Eighteenth Century*, Basingstoke, Palgrave Macmillan, pp. 41–56.

(2008). *The Industrious Revolution : Consumer Behavior and the Household Economy, 1650 to the Present*, Cambridge, Cambridge University Press.

de Vries, Jan, and van der Woude, Ad (1997). *The First Modern Economy : Success, Failure and Perseverance of the Dutch Economy, 1500–1815*, Cambridge, Cambridge University Press. (J. ド・フリース, A. ファン・デァ・ワウデ『最初の近代経済——オランダ経済の成功・失敗と持続力 1500-1815』大西吉之・杉浦未樹訳, 名古屋大学出版会, 2009 年)

Denison, Edward F. (1962). *The Sources of Economic Growth in the United States and the Alternatives Before Us*, New York, Committee for Economic Development, Supplementary Paper No. 13.

Dermigne, Louis (1964). *Le Commerce à Canton au XVIIIᵉ siècle, 1719–1833*, Paris, SEVPEN.

Desaguliers, J. T. (1734–44). *A Course of Experimental Philosophy*, London, John Senex.

Dickinson, H. W. (1939). *A Short History of the Steam Engine*, Cambridge, Cambridge University Press.

(1958). 'The Steam-Engine to 1830', in Charles Singer, E. J. Holmyard, A. R. Hall, *et al.* (eds.), *A History of Technology*, vol. IV, *The Industrial Revolution, c.1750–c.1850*, Oxford, Clarendon Press, pp. 168–98. (H. W. ディキンソン「第 6 章 蒸気機関——1830 年まで」石谷清幹・坂本健三訳, チャールズ・シンガー, E. J. ホームヤード, A. R. ホール, T. I. ウィリアムズ編『増補 技術の歴史 産業革命（上）』田辺辰太郎訳編, 筑摩書房, 1979 年, 140-63 頁）

Diewert, W. E. (1976). 'Exact and Superlative Index Numbers', *Journal of Econometrics*, vol. 4, pp. 115–45.

Dosi, Giovanni (1982), 'Technological Paradigms and Technological Trajectories : A Suggested Interpretation of the Determinants and Directions of Technological Change', *Research Policy*, vol. 11, pp. 147–62.

(1988), 'Sources, Procedures and Microeconomic Effects of Innovation', *Journal of Economic Literature*, vol. 26, pp. 1120–71.

Doyon, André (1966). *Jacques Vaucanson : mécanicien de génie*, Paris, Presses Universitaires.

Drelichman, Mauricio (2005). 'The Curse of Montezuma : American Silver and the Dutch Disease, 1501–1650', *Explorations in Economic History*, vol. 42, pp. 349–80.

Dudley, Dud (1665). *Metallum Martis : or Iron Made with Pit-Coale, Sea-Coale, &c.*, London.

Dutton, H. I. (1984). *The Patent System and Inventive Activity During the Industrial Revolution*, Manchester, Manchester University Press.

Dyer, Christopher (1989). *Standards of Living in the Later Middle Ages : Social Change in England, c.1200-1520*, Cambridge, Cambridge University Press.

Eagly, Robert V. (1961). 'Sir James Steuart and the "Aspiration Effect"', *Economica*, new series, vol. 28, No. 109, pp. 53-61.

Eden, Sir Frederick (1797). *The State of the Poor*, London.

Ekelund, Robert B., and Tollinson, Robert D. (1997). *Politicized Economies : Monarchy, Monopoly, and Mercantilism*, College Station, TX, Texas A&M University Press.

Ellis, Joyce (2001). *The Georgian Town, 1680-1840*, Basingstoke, Palgrave. （ジョイス・M. エリス『長い 18 世紀のイギリス都市 1680-1840』松塚俊三・小西恵美・三時眞貴子訳, 法政大学出版局, 2008 年）

Ellison, Thomas (1886). *The Cotton Trade of Great Britain*, London, Effingham Willson, Royal Exchange.

Elvin, Mark (1972). 'The High Level Equilibrium Trap : The Causes of the Decline of Invention in the Traditional Chinese Textile Industries', in W. E. Wilmott (ed.), *Economic Organization in Chinese Society*, Stanford, CA, Stanford University Press.

　(1973). *The Patterns of the Chinese Past*, Stanford, CA, Stanford University Press.

Engels, Frederich (1845). *The Condition of the Working Class in England*, trans. and ed. by W. O. Henderson and W. H. Chaloner, Oxford, Basil Blackwell, 1958. （エンゲルス『イギリスにおける労働者階級の状態 19 世紀のロンドンとマンチェスター』一條和生・杉山忠平訳, 岩波書店, 1990 年, 他邦訳多数）

Engerman, S. L. (1972). 'The Slave Trade and British Capital Formation in the Eighteenth Century : A Comment on the Williams Thesis', *Business History Review*, vol. 46, pp. 430-3.

　(1994). 'Mercantilism and Overseas Trade, 1700-1800', in Roderick Floud and D. N. McCloskey (eds.), *The Economic History of Britain Since 1700*, vol. I, *1700-1860*, Cambridge, Cambridge University Press, second edition, pp. 182-204.

　(1998). 'British Imperialism in a Mercantilist Age, 1492-1849', *Revista de Historia Economica*, vol. 1, pp. 195-225.

　(2000). 'France, Britain, and the Economic Growth of Colonial North America', in J. J. McCusker and K. Morgan (eds.), *The Early Modern Atlantic Economy*, Cambridge, Cambridge University Press.

Epstein, S. R. (1998). 'Craft Guilds, Apprenticeship, and Technological Change in Pre-industrial Europe', *Journal of Economic History*, vol. 58, pp. 684-713.

　(2000). *Freedom and Growth : The Rise of States and Markets in Europe, 1300-1750*, London, Routledge.

　(2004). 'Property Rights to Technical Knowledge in Premodern Europe, 1300-1800', *American Economic Review*, vol. 94, pp. 382-7.

Ernle, Lord (1912). *English Farming : Past and Present*, London, Heinemann Educational Books Ltd and Frank Cass & Co. Ltd, 1961.

'Excursion to Creusot', (1878). *Journal of the Iron and Steel Institute*, vol. 20, pp. 512-29.

Fairchilds, Cissie (1993). 'The Production and Marketing of Populuxe Goods in Eighteenth-Century France', in John Brewer and Roy Porter (eds.), *Consumption and the World of Goods*, London,

Routledge, pp. 228-48.

Fang, Xing (1996). 'Qingdai Jiangnan shi zhen tanwei (Cities and Towns in Qing Jiangnan)', *Zhongguo jingji shi yanjiu* (Research in Chinese Economic History), vol. 11, No. 3, pp. 91-8.

Farey, John (1827). *A Treatise on the Steam Engine, Historical, Practical, and Descriptive*, London, Longman, Reese, Orme, Brown and Green.

Feinstein, Charles H. (1978). 'Capital Formation in Great Britain', in P. Mathias and M. M. Postan (eds.), *Cambridge Economic History of Europe*, vol. VII, *The Industrial Economies : Capital, Labour, and Enterprise*, Part I, *Britain, France, Germany, and Scandinavia*, Cambridge, Cambridge University Press, pp. 28-96.

(1998). 'Pessimism Perpetuated : Real Wages and the Standard of Living in Britain During and After the Industrial Revolution', *Journal of Economic History*, vol. 58, pp. 625-58.

Ferguson, Niall (2003). *Empire : How Britain Made the Modern World*, London, Allen Lane.

Findlay, Ronald (1990). 'The "Triangular Trade" and the Atlantic Economy of the Eighteenth Century : A Simple General-Equilibrium Model', *Essays in International Finance*, No. 177, Princeton, NJ, Princeton University.

Findlay, Ronald, and O'Rourke, Kevin H. (2003). 'Commodity Market Integration, 1500-2000', in D. Bordo, A. M. Taylor and J. G. Williamson (eds.), *Globalization in Historical Perspective*, Chicago, University of Chicago Press.

(2007). *Power and Plenty : Trade, War, and the World Economy in the Second Millennium*, Princeton, NJ, Princeton University Press.

Fischer, Ernst (1966). *How to Read Karl Marx*, New York, Monthly Review Press. (エルンスト・フィッシャー『マルクス入門』船戸満之・守山晃訳, 合同出版, 1972 年)

Fisher, John (1985). *Commercial Relations Between Spain and Spanish America in the Era of Free Trade, 1778-1796*, Centre for Latin American Studies, University of Liverpool, Monograph Series, 13.

(1997). *The Economic Aspects of Spanish Imperialism in America*, Liverpool, Liverpool University Press.

Fitton, R. S. (1989). *The Arkwrights : Spinners of Fortune*, Manchester, Manchester University Press.

Fitton, R. S., and Wadsworth, A. P. (1958). *The Strutts and the Arkwrights, 1758-1830 : A Study of the Early Factory System*, Manchester, Manchester University Press.

Flinn, M. W. (1959). 'Timber and the Advance of Technology', *Annals of Science*, vol. 15, pp. 109-20.

(1984). *The History of the British Coal Industry*, vol. II, *1700-1830 : The Industrial Revolution*, Oxford, Clarendon Press.

Floud, Roderick, Wachter, Kenneth, and Gregory, A. (1990). *Height, Health, and History : Nutritional Status in the United Kingdom, 1750-1890*, Cambridge, Cambridge University Press.

Fogel, Robert W. (1991). 'The Conquest of High Mortality and Hunger in Europe and America : Timing and Mechanisms', in Patrice Higonnet, David S. Landes and Henry Rosovsky (eds.), *Favorites of Fortune : Technology, Growth, and Economic Development Since the Industrial Revolution*, Cambridge, MA, Harvard University Press, pp. 33-71.

(2004). *The Escape from Hunger and Premature Death, 1700-2100*, Cambridge, Cambridge University Press.

Fohlen, Claude (1973). 'France, 1700-1914', in *The Fontana Economic History of Europe*, vol. 4 (1), *The Emergence of Industrial Societies*, ch. 1, London, Collins.

Forbes, R. J. (1958). 'Power to 1850', in Charles Singer, E. J. Holmyard, A. R. Hall, *et al.* (eds.), *A History of Technology*, vol. IV, *The Industrial Revolution, c. 1750-c. 1850*, Oxford, Clarendon Press, pp. 148-67. (R. J. フォーブス「第5章 動力——1850年まで」石谷清幹・坂本健三 訳, チャールズ・シンガー, E. J. ホームヤード, A. R. ホール, T. I. ウィリアムズ編 『増補 技術の歴史7 産業革命（上）』田辺辰太郎訳編, 筑摩書房, 1979年, 125-39 頁）

Fortrey, Samuel (1663). *Englands Interest and Improvement*, Cambridge, John Field.

Foster, Charles F. (2004). *Capital and Innovation : How Britain Became the First Industrial Modern Nation : A Study of the Warrington, Knutsford, Northwich, and Frodsham Area, 1500-1780*, Northwich, Cheshire, Arley Hall Press.

Fraga, Antonio Vinao (1990). 'The History of Literacy in Spain : Evolution, Traits and Questions', *History of Education Quarterly*, vol. 30, pp. 573-99.

François, Etienne (1989). 'Lire et écrire en France et en Allemagne au temps de la Révolution', in Helmut Berding, Etienne François and Hand-Peter Ullmann (eds.), *La Révolution, la France et l'Allemagne : deux modèles opposés de changement social?*, Paris, Maison des Sciences de l'Homme.

Frank, A. G. (1978). *World Accumulation, 1492-1789*, London, Macmillan Press.

(1998). *ReOrient : Global Economy in the Asian Age*, Berkeley, CA, University of California Press. (アンドレ・グンダー・フランク『リオリエント——アジア時代のグローバル・エコノミー』山下範久訳, 藤原書店, 2000年)

Fremdling, Rainer (1986). *Technologischer Wandel und internationaler Handel im 18. und 19. Jahrhundert*, Berlin, Dunker & Humblot.

(2000). 'Transfer Patterns of British Technology to the Continent : The Case of the Iron Industry', *European Review of Economic History*, vol. 4, pp. 195-222.

(2004). 'Continental Responses to British Innovations in the Iron Industry During the Eighteenth and Early Nineteenth Centuries', in Leandro Prados de la Escosura (ed.), *Exceptionalism and Industrialisation : Britain and Its European Rivals, 1688- 1815*, Cambridge, Cambridge University Press, pp. 145-69.

Furet, François, and Ozouf, Jacques (1977). *Lire et écrire : alphabétisation des Français de Calvin à Jules Ferry*, Paris, Editions de Minuit.

Galloway, J., Keene, D., and Murphy, M. (1996). 'Fuelling the City : Production and Distribution of Firewood and Fuel in London's Region, 1290-1400', *Economic History Review*, vol. 39, No. 3, pp. 447-72.

Garcia Fuentes, Lutgardo (1980). *El comercio espanol con America, 1650-1700*, Seville, Escuela de Estudios Hispano-Americanos, CSIS.

Gelabert, J. E. (1987). 'Niveaux d'alphabétisation en Galice (1635-1900)', in *De l'alphabétisation aux circuits du livre en Espagne XVIe-XIXe siècles*, Paris, CNRS.

Gerschenkron, Alexander (1962). *Economic Backwardness in Historical Perspective*, Cambridge, MA, Harvard University Press.（アレクサンダー・ガーシェンクロン『後発工業国の経済史——キャッチアップ型工業化論』絵所秀紀他訳，ミネルヴァ書房，2005 年）

Ghai, Dharam P., *et al.* (1977). *The Basic-Needs Approach to Development : Some Issues Regarding Concepts and Methodology*, Geneva, International Labour Office.

Gilboy, Elizabeth W. (1934). *Wages in Eighteenth Century England*, Cambridge, MA, Harvard University Press.

Gill, I. (1998). 'Stature, Consumption, and the Standard of Living in Colonial Korea', in J. Komlos and J. Baten (eds.), *The Biological Standard of Living in Comparative Perspective*, Stuttgart, Franz Steiner Verlag, pp. 122-38.

Goldin, Claudia, and Katz, Lawrence (1998). 'The Origins of Technology-Skill Complementarity', *Quarterly Journal of Economics*, vol. 113, pp. 693-732.

Goldin, Claudia, and Margo, Robert A. (1992). 'Wages, Prices, and Labor Markets Before the Civil War', in Claudia Goldin and Hugh Rockoff (eds.), *Strategic Factors in Nineteenth Century American Economic History*, Chicago, University of Chicago Press, pp. 67-104.

Goldstone, J. A. (2002). 'Efflorescences and Economic Growth in World History : Rethinking the Rise of the West and the British Industrial Revolution', *Journal of World History*, vol. 13, pp. 323-89.

(2003). 'Europe's Peculiar Path : Would the World Be Modern If William III's Invention of England in 1688 Had Failed?', in N. Lebow, G. Parker and P. Tetlock (eds.), *Unmaking the West : 'What-if?, Scenarios That Rewrite World History*, Ann Arbor, University of Michigan Press, pp. 168-96.

Goose, Nigel (2005). 'Immigrants and English Economic Development in the Sixteenth and Early Seventeenth Centuries', in Nigel Goose and Lien Luu (eds.), *Immigrants in Tudor and Early Stuart England*, Brighton, Sussex Academic Press, pp. 136-60.

Graff, Harvey J. (1987). *The Legacies of Literacy : Continuities and Contradictions in Western Culture and Society*, Bloomington, IN, Indiana University Press.

Grantham, George (1978). 'The Diffusion of the New Husbandry in Northern France', *Journal of Economic History*, vol. 38, pp. 311-37.

(1989). 'Agricultural Supply During the Industrial Revolution : French Evidence and European Implications', *Journal of Economic History*, vol. 49, pp. 43-72.

Graunt, John (1662). *Natural and Political Observations . . . made upon the Bills of Mortality*, ed. by Walter F. Willcox, Baltimore, MD, Johns Hopkins University Press, 1939.（グラント『死亡表に關する自然的及政治的諸觀察』久留間鮫造訳，栗田書店，1941 年）

Greif, Avner (2006). *Institutions and the Path to the Modern Economy : Lessons from Medieval Trade*, Cambridge, Cambridge University Press.

Grendler, Paul F. (1989). *Schooling in Renaissance Italy : Literacy and Learning, 1300-1600*, Baltimore, MD, Johns Hopkins University Press.

Gruner, Louis E., and Lan, Charles (1862). *État présent de la métallurgie du fer en Angleterre*, Paris.

Guest, Richard (1823). *A Compendious History of the Cotton-Manufacture*, Manchester, J. Pratt.

Gwynn, Robin D. (1985). *Huguenot Heritage : The History and Distribution of the Huguenots in*

Britain, London, Routledge & Kegan Paul.

Habakkuk, H. J. (1940). 'English Landownership, 1680–1740', *Economic History Review*, 1st series, vol. 10, pp. 2–17. (H. J. ハバカク「一六八〇――一七四〇年のイギリス地主制」同『十八世紀イギリスにおける農業問題』川北稔訳, 未来社, 1967 年, 7–46 頁)

―― (1962). *American and British Technology in the Nineteenth Century*, Cambridge, Cambridge University Press.

Hagen, E. (1962). *The Theory of Social Change : How Economic Growth Begins*, Homewood, IL, Dorsey Press.

Hahn, F. H., and Matthews, F. C. O. (1964). 'The Theory of Economic Growth : A Survey', *Economic Journal*, vol. 74, No. 296, pp. 779–902.

Hajnal, J. (1965). 'European Marriage Patterns in Perspective', in D. V. Glass and D. E. C. Eversley (eds.), *Population in History*, Chicago, Aldine Publishing Co., pp. 101–43. (ジョン・ヘイナル「ヨーロッパ型結婚形態の起源」速水融編『歴史人口学と家族史』藤原書店, 2003 年, 349–413 頁)

Halfpenny, Pat (2000). 'Enoch Booth-Pioneer Potter?', *Antique Dealers and Collectors Guide*, June 2000.

Hall, A. Rupert (1974). 'What Did the Industrial Revolution in Britain Owe to Science?', in Neil McKendrick (ed.), *Historical Perspectives : Studies in English Thought and Society*, London, Europa Publications, pp. 129–51.

Hamilton, A. (1744), *A New Account of the East Indies*, London.

Hamilton, Earl J. (1929). 'American Treasure and the Rise of Capitalism', *Economica*, vol. 9, No. 27, pp. 338–57.

―― (1934). *American Treasure and the Price Revolution in Spain, 1501–1650*, New York, Octagon Books, reissued 1970.

―― (1936). *Money, Prices, and Wages in Valencia, Aragon, and Navarre, 1351–1500*, Philadelphia, Porcupine Press, reissued 1975.

―― (1947). *War and Prices in Spain, 1650–1800*, New York, Russell & Russell, reissued 1969.

Hamilton, Henry (1926). *The English Brass and Copper Industries to 1800*, London, Longmans, Green and Co. Ltd.

Hammersley, G. (1957). 'Crown Woods and the Exploitation in the Sixteenth and Seventeenth Centuries', *Bulletin of the Institute of Historical Research*, vol. 30, pp. 136–61.

―― (1973). 'The Charcoal Iron Industry and Its Fuel, 1540–1750', *Economic History Review*, vol. 26, pp. 593–613.

Hanauer, A. (1878). *Etudes économiques sur l'Alsace, ancienna et moderne*, Strasbourg, Hagemann Librairie.

Hardin, G. J. (1998). *Managing the Commons*, Bloomington, IN, Indiana University Press, second edition.

Harley, C. K. (1971). 'The Shift from Sailing Ships to Steam Ships, 1850–1890 : A Study in Technological Change and its Diffusion', in D. N. McCloskey (ed.), *Essays on a Mature Economy : Britain after 1840*, Princeton, NJ, Princeton University Press, pp. 215–34.

―― (1973). 'On the Persistence of Old Techniques : The Case of North American Wooden

Shipbuilding', *Journal of Economic History*, vol. 33, pp. 372-98.

(1992). 'International Competitiveness of the Antebellum American Cotton Textile Industry', *Journal of Economic History*, vol. 52, pp. 559-84.

(1994). 'Foreign Trade : Comparative Advantage and Performance', in Roderick Floud and D. N. McCloskey (eds.), *The Economic History of Britain Since 1700*, vol. I, *1700-1860*, Cambridge, Cambridge University Press, second edition, pp. 300-31.

(1998). 'Cotton Textile Prices and the Industrial Revolution', *Economic History Review*, vol. 51, pp. 49-83.

(1999). 'Reassessing the Industrial Revolution : A Macro View', in J. Mokyr (ed.), *The British Industrial Revolution : An Economic Perspective*, second edition, pp. 160-205.

(2001). 'The Antebellum Tariff : Different Products or Competing Sources? A Comment on Irwin and Temin', *Journal of Economic History*, vol. 61, pp. 799-805.

Harley, C. K., and Crafts, N. F. R. (2000). 'Simulating the Two Views of the Industrial Revolution', *Journal of Economic History*, vol. 60, pp. 819-41.

Harris, J. R. (1975). 'Saint-Gobain and Ravenshead', in Barrie M. Ratcliffe (ed.), *Great Britain and Her World, 1750-1914*, Manchester, Manchester University Press, pp. 27-70.

(1978-79). 'Recent Research on the Newcomen Engine and Historical Studies', *Transactions of the Newcomen Society*, vol. 50, pp. 175-80.

(1988a). *The British Iron Industry, 1700-1850*, Houndmills, Macmillan Education Ltd.（J. R. ハリス『イギリスの製鉄業 1700-1850 年』武内達子訳，早稲田大学出版部，1998 年）

(1988b). 'The Diffusion of English Metallurgical Methods to Eighteenth Century France', *French History*, vol. 2, pp. 22-44.

(1992). *Essays in Industry and Technology in the Eighteenth Century : England and France*, Aldershot, Variorum.

Harte, N. B. (1997). *The New Draperies in the Low Countries and England, 1300-1800*, Oxford, Oxford University Press.

Hartwell, R. M. (1967). *The Causes of the Industrial Revolution*, London, Methuen.

Hatcher, J. (1993). *The History of the British Coal Industry*, vol. I, *Before 1700 : Towards the Age of Coal*, Oxford, Oxford University Press.

Haudrère, Phillippe (1989). *La compagnie française des indes au XVIIIe siècle (1719-1795)*, Paris, Libraire de l'Inde Editeur.

Havinden, M. A. (1961). 'Agricultural Progress in Open Field Oxfordshire', *Agricultural History Review*, vol. 9, Part 2, pp. 73-83.

Hayami, Yujiro, and Otsuka, Keijiro (1993). *The Economics of Contract Choice : An Agrarian Perspective*, Oxford, Clarendon Press.

Henderson, W. O. (1954). *Britain and Industrial Europe : 1750-1870*, Liverpool, Liverpool University Press.

Hicks, John (1932). *The Theory of Wages*, London, Macmillan.（J. R. ヒックス『賃金の理論（新版）』内田忠寿訳，東洋経済新報社，1965 年）

Hilaire-Pérez, Liliane (2000). *L'invention technique au siècle des lumières*, Paris, Albin Michel.

Hill, Christopher (1966). *The Century of Revolution, 1603-1714*, New York, Norton.

Hills, Richard L. (1970). *Power in the Industrial Revolution*, Manchester, Manchester University Press.

——(1979). 'Hargreaves, Arkwright, and Crompton : Why Three Separate Inventors?', *Textile History*, vol. 10, pp. 114–26.

——(1989). *Power from Steam : A History of the Stationary Steam Engine*, Cambridge, Cambridge University Press.

Hoffman, Philip T. (1996). *Growth in a Traditional Society : The French Countryside, 1450–1815*, Princeton, NJ, Princeton University Press.

Hoffman, Philip T., and Norberg, Kathryn (1994). *Fiscal Crises, Liberty, and Representative Government, 1450–1789*, Stanford, CA, Stanford University Press.

Hoffman, Philip, Postel-Vinay, G., and Rosenthal, Jean-Lourent (2000). *Priceless Markets : The Political Economy of Credit in Paris, 1660–1870*, Chicago, University of Chicago Press.

Hoffman, Walther G. (1955). *British Industry, 1700–1950*, trans. by W. O. Henderson and W. H. Chaloner, Oxford, Basil Blackwell.

Holderness, B. A. (1997). 'The Reception and Distribution of the New Draperies in England', in N. B. Harte (ed.), *The New Draperies in the Low Countries and England, 1300–1800*, Oxford, Oxford University Press, pp. 217–43.

Hollister-Short, G. J. (1976–77). 'The Introduction of the Newcomen Engine into Europe', *Transactions of the Newcomen Society*, vol. 48.

Homer, Henry (1766). *An Essay on the Nature and Method of Ascertaining the Specifick Shares of Proprietors, upon the Inclosure of Common Fields*, Oxford.

Honeyman, K. (1982). *Origins of Enterprise : Business Leadership in the Industrial Revolution*, Manchester, Manchester University Press.

Hoppit, Julian (1996). 'Patterns of Parliamentary Legislation, 1660–1800', *History Journal*, vol. 39, pp. 109–31.

Hoppit, J., Innes, J., and Styles, J. (1994). 'Towards a History of Parliamentary Legislation, 1660–1800', *Parliamentary History*, vol. 20.

Horrell, Sara, and Humphries, Jane (1992). 'Old Questions, New Data, and Alternative Perspectives : Families' Living Standards in the Industrial Revolution', *Journal of Economic History*, vol. 52, pp. 849–80.

Hoskins, W. G. (1950). 'The Leicestershire Farmer in the Sixteenth Century', in W. G. Hoskins (ed.), *Essays in Leicestershire History*, Liverpool, Liverpool University Press, pp. 123–83.

——(1951). 'The Leicestershire Farmer in the Seventeenth Century', in W. G. Hoskins (ed.), *Provincial England*, London, Macmillan & Co. Ltd, 1963, pp. 149–69.

——(1953). 'The Rebuilding of Rural England, 1570–1640', *Past and Present*, No. 4, pp. 44–59.

Houston, Robert Allan (1988). *Literacy in Early Modern Europe : Culture and Education, 1500–1800*, London, Longman.

Huberman, M. (1996). *Escape from the Market : Negotiating Work in Lancashire*, Cambridge, Cambridge University Press.

Hudson, P. (1986). *The Genesis of Industrial Capital : A Study of the West Riding Wool Textile Industry, c.1750–1850*, Cambridge, Cambridge University Press.

Hufton, Olwen H. (1974). *The Poor of Eighteenth-Century France, 1750–1789*, Oxford, Clarendon Press.

Humphries, Jane (2009). *Through the Mill : Child Labour During the British Industrial Revolution*, Cambridge, Cambridge University Press.

Hunter, Dard (1930). *Papermaking Through Eighteen Centuries*, New York, William Edwin Rudge.

Hunter, Louis C. (1949). *Steam Boats on the Western Rivers : An Economic and Technological History*, Cambridge, Harvard University Press.

　(1985). *A History of Industrial Power in the United States, 1780–1930*, vol. II, *Steam Power*, Charlottesville, VA, University Press of Virginia for Hagley Museum and Library.

Hyde, Charles (1973). 'The Adoption of Coke-Smelting by the British Iron Industry 1709–1790', *Exploration in Economic History*, vol. 10, pp. 397–417.

　(1977). *Technological Change and the British Iron Industry, 1700–1870*, Princeton, NJ, Princeton University Press.

Inikori, Joseph E. (2002). *Africans and the Industrial Revolution in England : A Study in International Trade and Economic Development*, Cambridge, Cambridge University Press.

Inkster, Ian (1991). *Science and Technology in History : An Approach to Industrial Development*, New Brunswick, NJ, Rutgers University Press.

Innes, Joanne (1992).'Politics, Property, andthe Middle Class', *Parliamentary History*, vol. 11.

　(1998). 'The Local Acts of a National Parliament : Parliament's Role in Sanctioning Local Action in Eighteenth-Century Britain', in D. Dean and C. Jones (eds.), *Parliament and Locality*, Edinburgh, Edinburgh University Press for the Parliamentary History Yearbook Trust, pp. 23–47.

Irwin, Douglas A., and Temin, Peter (2001). 'The Antebellum Tariff on Cotton Textiles Revisited', *Journal of Economic History*, vol. 61, pp. 777–98.

Jackson, R. V. (1985). 'Growth and Deceleration in English Agriculture, 1660–1790', *Economic History Review*, 2nd series, vol. 38, pp. 333–51.

Jacob, Margaret C. (1988). *The Cultural Meaningofthe Scientific Revolution*, Philadelphia, Temple University Press.

　(1997). *Scientific Culture and the Making of the Industrial West*, New York, Oxford University Press.

Jacob, Margaret, and Stewart, Larry (2004). *Practical Matter : Newton's Science in the Service of Industry and Empire : 1687–1851*, Cambridge, MA, Harvard University Press.

Jeremy, David J. (1981). *Transatlantic Industrial Revolution : The Diffusion of Textile Technologies Between Britain and America, 1790–1830s*, Oxford, Basil Blackwell Publisher.

Jevons, William Stanley (1865). *The Coal Question : An Inquiry Concerning the Progress of the Nation and the Probable Exhaustion of Our Coal Mines*, London.

Johnson, W. R. (1841). *Notes on the Use of Anthracite in the Manufacture of Iron*, Boston, Charles C. Little and James Brown.

Jones, C. I. (1998). *Introduction of Economic Growth*, New York, W. W. Norton & Co. （チャールズ・I. ジョーンズ『経済成長理論入門——新古典派から内生的成長理論へ』香西泰監訳, 日本経済新聞社, 1999 年）

Jones, E. L. (1981). *The European Miracle*, Cambridge, Cambridge University Press. （E. L. ジョー

ンズ『ヨーロッパの奇跡——環境・経済・地政の比較史』安元稔・脇村孝平訳，名古屋大学出版会，2000年）

Jörberg, L. (1972). *A History of Prices in Sweden, 1732-1914*, vols. 1-2, Lund, Gleerups.

Kanefsky, John (1979). 'The Diffusion of Power Technology in British Industry', PhD Dissertation, University of Exeter.

Kanefsky, John, and Robey, John (1980). 'Steam Engines in 18th Century Britain : A Quantitative Assessment', *Technology and Culture*, vol. 21, pp. 161-86.

Kerridge, Eric (1972). 'Wool Growing and Wool Textiles in Medieval and Early Modern Times', in J. Geraint Jenkins (ed.), *The Wool Textile Industry in Great Britain*, London, Routledge & Kegan Paul, pp. 19-33.

——(1985). *Textile Manufactures in Early Modern England*, Manchester, Manchester University Press.

Khan, Zorina (2005). *The Democratization of Invention : Patents, and Copyrights in American Economic Development : 1790-1920*, Cambridge, Cambridge University Press.

——(2008). 'The Evolution of Useful Knowledge : Great Inventors, Science and Technology in British Economic Development, 1750-1930' (unpublished).

Khan, B. Zorina, and Sokoloff, Kenneth L. (1993). '"Schemes of Practical Utility" : Entrepreneurship and Innovation Among "Great Inventors" in the United States, 1790-1846', *Journal of Economic History*, vol. 53, pp. 289-307.

——(2006). 'Of Patents and Prizes : Great Inventors and the Evolution of Useful Knowledge in Britain and America, 1750-1930', paper presented to the American Economic Association.

King, Peter Wickham (2003). 'The Iron Trade in England and Wales, 1500-1850 : The Charcoal Iron Industry and Its Transition to Coke', PhD Dissertation, University of Wolverhampton.

Komlos, John (2003). 'An Anthropometric History of Early Modern France', *European Review of Economic History*, vol. 7, pp. 159-89.

Kowaleski, Maryanne (2006). 'A Consumer Economy', in Rosemary Horrox and W. Mark Ormrod (eds.), *A Social History of England, 1200-1500*, Cambridge, Cambridge University Press, pp. 238-59.

Kuijpers, Erika (1997). 'Lezen en schrijven : Onderzoek naar het Alfabetiseringsniveau in zeventiendeeeuws Amsterdam', *Tijdschrift voor Sociale Geschiedenis*, vol. 23, pp. 490-522.

Kuznets, Simon (1966). *Modern Economic Growth : Rate, Structure, and Spread*. New Haven, CT, and London : Yale University Press. （サイモン・クズネッツ『近代経済成長の分析』上・下，塩野谷祐一訳，東洋経済新報社，1968年）

——(1971). *Economic Growth of Nations : Total Output and Production Structure*, Cambridge, MA, Belknap Press. （サイモン・クズネッツ『諸国民の経済成長——総生産高および生産構造』西川俊作・戸田泰訳，ダイヤモンド社，1977年）

Landers, J. (1993). *Death and the Metropolis : Studies in the Demographic History of London, 1670-1830*, Cambridge, Cambridge University Press.

Landes, David S. (1969). *The Unbound Prometheus : Technological Change and Industrial Development in Western Europe from 1750 to the Present*, Cambridge, Cambridge University Press. （D. S. ランデス『西ヨーロッパ工業史——産業革命とその後 1750-1968』1・2，石坂昭雄・富岡庄一訳，みすず書房，1980-82年）

(1998). *The Wealth and Poverty of Nations : Why Some Are So Rich and Some So Poor.* New York, W. W. Norton & Co.

(2000). *Revolution in Time : Clocks and the Making of the Modern World*, London, Viking, revised edition.

Langer, William (1975). 'American Foods and Europe's Population Growth, 1750–1850', *Journal of Social History*, vol. 8, No. 2, pp. 51–66.

LaPorta, R., Lopez-de-Silanes, F., Schleifer, A., *et al.* (1998). 'Law and Finance', *Journal of Political Economy*, vol. 106, pp. 1113–55.

Larguie, Claude (1987). 'L'Alphabétisation des Madrilenos dans la Seconde Moitié du XVIIème siècle : stagnation ou évolution?', in *De l'alphabétisation aux circuits du livre en Espagne, XVIe–XIXe siècles*, Paris, CNRS.

Laveley, W., and Wong, R. B. (1998). 'Revising the Malthusian Narrative : The Comparative Study of Population Dynamics in Late Imperial China', *Journal of Asian Studies*, vol. 57, pp. 714–48.

Le Roy Ladurie (1974). *The Peasants of Languedoc*, trans. by John Day, Urbana, IL, University of Illinois Press.

Lean, Thomas (1839). *On the Steam Engines in Cornwall*, Truro, D. Bradford Barton Ltd, 1969.

Lee, J., Campbell, C., and Tan, G. (1992). 'Infanticide and Family Planning in Late Imperial China : The Price and Population History of Rural Liaoning, 1774–1873', in T. G. Rawski and L. Li (eds.), *Chinese History in Economic Perspective*, Berkeley, CA, University of California Press.

Lee, J. Z., and Wang, F. (1999). *One Quarter of Humanity : Malthusian Mythology and Chinese Realities, 1700–2000*. Cambridge, MA, Harvard University Press.

Lefebvre, Georges (1962). *Etudes Orléanaises*, Paris, Centre national de la recherche scientifique.

Lehmann, Hartmut, and Roth, Guenther (1995). *Weber's Protestant Ethic : Origins, Evidence, Contexts*, Cambridge, Cambridge University Press.

Lemire, Beverly (1991). *Fashion's Favourite : The Cotton Trade and the Consumer in Britain, 1660–1800*, Oxford, Oxford University Press.

(1997). *Dress, Culture and Commerce : The English Clothing Trade Before the Factory, 1660–1800*, Basingstoke, Macmillan.

Levasseur, E. (1911). *Histoire de la commerce de France*, Paris, Arthur Rousseau, Editeur.

Levere, Trevor, and Turner, Gerard L'E. (eds.) (2002). *Discussing Chemistry and Steam : The Minutes of a Coffee House Philosophical Society, 1780–1787*, Oxford, Oxford University Press.

Lewis, Sir W. A. (1954). 'Economic Development with Unlimited Supplies of Labour', *The Manchester School*, vol. 22, pp. 139–91.

Li, Bozhong (1998). *Agricultural Development in Jiangnan, 1620–1850*, Basingstoke, Macmillan.

Lindert, Peter H., and Williamson, Jeffrey G. (1982). 'Revising England's Social Tables, 1688–1812', *Explorations in Economic History*, vol. 19, pp. 385–408.

Lipsey, Richard G., Carlaw, Kenneth I., and Bekar, Clifford T. (2005). *Economic Transformations : General Purpose Technologies and Long-Term Economic Growth*, Oxford, Oxford University Press.

Livi-Bacci, M. (1991). *Population and Nutrition*, Cambridge, Cambridge University Press.

Lockyer, Charles (1711). *An Account of the Trade in India*, London.

Lucassen, Jan (1987). *Migrant Labour in Europe, 1600–1900*, trans. by Donald A. Bloch, London, Croom Helm.

Luraghi, Raimondo (1978). *The Rise and Fall of the Plantation South*, New York, New Viewpoints.

Luu, Lien Bich (2005). *Immigrants and the Industries of London*, Aldershot, Ashgate.

Lyons, John S. (1987). 'Powerloom Profitability and Steam Power Costs : Britain in the 1830s', *Explorations in Economic History*, vol. 24, pp. 392–408.

Machlup, Fritz (1962). *The Production and Distribution of Knowledge in the United States*, Princeton, NJ, Princeton University Press. (フリッツ・マッハルプ『知識産業』高橋達男・木田宏共監訳, 産業能率短期大学出版部, 1969 年)

MacLeod, Christine (1986). 'The 1690s Patent Boom : Invention or Stock-jobbing?', *Economic History Review*, vol. 39, pp. 549–71.

   (1987). 'Accident or Design? George Ravencroft's Patent and the Invention of Lead-Crystal Glass', *Technology and Culture*, vol. 28, No. 4, pp. 776–803.

   (1988). *Inventing the Industrial Revolution : The English Patent System, 1660–1800*, Cambridge, Cambridge University Press.

   (2007). *Heroes of Invention : Technology, Liberalism, and British Identity, 1750– 1914*, Cambridge, Cambridge University Press.

Maddison, Angus (1995). *Monitoring the World Economy, 1820–1992*, Paris, OECD. (アンガス・マディソン『世界経済の成長史 1820～1992 年──199ヵ国を対象とする分析と推計』金森久雄監訳, 政治経済研究所訳, 東洋経済新報社, 2000 年)

Malanima, Paolo. (2000). 'The Energy Basis for Early Modern Growth, 1650–1820', in M. Prak (ed.), *Early Modern Capitalism : Economic and Social Change in Europe, 1400–1800*, London, Routledge.

   (2006). 'Energy Crisis and Growth, 1650–1850 : The European Deviation in a Comparative Perspective', *Journal of Global History*, vol. I, pp. 101–21.

Malthus, T. R. (1803). *An Essay on the Principle of Population*, ed. by Patricia James, Cambridge, Cambridge University Press, 1989. (マルサス『人口論』斉藤悦則訳, 光文社, 2011 年, 他邦訳多数)

Mandeville, Bernard (1724). *The Fable of the Bees, or Private Vices, Publick Benefits*, ed. by F. B. Kaye, Indianapolis, IN, Liberty Fund, 1988, *The Third Dialogue between Horatio and Cleomenes*, online edition at http://oll.libertyfund.org/Texts/LFBooks/Mandeville0162/ FableOfBees/HTMLs/0014-02_Pt02_Part2.html. (バーナード・マンデヴィル『蜂の寓話──私悪すなわち公益』正・続, 泉谷治訳, 法政大学出版局, 1985-93 年)

Marglin, Stephen (1976). 'What Do Bosses Do?', in André Gorz (ed.), *The Division of Labour : The Labour Process and the Class Struggle in Modern Capitalism*, London, pp. 13–54. (スティーヴン・マーグリン「ボスたちは何をしているか」青木昌彦編『ラディカル・エコノミックス──ヒエラルキーの経済学』中央公論社, 1973 年, 93-178 頁)

Margo, R. A. (2000). *Wages and Labor Markets in the United States 1820–1860*, Chicago, University of Chicago Press.

Margo, Robert A., and Villaflor, Georgia C. (1987). 'The Growth of Wages in Antebellum America : New Evidence', *Journal of Economic History*, vol. 47, pp. 873–95.

Martin, Luc (1997). 'The Rise of the New Draperies in Norwich', in N. B. Harte (ed.), *The New Draperies in the Low Countries and England, 1300-1800*, Oxford, Oxford University Press, pp. 245-74.

Marx, K. (1853). 'The British Rule in India' and 'The Future Results of British Rule in India', in *The Portable Karl Marx*, ed. by E. Kamenka. New York, Penguin Books USA, 1983, pp. 329-41. (カール・マルクス「インドにおけるイギリスの支配」,「イギリスのインド支配の将来の結果」マルクス＝エンゲルス選集刊行会編『マルクス＝エンゲルス選集　第8巻（上）中国・インドおよび植民地問題』大月書店, 1950年, 179-89, 228-36頁)

―― (1867). *Capital*, in *The Portable Karl Marx*, ed. by E. Kamenka, New York, Penguin Books USA, 1983, pp. 432-503. (カール・マルクス『資本論』第1～9巻, エンゲルス編, 向坂逸郎訳, 岩波書店, 1969年)

Mathias, Peter (1972). 'Who Unbound Prometheus? Science and Technical Change, 1600-1800', in A. E. Musson, *Science, Technology and Economic Growth in the Eighteenth Century*, London, Methuen, pp. 69-96.

―― (1979). 'Leisure and Wages in Theory and Practice', in Peter Mathias (ed.), *The Transformation of England*, London, Methuen, pp. 148-67.

Mathias, P., and O'Brien, P. K. (1976). 'Taxation in England and France, 1715-1810', *Journal of European Economic History*, vol. 5, pp. 601-50.

―― (1978). 'The Incidence of Taxes and the Burden of Proof', *Journal of European Economic History*, vol. 7, pp. 211-3.

McClelland, D. (1961). *The Achieving Society*, Princeton, NJ, Van Nostrand.

McCloskey, D. N. (1970-71). 'Britain's Loss from Foreign Industrialisation : A Provisional Estimate', *Explorations in Economic History*, vol. 8, pp. 141-52.

―― (1980). 'Magnanimous Albion : Free Trade and British National Income, 1841-1881', *Explorations in Economic History*, vol. 17, pp. 303-20.

―― (1981). 'The Industrial Revolution 1780- 1860 : A Survey', in Roderick Floud and D. N. McCloskey (eds.), *The Economic History of Britain Since 1700*, vol. I, *1700-1860*, Cambridge, Cambridge University Press, pp. 103-27.

McCusker, John J., and Morgan, Kenneth (2000). *The Early Modern Atlantic Economy*, Cambridge, Cambridge University Press.

―― (1972). 'The Enclosure of Open Fields : Preface to its Impact on the Efficiency of English Agriculture in the Eighteenth Century', *Journal of Economic History*, vol. 32, pp. 15-35.

McEvedy, C., and Jones, R. (1978). *Atlas of World Population History*, London, Penguin Books.

McKendrick, Neil, Brewer, John, and Plumb, J. H. (1982). *The Birth of a Consumer Society : The Commercialization of Eighteenth-Century England*, London, Europa.

Mellor, John H., and Mudahar, Mohinder S. (1992). 'Agriculture in Economic Development : Theories, Findings, and Challenges in an Asian Context', in *A Survey of Agriculture Economics Literature, vol. 4, Agriculture in Economic Development, 1940s to 1990s*, ed. by Lee R. Martin, Minneapolis, University of Minnesota Press, pp. 331-544.

Ménard, Claude, and Shirley, Mary M. (2005). *Handbook of New Institutional Economics*, Dordrecht, Springer.

Mendels, F. F. (1972). 'Proto-Industrialization : The First Phase of the Industrialization Process', *Journal of Economic History*, vol. 32, pp. 241-61. (F. メンデルス「プロト工業化——工業化過程の第一局面」F. メンデルス他『西欧近代と農村工業』篠塚信義他編訳, 北海道大学図書刊行会, 1991 年, 1-28 頁)

Minchinton, W. E. (1969). *The Growth of English Overseas Trade in the Seventeenth and Eighteenth Centuries*, London, Methuen.

Mitch, David (1993). *The Role of Human Capital in the First Industrial Revolution*, in J. Mokyr (ed.), *The British Industrial Revolution : An Economic Perspective*, Boulder, CO, Westview Press, pp. 267-307.

(2004). 'Education and Skill of the British Labour Force', in Roderick Floud and Paul Johnson (eds.), *The Cambridge Economic History of Modern Britain*, vol. I, *1700-1860*, Cambridge, Cambridge University Press, pp. 332-56.

Mitchell, Brian R. (1973). 'Statistical Appendix, 1700-1914', in *The Fontana Economic History of Europe : The Emergence of Industrial Societies*, vol. 4, Part 2, ed. by Carlo Cipolla, London, Collins/ Fontana Books, pp. 738-820.

Mitchell, Brian R., and Deane, Phyllis (1971). *Abstract of British Historical Statistics*, Cambridge, Cambridge University Press. (B. R. ミッチェル編『イギリス歴史統計』中村壽男訳, 犬井正監訳, 原書房, 1995 年)

Mokyr, Joel (1990). *The Lever of Riches : Technological Creativity and Economic Progress*, New York, Oxford University Press.

(1991). 'Was There a British Industrial Evolution?', in Joel Mokyr, *The Vital One : Essays in Honor of Jonathan R. T. Hughes*, Research in Economic History : Supplement 6.

(1993). 'Editor's Introduction : The New Economic History and the Industrial Revolution', in Joel Mokyr (ed.), *The British Industrial Revolution : An Economic Perspective*, Boulder, CO, Westview Press, pp. 1-131.

(1999). 'Editor's Introduction : The New Economic History and the Industrial Revolution', in J. Mokyr (ed.), *The British Industrial Revolution : An Economic Perspective*, Boulder, CO, Westview Press.

(2002). *The Gifts of Athena : Historical Origins of the Knowledge Economy*, Princeton, NJ, Princeton University Press.

(2009). *The Enlightened Economy : The Economic History of Britain, 1700-1850*, New Haven, Yale University Press.

Montgomery, James (1836). *The Theory and Practice of Cotton Spinning*, Glasgow, John Niven, Jun.

(1840). *A Practical Guide of the Cotton Manufacture of the United States of America*, Glasgow, John Niven, Jun.

Morgan, Kenneth (2001). *Slavery, Atlantic Trade and the British Economy*, New York, Cambridge University Press.

Morgan, S. L. (1998). 'Biological Indicators of Change in the Standard of Living in China During the 20th Century', in J. Komlos and J. Baten (eds.), *The Biological Standard of Living in Comparative Perspective*, Stuttgart, Franz Steiner Verlag, pp. 7-34.

Morineau, Michel (1985). *Incroyable gazettes et fabuleux métaux*, Paris, Editions de la Maison des

参考文献 337

Sciences de l'Homme.

Morris, Morris D. (1983). 'The Growth of Large-Scale Industry to 1947', in Dharma Kumar, *The Cambridge Economic History of India*, vol. 2, *C. 1757- c. 1970*, Cambridge, Cambridge University Press, pp. 553-676.

Morse, H. B. (1926-29). *The Chronicles of the East India Company Trading to China, 1635-1834*, Oxford, Clarendon Press.

Mott, R. A. (1934- 35). 'Dud Dudley and the Early Coal-Iron Industry', *Transactions of the Newcomen Society*, vol. 15, pp. 17-37.

(1957). 'The Earliest Use of Coke for Iron Making', *The Gas World-Coking Section*, Supplement 7, pp. 7-18.

(1957- 59a). 'Abraham Darby (I and II) and the Coal-Iron Industry', *Transactions of the Newcomen Society*, vol. 31, pp. 49-93.

(1957-59b). 'The Coalbrookdale Group Horsehay Works, Part I', *Transactions of the Newcomen Society*, vol. 31, pp. 271-87.

(1959-60). 'The Coalbrookdale Group Horsehay Works, Part II', *Transactions of the Newcomen Society*, vol. 32, pp. 43-56.

Muellbauer, J. (1987). 'Professor Sen and the Standard of Living', in G. Hawthorn (ed.), *The Standard of Living*, Cambridge, Cambridge University Press, pp. 39-58.

Muldrew, Craig (1998). *The Economy of Obligation : The Culture of Credit and Social Relations in Early Modern England*, Basingstoke, Macmillan.

(2007). 'The "Ancient Distaff and Whirling Spindle" : Measuring the Contribution of Spinning to Household Earnings and the National Economy in England, 1550-1770', paper presented to the Economic History Society Conference, Exeter.

Munro, John H. (1997). 'The Origin of the English "New Draperies" : The Resurrection of an Old Flemish Industry, 1270-1570', in N. B. Harte (ed.), *The New Draperies in the Low Countries and England, 1300-1800*, Oxford, Oxford University Press, pp. 35-127.

Musson, A. E., and Robinson, Eric (1969). *Science and Technology in the Industrial Revolution*, Manchester, Manchester University Press.

Myrdal, G. (1933). *The Cost of Living in Sweden, 1830-1930*, London, P. S. King and Sons.

Nalle, Sara T. (1989). 'Literacy and Culture in Early Modern Castille', *Past and Present*, No. 125, pp. 65-96.

Neal, Larry (1990). *The Rise of Financial Capitalism : International Capital Markets in the Age of Reason*, Cambridge, Cambridge University Press.

Needham, Joseph (1954). *Science and Civilisation in China*, vol. I, *Introductory Orientations*, Cambridge, Cambridge University Press. (ジョゼフ・ニーダム『中國の科學と文明 第一巻 序篇』礪波護他訳, 思索社, 1974 年)

Nef, J. U. (1932). *The Rise of the British Coal Industry*, London, George Routledge & Sons Ltd.

North, D. C., and Thomas, R. P. (1973). *The Rise of the Western World*, Cambridge, Cambridge University Press. (D. C. ノース, R. P. トマス『西欧世界の勃興——新しい経済史の試み』速水融・穐本洋哉訳, ミネルヴァ書房, 1994 年)

North, D. C., and Weingast, B. R. (1989). 'Constitutions and Commitment : Evolution of Institutions

Governing Public Choice in Seventeenth Century England', *Journal of Economic History*, vol. 49, pp. 803–32.

Nugent, J. B., and Sanchez, N. (1989). 'The Efficiency of the Mesta : A Parable', *Explorations in Economic History*, vol. 26, pp. 261–84.

Nuvolari, Alessandro (2004a). *The Making of Steam Power Technology : A Study of Technical Change During the Industrial Revolution*, Eindhoven, Technische Universiteit Eindhoven.

(2004b). 'Collective Invention During the British Industrial Revolution : The Cast of the Cornish Pumping Engine', *Cambridge Journal of Economics*, vol. 28, pp. 347–63.

Nuvolari, Alessandro, and Verspagen, Bart (2007). *'Lean's Engine Reporter* and the Development of the Cornish Engine : A Reappraisal', *Transactions of the Newcomen Society*, vol. 77, pp. 167–89.

(2008). 'Technical Choice, Innovation and British Steam Engineering, 1800– 1850', *Economic History Review*, forthcoming.

O'Brien, Patrick K. (1982). 'European Economic Development : The Contribution of the Periphery', *Economic History Review*, 2nd series, vol. 35, pp. 1–18.

(1996). 'Path Dependency, or Why Britain Became an Industrialized and Urbanized Economy Long Before France', *Economic History Review*, 2nd series, vol. 49, pp. 213–49.

(1999). 'Imperialism and the Rise and Decline of the British Economy, 1688–1989', *New Left Review*, No. 238, pp. 48–80.

(2005). 'Fiscal and Financial Pre-conditions for the Rise of British Naval Hegemony, 1485–1815', London School of Economics, Working Papers in Economic History, No. 91–05.

(2006). 'It's Not the Economy, Silly. It's the Navy'.

O'Brien, Patrick K., and Engerman, Stanley L. (1991). 'Exports and the Growth of the British Economy from the Glorious Revolution to the Peace of Amiens', in Barbara L. Solow (ed.), *Slavery and the Rise of the Atlantic System*, Cambridge, Cambridge University Press, pp. 177–209. O'Brien, Patrick K., and Keyder, C. (1978). *Economic Growth in Britain and France, 1780–1914 : Two Paths to the Twentieth Century*, London, George Allen and Unwin.

O'Brien, Patrick, and Prados de la Escosura, Leandro (1998). 'The Costs and Benefits of European Imperialism from the Conquest of Cueta, 1451, to the Treaty of Lusaka, 1974', in C.-E. Nunez (eds.), *Debates and Controversies in Economic History*, Madrid, pp. 9–69. (パトリック・オブ ライエン「海外帝国がヨーロッパ人にもたらした利益とコスト」同『帝国主義と工業化 1415〜1974――イギリスとヨーロッパからの視点』秋田茂・玉木俊明訳，ミネルヴァ書 房，2000 年，61-130 頁)

O'Grada, Cormac (1994). 'British Agriculture, 1860- 1914', in Roderick Floud and Donald N. McCloskey (eds.), *The Economic History of Britain Since 1700*, vol. 2, *1860-1939*, Cambridge, Cambridge University Press, pp. 145–72.

O'Rourke, Kevin H., and Williamson, Jeffrey G. (1999). *Globalization and History : The Evolution of a Nineteenth-Century Atlantic Economy*, Cambridge, MA, MIT Press.

(2002a). 'After Columbus : Explaining the Global Trade Boom, 1500- 1800', *Journal of Economic History*, vol. 62, pp. 417–56.

(2002b). 'When Did Globalization Begin?', *European Review of Economic History*, vol. 6, pp.

23-50.

Ormrod, David (2003). *The Rise of Commercial Empires*, Cambridge, Cambridge University Press.

Overton, Mark (1996). *The Agricultural Revolution : The Transformation of the Agrarian Economy : 1500-1850*, Cambridge, Cambridge University Press.

Özmucur, Süleyman, and Pamuk, Sevket (2002). 'Real Wages and Standards of Living in the Ottoman Empire, 1489-1914', *Journal of Economic History*, vol. 62, pp. 293-321.

Park, Geoffrey (1980). 'An Education Revolution? The Growth of Literacy and School in Early Modern Europe', *Tijdschrift voor Geschiedenis*, vol. 93, pp. 210-22.

Parthasarathi, P. (1998). 'Rethinking Wages and Competitiveness in the Eighteenth Century : Britain and South India', *Past and Present*, No. 158, pp. 79-109.

  (2001). *The Transition to a Colonial Economy : Weavers, Merchants and Kings in South India, 1720-1800*, Cambridge, Cambridge University Press.

Peaucelle, Jean-Louis (1999). 'La division du travail : Adam Smith et les encyclopédistes observant la fabrication des épingles en Normandie', *Gérer et Comprendre*, No. 57, pp. 36-51.

  (2005). 'Raisonner sur les épingles, l'exemple de Adam Smith sur la division du travail', *Revue d' Économie Politique*, pp. 499-519.

  (2007). *Adam Smith et la division du travail*, Paris, L' Harmattan.

Penderill-Church, John (1972). *William Cookworthy, 1705-1780*, Truro, Bradford Barton.

Persson, Karl Gunnar (1999). *Grain Markets in Europe, 1500-1900 : Integration and Deregulation*, Cambridge, Cambridge University Press.

Petersen, Christian (1995). *Bread and the British Economy, c. 1770-1870*, Aldershot, Scolar Press.

Phelps Brown, E. H., and Hopkins, Sheila V. (1955). 'Seven Centuries of Building Wages', *Economica*, new series, vol. 22, pp. 195-206.

Pinchbeck, Ivy (1930). *Women Workers and the Industrial Revolution, 1750- 1850*, London, Routledge.

Pollard, Sidney (1965). *The Genesis of Modern Management : A Study of the Industrial Revolution in Great Britain*, London, Edward Arnold. (シドニー・ポラード『現代企業管理の起源──イギリスにおける産業革命の研究』山下幸夫他訳, 千倉書房, 1982 年)

Pomeranz, K. (2000). *The Great Divergence : China, Europe, and the Making of the Modern World*, Princeton, NJ, Princeton University Press. (K. ポメランツ『大分岐──中国, ヨーロッパ, そして近代世界経済の形成』川北稔監訳, 名古屋大学出版会, 2015 年)

Porter, George Richardson (1912). *The Progress of the Nation in Its Various Social and Economic Relations from the Beginning of the Nineteenth Century*, ed. by F. W. Hirst, London, Methuen.

Postan, M. M. (1950). 'Some Agrarian Evidence of Declining Population in the Later Middle Ages', *Economic History Review*, 2nd series, vol. 2, pp. 221-46.

  (1975). *The Medieval Economy and Society*, Harmondsworth, Penguin Books. (M. M. ポスタン『中世の経済と社会』保坂栄一・佐藤伊久男訳, 未来社, 1983 年)

Pounds, N. J. G. (1990). *An Historical Geography of Europe*, Cambridge, Cambridge University Press. (N. J. G. パウンズ『近代ヨーロッパの人口と都市──歴史地理学的概観』桜井健吾訳, 晃洋書房, 1991 年)

Pounds, Norman J. G., and Parker, William N. (1957). *Coal and Steel in Western Europe*, London,

Faber and Faber.

Prados de la Escosura, Leandro (2000). 'International Comparisons of Real Product, 1820–1990 : An Alternative Data Set', *Explorations in Economic History*, vol. 37, pp. 1–41.

Quinn, Stephen (2001). 'The Glorious Revolution's Effect on English Private Finance : A Microhistory, 1680–1705', *Journal of Economic History*, vol. 61, pp. 593–615.

Raistrick, Arthur (1972). *Industrial Archaeology : An Historical Survey*, London, Eyre Methuen.
   (1989). *Dynasty of Iron Founders : The Darbys and Coalbrookdale*, Ironbridge, Ironbridge Gorge Trust.

Ramsay, G. D. (1982). *The English Woollen Industry, 1500–1750*, London, Macmillan.

Rapp, R. (1975). 'The Unmaking of the Mediterranean Trade Hegemony : International Trade Rivalry and the Commercial Revolution', *Journal of Economic History*, vol. 35, pp. 499–525.

Rappaport, Steve (1989). *Worlds with Worlds : Structures of Life in Sixteenth-Century London*, Cambridge, Cambridge University Press.

Raychaudhuri, Tapan, and Habib, Irfan (1982). *The Cambridge Economic History of India*, vol. I, c.*1200–c.1750*, Cambridge, Cambridge University Press.

Redlich, Fritz (1944). 'The Leaders of the German Steam-Engine Industry During the First Hundred Years', *Journal of Economic History*, vol. 4, pp. 121–48.

Rees, Abraham (1819–20). *Rees's Manufacturing Industry (1819–20)*, ed. by Neil Cossons, David & Charles Reprints.

Reis, Jaime (2005). 'Economic Growth, Human Capital, and Consumption in Western Europe Before 1800', in Robert C. Allen, Tommy Bengtsson and Martin Dribe (eds.), *Living Standards in the Past : New Perspectives on Well-Being in Asia and Europe*, Oxford, Oxford University Press, pp. 195–225.

Ringrose, David R. (1983). *Madrid and the Spanish Economy, 1560–1850*, Berkeley, CA, University of California Press.

Robinson, E., and McKie, D. (1970). *Partners in Science : Letters of James Watt and Joseph Black*, London, Constable.

Roden, Peter F. C. (1977). 'Josiah Spode (1733–1797), His Formative Influences and the Various Potworks Associated with Him', *Northern Ceramic Society Journal*, vol. 14, pp. 1–43.

Rogers, E. (1962). *The Diffusion of Innovations*, New York, Free Press. (エベレット・ロジャーズ『イノベーションの普及』三藤利雄訳, 翔泳社, 2007 年)

Rolt, L. T. C. (1963). *Thomas Newcomen : The Prehistory of the Steam Engine*, Dawlish, David & Charles.

Rolt, L. T. C., and Allen, J. S. (1977). *The Steam Engine of Thomas Newcomen*, Hartington, Moorland Publishing Co.

Rose, Mary (1986). *The Gregs of Quarry Bank : The Rise and Decline of a Family Firm, 1750–1914*, Cambridge, Cambridge University Press.
   (1996). *The Lancashire Cotton Industry : A History Since 1750*, Preston, Lancashire County Books.
   (2000). *Firms, Networks, and Business Values : The British and American Cotton Industries Since 1750*, Cambridge, Cambridge University Press.

Rosenberg, Nathan (1976). *Perspectives on Technology*, Cambridge, Cambridge University Press.

(1982). *Inside the Black Box*, Cambridge, Cambridge University Press.

Rosenthal, J.-L. (1990). 'The Development of Irrigation in Provence', *Journal of Economic History*, vol. 50, pp. 615-38.

Rowe, D. J. (1983). *Lead Manufacturing in Britain : A History*, London, Croom Helm Ltd.

Russell, P. (1769). *England Displayed. Being a New, Complete, and Accurate Survey and Description of the Kingdom of England, and Principality of Wales . . . by a Society of Gentlemen*, London.

Ruttan, Vernon W. (2001). *Technology, Growth, and Development : An Induced Innovation Perspective*, Oxford, Oxford University Press.

Ruttan, Vernon W., and Thirtle, Colin (2001). *The Role of Demand and Supply in the Generation and Diffusion of Technical Change*, London, Routledge.

Ruwet, J., and Wellemans, Y. (1978). *L'inalphébetisme en Belgique, XVIIIe- XIXe siècle : travaux d'étudiants*, Louvain, Bibliothèque centrale, Université catholique de Louvain.

Salter, W. E. G. (1960). *Productivity and Technical Change*, Cambridge, Cambridge University Press. (W. E. G. サルター, W. B. レダウェイ『生産性と技術進歩』黒澤一清訳, 好学社, 1969 年)

Sandberg, L. G. (1979). 'The Case of the Impoverished Sophisticate : Human Capital and Swedish Economic Growth Before World War I', *Journal of Economic History*, vol. 39, pp. 225-41.

Sandberg, L. G., and Steckel, R. H. (1980). 'Soldier, Soldier, What Made You Grow so Tall?', *Economy and History*, vol. 23, pp. 91-105.

Schmitz, Christopher J. (1979). *World Non-Ferrous Metal Production and Prices, 1700-1976*, London, Frank Cass & Co. Ltd.

Scholliers, E. (1960). *De levensstandaard in de XVe en XVIe eeuw te Antwerpen : loonarbeid en honger*, Antwerp, De Sikkel.

Schultz, Theodore W. (1964). *Transforming Traditional Agriculture*, New Haven, CT, Yale University Press. (T. W. シュルツ『農業近代化の理論』逸見謙三訳, 東京大学出版会, 1969 年)

Schwartz, L. D. (1985). 'The Standard of Living in the Long Run : London, 1700-1860', *Economic History Review*, vol. 38, pp. 24-41.

(1992). *London in the Age of Industrialization : Entrepreneurs, Labour Force and Living Conditions, 1700-1850*, Cambridge, Cambridge University Press.

Sen, A. (1968). *Choice of Techniques : An Aspect of the Theory of Planned Economic Development*, Oxford, Basil Blackwell, third edition.

(1987). 'The Standard of Living', Lectures I and II in G. Hawthorn (ed.), *The Standard of Living*, Cambridge, Cambridge University Press.

(1992). *Inequality Reexamined*. New York : Russell Sage Foundation. (アマルティア・セン『不平等の再検討──潜在能力と自由』池本幸生・野上裕生・佐藤仁訳, 岩波書店, 1999 年)

Setchell, J. R. M. (1970). 'The Friendship of John Smeaton, FRS, with Henry Hindley, Instrument and Clockmaker of York and the Development of Equatorial Mounting Telescopes', *Notes and Records of the Royal Society of London*, vol. 25, pp. 79-86.

Shammas, Carole (1990). *The Pre-Industrial Consumer in England and America*, Oxford, Oxford University Press.

Shapiro, Seymour (1967). *Capital and the Cotton Industry in the Industrial Revolution*, Ithaca, NY, Cornell University Press.

Sharpe, J. A. (2007). *Early Modern England : A Social History, 1550-1760*, London, Arnold, second edition.

Shaw-Taylor, L. (2001). 'Parliamentary Enclosure and the Emergence of an English Agricultural Proletariat', *Journal of Economic History*, vol. 61, pp. 640-62.

Shorter, Alfred H. (1971). *Papermaking in the British Isles*, Newton Abbot, David & Charles.

Sieferle, R. (2001). *The Subterranean Forest : Energy Systems and the Industrial Revolution*, Cambridge, White Horse Press.

Simpson, James (1995). *Spanish Agriculture : The Long Siesta, 1765-1965*, Cambridge, Cambridge University Press.

Singer, Charles, Holmyard, E. J., Hall, A. R., *et al.* (1957). *A History of Technology*, vol. III, *From the Renaissance to the Industrial Revolution, c.1500-c.1750*, Oxford, Clarendon Press. (チャール ズ・シンガー, E. J. ホームヤード, A. R. ホール, T. I. ウィリアムズ編『増補 技術の歴 史 5～6 ルネサンスから産業革命へ（上・下）』田中実訳編, 筑摩書房, 1978 年)

(1958), *A History of Technology*, vol. IV, *The Industrial Revolution, c.1750-c.1850*, Oxford, Clarendon Press. (チャールズ・シンガー, E. J. ホームヤード, A. R. ホール, T. I. ウィリア ムズ編『増補 技術の歴史 7～8 産業革命（上・下）』田辺辰太郎訳編, 筑摩書房, 1979 年)

Smil, Vaclav (1994). *Energy in World History*, Boulder, CO, Westview Press.

Smith, A. (1776). *An Inquiry into the Nature and Causes of the Wealth of Nations*, ed. by E. Cannan, New York, Modern Library, 1937. (アダム・スミス『国富論——国の豊かさの本質と原因 についての研究』上・下, 山岡洋一訳, 日本経済新聞出版社, 2007 年, 他邦訳多数)

Smith, Sir Charles (1766). *Three Tracts on the Corn-Trade and Corn-Laws*, London.

Sokoloff, Kenneth, and Villaflor, Georgia C. (1992). 'The Market for Manufacturing Workers During Early Industrialization : The American Northeast, 1820 to 1860', in Claudia Goldin and Hugh Rockoff (eds.), *Strategic Factors in Nineteenth Century American Economic History*, Chicago, University of Chicago Press, pp. 29-65.

Solar, Peter (1995). 'Poor Relief and English Economic Development Before the Industrial Revolution', *Economic History Review*, vol. 48, pp. 1-22.

Solow, B. (1991). *Slavery and the Rise of the Atlantic System*, Cambridge, Cambridge University Press.

Solow, B., and Engerman, S. L. (1987). *British Capitalism and Caribbean Slavery : The Legacy of Eric Williams*, Cambridge, Cambridge University Press.

Somerville, Alexander (1843). *A Letter to the Farmers on England on the Relationship of Manufactures and Agriculture, by One Who Has Whistled at the Plough*, London, James Ridgeway.

Somogy, S. (1973). 'L'alimentatione dell'Italia', in *Storia d'Italia*, vol. 5, Turin, Einaudi.

Speed, Adam (1658). *Adam out of Eden, or, an Abstract of Divers Excellent Experiments Touching the Advancement of Husbandry*, London, Henry Brome.

Stamp, Dudley (1965). *Land Use Statistics of the Countries of Europe*, The World Land Use Survey, Occasional Papers No. 3, Bude, Cornwall, Geographical Publications Ltd.

Staunton, G. L. (1798). *An Authentic Account of an Embassy from the King of Great Britain to the Emperor of China*, Dublin, P. Wogan.

Steckel, R. H. (1995). 'Stature and the Standard of Living', *Journal of Economic Literature*, vol. 33, pp. 1903-40.

Steuart, Sir James (1767). *An Inquiry into the Principles of Political Economy*, ed. by Andrew F. Skinner with Noboru Kobayashi and Hiroshi Mizuta, London, Pickering & Chatto, 1998. (J. ステュアート『経済の原理』第 1・第 2 編, 第 3・第 4・第 5 編, 小林昇監訳, 名古屋大学出版会, 1993, 98 年)

Stewart, Larry (1992). *The Rise of Public Science : Rhetoric, Technology, and Natural Philosophy in Newtonian Britain, 1660-1750*, Cambridge, Cambridge University Press.

Styles, John (2007). *The Dress of the People : Everyday Fashion in Eighteenth-Century England*, New Haven, CT, Yale University Press.

Sullivan, R. (1990). 'The Revolution of Ideas : Widespread Patenting and Invention During the Industrial Revolution', *Journal of Economic History*, vol. 50, pp. 340-62.

Sweet, Rosemary (1999). *The English Town, 1680-1840*, Harlow, Longman.

Symonds, R. W. (1969). *Thomas Tompion : His Life and Work*, London, Spring Books.

Symons, J. C. (1839). *Artisans at Home and Abroad*, Edinburgh, William Tait.

Tann, Jennifer (1970). *The Development of the Factory*, London, Cornmarket Press.

(1978-79). 'Makers of Improved Newcomen Engines in the Late 18th Century', *Transactions of the Newcomen Society*, vol. 50.

Tawney, R. H. (1938). *Religion and the Rise of Capitalism*, Harmondsworth, Penguin. (R. H. トーニー『宗教と資本主義の興隆──歴史的研究』上・下, 出口勇蔵・越智武臣訳, 岩波書店, 1956～59 年)

Temin, Peter (1964). *Iron and Steel in Nineteenth Century America : An Economic Inquiry*, Cambridge, MA, MIT Press.

(1966). 'Labor Scarcity and the Problem of American Industrial Efficiency in the 1850s', *Journal of Economic History*, vol. 26, pp. 277-98.

(1971). 'Notes on Labor Scarcity in America', *Journal of Interdisciplinary History*, vol. 1, pp. 251-64.

(1988). 'Product Quality and Vertical Integration in the Early Cotton Textile Industry', *Journal of Economic History*, vol. 48, pp. 891-907.

(1997). 'Two Views of the British Industrial Revolution', *Journal of Economic History*, vol. 57, pp. 63-82.

(2000). 'A Response to Harley and Crafts', *Journal of Economic History*, vol. 60, pp. 842-6.

Thirsk, Joan (1961). 'Industries in the Countryside', in F. J. Fisher (ed.), *Essays in the Economic and Social History of Tudor and Stuart England*, Cambridge, Cambridge University Press, pp. 1-112.

(1978). *Economic Policy and Projects : The Development of a Consumer Society in Early Modern*

England, Oxford, Clarendon Press. (ジョオン・サースク『消費社会の誕生——近世イギリスの新企業』三好洋子訳, 東京大学出版会, 1984 年)

——— (1985). 'Agricultural Innovations and Their Diffusion', in Joan Thirsk (ed.), *The Agrarian History of England and Wales, 1640-1750 : Agrarian Change*, vol. V, Part II, pp. 533-89.

Thomas, B. (1986). 'Was There an Energy Crisis in Great Britain in the 17th Century?', *Explorations in Economic History*, vol. 23, pp. 124-52.

Thomas, Keith (1971). *Religion and the Decline of Magic*, London, Weidenfeld & Nicolson. (キース・トマス『宗教と魔術の衰退』上・下, 荒木正純訳, 法政大学出版局, 1993 年)

——— (1987). 'Numeracy in Early Modern England : The Prothero Lecture', *Transactions of the Royal Historical Society*, 5th series, vol. 37, pp. 103-32.

Thomas, R. P., and Bean, R. N. (1974). 'The Fishers of Men : The Profits of the Slave Trade', *Journal of Economic History*, vol. 34, pp. 885-914.

Thomson, James K. J. (2003). 'Transferring the Spinning Jenny to Barcelona : An Apprenticeship in the Technology of the Industrial Revolution', *Textile History*, vol. 34, pp. 21-46.

Thorold-Rogers, J. E. T. (1866-1902). *A History of Agriculture and Prices in England*, Oxford.

Trevor-Roper, Hugh (1967). *The Crisis of the Seventeenth Century*, New York, Harper & Row. (トレヴァ＝ローパー「17 世紀の全般的危機」トレヴァ＝ローパー他『十七世紀危機論争』今井宏編訳, 創文社, 1975 年, 72-126 頁 (抄訳))

Trow-Smith, R. (1957). *A History of British Livestock Husbandry to 1700*, London, Routledge & Kegan Paul.

Turner, M. E., Beckett, J. V., and Afton, B. (1997). *Agricultural Rent in England, 1690-1914*, Cambridge, Cambridge University Press.

——— (2001). *Farm Production in England, 1700-1914*, Oxford, Oxford University Press.

Unger, Richard W. (1980). *The Ship in the Medieval Economy, 600-1600*, Montreal, McGill-Queen's University Press.

——— (1984). 'Energy Sources for the Dutch Golden Age : Peat, Wind, and Coal', *Research in Economic History*, vol. 9, pp. 221-53.

——— (1997). *Ships and Shipping in the North Sea and Atlantic, 1400-1800*, Aldershot, Ashgate.

van der Woude, Ad, and Schuurman, Anton (1980). *Probate Inventories : A New Source for the Historical Study of Wealth, Material Culture and Agricultural Development*, Wageningen, A. A. G. Bijdragen, No. 23.

van Zanden, Jan Luiten (1993). *The Rise and Decline of Holland's Economy : Merchant Capitalism and the Labour Market*, Manchester, Manchester University Press.

——— (2002). 'The "Revolt of the Early Modernists" and the "First Modern Economy" : An Assessment', *Economic History Review*, 2nd series, vol. 55, pp. 619-41.

——— (2004a). 'The Skill Premium and the "Great Divergence"', www.iisg.nl/ hpw/papers/vanzanden. pdf.

——— (2004b). 'Common Workmen, Philosophers and the Birth of the European Knowledge Economy : About the Price and Production of Useful Knowledge in Europe 1300-1850', www. iisg. nl/research/jvz-knowledge_economy.pdf.

Villain, George (1901). *Le fer, la houille et la métallurgie à la fin du XIXe siècle*, Paris.

Villiers, Patrick (1991). 'The Slave and Colonial Trade in France Just Before the Revolution', in Barbara Solow (ed.), *Slavery and the Rise of the Atlantic System*, Cambridge, Cambridge University Press, pp. 210-36.

von Guericke, Otto (1672). *Experimenta Nova (ut Vocantur) Magdeburgica de Vacuo Spatio*, Amsterdam, Joannem Janssonium à Waesberge. (オットー・フォン・ゲーリケ『真空空間に関する（いわゆる）マグデブルクの新実験』松野修訳・解説，楽知ん研究所，2009 年)

von Thünen, J. H. (1826). 'Der isolierte Staat', in *Von Thünen's Isolated State*, ed. by P. Hall, Oxford, Pergamon Press, 1966. (チューネン『孤立国』近藤康男・熊代幸雄訳，日本経済評論社，1989 年)

von Tunzelmann, G. N. (1978). *Steam Power and British Industrialization to 1860*, Oxford, Clarendon Press.

Voth, Hans-Joachim (2000). *Time and Work in England, 1750-1830*, Oxford, Oxford University Press.

Wadsworth, Alfred P., and Mann, Julia de Lacy (1931). *The Cotton Trade and Industrial Lancashire, 1600-1780*, Manchester, Manchester University Press.

Wallerstein, I. M. (1974-91). *The Modern World System*, New York, Academic Press. (I. ウォーラーステイン『近代世界システム』第 1～4 巻，川北稔訳，名古屋大学出版会，2013 年)

Warde, Paul (2007). *Energy Consumption in England and Wales*, Rome, Consiglio Nazionale delle Ricerche.

Watts, D. C. (1990). 'Why George Ravenscroft Introduced Lead Oxide into Crystal Glass', *Glass Technology*, vol. 31, pp. 208-12.

Weatherill, Lorna (1996). *Consumer Behaviour and Material Culture in Britain, 1660-1760*, London, Routledge, second edition.

Weber, Max (1904-05). *The Protestant Ethic and the Spirit of Capitalism*, trans. by Talcott Parsons, London, Allen & Unwin, 1930. (マックス・ヴェーバー『プロテスタンティズムの倫理と資本主義の精神』大塚久雄訳，岩波書店，1989 年，他邦訳多数)

── (1927). *General Economic History*, trans. by Frank H. Knight , New Brunswick, NJ, Transaction Books, 1981. (マックス・ウェーバー『一般社會經濟史要論』黒正巖・青山秀夫訳，岩波書店，1954 年)

Weedon, Cyril (1990). 'William Cookworthy and Bristol Blue Glass', *Glass Technology*, vol. 31, pp. 256-65.

Weir, D. (1984). 'Life under Pressure : France and England, 1670-1870', *Journal of Economic History*, vol. 44, pp. 27-47.

Weisdorf, Jacob L. (2006). 'From Domestic Manufacture to Industrial Revolution : Long-Run Growth and Agricultural Development', *Oxford Economic Papers*, vol. 58, pp. 264-87.

Weiss, Leonard (1982). *Watch-Making in England, 1760-1820*, London, Robert Hale.

White, Leonard (1989). *Spode : A History of the Family Factory and Wares from 1733 to 1833*, London, Barrie & Jenkins.

Wiebe, G. (1895). *Zur Geschichte der Preisrevolution des 16. und 17. Jahrhunderts*, Leipzig.

Wilkie, George (1857). *The Manufacture of Iron in Great Britain*, Edinburgh.

Wilkinson, R. (1973). *Poverty and Progress : An Ecological Model of Economic Development*, London, Methuen. (R. G. ウィルキンソン『経済発展の生態学——貧困と進歩にかんする新解釈』斎藤修・安元稔・西川俊作訳, リブロポート, 1985 年)

Williams, Eric (1944). *Capitalism and Slavery*, New York, Capricorn Books. (エリック・ウィリアムズ『資本主義と奴隷制——経済史から見た黒人奴隷制の発生と崩壊』山本伸監訳, 明石書店, 2004 年)

Williamson, Jeffrey G. (1976). 'American Prices and Urban Inequality', *Journal of Economic History*, vol. 36, pp. 303-33.

(1990). 'The Impact of the Corn Laws Just Prior to Repeal', *Explorations in Economic History*, vol. 27, pp. 123-56.

Williamson, Jeffrey G., and Lindert, Peter H. (1980). *American Inequality : A Macroeconomic History*, New York, Academic Press.

Wilmot, Sarah (1990). *'The Business of Improvement' : Agriculture and Scientific Culture in Britain, c.1770-c.1870*, Historical Geography Research Series, No. 24.

Wittfogel, K. A. (1957). *Oriental Despotism : A Comparative Study of Total Power*. New Haven, CT, Yale University Press. (カール・A. ウィットフォーゲル『オリエンタル・デスポティズム——専制官僚国家の生成と崩壊』湯浅赳男訳, 新評論, 1991 年, 他邦訳多数)

Wong, R. B. (1997). *China Transformed : Historical Change and the Limits of European Experience*. Ithaca, NY, Cornell University Press.

Woolf, Stuart (1986). *The Poor in Western Europe in the Eighteenth and Nineteenth Centuries*, London, Methuen.

Wood, G. H. (1910). 'Real Wages and the Standard of Comfort Since 1850', *Journal of the Royal Statistical Society*, vol. 72, pp. 91-103.

Woodward, Donald (1995). *Men at Work : Labourers and Building Craftsmen in the Towns of Northern England, 1450-1750*, Cambridge, Cambridge University Press.

Wordie, J. R. (1983). 'The Chronology of English Enclosure, 1500-1914', *Economic History Review*, 2nd series, vol. 36, pp. 483-505.

Woronoff, Denis (1984). *L'industrie sidérurgique en France pendant la révolution and l'empire*, Paris, Éditions de d'École des hautes études en sciences sociales.

Wright, Carroll D. (1885). 'Historical Review of Wages and Prices, 1752-1860', in *Sixteenth Annual Report of the Massachusetts Bureau of the Statistics of Labor*, Boston, Wright & Potter.

Wrigley, E. A. (1985). 'Urban Growth and Agricultural Change : England and the Continent in the Early Modern Period', *Journal of Interdisciplinary History*, vol. 15, pp. 683-728, and in E. A. Wrigley, *People, Cities, and Wealth*, Oxford, Basil Blackwell, 1987, pp. 157-93.

(1987). 'A Simple Model of London's Importance in Changing English Society and Economy, 1650-1750', in E. A. Wrigley (ed.), *People, Cities and Wealth*, Oxford, Basil Blackwell, pp. 133-56.

(1988). *Continuity, Chance and Change*, Cambridge, Cambridge University Press. (E. A. リグリィ『エネルギーと産業革命——連続性・偶然・変化』近藤正臣訳, 同文舘出版, 1991年)

Wrigley, E. A., and Schofield, R. S. (1981). *The Population History of England, 1541-1871*, London,

Edward Arnold.

Wyczański, Andrzej (1974). 'Alphabétisation et structure sociale en Pologne au XVIe siècle', *Annales : Économies, Sociétés, Civilisations*, vol. 29, pp. 705-13.

Youatt, William (1883). *Sheep, Their Breeds, Management, and Diseases*, London, Simpkin, Marshall and Co., new edition.

Young, Arthur (1771a). *A Six Weeks Tour Through the South Counties of England and Wales*, Dublin, J. Milliken.

(1771b). *A Six Month's Tour Through the North of England*, London, W. Strahan, second edition.

(1771c). *A Farmer's Tour Through the East of England*, London, W. Strahan, second edition.

(1774). *Political Arithmetic*, London, W. Nicoll.

(1792). *Travels in France During the Years 1787, 1788, and 1789*, ed. by Constantia Maxwell, Cambridge, Cambridge University Press, 1950. (アーサー・ヤング『フランス紀行 1787, 1788 & 1789』宮崎洋訳, 法政大学出版局, 1983 年)

Young, Hilary (1999). *English Porcelain : 1745-95*, London, V&A Publications.

訳者解説

　なぜイギリスで産業革命が起きたのか。世界史の授業を受けるなかで誰もが一度はふと考えたことのある疑問であろう。かのトインビーの「産業革命」講義以来，多くの学生たちが向き合ってきた問いに対して，百余年の歴史研究の蓄積と近年の経済学理論の応用によって，鮮やかに答えてくれるのが本書である。経済史の新手法教科書シリーズ（New Approaches to Economic and Social History）の第1巻として執筆され，2009年にケンブリッジ大学出版局より刊行された。その内容は確固とした歴史研究と経済理論，著者独自の歴史観に基づいて書かれ，刊行以来，大きな反響を呼んで，2009年の『エコノミスト』誌および『タイムズ文芸書評』（*Times Literary Supplement*）にて「今年の本」に選ばれた。

　著者ロバート・C. アレン（オックスフォード大学）は2009年7月，オランダ・ユトレヒトで開催された世界経済史会議（World Economic History Congress）において，ユトレヒト出身のジョエル・モキイア（ノースウェスタン大学）とともに基調講演者として登壇し，経済史研究の新しい方向性を2人の対話的講演のなかで明示した。その後2011～12年にかけては，経済史学会会長（President of the Economic History Association）も務めた。精力的な研究活動の一方で，本書以外にも，2011年にオックスフォード大学出版局より *Global Economic History : A Very Short Introduction* を刊行し，大学生・高校生に読み親しまれる入門教科書という形で，アレン自身によるグローバルな経済発展の根本的な考え方を広く浸透させてきた。まさにこの間，時の人であり続けてきた人物であるといえよう。日本におけるこれら2冊の著書の刊行は順序が逆になってしまったが，ぜひ両書とも精読することでアレンの世界観・歴史観を学び取ってほしいと願う。

　ここでまず，本書の各章を振り返って，簡単に論点を整理しておこう。第1章ではまずアレン独特の産業革命論，すなわち18世紀イギリスに固有の「高

賃金低価格エネルギー経済」でのみ産業革命が割りに合うものであったという論を提示し，その他の既存の解釈，たとえば文化・制度的解釈について，イギリスの固有性を説明するのに十分かどうかを検討している。第2章から第5章までの第I部は，工業化以前の経済を説明する。第2章では18世紀イギリス労働者の生活水準が国際比較において高かったことを示し，第3章では大都市ロンドンの高賃金経済と人口増という需要面での経済的誘因が農業生産性の向上を促したと説明した。第4章ではイギリスにおける高賃金を相殺する低価格エネルギーの石炭の重要性に注目して国際比較を行い，第5章は，第2章から第4章で検討した要因を説明変数として前工業化社会のモデルを考え，既存の解釈も考慮した上で，高賃金経済の真因を突き止めていく。

　第6章から第9章までは産業革命における発明・技術革新を説明する。第6章ではなぜ産業革命はフランスや中国でなくイギリスで起きたのかを，労働と資本の価格の違いから説明し，マクロレベルの発明，ミクロレベルの改良の2段階で分析する。等産出量モデルを用いてシンプルに解き明かすさまは，本書のなかでもっとも説得力の高い部分であるといえよう。第7章から第9章では第6章で提示した枠組みを蒸気機関，綿紡績，コークス溶鉱・精錬にあてはめ，産業革命の3大発明を労働と資本の価格が生み出す経済的誘因の面から捉えて，マクロレベルの発明・ミクロレベルの改良の2段階で技術的問題の克服を詳述する。第10章は他の章とは異なる性質を持ち，モキアの産業的啓蒙主義との対話から技術者の属性を検討し，結果的に文化的解釈の難しさを明かす。第11章はそれに続く短い結論となっている。産業革命のマクロレベルの発明は18世紀イギリスの高賃金低価格エネルギー経済によって生まれたが，工業化の進展とともにミクロレベルの改良が進むことで，イギリス以外の低賃金高価格エネルギー経済においても利益の出るものとなった。そのため，国際競争のなかでイギリスは当初の優位性を維持できず，自国の首を締める結末を招いてしまったという筋書きである。

　「産業革命」——この世界史的大事件をどのように捉え，いかに研究のなかで扱うかをめぐって，従来の研究はしばしば悲観論と楽観論に大別されてきた。古くは，悲観論のトインビーに対するアシュトンの反論，ハモンズ－クラッパ

ム論争，ホブズボーム－ハートウェルの生活水準論争と続き，マキシン・バーグ（ウォーリック大学）とパット・ハドソン（カーディフ大学）が楽観論のニック・クラフツ（ウォーリック大学）を批判した。1992年に刊行されたハドソンの教科書 *The Industrial Revolution* には，当時の学生たちが記憶したように，これらの論争に共通する特徴が簡潔にまとめられている。すなわち，イギリスの産業革命（あるいは工業化）は，①劇的な革命であったのか，緩やかな変化であったのか，②変化の後に多くの人々の生活水準は下落したのか，上昇したのか，③言説による困窮の訴えを重んじるか，それとも GDP などの数量データを用いるか，によって大きく違いが出てくるというものである。アレンの産業革命観はいわばその両軸を統合する試みであった。それは21世紀に経済史学の再興を標榜したオックスフォード大学社会経済史学科の総意を反映し，原著刊行の5年前に惜しくも世を去ったチャールズ・フェイステインが学科長として築き上げてきた方向性を踏襲しているといえよう。すなわち，前述の論点に即していえば，数量データを用いることで，むしろ産業革命の劇的変化を強調し，それまでは高かった生活水準が変化の絶頂期からその後の時期にかけて下落する点を重視しようとする見方なのである。そういう意味では，本書は悲観論を擁護しようとする研究でもある。

　これまで大きく二分されてきた主に英米の経済史学会における本書の受容はいかなるものであったか。前述のようにアメリカを拠点とする経済史学会および世界経済史会議では歓迎されたのに対し，イギリスを拠点とする経済史学会（Economic History Society）も，それに先立ってその統合的手法を称賛したものの，その後，歴史学における数量的転換の落とし穴に注視する流れも復活するなかで，アレンの書は楽観論を代表する著作としても評価されるようになった。たとえば，マーティン・ドーントン（ケンブリッジ大学）は2011年の書評のなかで高賃金経済論に触れ，アレンを「楽観論者」としている。ハドソンは，2010年の BBC ラジオ鼎談番組 In Our Times と，2014年の経済史学会（イギリス）の基調講演において，いかに工業化を描くべきか彼女自身の信念を語ろうとした。これらの鼎談と講演は，ウェブ上で視聴できるため，図らずもこの間，いかにアレンの著書が学界を揺るがしてきたかを理解する上で有用である。

ハドソンに続き 2010 年の翌週に BBC ラジオ鼎談番組に登場したのは，近しい同僚で数量経済史家のジェイン・ハンフリース（オックスフォード大学）である。ハンフリースはその後詳細な数値そのものについてもまた，批判を行っており，日本では，山本千映氏（大阪大学）によって論点整理され紹介されている。ハンフリースからの批判は数回にわたってなされ，アレンも反論を試みてきたが，基本的な考え方としては，高賃金経済論の基礎となっている平均所得の計算に，女性による収入や女性世帯主の家計の実態が適切に反映されていないというものである。第 1 回目の批判論文では，1 日の必要栄養摂取量が低く見積もられすぎているという指摘が，第 2 回目には，ジェニー紡績工の賃金水準が高すぎるとの指摘が共著者の大学院生ベン・シュナイダーとともにディスカッションペーパー上にてなされた。ジョン・スタイルズ（ハートフォードシャー大学）は，イギリスとフランスの比較で，フランスの紡績工の賃金水準は低すぎると指摘している。平均賃金だけでなく，生産性と労働日数を考慮して，賃金の分布を見ることは大事である。前述の生計費にしても然りであろう。ハンフリースやスタイルズの議論は，いずれもアレンの議論を大きく覆すようなものではなかったが，その試算を補完するものとして重要であるといえよう。

　もう一つ，バルセロナ大学の大学院生 3 名（ウゴ・グラグノラッティ，ダニエル・モスチェラ，エマニュエル・プグリゼ）が行ったジェニー紡績機の利益計算については，アレンもその主張を認め，回答論文のなかで再計算を行っている。3 人の主張は，紡績工は 1 日の労働を 3 分の 1 に減らすのではなく，1 日の産出量の 3 倍増を目指してジェニー紡績機を導入しただろうから，モデルもそれに即して作り直すべきであるとしたが，議論の大勢を変えるものではなかった。アレンの高賃金経済論とジェニー紡績工の賃金水準に関する計算は，いずれも産業革命が開始される時点までの高い賃金水準を示し，産業革命の最盛期およびその後の時期に関しては，機械の生産性向上とともに，賃金下落傾向を示す，いわば悲観論の立場に立つものであった。本書では触れていないが，この産業革命期から 1840 年までの実質賃金停滞および貧困をデータ分析により明らかにした論文によって，アレンは 2009 年の学術誌 *Explorations in Economic His-*

tory で最優秀論文に選ばれてもいる。

　なぜ産業革命がイギリスで始まったのか。前述のモキイアとの対話的講演と本書のなかで，アレンはモキイアの啓蒙主義的経済論，*Enlightened Economy* の特徴となっている文化・制度的な解釈のみでは不十分であることも証明しようとしてきたが，それは悲観論と楽観論との間の対立によるものではない。クラフツは両者の見解を比較分析した書評のなかで，啓蒙主義思想が法制度の変革を促し，発明家による技術革新へと結びつくという文化・制度的な説明に蓋然性はあるものの，決定的な証拠には欠けるのではないかと論じている。さらに，本書との関係では，経済的誘因が発生する段階について違いが見られるものの，両者ともマクロレベルの発明・ミクロレベルの改良という2段階で産業革命の技術革新を捉え，全体としてはなぜ18世紀後半から技術革新が加速度的に進むことになったのかを説明しており，双方にとって排他的というよりも，親和性の高い補完的な議論になっていると指摘している。

　アレンの生活水準の研究はGDP指標ではなく，実質賃金水準を推計して国際比較しようとする試みであり，この30年間にわたる国際共同研究の成果が本書に凝縮されている。さらに中国・日本・インドの実質賃金については，2011年に国際共同論文にて長期時系列推計値を比較した。最近はアフリカの生活水準も含めてグローバルな現代的政策提言として拡張し，2016年アジア経済史学会の基調講演では絶対的貧困ラインの再定義を行うための膨大な研究成果を発表した。近々，アメリカ経済学会誌 *American Economic Review* に掲載される予定である。またグレゴリー・キングの社会表を拡張して所得生活水準の分布・格差問題にも取り組み，2017年にオックスフォード大学出版局より *The Industrial Revolution : A Very Short Introduction* として出版した。ちなみに，アレンは研究のために収集したデータや講義で使用したスライドをウェブ上で公開している。多くの批判と論議が沸き起こったのは，このような仕掛けによるところが大きい。共同の精神そして「集団的発明」こそが，技術革新をもたらすのであると信じて，アレンは寛大にも経済史家としての手の内を見せて，世界中からの建設的な反論を誘っているのであろう。産業革命論，そして経済史学全体のさらなる発展を促すためには，学生も，研究者も，より厳しく正確

な批判力を磨き，広範でバランスのとれた分析力を養っていかなければならない。

　本書の翻訳は，2009 年の原著刊行直後に，まずは湯沢威を中心に勉強会を行ったことが始まりである。グローバル経済史研究会では，モキイアの啓蒙主義的経済論を輪読した後に，アレンの『なぜ豊かな国と貧しい国が生まれたのか』を輪読，翻訳，出版した。その後 2016 年 7 月に，安元稔の推薦で本書翻訳の出版を見据えて再出発し，中野忠も加わって，毎週のように集まり，翻訳内容の検討を繰り返しつつ共同作業のなかで原稿準備をしてきた。第 1 章・第 2 章・第 11 章は中野，第 3 章・第 4 章・第 9 章は安元，第 5 章・第 6 章・第 8 章は眞嶋，第 7 章・第 10 章は湯沢が担当した。研究会に参加し有益なコメントをくださった，新川徳彦氏，田中淳一氏，山本英子氏，中村遼太郎氏，ミヤキル・ムハンマド・ヤジル氏，エイブラハム・ゼブドゥ氏に感謝する。また刊行にあたっては，名古屋大学出版会の三木信吾氏が 2016 年夏の企画立ち上げから懇切丁寧にお導きくださり，翻訳作業の進行と本づくりにご尽力くださった。この場を借りて，三木氏の細やかなご配慮に感謝申し上げたい。

訳者を代表して　　眞嶋史叙

参考文献

Allen, Robert C. (2009). 'The Industrial Revolution in Miniature : The Spinning Jenny in Britain, France, and India', *Journal of Economic History*, vol. 69, no. 4, pp. 901-27.

—— (2009). 'Engels' pause : Technical change, capital accumulation, and inequality in the british industrial revolution', *Explorations in Economic History*, vol. 46, no. 4, pp. 418-35.

—— (2011). 'The Spinning Jenny : A Fresh Look', *The Journal of Economic History*, vol. 71, no. 2, pp. 461-4.

—— (2011). *Global Economic History : A Very Short Introduction*, Oxford : Oxford University Press. (ロバート・C. アレン『なぜ豊かな国と貧しい国が生まれたのか』グローバル経済史研究会訳，NTT 出版，2012 年)

—— (2015). 'The High Wage Economy and the Industrial Revolution : A Restatement, *Economic History Review*, vol. 68, no. 1, pp. 1-22.

—— (2017). *The Industrial Revolution : A Very Short Introduction*, Oxford, Oxford University Press.

Allen, Robert C. Bassino, Jean-Pascal, Debin, Ma, Moll-Murata, Christine, and van Zanden, Jan Luiten (2011). 'Wages, Prices, and Living Standards in China, 1738–1925 : In Comparison with Europe, Japan, and India', *Economic History Review*, vol. 64, no. S1, pp. 8–38.

Berg, Maxine, and Hudson, Pat (1992). 'Rehabilitating the industrial revolution', *Economic History Review*, vol. 45, no. 1, pp. 24–50.

Crafts, Nicholas (2011). 'Explaining the First Industrial Revolution : Two Views', *European Review of Economic History*, vol. 15, no. 1, pp. 153–68.

Daunton, Martin (2011). '*The British Industrial Revolution in Global Perspective*, by Robert C. Allen', *Victorian Studies*, vol. 53, no. 4, pp. 773–5.

Feinstein, Charles H. (1998). 'Pessimism Perpetuated : Real Wages and the Standard of Living in Britain during and after the Industrial Revolution', *The Journal of Economic History*, vol. 58, no. 3, pp. 625–58.

(1998). 'Wage-earnings in Great Britain during the Industrial Revolution', in I. Begg and S. G. B. Henry (eds.), *Applied Economics and Public Policy*, Cambridge, Cambridge University Press.

Gragnolati, Ugo, Moschella, Daniele, and Pugliese, Emanuele (2011). 'The Spinning Jenny and the Industrial Revolution : A Reappraisal', *The Journal of Economic History*, vol. 71, no. 2, pp. 455–60.

Hudson, Pat (1992) *The Industrial Revolution*, London, Edward Arnold. (パット・ハドソン『産業革命』大倉正雄訳, 未来社, 1999 年)

(2000) *History by Numbers : An Introduction to Quantitative Approaches*, London, Arnold.

Humphries, Jane (2013). 'The Lure of Aggregates and the Pitfalls of the Patriarchal Perspective : A Critique of the High Wage Economy Interpretation of the British Industrial Revolution', *The Economic History Review*, vol. 66, no. 3, pp. 693–714.

Humphries, Jane, and Schneider, Benjamin (2016). 'Spinning the Industrial Revolution', *Discussion Papers in Economic and Social History*, No. 145.

Mokyr, Joel (2009). *The Enlightened Economy : An Economic History of Britain 1700–1850*, New Haven, Yale University Press.

(2016). *A Culture of Growth : The Origins of the Modern Economy*, Princeton, Princeton University Press.

Styles, John (2016). 'Fashion, Textiles and the Origins of Industrial Revolution', *The East Asian Journal of British History*, vol. 5, pp. 161–89.

山本千映（2017）「産業革命とジェンダー――アレン＝ハンフリース論争の論点整理」, 政治経済学・経済史学会, 春季総合研究会, 2017 年 6 月 24 日。

図表一覧

図 2-1	世界の労働者の賃金	38
図 2-2	労働者にとってのゆとり比率：所得/ゆとりバスケットの費用（ヨーロッパとアジア）	43
図 2-3	労働者にとっての生存維持比率：所得/生存維持バスケットの費用（ヨーロッパとアジア）	45
図 2-4	労働者にとっての生存維持比率：所得/生存維持バスケットの費用（ヨーロッパと合衆国）	46
図 2-5	イングランドの労働者の賃金	48
図 2-6	石工のゆとり比率：所得/ゆとりバスケットの費用	50
図 3-1	農業とイギリス経済発展の標準モデル	64
図 3-2	農業の労働生産性	67
図 3-3	借地農所得と労働者の1日当たり所得	85
図 3-4	生産性上昇が伴う場合と伴わない場合の農業所得	88
図 4-1	1700年代初期のエネルギー価格	94
図 4-2	ロンドンにおける木材燃料価格	97
図 4-3	ロンドンにおける木材と石炭の実質価格	98
図 4-4	ミッドランド地方における木材と石炭の実質価格	108
図 5-1	モデル・フローチャート	127
図 5-2	労働需要と供給	128
図 5-3	イギリス繊維製品の全要素生産性	136
図 5-4	シミュレーション分析による都市化の割合（1300～1800年）	138
図 5-5	シミュレーション分析による農業全要素生産性（1300～1800年）	138
図 5-6	シミュレーション分析による実質賃金（1300～1800年）	139
図 5-7	シミュレーション分析による都市化の割合（累積効果の検証，イングランド）（1300～1800年）	141
図 5-8	シミュレーション分析による農業全要素生産性（累積効果の検証，イングランド）（1300～1800年）	142
図 5-9	シミュレーション分析による実質賃金（累積効果の検証，イングランド）（1300～1800年）	142
図 6-1	資本の価格に対する相対賃金	157
図 6-2	エネルギー価格に対する相対賃金（1700年代初頭）	158
図 6-3	イギリスの製陶窯	165
図 6-4	中国の製陶窯	165
図 6-5	第1段階：マクロレベルの発明	173
図 6-6	第2段階：ミクロベルの改良の軌跡	176

図 7-1	フォン・ゲーリケの概念図	180
図 7-2	ニューコメンの蒸気機関	181
図 7-3	揚水蒸気機関の石炭消費：1馬力1時間当たりの石炭重量ポンド	187
図 7-4	回転蒸気機関の石炭消費：1馬力1時間当たりの石炭重量ポンド	194
図 7-5	揚水蒸気機関：1馬力1時間当たりのコスト	197
図 7-6	回転蒸気機関：1馬力1時間当たりのコスト	198
図 8-1	綿糸の実質価格	213
図 8-2	手紡ぎをする女性	215
図 8-3	ハーグリーヴズ1770年版「ジェニー紡績機」の復元模型	216
図 8-4	アークライトの水力紡績機，1775年頃	223
図 8-5	アークライトの水力紡績機の詳細，1775年頃（詳細）	224
図 8-6	圧延機	225
図 8-7	紡績機の圧延ローラー，紡錘，糸巻	226
図 8-8	綿糸の実質価格	236
図 9-1	銑鉄トン当たり平均総費用	251
図 9-2	銑鉄生産における全要素生産性	251
図 9-3	1755年価格表示の費用の構成	252
図 9-4	石炭・コークス溶鉱銑鉄比率	262
図 9-5	平均坑口石炭価格	263
図 9-6	木炭価格	264

表 1-1	人口の部門別比率（1500～1800年）	19
表 2-1	ゆとり生活スタイル：財のバスケット（ヨーロッパ・小麦パン）	40
表 2-2	生存維持生活スタイル：財のバスケット（インド・米とインド・キビ）	42
表 2-3	生存維持生活スタイル：財のバスケット（ヨーロッパ・オート麦，北京・モロコシ）	42
表 2-4	食料消費と所得の関係：サマーヴィルの生計費	52
表 2-5	1688年のイングランド	55
表 2-6	成人の識字率（1500～1800年）	58
表 3-1	作物収穫量と囲い込み（1800年前後）	72
表 4-1	イギリスの石炭生産（1560～1800年）	93
表 4-2	エネルギー価格（1400～1800年）	111
表 4-3	エネルギー実質価格（1400～1800年）	112
表 7-1	イギリスの動力源別変遷	196
表 7-2	固定蒸気機関の能力	204
表 8-1	綿糸（16番手）1ポンド当たりの実質生産費用	210
表 8-2	原綿消費量（1781～1874年）	240
表 9-1	銑鉄トン当たり必要投入要素費用（1709～1850年）	250
表 10-1	発明家の産業分類	279
表 10-2	発明家と産業的啓蒙主義との関係	285
表 10-3	発明家と実験	290

358

表 10-4　重要な発明家：父親の職業 ……………………………………………………… 296
表 10-5　イギリスの職業別の識字率推移（1560〜1700 年） ………………………… 299

索　引

ア 行

アーヴィン，ウィリアム　Irvine, William
　286, 303
アークライト，リチャード　Arkwright, Richard
　209, 218, 222-231, 233-238, 241, 245, 278,
　281, 282, 287, 289, 304
アーンリ卿　Ernle, Lord　71
アサートン，ピーター　Atherton, Peter　231
圧延技術　224-227
アニスクドウィン製鉄所　270
アフリカ　20, 47, 125, 132, 208, 242, 243
アムステルダム　22, 43-45, 51, 94, 114-116,
　157, 232
アルビオン製粉工場　195, 305
アルベール，シャルル　Albert, Charles　238
アンガースタイン　Angerstein, R. R.　167
アントワープ　114-117
イーデン卿，フレデリック，Eden, Sir Frederick
　32, 244
イガマメ　76, 77-82, 276, 292-293
遺産目録　56, 57, 86, 218
ヴァレンシア　50, 94
ウィーン　44, 46, 50, 51, 57, 156, 157
ウィルキンソン，アイザック　Wilkinson, Isaac
　304
ウィルキンソン，ウィリアム　Wilkinson, Wil-
　liam　265, 268
ウィルキンソン，ジョン　Wilkinson, John
　249, 254, 265, 266, 284
ウィルソン，ダニエル　Wilson, Daniel　267
ウェークフィールド，ギボン　Wakefield, Gib-
　bon　87
ウェーバー，マックス　Weber, Max　8-10,
　12, 294
ウェッジウッド，ジョサイア　Wedgwood, Jo-
　siah　272, 274, 276, 278-280, 282, 283,
　289, 303
ウェストン，リチャード　Weston, Sir Richard
　292, 293
ウェスレー，ジョン　Wesley, John　12

カ 行

ヴェネツィア　57
ウォーカー家　249
ヴォーカンソン，ジャック・ド　175
ウォームリー工場　166, 167
ウォームリー真鍮製造工場　193
ウォール，ジョン　Wall, John　286, 305
ウォリス，ジョン　Wallis, John　300
ウォンブリッジ溶鉱炉　253
ウルフ，アーサー　Woolf, Arthur　192, 200
エヴァン，オリヴァー　Evan, Oliver　204
エジソン，トーマス　Edison, Thomas　152,
　154, 159, 178
エンゲルス，フリードリッヒ　Engels, Friedrich
　32, 33
塩素漂白　178
煙突　104-106, 109
王立協会　12, 232, 274, 278, 280, 282, 283,
　285, 287, 294
オーブリ，ジョン　Aubrey, John　105
オックスフォード　21, 48, 77, 282, 283, 302,
　305

カ 行

カートライト，エドモンド　Cartwright, Edmund
　170, 274, 278, 280, 282, 287, 290, 302
ガイセンハイマー，フレデリック　Geisenheim-
　er, Dr Frederick　270
回転蒸気機関　178, 186, 193, 195-200, 203,
　205, 313
開放耕地農法　73
ガウア伯　Gower, Earl　118
科学革命　6, 10-12, 16, 62, 155, 231, 273, 292,
　294, 306, 310
科学協会　12, 274
囲い込み　5, 59, 63-66, 70-85, 88, 89, 121,
　130, 131, 140-144, 288
偏り　17, 47, 153-155, 168, 172, 184, 186, 196,
　198, 201, 205, 268
可鍛鋳鉄　160, 164, 248, 252, 255, 266, 271
学校教育　57, 282, 303, 306
活版印刷　13, 59, 299

カニング，ウィリアム　Canning, William　77, 78

カリー，ジョン　Calley, John　282

ガリレイ，ガリレオ　Galileo Galilei　6-8, 120, 121, 179, 182, 232

還流蒸気機関　193, 205, 255

気圧計　179

機械打ち壊し　162

技芸協会　280, 287

技術者協会　178

絹織物　131, 291

キャナン，ウィリアム　Cannan, William　305

キャロン製鉄所　189, 249, 265

キュニョー，ジョゼフ　Cugnot, Joseph　174, 203, 204, 311

競争的優位　162, 169, 176

キング，グレゴリー　King, Gregory　55, 56, 61, 62, 110, 295

勤勉（革命）　14, 15, 148, 272, 288, 289, 307

金融　5

クオリーバンク工場　233

クエーカー教徒　254, 283, 287

クック，ジェームズ　Cook, Captain James　284

クックワージー，ウィリアム　Cookworthy, William　283, 284, 286, 304

クラーク卿，クレメント　Clerke, Sir Clement　4, 254, 287

クライド製鉄所　260

グラント，ジョン　Graunt, John　62, 301

クレーン，ジョージ　Crane, George　270

クローバー　69, 71, 73, 76, 79-82, 276, 293

クロムフォード第2工場　228, 229

クロンプトン，サミュエル　Crompton, Samuel　209, 234-237, 274, 278, 281, 282, 305

君主変数　134-136

ケイ，ジョン　Kay, John　231, 287

計算能力　13, 17, 24, 57, 59, 61, 155, 273, 295, 300, 301, 306, 307

経度委員会　284

経度測定器　284

啓蒙主義　11, 155, 273, 276, 277, 279-281, 283-289, 292, 294

毛織物工業　119, 230

結婚慣習　15, 25, 30

結婚登録簿　59

ケネディ，ジョン　Kennedy, John　287

研究開発　8, 11, 75, 105, 154, 155, 160-164, 170-175, 180-185, 189, 190, 199, 213, 216, 217, 226, 227, 229, 230, 234, 254, 256, 269, 289, 312

健康　28, 41, 53, 100, 103, 144, 244

高圧蒸気機関　175, 191, 192, 202-205, 269

合理主義　8, 9

香料貿易　22

コークス溶鉱高炉　265

コークス溶鉱鉄　247, 248, 250, 253, 257, 258, 264-266

コート，ヘンリー　Cort, Henry　248, 254, 274, 278, 281, 282, 290

コーヒー　12, 54, 86, 274

コーリス蒸気機関　205

コールブルックデール　117, 118, 193, 248, 249, 253, 255, 256, 258-261, 266, 302

コーンウォール　170, 182, 186-192, 194, 195, 199-201, 284, 303

黒死病　16, 21, 23, 47, 68, 99, 124, 144, 147, 272

コスター，ソロモン　Coster, Salomon　232

コックラン，アーチボルド　Cochrane, Archibald　275, 286

コックリル，ウィリアム　Cockerill, William　239

コックリル，ジョンとチャールズ　Cockerill, John and Charles　262

固定蒸気機関　201, 203, 205, 206

サ　行

サースク，ジョアン　Thirsk, Joan　76, 293

砂糖　14, 24, 28, 33, 53, 54, 86, 87, 132, 133

サドラー，ジョン　Sadler, John　286, 290, 291

サマーヴィル，アレグザンダー　Somerville, Alexander　51

サン・ゴバン工場　225

産業スパイ　238, 265, 291

産業的啓蒙主義　11, 155, 273-279, 283-285, 288, 289, 292, 294, 297, 298, 306

サンダーソン，ニコラス　Saunderson, Nicholas　284

シークロフト鉄工所　193

ジェヴォンズ　Jevons, W. S.　91, 94

ジェームズ，トーマス　James, Thomas　217

ジェニー紡績機　1, 6, 152, 153, 159-161, 209, 213-222, 224, 228, 231, 234-236, 239, 241,

243-246, 265
シェフィールド　1, 126, 158, 303
識字率　13, 17, 57-59, 121, 147, 155, 273, 295, 297, 298, 301, 306, 307
七年戦争　23
シップリー　Shipley, Mr　217
ジャール, ガブリエル　Jars, Gabriel　265
宗教改革　8, 105
重商主義　24, 29, 125, 132, 133, 148
集団的発明　76, 106, 109, 190, 191, 199, 294
熟練労働者　31, 48-52, 307
出生率　29, 30, 146
シュネデール, アドルフとユージン　Schneider, Adolphe and Eugine　267, 268
シュネデール家　266
循環蒸気機関　205
荘園裁判所　4, 77, 79-81, 90
蒸気機関車　178, 191, 202, 312
蒸気船　2, 168, 177, 191, 202-206, 247, 314
消費革命　15, 54-57, 86, 89
消費文化　13, 15
ジョージ3世　288
ショート, ジェームズ　Short, James　304
植民地　22-24, 87, 121, 125, 132, 133, 145, 147
女性　13, 15, 16, 36, 41, 57, 58, 70, 218, 222, 237, 243, 244
所有権　3-5, 76, 143, 146, 147
シンガー, チャールズ　Singer, Charles　278
真空の発見　7, 179-181
新種毛織物　21, 22, 24, 123-125, 131, 135, 136, 140, 144, 145, 148
真鍮　232, 233, 254
身長　41, 53, 54
人的資本　11, 13, 57, 59, 60, 155, 272, 273, 297, 307
森林面積　110
水運　269, 270
水車　167, 183, 192, 193, 195, 196, 200, 201, 205, 255, 257-259, 276, 278, 290, 303
水力　1, 92, 152, 161, 167, 177, 185, 209, 213, 214, 218, 222-231, 233-238, 245, 291, 307, 312
スヴェーデンボリ神学　281
スコットランド　29, 49, 84, 93, 96, 107, 109, 205, 249, 260, 270, 271, 275, 281, 286, 289
スタントン卿　Staunton, Sir George　36
スティーブンソン, ジョージ　Stephenson,

George　312
ステュアート, サー・ジェームズ　Steuart, Sir James　14, 87, 272
ストラスブール　94, 99, 156, 157, 263, 264
ストラット, ウィリアム　Strutt, William　287
ストラット, ジュデダイア　Strutt, Jedediah　226, 229, 230, 241, 287, 296
スピード, アダム　Speed, Adam　293
スペイン　18, 20, 23, 39, 112, 113, 122, 125, 129, 132, 133, 137
スペルズベリー　75-83, 276, 293
スポード1世, ジョサイア　Spode, Josiah I　286
スポード2世, ジョサイア　Spode, Josiah II　302
スミートン, ジョン　Smeaton, John　178, 187, 188, 193, 274, 276-280, 282, 284, 290, 303
スミス, アダム　Smith, Adam　29, 31, 161, 166, 167
スモーリー, ジョン　Smalley, John　229
スモレット, トービアス　Smollett, Tobias　34
スレイター, サミュエル　Slater, Samuel　229, 241
セイヴァリー, トーマス　Savery, Thomas　7, 180, 182, 199, 280, 285
セイヴァリー・ニューコメンの特許　184, 257
生活水準　15, 28, 29, 31, 32, 34, 36-40, 43-46, 50, 64, 86, 118, 126, 129, 139, 148, 156, 311
製紙業　159, 225
石炭産業　8, 24, 91, 93, 95-97, 99, 102, 107, 109, 110, 116, 117, 119, 178, 272, 307, 311
世俗化　12
セレン工場　262
銑鉄　160, 164, 247-262, 264, 266, 268, 271
潜熱理論　7, 188
ソーヌ・エ・ロアール県　268
ソーンリー, デイヴィッド　Thornley, David　230
梳綿機　222, 227-229, 241, 291
ソランダー, ダニエル　Thornley, Davidl　284

タ　行

ダーウィン, エラズマス　Darwin, Erasmus　274, 281, 287

ターニップ　69, 71, 73, 76, 79-83, 276, 293
ダービー，エイビア　Darby, Abiah　247
ダービー1世　エイブラハム　Darby, Abraham I
　163, 247-249, 251, 253-257, 274, 278, 281,
　282, 287, 296
ダービー2世　エイブラハム　Darby, Abraham
　II　160, 247, 259, 302
ダービー家　248, 249, 266, 289
大気圧　179, 181, 182, 185, 191, 192, 273, 280
大気圧蒸気機関　159, 177-179, 184, 186-188,
　193, 205
代議制　121, 123, 134, 140, 141, 143, 146, 147
大規模借地農　63, 71, 130
ダイヤー牧師　Dyer, Reverend John　161
ダ・ヴィンチ，レオナルド　Vinci, Leonardo da
　160
タストン　76-79, 81, 82
ダドリー　177, 182, 252, 254
ダラム　93, 107
地中海地域　18
茶　14, 22, 24, 33, 36, 53, 54, 56, 86, 168
チャスウォーター銅山　188
チャンピオン，ウィリアム　Champion, William
　290, 302
チャンピオン，ジョン　Champion, John　302
チャンピオン家　287, 302
中国　5, 15, 29-31, 36, 37, 45, 49, 55, 92, 95,
　125, 158, 164, 166, 168, 208, 219, 220, 241,
　300, 312
鋳鉄　253, 255, 260, 304
賃金率　42, 145, 244, 245, 263
ツイッケナム　292
ディーンの森　259
ティケット，ムッシュー　Ticquet, Monsieur
　91
泥炭　69, 92, 94, 101, 110, 115-117, 157
ディドロ，ドゥニ　166
デサグリエ，ジョン，テオフィリス　Desaguli-
　ers, John Theophilus　183, 188, 282, 291
鉄鉱石　107, 248, 250, 251, 255, 258-260, 265-
　268, 271, 311
鉄道　2, 95, 177, 202-206, 247, 260, 311, 314
手紡ぎ車　208, 214-216, 218-220, 222, 224,
　232, 243, 245
テナント，チャールズ　Tennant, Charles　304
デフォー，ダニエル　Defoe, Daniel　28
デュッセルドルフ　229

デランド，ドゥルーネ　Deslandes, Delaunay
　118, 163
デリー　35, 43, 44, 46
天文学　285, 304
ドイツ　2, 20, 23, 58, 90, 95, 96, 115, 122, 131,
　137, 143, 157, 178, 183-185, 203, 229, 247,
　262, 263, 270, 271, 310
ドゥ・ラ・ウリエール，マルシャン　De La
　Houliere, Marchant　265
陶磁器　55, 86, 164, 165, 278, 283, 284
陶土　284
ドワイト，ジョン　Dwight, John　283, 286
トーマス，ジョン　Thomas, John　254
トーマス，デイヴィッド　Thomas, David
　270
時計職人　227, 231-233, 285, 303
時計製造　233, 284, 307
都市化　1, 13, 21, 22, 24, 59, 96, 102, 114, 121,
　122, 126-129, 131-135, 137, 138, 140, 144,
　145, 149, 312
ドスターマン　D'Osterman, F. J.　292
土地労働比率　126
特許　105, 106, 160, 161, 170, 180, 182, 186,
　188-192, 194-196, 200, 209, 217, 222, 223,
　225, 226, 228, 229, 231, 235, 238, 247, 248,
　253, 254, 260, 270, 277, 279, 281, 291, 298
特許会社　125, 254
トックヴィル，アレクシス　Tocqueville, Alexis
　de　63
ドックラ銅鉱山会社　166
ドッジソン・バロー商会　238
徒弟制度　60, 61, 299, 306
トリチェリ，エヴァンジェリスタ　Toricelli,
　Evangelista　7, 179, 183
奴隷貿易　121, 242
トレヴィシック，リチャード　Trevithick, Ri-
　chard　178, 191, 192, 205, 276, 285, 303,
　311
ドレッベル，コーネリアス　Drebbel, Cornelius
　6

ナ　行

ナイト，エドワード　Knight, Edward　247
ナポレオン戦争　70, 213, 249, 310
ニード，サミュエル　Need, Samuel　230
ニールソン，ジェームズ　Neilson, James
　260, 269

ニューキャスル　93, 94, 114, 115, 117, 157, 167, 187, 303
ニューコメン Newcomen, Thomas　7, 153, 167-169, 177, 179-181, 183-186, 188-190, 192-195, 198-200, 205, 206, 248, 258, 274, 278, 280-282, 289, 291, 304
ニュートン，アイザック Newton, Isaac　6, 8, 11, 12, 275, 280, 306
ネフ，ジョン Nef, John　91, 95-99, 113
年齢集積　301, 306
農業改良（運動）　76, 130, 288, 293
農業生産性　1, 4, 8, 24, 64, 69, 72, 88, 120-122, 126, 127, 129, 130, 132, 135-138, 140, 143-145, 148, 149
農業的啓蒙主義　288
農村工業　21-23, 129, 135, 136, 145
農奴制　3-5, 9, 24
ノーサンバーランド　93, 102, 107, 188
ノーフォーク　67
ノリッジ　20, 124, 208

ハ　行

ハーヴィー，ヘンリー Harvey, Henry　192
ハーグリーヴズ，ジェームズ Hargreaves, James　153, 159, 161, 209, 214, 216-218, 221, 228, 234, 248, 274, 278, 281, 282, 287, 289, 298
ハートリブ，サミュエル Hartlib, Samuel　76, 293
バーミンガム　1, 21, 126, 158, 209, 274
バイトン，ヘンリー Beighton, Henry　188, 285, 291
歯車　152, 167, 195, 226, 230-234, 236, 237
パップルウィック　195
パップルウィック工場　245
ハドソン川　204
ハドソン湾会社　21
ハドレー，ジョン Hadley, John　302, 301
ハバカク Habakkuk, H. J.　17, 47, 154, 155
パパン，ドゥニ Papan, Denis　7, 180, 280, 285, 303
ハプスブルク帝国　18
バプティスト・ミルズ真鍮工場　254
パリ　15, 50, 51, 55-57, 84, 94, 225, 267
ハリー，エドモンド Halley, Edmund　291
ハリソン，ウィリアム Harrison, William　105
ハリソン，ジョン Harrison, John　284

バンクス，ジョゼフ Banks, Joseph　281, 284
反射炉　254, 265, 287
ハンツマン，ベンジャミン Huntsman, Benjamin　287, 305
ハンベリー，ジョン Hanbury, John　302
ピール，ロバート Peel, Robert　217
東インド会社　35, 241
ピストン　179-182, 191, 192, 195, 200, 205
ピッカード，ジェームズ Pickard, James　194, 195
ヒック，ベンジャミン Hick, Benjamin　200, 206
ヒックス卿 Hicks, Sir John　159
病気　34, 43
ヒンドリー，ヘンリー Hindley, Henry　284, 285, 232, 303
ファリー，ジョン Farey, John　177
フィラデルフィア　113, 114, 241
フィレンツェ　39, 44, 46, 50
ブース，イーノック Booth, Enoch　286
風力　92, 177, 185, 261
フォード，リチャード Ford, Richard　255-257
フォザギル，ジョン Fothergill, John　284
フォックス，シャドラック，Fox, Shadrach　253
フォン・ゲーリケ，オットー von Guericke, Otto　7, 179, 181
フォン・チューネン von Thunen, J. H.　84
フォントリー圧延工場　290
複動式蒸気機関　198
フック，ロバート Hooke, Robert　7, 232, 283, 285
物理学　8, 179, 280, 285
プネー　113
フライ，トーマス Fry, Thomas　290
フラヴェル，ジョン Flavel, John　304
ブラック，ジョゼフ Black, Dr Joseph　188, 189, 274, 275, 280-282, 286, 303, 305
ブラマー，ジョゼフ Bramah, Joseph　305
フランス革命　6, 23, 265, 266
フランドル　21, 22, 25, 67, 123, 124, 293
プリーストリー，ジョゼフ Priestley, Joseph　275, 284
フリーメーソン　12, 274
ブリストル　166, 167, 254, 281, 290
ブルックス，ジョン Brooks, John　286

フルトン，ロバート　Fulton, Robert　　204
プロイセン　23, 134
プロテスタンティズム　　8, 59, 305
プロト工業化　　23, 25, 56, 121, 122, 126, 129, 135, 136, 138, 149
分離凝縮器　　6, 7, 168, 169, 188-190, 199, 290
ベイトン，ヘンリー　Beighton, Henry　　301
ベイヤー，チャールズ　Beyer, Charles　　200
ベインズ，エドワード　Baines, Edward　　207, 298
ベヴァン，ティモシーとシルヴァナ　Bevan, Timothy and Sylvanus　283
北京　36, 43, 44, 46, 94, 113
ベルギー　　2, 18, 20, 22, 67, 93, 115, 117, 122, 158, 184, 185, 205, 238-240, 262, 263
ベルパー北工場　226
ベンガル　　41, 132, 207, 208, 236
ベンサム，サミュエル　Bentham, Sir Samuel　287
ベントレー　Bentley, T.　　1, 162, 163
ホイットニー，イーライ　Witney, Eli　　237
ホイヘンス，クリスチャン　Huygens, Christiaan　7, 180, 183, 232
ボイル，ロバート　Boyle, Robert　　6, 7, 183, 283
望遠鏡　285, 304
萌芽更新　100, 113, 118, 119
ボーウェン，リーヴェン，Bauwens, Lieven　238
ホーカー，ジョン　Holker, John　　219
ポーツマス　21
ホーマー　Homer, H. S.　74, 75, 77, 78, 82
ホーム，フランシス，Home, Francis　286, 303
ポーランド　20, 23, 122, 134, 137, 143
ホール，チェスター・ムーア　Hall, Chester Moor　7
ポール，ルイス　Paul, Lewis　　161, 163, 208, 224-228, 231, 291
ボールトン，マシュー　Boulton, Matthew　189, 194, 282, 285, 302
ボールトン・ワット商会　195, 199, 204, 259, 281, 290, 305
ホーンブロアー，ジョナサン　Hornblower, Jonathan　190, 192
ボストン製造会社　241
ポルトガル　22, 125, 132, 184

ホワイト，ジョン　White, John　　292

マ　行

マードック，ウィリアム，Murdoch,William　290, 303
マックノート，ウィリアム　McNaught, William　196, 206
マクロレベルの発明　153, 158-160, 163, 164, 168-171, 175, 177, 247, 248, 251, 273, 274, 278, 290, 313
マクロレベルの発明家　274, 277-283, 287, 289, 297
マサチューセッツ　46, 240, 241
魔術　9, 12
マッキントッシュ，チャールズ　Macintosh, Charles　260, 286, 302
マックローリン，コリン　MacLaurin, Colin　304
マッコンネル・ケネディ商会　238
マドリッド　94, 132
マルクス，カール　Marx, Karl　　4, 310
マルサス，トーマス　Malthus, Thomas　15, 29-31, 139, 146
マレー，マシュー　Murray, Matthew　287
マンチェスター　114, 200, 218, 239, 243, 287
マンデヴィル，バーナード　Mandeville, Bernard　288
マントゥ，ポール　Mamtoux, Paul　278
マンビー，アーロン　Manby, Aaron　267
ミークル，アンドリュー　Meikle, Andrew　291, 305
ミクロレベルの発明　153, 154, 168-170, 175, 273, 274, 295
ミッドランド　72, 73, 106, 107, 113, 124, 287, 292
南ウェールズ　199, 249, 270
民衆文化　10, 12, 16, 294
ムーディー，ポール　Moody, Paul　241
名誉革命　5, 6, 143, 147
綿織物　22, 55, 213, 242, 313
綿糸　169, 207-209, 212, 213, 221-223, 235, 236, 238-240, 242, 245
毛布製造　21
モキイア，ジョエル　Mokyr, Joel　11, 12, 155, 166, 273, 274, 276-278, 281, 282, 285, 295, 297, 306, 310
木材危機　95-97, 113, 114

木炭製鉄　249
木炭溶鉱　255, 257-259, 261, 262, 264, 266, 267, 269, 270
モンス　93, 158

ヤ 行

冶金業　159
ヤング，アーサー　Young, Arthur　56, 70, 131, 166, 167, 288
遊星歯車　195
輸送費　84, 94, 100, 102, 113, 115, 116
窯業　285, 286
溶鉱炉　247, 249, 252, 255, 256, 258, 262, 264, 267, 268, 290
揚水蒸気機関　186, 189-191, 195, 197-199
要素価格　2, 24, 118, 154, 159-162, 164, 166, 168, 169, 171, 173, 199, 220, 237, 239, 249, 250, 266
羊毛　21, 24, 68, 102, 124, 125, 129, 135, 136, 145, 147, 148, 278, 304
ヨーク　47, 48, 114, 204
ヨークシャー　20, 84, 271, 303
ヨーマン　66, 71, 86, 87, 89, 90, 283, 296
ヨーロッパ型結婚　15

ラ 行

ラッセル　Russell, P.　81
ランカシャー　201, 217, 219, 228, 233, 235, 238, 242, 281, 312
リース，ジョン　Lees, John　224, 228
リー石炭水運会社　269, 270
『リーンの蒸気機関通信員』　190, 199
リエージュ　93, 114, 117, 158, 239
利子率　5, 121, 134, 143, 156, 172, 213, 220
リッチフィールド伯　Litchfield, Earl of　77
ルール地方　115, 116
ル・クルーゾ製鉄所　265, 266
ルナー・ソサイエティ　274, 280
レイヴェンスクロフト，ジョージ　Ravenscroft, George　290, 303

レイノルズ，リチャード　Reynolds, Richard　118
レーグル　166, 167
レニー，ジョン　Rennie, John　305
ロウェル，フランシス・カボット　Lowell, Francis Cabot　241, 269
労働生産性　67, 68, 70, 73, 89, 129, 154, 162, 177, 220, 222, 244, 245, 260, 261, 311
労働節約的　17, 47, 117, 155, 238, 307
ロウム，サー・トーマス　Lomb, Sir Thomas　291
ロウム，ジョン　Lombe, John　287, 291
ローカル・ラーニング　17, 159, 164, 169-171, 186, 188, 200, 201, 215, 224, 247, 257, 259, 261, 267, 313
ローザー，ジョン　Lowther, Sir John　283, 189, 275, 286, 303
ローバック，ジョン　Roebuck, John　189, 275, 286, 303
ロザラム　249
ロッキャー，チャールズ　Lockyer, Charles　35, 36
ロバーツ，リチャード　Roberts, Richard　236, 237
ロビンソン，ジョージとジョン　Robinson, George and John　195
ロング・ベントン炭鉱　188

ワ 行

ワイアット，ジェームズ　Wyatt, James　161, 163, 208, 224-228, 231, 291
ウォード，ジョシュア　Ward, Joshua　292
ワスバラ，マシュー　Wasborough, Matthew　194
綿繰り機　237
ワット，ジェームズ　Watt, James　6, 7, 168, 169, 178, 184, 188-191, 194, 195, 199, 200, 205, 206, 210, 265, 274, 275, 278-282, 285, 286, 289, 291

《訳者略歴》

眞嶋史叙（まじましのぶ）

現　在　学習院大学経済学部教授
主　著　*Fashion and the Mass Consumer Society in Britain,*
　　　　c.1950-2000, VDM Verlag Dr. Müller, 2009

中野　忠（なかのただし）

現　在　早稲田大学名誉教授
主　著　『イギリス近世都市の展開』創文社，1995 年

安元　稔（やすもとみのる）

現　在　駒澤大学名誉教授
主　著　『イギリス歴史人口学研究』名古屋大学出版会，2019 年

湯沢　威（ゆざわたけし）

現　在　学習院大学名誉教授
主　著　『鉄道の誕生』創元社，2014 年

世界史のなかの産業革命

2017 年 12 月 15 日　初版第 1 刷発行
2021 年 5 月 31 日　初版第 2 刷発行

定価はカバーに
表示しています

訳　者　　眞嶋史叙他

発行者　　西澤泰彦

発行所　一般財団法人 名古屋大学出版会
〒 464-0814　名古屋市千種区不老町 1 名古屋大学構内
電話(052)781-5027 / FAX(052)781-0697

ⓒ Shinobu MAJIMA et al., 2017　　　　　　　　　Printed in Japan
印刷・製本 亜細亜印刷㈱　　　　　　　ISBN978-4-8158-0894-5
乱丁・落丁はお取替えいたします。

JCOPY 〈出版者著作権管理機構 委託出版物〉
本書の全部または一部を無断で複製（コピーを含む）することは，著作権
法上での例外を除き，禁じられています。本書からの複製を希望される場
合は，そのつど事前に出版者著作権管理機構（Tel：03-5244-5088，FAX：
03-5244-5089，e-mail：info@jcopy.or.jp）の許諾を受けてください。

K. ポメランツ著　川北稔監訳
大分岐
―中国，ヨーロッパ，そして近代世界経済の形成―

A5・456 頁
本体 5,500 円

ド・フリース／ファン・デァ・ワウデ著　大西／杉浦訳
最初の近代経済
―オランダ経済の成功・失敗と持続力 1500〜1815―

A5・756 頁
本体 13,000 円

E. L. ジョーンズ著　安元稔／脇村孝平訳
ヨーロッパの奇跡
―環境・経済・地政の比較史―

A5・290 頁
本体 3,800 円

E. L. ジョーンズ著　天野雅敏他訳
経済成長の世界史

A5・246 頁
本体 3,800 円

安元　稔著
製鉄工業都市の誕生
―ヴィクトリア朝における都市社会の勃興と地域工業化―

A5・458 頁
本体 6,000 円

坂本優一郎著
投資社会の勃興
―財政金融革命の波及とイギリス―

A5・496 頁
本体 6,400 円

P. クラーク著　西沢保他訳
イギリス現代史 1900-2000

A5・496 頁
本体 4,800 円

杉原　薫著
世界史のなかの東アジアの奇跡

A5・776 頁
本体 6,300 円

中村尚史著
地方からの産業革命
―日本における企業勃興の原動力―

A5・400 頁
本体 5,600 円

小堀　聡著
日本のエネルギー革命
―資源小国の近現代―

A5・432 頁
本体 6,800 円

高島正憲著
経済成長の日本史
―古代から近世の超長期 GDP 推計 730-1874―

A5・348 頁
本体 5,400 円